中国调查研究

——中国社会学会方法研究会成立三十周年专辑

主　编　范伟达　罗静
副主编　董海军　宣朝庆　王进

南开大学出版社

天　津

图书在版编目(CIP)数据

中国调查研究：中国社会学会方法研究会成立三十周年专辑 / 范伟达，罗静主编；董海军，宣朝庆，王进副主编. —天津：南开大学出版社，2022.11

ISBN 978-7-310-06306-2

Ⅰ.①中… Ⅱ.①范…②罗…③董…④宣…⑤王… Ⅲ.①社会科学－方法研究 Ⅳ.①C3

中国版本图书馆 CIP 数据核字(2022)第 187996 号

版权所有　侵权必究

中国调查研究——中国社会学会方法研究会成立三十周年专辑
ZHONGGUO DIAOCHA YANJIU——ZHONGGUO SHEHUIXUEHUI
FANGFAYANJIUHUI CHENGLI SANSHI ZHOUNIAN ZHUANJI

南开大学出版社出版发行
出版人：陈　敬
地址：天津市南开区卫津路 94 号　邮政编码：300071
营销部电话：(022)23508339　营销部传真：(022)23508542
https://nkup.nankai.edu.cn

天津创先河普业印刷有限公司印刷　全国各地新华书店经销
2022 年 11 月第 1 版　2022 年 11 月第 1 次印刷
240×170 毫米　16 开本　24.75 印张　2 插页　374 千字
定价：118.00 元

如遇图书印装质量问题，请与本社营销部联系调换，电话：(022)23508339

编辑委员会（以姓氏拼音顺序）：

白红光	边燕杰	陈光金	陈华珊	陈云松
董海军	范伟达	冯 艾	顾金土	胡安宁
江山河	李友梅	李 煜	李 炜	梁玉成
刘少杰	刘 欣	罗 静	瞿铁鹏	邱泽奇
王佳妮	王 进	王业兴	尉建文	宣朝庆
尤伟琼	张文宏	赵联飞	赵万里	邹宇春

卷首语

范伟达[①]

时光荏苒，岁月如梭。中国社会学会社会调查研究方法专业委员会（简称中国社会学会方法研究会）成立三十周年了。三十年来，我们始终秉承"让社会调查研究方法成为人们认识、研究和改造社会的科学武器，促进有中国特色的社会学迅速成长，为社会主义现代化建设服务"的初心和宗旨，在调查研究方法的教学、科研、实践中辛勤耕耘、倾情奉献，为中国的调查事业贡献了一份力量。为此，方法研究会秘书处研究决定编纂《中国调查研究——中国社会学会方法研究会成立三十周年专辑》（简称《中国调查研究》），希望进一步推动中国调查研究，为从事调查研究的同仁提供一个从实求知、切磋交流的展示平台。《中国调查研究》的出版必将为方法研究会三十周年庆典献上一份学术厚礼。

《中国调查研究》专辑分为上、下两编。

上编"三十周年回顾"，通过历史文献和存档文件汇编，展示方法研究会成立三十年以来学术交流研讨论坛的发展过程和轨迹，特别是数届"中国调查"学术研讨会的媒体报道和学界影响，改革开放以来中国调查研究的蓬勃发展，中国共产党百年调查研究的光辉历程和历史经验；展现会员同仁在教学、科研和实地调查中运用社会研究方法的实践经验，全面系统地介绍我国调查研究方法在相关领域的历史、现状和趋势。

下编"方法理论前沿"，通过专家学者的论文报告，反映我国方法研究领域的最新进展、最新成果，在调查研究方法的守正创新、数字化时代的调查研究方法转型、调查研究方法教学研究的真知灼见，在调查研究方法

[①] 范伟达：复旦大学教学名师、社会学系教授、市场调研中心主任；历任中国社会学会社会调查研究方法专业委员会秘书长、副会长、会长、名誉会长，上海社会学会社会调查研究方法专业委员会主任。1981年教育部举办的南开大学社会学专业班学员、林南教授《社会研究方法》课程课代表。

论、具体方法、技术手段方面的传承创新及对海内外调查研究方法的最新进展的推介,对中国调查的社会研究方法新经验、新模式进行的提炼。

20世纪80年代初,我在复旦大学毕业留校任教。曾任复旦大学社会学系主任、时任哲学系主任的胡曲园教授教导我说,"社会学是由理论、方法、应用三部分组成的,其中社会学的精髓在于社会调查及方法"。方法是关键、是精髓,方法是理论过渡到实践的桥梁和媒介。社会学乃至整个社会科学的创新发展,总是伴随着方法的改进、更新和突破,有时甚至是以方法的创新为先导的。因此,为了推动社会调查研究方法的科学应用,提高社会调查研究的水平,以适应社会主义现代化建设的需要,更好地发挥认识社会、改造社会的作用,我们成立了社会调查研究方法专业委员会。"认识社会、改造社会"既是方法研究会的初衷,也是我们出版《中国调查研究》的宗旨。

本专辑定名为《中国调查研究》,表明我们的学术旨趣、方法研究立足于中国,扎根在中国,服务于中国,注重本土经验,具有全球视野。在调查研究的基础上求其本真,提炼中国学术理念,构建中国话语体系,突出中国调查研究特色,彰显中国风范,形成中国学派。《中国调查研究》涵盖了社会调查、市场调查和民意调查等各种调查类型。社会调查研究方法是中国语境下的社会研究方法。一般而言,社会研究是指社会科学中,为了系统地反映和解释现实社会而采用的一种以实践经验为依据、通过严格的科学程序来收集资料、验证假设和确立理论的研究方法。社会调查研究则是在人们有目的有意识地系统直接地收集有关社会现象的经验材料基础上,通过对资料的分析研究,从而科学地阐明社会现象状况及其规律的一种认识活动,它涵盖和等同于"社会研究"的主要内容。因此,调查研究是中国特色的社会研究,是社会研究的中国化或本土化。"调查研究"与"社会研究"的本质含义与方法意义是完全一致的。

"工欲善其事,必先利其器。"我在21世纪起始的2001年所著方法教材"前言"中写道:"21世纪已经来临,面对知识经济时代,研究方法将会在理论上、技术上、手段上都会有新的突破。作为信息化的时代,电话调查、网上调查将逐渐成为调研手段的主流,折射民主化进程的民意测验和促进经济全球化的市场调查将会蓬勃发展。"二十多年来的调查研究进程已验证了我当初的预想。今天我们进入了数字化、网络化、智能化时代，以大数据、人工智能等技术为代表的第四次产业技术革命正在进行中，物联网、云计算、机器人、元宇宙等新技术及其应用风起云涌，调查研究方法已在原理、程序、技术、手段等各方面发生着革命性的变革。我们的调查研究方法也要与时俱进、更新转型，为经济社会的发展提供更好的视角、更好的路径、更好的分析工具，能最大限度地还原社会的本来面目，更好地把握新时代中国特色社会主义变化发展的规律和本质，跟上和引领时代的变迁和发展。

大凡专辑往往推崇"集人文社科之思，刊专业学术之声"的理念，本专辑也寄希望于此。本专辑收录的文章包括但不限于定量、定性、混合研究中海内外最前沿的社会调查研究方法的基本原理、操作程序和具体方法，传统社会调查研究方法的新运用，数字化时代互联网、大数据、人工智能等方法在社会调查领域的新进展，并通过教学实践、经典案例、实证项目助力从事社会研究方法的教研人员和实操人员进行实战训练。通过学术论文、方法前沿、专题研究、调查报告、回顾综述、田野课堂、经典案例、书评译介、口述历史、人物专访、团队风采、技术更迭等常设栏目及板块来反映新时代、发现新问题、提供新方案；兼具教学、科研和实践，理论、史料和案例，历史、现状和趋势，传统、现代和前沿，区域、国内和海外，论文、报告和评论相结合的显著特征。因此，本专辑既是理论著作、史论综述，也是方法教程、实践指南。以六个相结合的特征而言，本专辑应该说国内尚无先例，开创先河。同时，我们也将以真诚和热诚，努力使本书服务于从事社会调查研究方法教学、科研、实践的所有讲道者、研究者和实践者，为世界社会学和社会研究方法学术共同体的发展，做出我们的一份努力。期盼有更多更好的成果佳作在《中国调查研究》专辑上发表面世。

昔者宣尼有云"三十而立"，方法研究会以令人瞩目的学术成果和学界影响走过了三十年历程。正如方法研究会创始人苏驼教授所言，"三十年来，委员会开展了一系列学术活动，学者们继承了老一辈社会学家的社会责任感、重视社会调查参与社会活动的优良传统，同时利用互联网把大数据分析等融入社会调查研究方法，促使研究方法不断更新，也为政府及社会各部门决策咨询发挥了积极作用"。同时，苏驼教授也"希望今后社会调查研究方法论的研究能吸收哲学认识论、逻辑学、认知心理学、数学等学科的研究成果，进行多学科合作，把社会调查研究方法之根扎得更深。希望社会调查研究方法能被更多的人了解掌握和运用"。

我们在总结中国共产党百年调查研究历史经验时看到，中国共产党走过百年光辉历程而风华正茂；成立三十周年的中国社会学会方法研究会也应展现出其蓬勃生机。在波澜壮阔的当代中国正在进行的人类历史上最伟大的中国式现代化进程中，我们从事中国调查研究方法教学、研究及实践的同仁，要责无旁贷地肩负起时代使命，不忘初心、砥砺前行、奋发有为、敢为先锋，继续将学问做在祖国的大地上，努力在方法领域贡献出我们的中国案例、中国方案和中国智慧，为人民谋幸福、为民族谋复兴，做出属于我们这一代人的新业绩、新贡献。

序言一

苏驼[①]

对客观事物的认知，每个人都有自己的逻辑。1948年至1957年，我在天津市人民政府研究室和统计局工作，负责过政府系统的统计数据档案的建设以及综合统计数据分析，参加过多项实地调查研究活动，诸如中央政策研究室组织的京津两市城市阶级状况及其划分、第一次全国人口普查、居民住房租赁问题和城市基层居民自治组织——居民委员会的建立，等等。后来，我在南开大学哲学系工作，根据有关部门的要求曾多次组织师生参加当时的一些社会实践活动，更加体会到调查研究要有虚心的精神和实事求是的态度，以及方法正确的重要性。在社会学学科恢复和重建之后，我在1981年参与创办了南开大学社会学专业，在全国社会学学会建立后就建议成立社会调查研究方法委员会，1991年终于获得批准，经过紧张筹备，该会1992年正式成立。

社会调查研究方法委员会的建立，为从事社会学调查研究方法的同仁提供了一个交流研究的平台。

转眼间，社会调查研究方法委员会成立三十年了。三十年来，委员会开展了一系列学术活动，学者们继承了老一辈社会学家的社会责任感，重视社会调查参与社会活动的优良传统，同时利用互联网把大数据分析等融入社会调查研究方法中，促使研究方法不断更新。

社会调查研究方法委员会成立三十年来，其开展的学术活动也为政府及社会各部门决策咨询发挥了积极作用。

在学术活动中关于方法论的研究成果层出不穷。根深才能叶茂，希望今后社会调查研究方法的研究能吸收哲学认识论、逻辑学、认知心理学、

[①] 苏驼：南开大学社会学系首任系主任、教授，中国社会学会社会调查研究方法专业委员会（简称中国社会学会方法研究会）创始人、会长、名誉会长，教育部主办的南开大学社会学专业班班主任。

数学等学科的研究成果，进行多学科合作，把社会调查研究方法之根扎得更深。

一个学科的发展取决于它被人们了解、掌握和运用的程度，希望社会调查研究方法能被更多的人了解、掌握和运用。

序言二

王庆基[①]

中国社会学会社会调查研究方法专业委员会（以下简称方法专委会）成立于1992年12月，今年是方法专委会成立三十周年。中国人讲三十而立，三十年对于人而言是人生中很长的一段时间；对于一个学会而言，三十年的时间不算长，但是也不算短，方法专委会这三十年见证了中国改革开放的伟大成就，是值得纪念的。范伟达老师要出一本书，把方法专委会这三十年的历程记录下来，我认为这是一件很值得做的事情。

1992年12月，我当时作为中国社会科学院社会学研究所的党委书记、副所长，参加了方法专委会的成立大会。参加成立大会的还有中国社会学会会长袁方教授，中国社会学会副会长、天津社会科学院院长王辉同志，天津市委副秘书长、天津市委研究室主任王鸿江同志，天津市社会科学界联合会常务副主席喻宗浩同志等来自全国各地的理事们。

方法专委会筹备组组长是南开大学的苏驼教授，筹备组成员是复旦大学的范伟达教授和北京大学的王汉生教授。在方法专委会众多创始人、推动者、亲历者中，范伟达教授参与并贡献最多，可以说没有范伟达的积极推动，方法专委会的成立可能没有那么顺利，那么快。三十年过去了，现在我年事已高，但是只要想到方法专委会，就想到范伟达。

方法专委会致力于社会学方法研究和社会调查。那么方法是什么？这个问题并不是只有社会学才能回答的学术问题，而且方法也不是社会学的专有，方法是我们工作中理论联系实践的桥梁。

毛泽东同志在《关心群众生活、注意工作方法》中就提到方法很重要，他说要达到工作目标，就要使用正确的方法。"不解决方法问题，任务也只

[①] 王庆基：中国社会科学院社会学研究所原党委书记、副所长（正局级）。作为中国社科院社会学所领导参加1992年12月在天津举办的中国社会学会方法研究会成立大会，并在2010年上海首届"中国调查"学术研讨会主席台上致词讲话。

是瞎说一顿。"他形象地把工作任务与工作方法的关系比喻为"过河与桥或船的关系"。他说,"我们的任务是过河,但是没有桥或没有船就不能过。不解决桥或船的问题,过河就是一句空话"。毛泽东同志还说过,"你对那个问题不能解决吗?那末,你就去调查那个问题的现状和它的历史吧!你完全调查明白了,你对那个问题就有解决的办法了。""调查就像'十月怀胎',解决问题就像'一朝分娩'"。

我们学习马克思主义就是学习其立场、观点和方法,而不是机械地照抄,重要的是做到理论联系实际,这里说的就是方法问题。中国特色社会主义,就是要联系中国实际才是中国特色,而不是什么别的特色。在这里,方法是达到理想目标的重要环节。

社会调查研究就是研究中国社会的过去、现在和未来。具体就是研究社会成员追求的目标是什么,他们所思、所想、所求是什么,要把这个问题搞清楚,方法至关重要。方法是解决问题的,不解决问题,再好的理想目标都难以实现。社会学理论固然重要,但是没有方法、没有调查研究,社会学在中国就没有根基。

中国社会在发展,科技在进步,方法也要与时俱进。中国进入新时代,解决了十几亿人的温饱问题,全面建成小康社会,我国社会主要矛盾已经转化为人民日益增长的美好生活需要和不平衡不充分的发展之间的矛盾。新时代的社会调查研究就是要精准地把握人民对美好生活的需要是什么,这样才能更好地服务国家、服务人民。方法专委会所带领的众多科研人员的科研实践,只有满足社会不断变化的需求,下一个三十年才能发展得更好。

最后总结一句,方法专委会在过去三十年取得的成绩是丰厚的,未来三十年成绩会更大。"革命尚未成功,同志仍需努力"。

序言三

邓伟志[①]

在举国上下都在强调要克服官僚主义、形式主义的关键时刻,《中国调查研究》的问世,实在是"久旱逢甘雨"。什么是官僚主义?不深入实际,坐在办公室里指手画脚,吆五喝六,谓之官僚主义。什么是形式主义?不问实际状况,关起门来抠那些唬人的字眼,追求表面的轰轰烈烈,可谓形式主义。如何克服官僚主义、形式主义?回答两个字:调查。

一百年来,我们的成功在于调查,吃亏在于不调查。土地革命之所以成功,一个重要原因是毛泽东做了大量调查,写了八万多字的《寻乌调查》,写了《湖南农民运动考察报告》,党中央主要负责人瞿秋白还为《湖南农民运动考察报告》写了序。1930年5月,毛泽东从理论上总结了调查研究与马克思主义世界观和方法论之间不可分割的关系,写下了《调查工作》一文,提出了许多重要的理论观点,指出"这种单纯建立在'上级'观念上的形式主义的态度是很不对的","一切结论产生于调查情况的末尾,而不是在它的先头"。最言简意赅的一句是"没有调查,没有发言权"。1934年11月的湘江战役为什么牺牲那么多红军?第五次反围剿为什么失败?就是因为不调查。共产国际派来的奥托·布劳恩(中国名李德)指挥作战,只凭地图上的距离大小,就下令红军在多少时间到达,不问是山路还是陆路。李德在1935年1月的遵义会议上受到批评后,才开始慢慢地认识到调查的必要性。

调查是了解实情,是从实际出发的第一步。真理是具体的,是受制于特定时间、地点、条件的。真理向前多迈出一步,或者说离开了具体条件,就可能变成谬误。过去成功的经验,有可能适用于今天,也可能不适用于

[①] 邓伟志:著名社会学家、中国社会学会原副会长,现为上海大学终身教授。

今天，标准是条件有没有发生变化。因此，"没有调查，没有发言权"是有深刻道理的。"没有调查，没有发言权"已经成为世界名言。我亲耳听见来华的德国总统在讲话中引用毛泽东的"没有调查，没有发言权"。

《中国调查研究》这本专辑清楚地告诉我们，社会调查是社会学研究不可缺少的一环。十八位作者在长期的教学和研究中，从事过普查、抽样调查和典型调查，每一位都拥有个案研究、间接研究和文献研究的丰富经验。他们搜集资料的方法是多种多样的：有的用过观察法，有的用过访谈法，有的用过问卷法，还有间接运用第二手资料来分析的文献法。从书中可以看出，作者分析数据资料大多是用统计方法、数理方法和模拟法，精彩纷呈。作者在分析文字资料时，常用比较法和构造类型法。更为值得一读再读的是，作者在社会研究中还使用过各种特殊的定性分析方法，如结构分析、功能分析、社区分析、阶层分析和角色分析，不一而足。在研究的目的和方向确定之后，方法就是达到目的的快车道。《中国调查研究》的作者便是在理论快车道上向前奔跑的驾驶员。

《中国调查研究》专辑不仅告诉我们调查研究的具体方法和技术，而且对研究方式方法的一般原理做了系统探讨与评价，从而把社会学方法上升到方法论的理论层次。书中六篇有关方法论的文章，启发我们思考各种研究方法有哪些共同特征，这些特征与自然科学方法有哪些异同，如何搜集和分析资料才能确保研究结论的客观性和科学性。长期以来，学界对社会学方法论一直有争论。孔德提出采用实证主义方法。后来，西方社会学界又出现了形形色色的反实证主义方法论。马克思摒弃了先验论的假设，强调知识来源于实践，提出唯物史观和唯物辩证法。方法论是一种工具理论，它涉及科学发现与检验的原理和逻辑。《中国调查研究》的作者和编者运用唯物辩证法，分析了各种因素之间的相互联系，并把各种相互关系加以综合，揭示出资料背后所隐含的本质特点，从而形成对社会的整体性认识。这一点十分值得我们关注和继续研究。

《中国调查研究》专辑用大量篇幅回顾了改革开放三十年的调查史，回顾了70年乃至百年的调查史，是十分珍贵的对调查进行调查的历史资料，也是一面镜子，值得借鉴。明镜鉴形，欢迎读者诸君对着《中国调查研究》这面镜子照一照自己，看看今后怎样在调查上下功夫，包括如何后来居上。

古人还有句话，叫作"明镜不疲"。你照我照他也照，今天照明天照，坚持照，就一定能够推动未来中国的调查水平更上一层楼。

社会科学与自然科学同为科学，都是从科学分出来的，不管社会科学如今已经分为两千门还是多少门，不管自然科学已经分为四千门还是多少门，二者之间仍然有着千丝万缕的联系。社会学的调查方法从诞生那天起，就受制于数学的发展水平。近年来，随着数字化的普及，大数据大大提高了社会调查的速度和精度。量子计算出现以后，把社会调查的计算速度提高了上亿倍，可惜仍然缺乏形象感。令人欣喜的是读者手中捧着的这本书中，居然谈到了"元宇宙"。元宇宙是数字化的最新阶段，从当前看也可以认为是数字化的高级阶段。元宇宙把现实世界与虚拟世界相结合，使得调查更有沉浸感、细腻感、生动感、真实感，既是调查的天眼，又是可以把物体放大几百万、几千万倍的便携式电子显微镜，极大地克服了问卷法"见'卷'不见人"的局限。元宇宙让调查者与调查对象面对面。这面对面大大不同于手机上平面的面对面，元宇宙有助于调查者从被调查者前后左右的立体形象中判断被调查者的表态是主动还是勉强，是坚决还是犹豫，从而大大增强了解实情的准确性。

历史的车轮滚滚向前，调查的方法、工具和理论在不断提高和一日千里地向前推进。请官僚主义、形式主义者们去服一下《中国调查研究》这贴不苦口的良药吧！《中国调查研究》祝大家言之有物！祝决策者决策有据！祝每一位公民都有知情权、发言权、监督权！

目　录

上编　三十周年回顾

一、中国社会学会方法研究会的成立 3
- （一）1992 年 12 月成立大会纪要 3
  - 1. 贺词和工作报告 5
  - 2. 章程和理事会名单 9
- （二）20 世纪 90 年代的方法学术研讨会 11
  - 1. 全国社会调查研究学术研讨会（1992 年） 11
  - 2. 全国第二届社会调查研究学术研讨会（1996 年） 15
- （三）第 36 届世界社会学大会在京召开 18
  - 1. 理论研究和政策研究的结合 19
  - 2. 重视社会转型和社会变迁的研究 19
  - 3. 社会研究方法有深层次推进 20

二、中国调查研究的蓬勃发展 21
- （一）社会调查研究的新阶段 21
  - 1. 社会学春天的来临 21
  - 2. 丰富多彩的调查研究方法论坛 22
  - 3. 地方省市方法专委会的建立 37
- （二）"中国调查"学术研讨会 40
  - 1. 首届"中国调查"学术研讨会（2010 年） 40
  - 2. 第二届"中国调查"学术研讨会（2011 年） 52
  - 3. 第三届"中国调查"学术研讨会（2015 年） 64
  - 4. 第四届"中国调查"学术研讨会（2017 年） 71
  - 5. 第五届"中国调查"学术研讨会（2018 年） 77

（三）改革开放时期的中国调查研究……………………………… 82
    1. 党政机关和高校学术机构的调查 ……………………… 82
    2. 民意调查和市场调查的兴起……………………………… 86

三、新时代、新征程、新方案 …………………………………… 100
  （一）历史新起点，调研是关键 ………………………………… 100
    1. 八项规定转作风、调查研究是基础 …………………… 100
    2. 2019年杭州"新中国调查研究七十年"学术研讨会 …… 105
    3. "社会治理与调查研究论坛"云端会议顺利召开 ……… 108
  （二）互联网、大数据、元宇宙之应用 ………………………… 111
    1. 大数据时代的来临 ……………………………………… 111
    2. 元宇宙热潮下的社会与未来 …………………………… 113
    3. 社会调查研究方法公益讲座 …………………………… 115
  （三）我党百年调查研究历程之历史经验 ……………………… 118
    1. 方法会秘书处新年致辞 ………………………………… 118
    2. 2021学术年会"方法前沿"论坛举行 ………………… 119
    3. 中国共产党百年调查研究之历史经验 ………………… 123

下编　方法理论前沿

一、调查研究方法的守正创新 …………………………………… 133
  理论导向实证研究的学术理念
    ——我的回顾和总结 ……………………………… 边燕杰　135
  "微全球化"的研究领域及其社会学方法论意义 ……… 孙嘉明　150
  问道于野：调查研究与社会学自主知识体系构建 ……… 罗　静　165
  量化研究背后的理论关切
    ——以代际流动研究为例 ………………… 李　煜　张陈陈　178
  筚路蓝缕启山林
    ——以CSS为例看大型学术调查的成长 ………… 李　炜　192
  "谁动了我们的数据"
    ——从"中国调查"学术研讨会专题讨论谈起 …… 冯　波　205

二、数字化时代的调查研究方法转型 ………………………………… 213

从集体表象到数字表象
——论元宇宙热潮的演化逻辑与扩展根据 ………… 刘少杰 215

教育机会不平等中主要与次要效应的近似估计
——基于学业表现离散化测量的思路 ………… 胡安宁 余家庆 226

社区社会资本测量:
共同体、社会交往与空间 ………… 田丰 尤宇涵 郁思静 247

小世界现象的社会学探索 ………… 陈华珊 王阳 258

大数据中的文本数据和行为数据 ………… 尉建文 李丹 270

数据智能化+私域流量池助力高效降本商业洞察 ……… 朱春贵 281

三、调查研究方法的教学实践和研究 ……………………………… 297

社会研究方法通识课程刍议 ………………………… 赵联飞 299

显著性检验的置换模型
——兼论对社会科学统计类课程建设的改进意见 ……… 吕小康 312

云南省易地扶贫搬迁后续发展力调研思考 ………………… 尤伟琼 327

疫情管控时期社会调查的机遇与挑战 ………… 顾金土 王苏雨涵 338

试析"社会"与"society"概念区别的必然性
——基于调查与文化语境的研究 …………………………… 吴垠 349

混合研究：民族地区社会调查的方法论反思 …… 许庆红 王德文 359

后　记 ……………………………………………………………… 372

上编　三十周年回顾

一、中国社会学会方法研究会的成立

（一）1992 年 12 月成立大会纪要

中国社会学会社会调查研究方法专业委员会成立大会暨学术研讨会，于 1992 年 12 月 15 日至 17 日在天津市社会科学界联合会会议室举行。中国社会学会会长袁方教授，中国社会科学院社会学研究所副所长王庆基同志，中国社会学会副会长、天津社会科学院院长王辉同志，中共天津市委副秘书长、天津市委研究室主任王鸿江同志，天津市社会科学界联合会常务副主席喻宗浩同志，人民日报社驻津记者站肖荻同志，光明日报社驻津记者站路清歧同志，以及来自全国各地的社会调查研究方法专业委员会的理事们参加了大会。大会由社会调查研究方法专业委员会筹备组组长苏驼教授，筹备组成员范伟达、王汉生同志分别主持。袁方教授和王庆基副所长分别代表中国社会学会和中国社会科学院社会学研究所向专业委员会的成立表示祝贺，并做了报告。苏驼教授代表社会调查研究方法专业委员会筹备组报告了专业委员会的筹备经过。范伟达同志主持了对社会调查研究方法专业委员会章程的讨论和修改，并获得了大会的通过。王汉生同志主持了专业委员会理事长和副理事长的选举。理事们选举苏驼同志为理事长，吴军、王汉生、方明、范伟达同志为副理事长。经正、副理事长讨论，决定白红光同志为秘书长，林彬、青连斌、风笑天同志为副秘书长。

会议期间，专业委员会与天津市社会科学界联合会共同举办了全国社会调查研究方法学术研讨会，与会同志围绕如何使社会调查研究方法在社会主义现代化建设中更好地发挥作用这一中心议题进行了交流、讨论。

会议期间，到会理事还就专业委员会今后的会员发展、学术活动、专业培训和开展市场调查咨询服务等项工作进行了讨论。

4 · 中国调查研究——中国社会学会方法研究会成立三十周年专辑

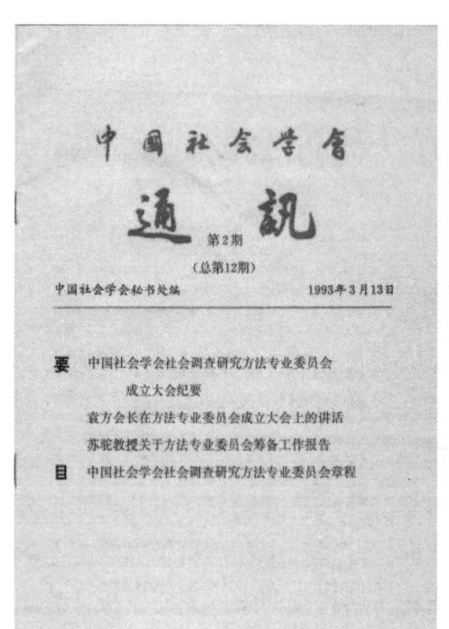

《中国社会学会通讯》第 2 期（1993 年 3 月 13 日）全文刊登"中国社会学会社会调查研究方法专业委员会"成立大会纪要、袁方会长讲话、工作报告和章程理事会名单。

1. 贺词和工作报告

1）袁方教授在成立大会上的讲话

今天在这里隆重举行中国社会学会社会调查研究方法专业委员会成立大会，我代表中国社会学会表示衷心的祝贺！

中国社会学会第三届理事会1990年8月成立以来，为加强学会建设，促进社会学学科发展，加强国内国际间的学术交流，经常务理事会讨论决定：逐步成立社会学各分支专业委员会。到目前，已经建立了教育社会学专业委员会、人口与环境社会学专业委员会，今天成立的社会调查研究方法专业委员会是第三个了。今后还会有农村社会学、劳动社会学、青年社会学等专业委员会相继成立起来。这表明，中国社会学会的工作在迅速开展，兴旺发达。

为建立社会调查研究方法专业委员会，苏驼教授，吴军、王汉生、范伟达、方明、林彬、风笑天、白红光等同志按照学会的章程，并得到学会的同意成立筹备组，开展调查，了解国内外社会调查研究方法的发展情况。仅就国内情况来说，据最近的调查统计，全国已建立十多个社会调查方法教学研究机构，专业人员达百人以上，出版学术著作六十余本，论文约二百余篇。同时，还进行了吸收会员、推选理事的工作。经过一年多的筹备，今天在这里举行成立大会。所有这些应感谢筹备组同志所做的大量有成效的工作，也应感谢天津市社联为成立这个专业委员会所给予的人力、物力、财力的大力支持。党的十四大提出了解放思想，实事求是，建设具有中国特色社会社义的号召，全国人民正在从理论和实践上为深入探索具有中国特色社会主义而努力，在这样一个关键时刻，成立社会调查研究方法专业委员会，对于更好地发挥社会学认识社会、改造社会的作用来说，是非常必要的，也是非常及时的。

社会调查研究方法从一定意义上讲，是社会学学科的基本组成部分。社会学的学科结构，由理论、方法、应用三部分组成，而方法正是从理论过渡到实际应用的桥梁、媒介和中间环节。方法对社会学的基本理论以及其各个分支学科的发展影响极大，不少人都认识到社会学各分支学科的创新发展，总是伴随着方法的改进、更新和突破，有时甚至是以方法的创新为先导。点石成金的故事即说明方法的重要性。

社会调查方法的研究不仅关系到社会学学科的建设和发展，而且也关系到其他相关学科的建设和发展，同时还关系到实际部门决策的水平和效益。特别是在建设具有中国特色的社会学过程中，对于正确全面地了解国情，使理论与实践相结合，为社会主义两个文明建设做贡献来说，社会调查研究方法更是十分重要的一环。

我国老一辈社会学家为使社会学理论结合实际，创建有我国特色的社会学，十分重视社会调查研究方法，曾做过许多有价值的社会调查研究。对社会调查研究方法的理论和应用做出了重要的贡献。如陈达教授是我国社会调查研究方法开拓者之一，他在1923年指导清华学校学生做过清华学校工人生活费调查，所写的《社会调查的尝试》一文发表在1924年出版的《清华学报》上；再如李景汉教授1924年作的《北京人力车夫现状的调查》以及他后来作的《北平郊外之乡村家庭》《定县社会概况调查》和《实地调查方法》都是很有价值的，值得我们认真学习。还有费孝通教授不但运用人类学方法研究了开弦弓村，而且还发展了人类学的社会调查研究方法，受到国内外学术界重视，为马林诺夫斯基教授所赞赏。他还写了《社会调查自白》一书，总结了他的调查研究经验，也是很有价值的，也值得我们认真学习。

社会调查研究方法专业委员会建立起来要求我们坚持社会调查研究工作，开展国内外学术交流，积极培养调查研究人才，更好地发扬继承我国社会调查研究的优良传统，吸收国外有益经验，让社会调查研究方法成为人们认识、研究和改造社会的科学武器，促进有中国特色的社会学迅速成长，为社会主义现代化建设服务。

既然有了专业委员会这样一个具有共同目的的学术团体，就要发挥团体的作用。我们希望大家同心协力，团结一致，让社会调查研究方法在建设具有中国特色的社会主义过程中，发挥更大的作用。祝大会圆满成功。

2）苏驼教授的工作报告

各位领导和代表同志：

请允许我代表筹备小组把中国社会学会社会调查研究方法专业委

员会的筹备工作情况做一个汇报。

社会调查研究方法专业委员会筹备工作是从1991年5月经中国社会学会批准后进行的。主要是进行了两个方面的工作。

第一是学科状况的调查工作。

通过调查可以看到，随着改革开放的深入，调查研究是了解国情，从中国社会实际出发，建设具有中国特色的社会主义的需要。近十多年来社会调查研究活动，有了空前的发展，各类调查数以十万计，其中全国性大型普查达二三十次，发放千份以上问卷调查不下千余次，调查经费至少在十亿元以上。在这种情况下，不少人看到重视不重视调查方法，它的效果是大不一样的，有更多的人认识到要达到正确地了解情况认识社会的目的，运用和掌握好社会调查研究方法是一个重要环节。

通过调查还可以看到，社会调查研究方法这一学科，事实上已经成为社会学的一个重要分支学科，在社会学学科结构中有着重要位置，很多社会学系，在教学计划中都把这一学科列为专业基础学科。调查表明无论在社会学研究以及其他社会科学研究中，还是在实际工作应用研究方面，都发挥着它的工具作用，成为人们科学认识社会、制订政策法规、寻求解决问题办法的重要手段。社会调查研究方法中的许多概念术语正在成为人们日常用语。社会调查研究方法在改革开放、进行具有中国特色的社会主义现代化建设的中国大地上得到了学术界和整个社会的更多的认可。

在调查中还反映出社会调查研究方法这门学科已经有了一支从事教学和研究的专业队伍，而且也建立了一定的研究机构，北京大学、复旦大学、南开大学都设立了社会调查研究方法教研室，山东大学、南京大学等校设立了理论与方法教研室，从事方法教学和研究的专业人员已有一百余人，党校、中央部委院校、社科院系统还有一大批从事方法教学和研究的兼职人员，仅民政部系统就有五十余人。

社会调查研究方法的学术研究活动随着改革开放形势与学科建设发展的需要也得到相应的发展，不少地区召开过社会调查方法学术讨论会，1982年还举办过全国性的研讨会、讲习班、专修班、培训班。

1981年以来在全国重要报刊上发表的论文约有二百余篇,国内学者编写与翻译的专著、教材达六十余本,其中教材有三十余本。

在调查中我们深深感到社会调查研究方法的研究工作还远远落后于形势发展的需要,主要是方法没有能够发挥它应该起的作用,没有实现其应该达到的有效性,不少调查很不重视调查方法的应用,甚至有的是在滥用。为了加强这一学科的建设,推动社会调查研究方法的研究和科学的应用,提高社会调查研究活动的水平,适应社会主义现代化建设的需要,建立研究会是非常必要的,也是适时的。

第二是起草章程,推荐理事,以及学术讨论会的准备工作。

关于章程草案的起草工作主要是根据民政部制订的社团管理条例、中国社会学会章程以及中国社会学会关于建立研究会的规定,同时还参照了教育社会学研究会的章程和社会调查研究方法学科状况而起草的。在章程中的任务方面,主要是突出了社会调查研究方法如何在具有中国特色的社会主义现代化建设中发挥作用这一中心提出的。

理事推选工作是经过酝酿协商并经本单位同意产生的。大多数理事都是在方法教学和研究工作中做出成绩的,很多人都有自己的著述。

这次研究会的成立会是与学术讨论会结合进行的。学术讨论会的中心议题是怎样适应社会主义现代化建设的形势发展需要,更好地发挥社会调查研究方法的作用问题,围绕这一中心,计划就社会调查研究方法在实际工作中和在社会学学科建设中发挥作用问题,以及方法的中国化问题、方法论问题和具体技术问题进行研讨。

筹备工作得到了天津市社会科学界联合会的大力支持,共同主办这次会议,他们在人力、物力、财力上都给予了相当大的帮助,在此表示衷心感谢。

筹备工作还得到了袁方同志、王庆基同志以及社会学会其他领导同志的支持,在此也向他们表示衷心感谢。

筹备工作的不周之处,还望大家予以谅解,存在的问题希望大家批评指正。

2. 章程和理事会名单

1）方法研究会章程

第一章　总则

第一条　中国社会学会社会调查研究方法专业委员会（简称为"中国社会学会方法研究会"）是中国社会学会下属的专业研究会，是研究社会调查方法的群众性学术团体。

第二条　本会以马列主义、毛泽东思想为指导，坚持党的基本路线，坚持理论联系实际的学风，贯彻百家争鸣的方针，探索社会调查研究活动规律；开展社会调查方法的研究，更好地适应社会主义现代化建设的需要。

第三条　本会的任务是：组织与协调会员开展社会调查研究活动及进行社会学方法的研究；普及和推广社会调查研究方法；发现与培养社会调查研究专门人才；负责向有关单位及学术刊物推荐优秀学术成果；开展国内外学术交流；为宏观决策、基层经营咨询服务。

第二章　会员

第四条　凡对社会调查研究方法有一定研究能力和兴趣的专业工作者和非专业研究者，承认本会章程，由本人申请，经本会会员一人介绍和秘书长会议批准，即可为正式会员。

第五条　会员有选举权和被选举权；有对本会工作批评和建议权；有参加本会组织的学术活动和获得本会的信息资料的优先机会。

第六条　会员要遵守本会章程，执行本会决议；做好本会委托的科研或会务工作；按规定交纳会费。对违反法律、法规、本会章程并使本会蒙受重大损失者，可经理事会决议予以除名。

第三章　组织机构

第七条　本会所设理事会为领导机构和会务执行机构。理事会选举理事长一人，副理事长和理事若干人，并报中国社会学会备案。理事会一般每年举行一次会议，亦可以通讯方式进行。

理事会根据需要设立秘书处，由理事长提名秘书长、副秘书长人选，经理事会讨论决定。正、副秘书长在理事长领导下负责处理日常工作并可根据工作需要设若干兼职工作人员组成办事机构。

每届理事会任期五年。首届理事会理事人选由筹备组讨论提名，报中国社会学会审批。以后理事换届，由会员代表协商推举产生。

第四章　经费来源

第八条　本会经费来源有：会员交纳的会费；本会开展的各项学术活动及其他事业的收入；国家及地方有关部门的资助；企事业单位、社会团体和个人的捐助。

第五章　其他

第九条　本章程自一九九二年十二月十六日通过之日起生效。

2）首届理事会名单

中国社会学会社会调查研究方法专业委员会正副理事长、正副秘书长和理事名单

理事长：苏驼

副理事长：吴军、王汉生、方明、范伟达

秘书长：白红光

副秘书长：林彬、青连斌、风笑天

理事（以姓氏笔划为序）：

于　真　男　湖北省社会科学院研究员

王汉生　女　北京大学社会学系博士、方法教研室主任

王康乐　男　湖南省社会科学院副研究员

方　明　男　中国社会科学院社会学研究所博士

仇立平　男　上海大学文学院社会学系副主任

风笑天　男　华中师范大学政治系博士

卢淑华　女　北京大学社会学系教授

史希来　男　中国人民大学社会学系讲师

白红光　男　南开大学社会学系副教授

丘海雄　男　中山大学社会学系讲师

刘　欣　男　华中理工大学社会学系讲师

刘庆龙　男　清华大学社会科学系副教授

吴　军　女　国家统计局社会统计司司长

苏　驼　男　南开大学社会学系教授

李　慷	男	民政部社会调查中心副研究员
杨俊启	男	山东大学社会学系教授
范伟达	男	复旦大学社会调查中心副主任
青连斌	男	中共中央党校科社部讲师
郭崇德	女	北京大学社会学系副教授
黄　平	男	中国社会科学院社会学研究所博士
薛连举	男	哈尔滨市社会科学研究所副研究员

（二）20世纪90年代的方法学术研讨会

1. 全国社会调查研究学术研讨会（1992年）

1992年在天津召开的中国社会学会社会调查研究方法专业委员会成立大会暨学术研讨会的中心议题，是如何使社会调查研究方法在社会主义现代化建设中更好地发挥作用。围绕这一主题，与会同志就五个问题进行了交流、讨论。

1）社会调查研究方法如何在政府决策中进一步发挥作用问题

在讨论中有的同志认为，首先要解决为政府决策服务在应用性研究领域中发挥作用有没有学术价值这一认识问题。有的同志认为，要在政府制定决策中发挥作用，就要加强对应用性范式的研究。目前，我们的研究范式还主要停留在学术性研究领域中，对应用性研究领域涉及不多。由于研究目的的不同，政策研究要求调查成果要更有针对性、可行性。要对某一问题提出具体的、切实可行的解决办法或方案，以便于领导决策。还有的同志认为，当前要重视市场调研。现在国家正处在计划经济体制向社会主义市场经济体制转型的时期，市场变化已成为现代经济生活关注的一个热点。可以搞市场专题调查，为企业组织制订经营目标和营销策略服务。市场经济实质上是消费者至上经济，消费者的需求是多层次的、复杂多变的，各个企业组织都要设法掌握这种信息，这就为我们提供了一个庞大的长期的客户市场。市场调查活动不但能丰富我们的实际知识，还可以带动我们的方法做研究。

2）社会调查研究方法如何在学科建设中进一步发挥作用问题

有的同志认为，提高社会学整体研究水平就要把社会调查研究方法作为一门科学进行普及，每个搞研究的人都要认真扎实地掌握这门基本功。完成这一任务需要有一套规范化的教科书。目前国内出版的有关社会调查方法的书籍有几十本，这对调研方法的普及有贡献，但带来的问题是各种书籍不规范，有的只是调查知识的介绍，不能满足严格训练的要求。这使许多初学者认为调查研究很简单，看一看就会。这种错误观念导致的结果是不适当地使用各种调研方法比不会更糟糕。与会同志对由袁方教授主编的国家教育委员会统编教材《社会调查研究方法》编写大纲进行了专门讨论，希望这本教材在编写过程中更好地体现思想性、科学性、先进性、实用性的要求，反映出这十几年国内的研究水平，使其真正具有中国特色。有的同志建议应增加社会调查研究案例教材，典型的案例分析能够将研究者如何考虑问题、组织思路，如何选择适当的研究手段，怎样针对研究结果下结论直观地再现出来便于理解。由于它和分支社会学相联，也可以帮助读者开阔视野扩展知识领域。自1981年以来，国内学者通过举办讲习班的形式请国外学者讲授了以抽样、问卷、统计分析、计算机应用为主的定量分析方法，但那些还处在初、中级阶段。对于目前国际上一些经验研究所采用的技术，当时学者们还不熟悉，以致于成为进行国际学术交流的"拦路虎"。鉴于国内大多数同志较少有机会走出去，与会同志建议采取请进来的方式，首先提高教育者的水平，继而推进整个学科的实用技术和操作水平。山东大学社会学系介绍了他们开设调查实践课的经验。

3）社会调查研究方法中国化问题

与会的同志通过讨论取得了共识，社会调查研究方法要进一步发挥作用就必须中国化，而不能盲目地崇拜外国。随着改革开放，社会调查活动得到了空前发展，在实际调查中提出了许多有关方法的问题需要解决。例如：问卷方法如何更好地适应中国国情，主体在调查研究中的作用，主观指标在调查研究中的使用，等等。这些问题都要在实践的基础上从调查研究理论的角度进行总结提高，以适应具有中国特色的社会主义现代化建设需要。这些实际问题的解决就意味着具有中国特色的研究方法体系的建立。有的同志提出"调研方法科学化、调研组织网络化、调研内容系列化、调研知识学科化、调研成果商品化、调研人员专业化、调研理论高精化、调研技术精密化"作为建设有中国特色的研究方法体系的发展方向，建议将机制分析作为研究方法的突破口。机制分析的定义是：机制是动态作用联系，事物在运动中有着许多作用联系，朝着一定的向度彼此作用，对事物做因素、条件、结构、功能四大分析之后，再加以动态综合，便是机制分析，探明了机制就意味着现象的描述进到本质的说明。从国外学习归来的同志结合他们在国内外较长时间研修的体会认为，国外的社会情况和国内不一样，国内对国外的研究方法必须根据国内的实际情况加以调整才能行之有效。国外的研究方法不是样样都高明，中国人立足于本土设计出的研究方法完全可以比他们更漂亮。如费孝通教授在小城镇研究和边区开发研究中对社区研究的方法和设计。研究方法必须借鉴和吸取国外的先进技术，同时与国内的理论研究与经验研究结合在一起，进行创造性的研究并独立发展才可以取得成果。有些来自实际调研部门的同志认为，必须寻求适合研究中国人行为特色的方法，首先要吃透被调查者的反应特征和心理特征。中国人社会倾向性高，愿意揣测调查者的调查意图，也容易做出取悦于调查者的回答，这些会使资料的可靠性受到影响。例如：天津市城市社会经济调查队过去使用一个样本调查不同项目，好处是调查员和被调查者熟悉，便于开展工作，但问题是被调查者逐渐掌握了调查规律，可以很快地悟出调查意图，做出不真实的回答。调查组后来采用一个调查项目换一个样本的方法，在经费困难的情况下，也坚持样本轮换周期要尽可能地短，以提高资料的可靠性。对于居民户家庭收入的调查，他们认为调查对象不愿讲真话，除了有利害关系（某些特殊阶层会涉及收入合法性，纳税等问题）以及传统的怕露富的心理外，还有一个特殊原因是中国的多数夫妻都有经济保密问题，所以居民家计调查中的家庭收入必须背靠背地搞。对调查到的数据还要按照对个案研究概括出的规律加以调整，因为填报的收入总比实际收入低。

4）社会学研究方法论的问题

在讨论中，学者们认为要发挥社会调查研究方法的作用还有一个深层次的方法论问题，并对如何看待西方社会学方法论和如何对待马克思主义方法论进行了讨论。有的同志认为，西方社会学研究方法论已走向综合。20 世纪中期占统治地位的是实证主义方法论，实证方法的核心是操作化，其中心思想是：理论概念必须能由经验指标加以量度，只有这样，经验事实才能在抽象层次上被分析,并能对理论做出检验。实证主义方法试图像自然科学那样对事物进行精确分析和客观解释,以建立演绎性的理论体系。这种方法论带动了操作方法和定量方法的发展。20世纪70年代后,实证主义方法论的统治地位开始解体并走向衰落,原因在于对社会现象的认识还需要结合对人的历史境遇和文化世界的理解与洞察。实证主义学派如符号互动、现象学社会学、知识社会学、批判理论共同反对自然主义决定论,强调社会行动的主观意义,在这种方法论的指导下,人文科学的方法得到了发展,如追踪访问、参与观察、个案研究等。目前在西方社会学中没有哪一个学派能占据统治地位,尽管分歧大,但通过争论,社会学方法论中却出现了相互补充的现象,产生了一些新的综合。方法论的综合带动了具体方法在应用中的变化,方法的综合不在于制定统一的社会学方法,而是要根据所研究的具体现象和所依据的具体理论来选择适当的方法,这点是非常重要的,一二种研究方法是不能包打天下的。

还有的同志认为,"马克思主义实践观应是我国应用性研究领域的指导思想。我党历来重视调查研究并将其作为一种工作方法,这种调研是有明确目的的,调查就是解决问题"。一方面马克思主义把社会现象作为客观外在事物加以研究,承认其经验性,强调事实先于理论而存在,认识来源于实践;另一方面对认识(理论)的检验也要在实践中进行,强调不仅要认识世界而且要改造世界,也就是说调查研究不仅仅是对社会现实的单向认识,它本身还要参与社会现实的构造与再构造。这与实证主义和反实证主义重视对知识的贡献,只强调理论的认识功能有着显著的不同。研究方法主要是基本方法和技术手段,但是将哪些研究手段引入社会调查研究方法体系则取决于方法论倾向和社会需要。我国县级以上的党、政、企事业单位都有专职的调研机构,这些部门的职能就是为领导决策服务,通过调研成果参与决策。

5)调查技术需要改进的问题

为了发挥社会调查研究方法的作用,还涉及调查技术改进问题。有的同志指出,问卷方法过于简单化致使其失掉应有的作用是当前的一个主要问题。目前问卷调查方法已成为调查研究中普遍使用的一种方法,但在使用中出现许多错误,关键是过于简单化。问卷调查是和抽样方法、统计分析联系在一起的,有验证理论的作用。所以,首先要有理论框架,理论框架中的概念要有严格的定义,不能是一种模糊的感觉。然后是对概念的操作化,把所要调查的内容变成人们熟悉而又容易回答的问题,并对这些问题的效度进行反复的检查。这些步骤都完成后才能去搜集资料。问卷调查的准备过程需要较长的时间和耐心细致的策划,而目前大多数问卷调查的准备过程很草率,缺少理论支持,问卷中所设计的指标、提出的问题效度低,继而造成搜集上来的资料不可信或者用处不大,使人们对该方法的科学性和作用提出疑问。有的同志分析,造成使用简单化的原因是调研人员对问卷方法学习得不透彻,缺少严格的训练,加上又不按研究程序办事。还有的同志认为,应该对运用问卷方法的调研人员发出诚恳的告诫:问卷调查不要轻易地搞,要搞就必须下大气力,否则就会造成浪费。

在诸种调查方法中问卷方法是比较复杂的,需做技术改进的第二个问题是抽样框问题。在抽样实践中,取得一套良好的抽样框往往是一个很困难的实际问题,而抽样框的质量又决定着抽样的质量。因此,应该做一下提高调查质量的基础性工作。还有的同志提出建立文献库和数据库问题。建立文献库和数据库在发达国家是一个普通的惯例。文献库可将所有的调查报告和论文目录加以收集并分类整理,输入计算机供各地研究者查询,避免各地研究者重复别人劳动,浪费人力物力。数据库则便于某个研究者来查证另一个研究者所做的分析是否正确。有时可能是作者的疏忽造成错误的结论,这时如果别人发现可疑之处,重新分析可以排除这个错误。容许他人查证是确保研究水平的最好办法之一。另外数据库还便于研究者利用别人已收集到的资料(在一定规则内)来做不同分析,将已收集到的资料加以充分利用。目前建立文献库和数据库的技术条件已经具备,需要解决的是建立互惠互利的规则和应遵守的道德准则等问题[①]。

2. 全国第二届社会调查研究学术研讨会(1996年)

由中国社会学会社会调查专业委员会、华中理工大学社会学系和社会调查研究中心联合主办的"全国第二届社会调查方法学术研讨会",于1996年11月10—12日在武汉华中理工大学举行。这是与1986年11月在天津

---

① 中国社会学会秘书处编:《中国社会学通讯》1993年第2期(总第12期),第13-20页。

召开的"全国第一届社会调查方法学术研讨会"整整相隔了 10 年之后的又一次全国性学术会议。来自北京、天津、上海、湖北、江苏等 12 个省、直辖市、自治区的 40 多位代表参加了会议。开幕式上，宣读了中国社会学会社会调查研究方法专业委员会理事长苏驼教授的主题报告，总结了 10 年来我国社会调查事业在方法论、具体研究方法、具体研究技术等方面取得的成果，概括了这一领域的队伍建设、组织机构和主要学术活动的状况。会议收到论文 21 篇、发言提纲 12 份。会议以大会发言和小组专题讨论相结合的方式进行，与会代表本着总结、交流在社会调查研究上取得的成果和经验，明确以后的发展方向，以及促进社会调查研究的规范化和国情化的基本指导思想，分专题进行了研讨。现就其中两个专题的内容综述如下：

1）社会调查和社会研究的概念

关于"社会调查"概念的讨论，是由风笑天（华中理工大学社会学系教授）对社会调查所作的定义引起的。他认为，社会调查指的是一种以结构式问卷为工具，从一个取自总体的样本那里收集资料，并主要通过定量地分析这些资料来认识社会现象及其规律的社会研究方式。它具有使用一定规模的随机样本，使用结构式、标准化的资料收集工具和程序，所收集的是一个时间点上的横切资料以及主要依赖定量分析的特点。因此，普遍调查、典型调查、个案调查都不属于这个意义上的社会调查范畴，实验、实地研究、文献研究也被排除在外。

水延凯（湖北孝感市委党校教授）等人持不同观点。水延凯认为，社会调查是社会调查研究的简称，是人们有目的有意识地通过对社会现象的考察、了解和分析、研究，来认识社会生活的本质及其发展规律的自觉活动。调查属感性认识阶段，而分析、研究属理性认识阶段，我们不能把调查与研究分开，更不能把个案调查、典型调查、观察、实地研究等从社会调查概念中排除出去。风笑天的定义考虑到了同国外学者的概念的"接轨"，但我们更应当考虑到与长期以来在我国学术界和实际工作部门形成的社会调查概念"接轨"。范伟达（复旦大学社会学系副教授）认为，风笑天将"社会研究方法"和"社会调查方法"区分开来，从逻辑上讲是有意义的。但这种区分，目前还不易为国内学者特别是实际工作者接受。我国学者和实际部门的工作者，对毛泽东和中国共产党所倡导的社会调查已经有了一个根深蒂固的概念。刘崇顺（武汉市社会学所研究员）认为，社会调查方法的概念不宜理解得过窄，在我国长期以来形成的社会调查概念，比国外的概念要宽泛得多，内容也丰富得多。过分狭义的社会调查概念，不利于社会调查对实际工作部门的指导。风笑天还区分了"传统社会调查"和"现代社会调查"。他认为，这两种方法的差别突出地表现在：前者以典型调查、个案调查为主要调查方式，据研究者的主观分析、判断，选取几个具体个案或典型作为调查对象，采取无结构的自由访谈、座谈会收集资料，对资料主要做定性分析；而后者以抽样调查为主要调查方式，以一个一定容量的随机样本作为调查对象，主要以自填式问卷或结构式访问的方法收集资料，并主要用定量方法分析资料。风笑天认为，前者适应的是"传统"社会，而后者所适应的是"现代"社会，两者的方法论基础是社会学的人文主义和实证主义方法论。林彬（北京大学社会学系副教授）认为，应当区分社会研究与社会学研究、社会调查与社会学调查、应用研究与理论研究的概念，并探讨它们之间的联系与相互作用。关于社会调查与社会学调查的关系，他引用费孝通先生的观点，认为社会调查只是对某一人群社会见闻的搜集，而社会学调查或研究，是要依据对某一部分事实的考察，来验证一套社会理论或假设。社会学研究是社会研究的一部分。社会研究包括学科研究和非学科研究，在这两类研究中都包含应用研究和理论研究、实证研究和非实证研究。

2）社会调查的具体方法、技术和工作规范

李煜（上海社科院社会学所助理研究员）对开放式问题在定量研究中的应用做了探讨。他认为开放式问题与封闭式问题的区别并不仅仅是在形式上是否提供了可供选择的答案，更为本质的差别是有没有对问题的答案做了提示，而这又使得两种问题在设问、适用条件、优缺点上有很大不同。他还对调查过程中开放问题的操作技巧以及开放问题资料量化分析的技术做了探讨。周长城（华中理工大学社会学系副教授）对标准化访谈中的提问、追问、答案记录等技术和调查员的态度做了说明。陈恢忠（华中理工大学社会学系副教授）对反提问技术、近似提问技术、分解提问技术以实例做了说明。史希来（中国人民大学社会学系副教授）介绍了概率归纳法对社会学研究的意义，简要说明了列联表分析、线性模型的应用和高维列联表的压缩方法。肖明（北京广播学院统计调查研究所讲师）结合舆情调查的实际数据,简要介绍了多元统计分析方法因子分析、聚类分析、多元回归分析等的应用。刘欣简要说明了 Logistic 回归分析的基本思路和在社会学研究中的作用。杨胜坤（贵州社科院社会学所副研究员）探讨了两极测量法在社会测量中的应用。王铁（武汉市社科院城市发展所副研究员）结合自己开发、应用的成果,展示并介绍了 GIS 地理信息系统在社区研究、统计结果的直观展示和比较,抽样框的管理及应用,调查资料数据库的共享等方面的应用和开发潜力。王铁、陶冶等提出建立我国社会学界的资料数据库问题。冯小双（《中国社会科学》杂志社编辑）、范伟达、白红光、唐灿（中国社会科学院社会学所助理研究员）、陶冶等,对目前我国社会调查的规范问题发表了意见。冯小双认为,目前对社会调查方法的应用有两个误区,一是将社会调查神话了,认为社会调查无所不能,不管适用不适用,什么问题都去搞调查。二是不讲科学规范地滥用,比如,有的调查只有 10 个人的样本,还以此为基础做推论。此外,有些调查者不讲职业道德,调查时随便做诱导,甚至伪造数据。范伟达认为,目前国内市场调查、咨询业星罗棋布,但却各自为政。若没有规范的约束,就很难树立好的形象和声誉,很快就会被国外的同行挤垮。唐灿认为,由于对调查方法的神话和无规范的应用,目前国内社会调查的声誉已经受到了影响。比如有几家大报就已经开始拒登有大批数据的文章,它们对个案研究性的文章更感兴趣。现在应当由社会学界牵头,以实际行动来挽回社会调查的声誉。白红光、陶冶等还在发言中探讨了社会调查职业道德规范应包括的具体内容和具体措施。

与会代表在我国社会调查必须坚持科学化、规范化以及必须加强社会调查工作者的职业道德规范建设等方面具有高度的共识[①]。

（三）第 36 届世界社会学大会在京召开

第 36 届世界社会学大会于 2004 年 7 月 7 日至 11 日在中国北京举行。大会主题是"全球化背景下的社会变迁"（Social change in the age of

---

① 刘欣:"全国第二届社会调查方法学术研讨会综述",《社会学研究》1997 年第 2 期。

globalization）。这次国际社会学大会充分展示了我国社会调查研究及其方法在 21 世纪来临之际所体现的新的特点和未来走向。

1. 理论研究和政策研究的结合

社会调查研究进一步与理论研究和政策研究更密切地结合起来。2005 年 2 月，胡锦涛总书记在中共中央政治局第二十次集体学习时强调，要加强构建社会主义和谐社会重大问题的调查研究和理论研究，着力提高构建社会主义和谐社会的本领，把社会主义和谐社会建设的各项工作落到实处。并就调查研究的近期努力方向做了针对性的部署，即要加强对本地区本部门和谐社会建设有关情况和工作的调查研究，要加强对社会结构发展变化的调查研究，要加强对社会利益关系发展变化的调查研究，要加强对维护社会稳定工作的调查研究。由"当代中国社会结构变迁研究"课题组所撰写、陆学艺主编的《当代中国社会阶层研究报告》就是一部代表作。调查研究与和谐社会建设的密切结合，昭示着中国社会学研究的春天到来。

2. 重视社会转型和社会变迁的研究

社会调查研究更重视对社会转型和社会变迁的研究，同时将横贯研究与纵贯研究紧密结合起来。在第 36 届世界社会学大会的近百个论坛中，复旦大学主办了"全球化与浦东社会变迁"主题论坛，向国内外与会者展示了中国首例 10 年追踪调查权威报告。该项纵贯研究从 1993 年启动，研究通过透视微观家庭来纵览宏观社会，通过个体价值、意向和行为的变迁来衡量社会变迁的程度，同时通过了解民意来促进政府工作决策的民主化、科学化进程，调查采用问卷抽样调查和个案深度调查相结合的方式，对新区的社会发展、社情民意进行一项纵贯研究，每隔 5 年进行一次大规模调查，每年进行一次专题调查，整个计划已进行了近 15 年。

复旦大学在第 36 届世界社会学大会上举办主题论坛

同时，社会调查研究更注重对现实社会问题特别是和谐社会建设中所面临的重大课题进行研究。21 世纪初，《世纪图景——21 世纪国人生活权威调查》[①]一书曾以叩响21世纪的大门为总论，展开了对国人心声、阶层呼声、地区差异全方位的研究，涉及世纪话题中发展与进步、科教、环保、户籍、经济图景、贫富差距等一系列的现实社会问题。在2006年和2007年的方法专题论坛中，专家学者也围绕社区建设、公众参与、社会幸福感、国企改制、精英流动、新农村建设、社会和谐治理等一系列热点问题做了报告和讨论。

3. 社会研究方法有深层次推进

社会调查研究在方法论和研究方法上有了深层次的推进和发展。为了总结、积累我国学术界和高教界在教学和研究方面的经验，教育部制定了"十一五"国家级教材规划选题，其中复旦大学范伟达《社会调查研究方法》（复旦大学出版社）、南京大学风笑天《社会学研究方法》（中国人民大学出版社）、江苏省社科院宋林飞《社会调查研究方法》（江苏教育出版社）、上海财经大学张彦《社会统计学》（高等教育出版社）等，被列为"十一五"国家级教材规划。教材建设是推进研究方法深入的有效手段，学术团体、各种学会也是进行方法研究探讨的重要平台。

[①] 范伟达主编：《世纪图景——21世纪国人生活权威调查》，中国社会出版社2000年版。

二、中国调查研究的蓬勃发展

（一）社会调查研究的新阶段

1. 社会学春天的来临

2005年2月21日下午，中共中央政治局进行第二十次集体学习，中共中央总书记胡锦涛主持。他强调，要加强对构建社会主义和谐社会重大问题的调查研究和理论研究，着力提高构建社会主义和谐社会的本领，把社会主义和谐社会建设的各项工作落到实处。

中央政治局这次集体学习安排的内容是努力构建社会主义和谐社会。中国社会科学院社会学研究所李培林研究员、景天魁研究员就这个问题进行讲解，并谈了他们的有关看法和建议。中央政治局各位同志认真听取了他们的讲解，并就有关问题进行了讨论。

胡锦涛总书记在主持学习时发表了讲话。他指出，调查研究是我们的谋事之基、成事之道。各级党委、政府和领导干部要切实加强对本地区本部门和谐社会建设有关情况和工作的调查研究，全面分析和把握社会建设和管理的发展趋势，为制定政策、开展工作奠定坚实的基础。要加强对社会结构发展变化的调查研究，深入认识和分析阶层结构、城乡结构、区域结构、人口结构、就业结构、社会组织结构等方面情况的发展变化和发展趋势，以利于深入认识在发展社会主义市场经济和对外开放的条件下我国社会发展的特点和规律，更好地推进社会建设和管理。要加强对社会利益关系发展变化的调查研究，深入认识和分析我国社会利益结构、利益关系等方面情况的发展变化和发展趋势，以利于完善政策措施，更好地统筹各方面的利益关系和利益要求。要加强对维护社会稳定工作的调查研究，深入认识和分析公共安全、社会治安等方面情况的发展变化和发展趋势，以利于健全维护社会稳定的有效机制，保证广大人民群众安居乐业。各级领导干部要深入基层、深入群众、深入实际，通过开展广泛深入的调查研究，切实提高思想认识水平，切实提高政策水平，切实提高工作水平，努力把构建社会主义和谐社会的各项工作落实好。

2. 丰富多彩的调查研究方法论坛

1) 2006年太原"民意研究与和谐社会"论坛

表2-1　2006年太原"民意研究与和谐社会"论坛日程

时间	论坛学术研讨内容	主持人
8:30—10:00（第一单元）	1. 发言人：复旦大学社会学院教学委员会主任　范伟达教授 发言题目：民意调查：反映还是塑造民意——兼论民意调查在中国 评论人：同济大学法学院院长　章仁彪教授 2. 发言人：中共中央党校社会教研室主任　青连斌教授 发言题目：构建和谐社会面临的矛盾和问题 评论人：中国人民大学社会学系　刘少杰教授 3. 发言人：中国社科院社会学所　罗静博士后 发言题目：建设和谐社会需要怎样的民意调查 评论人：华东师范大学法政学院副院长　文军教授 4. 发言人：郑州大学公共管理学院　纪德尚教授 发言题目：民意调查的事实分析与价值回归 评论人：华东理工大学社会与公共管理学院　纪晓岚教授 5. 发言人：贵州省社科院社会学所所长　史昭乐教授 发言题目：从问卷调查实践看若干调查员误差问题的解决路径 评论人：武汉市社会科学院　刘崇顺研究员	白红光
10:10—10:30	茶歇	
10:30—12:00（第二单元）	1. 发言人：上海财经大学经济社会学系主任　张彦教授 发言题目：上海市社区慈善超市经营的研究报告 评论人：复旦大学社会学系　陈天仁教授 2. 发言人：上海大学社会学系系主任　张文宏教授 发言题目：学术性社会调查中运用行政资源的制约因素与具体问题 评论人：华东理工大学社会学系系主任　何雪松副教授 3. 发言人：华东师范大学社会学系　邝春伟讲师 发言题目：关于使用计算器进行随机抽样的意外发现报告 评论人：长春理工大学法学院　卜长莉教授	范伟达

续表

时间	论坛学术研讨内容	主持人
10：30—12：00 （第二单元）	4. 发言人：武汉大学社会学系　王进副教授 发言题目：问卷调查中的指标设计 评论人：华东政法学院社会学系系主任　李建勇教授 5. 发言人：南京大学公共管理学院　范克新副教授 发言题目：社会调查中资料缺失的处理研究 评论人：山东大学社会学系　王忠武教授	
14：00—16：00 （第三单元）	1. 发言人：上海市社会学学会副秘书长兼调研部主任　陈天仁教授 发言题目：学术性社团运作机制的实践与创新 评论人：浙江大学社会学系副系主任　冯刚教授 2. 发言人：华东理工大学社会与公共管理学院　纪晓岚教授 发言题目：小城镇农民工生存与发展环境的研究与思考——吴江横扇小城镇调查 评论人：吉林大学　董云生讲师 3. 发言人：华东理工大学社会与公共管理学院　陈丰讲师 发言题目：小城镇流动人口居住管理状况调查报告 评论人：河南焦作大学法政系　吴雯讲师 4. 发言人：吉林大学社会学系副教授　王文彬教授 发言题目：社会资本情境对选择行为的实证分析 评论人：华东师范大学社会学系　邝春伟讲师 5. 发言人：中共山东省委党校　宋协娜教授 发言题目：构建和谐社会的家庭幸福观 评论人：中国社科院社会学所　罗静博士后	青连斌
16：00—16：20	茶歇	
16：20—18：00 （第四单元）	1. 发言人：南开大学社会学系主任　白红光教授 发言题目：民意调查与和谐社会 评论人：中共中央党校社会教研室主任　青连斌教授 2. 发言人：河南省委党校哲学部　杨军剑教师 发言题目：建设和谐社会：政府职能转变与完善利益表达 评论人：郑州大学公共管理学院　纪尚德教授 3. 发言人：上海市长宁区江苏路街道办事处　李荣华主任 发言题目：构建城市社区为民便利服务体系的初步研究 评论人：华东理工大学社会与公共管理学院　陈丰讲师	

续表

时间	论坛学术研讨内容	主持人
16:20—18:00（第四单元）	4. 发言人：浙江林学院人文学院系主任　张本敏副教授 发言题目：生态小城镇与生态村互动模式研究 评论人：南开大学社会学系系主任　白红光教授 5. 发言人：云南大学社会学系系主任 发言题目：寻求"理论—证据"的直观联结　王彦斌教授 评论人：复旦大学社会学院教学委员会主任　范伟达教授	史昭乐

2) 2007年长沙"调查研究与和谐社会建设"论坛

论坛名称：调查研究与和谐社会建设

论坛负责人：范伟达、白红光

论坛时间：2007年7月21日

表2-2　中国社会学会2007年学术年会论坛日程

时间	论坛学术研讨内容	主持人
8:30—10:10（第一单元）	1. 发言人：范伟达　复旦大学社会学系教授、复旦市调中心主任 发言题目：试论调查研究与和谐社会建设 评论人：渠敬东　中国社科院《社会学研究》副主编、研究员 2. 发言人：纪德尚　郑州大学公共管理学院教授 发言题目：对社会调查研究的反思性研究 评论人：罗静　中国社科院社会学所博士后 3. 发言人：刘平　沈阳师范大学社会学院 发言题目：特殊性和"通则"——关于社会学研究的中国化 评论人：张宛丽　中国社科院社会学研究所研究员 4. 发言人：陈天仁　复旦大学社会学系教授 发言题目：构建和谐社会与人文社区的实事工程 评论人：纪德尚　郑州大学公共管理学院教授 5. 发言人：康新贵　广东平正信诚律师事务所律师 发言题目：多元化的和谐福利社会 评论人：李慷　国家民政部社会调查中心研究员 6. 发言人：钱玉峰　山东省滨州学院政治系教授 发言题目：构建社会主义和谐滨州的思考 评论人：史昭乐　贵州省社科院社会学所所长、教授	白红光
10:10—10:30	茶歇	

续表

时间	论坛学术研讨内容	主持人
10:30—12:00 （第二单元）	1. 发言人：范晓光　浙江社科院社会学研究所助理研究员 发言题目：代表性与操作性：一项关于网上调查的社会学考察 评论人：卜长莉　长春理工大学社会学系教授 2. 发言人：张湖东　广州社情民意研究中心主任 发言题目：独立民意调查在构建和谐社会中的作用 评论人：范伟达　复旦大学社会学系教授、复旦市调中心主任 3. 发言人：冯波　中国传媒大学政治与法律学院主任、教授 发言题目：论在大众传媒领域进行社会调查方法教育的必要性 评论人：张湖东　广州社情民意研究中心主任 4. 发言人：梁幸枝　广州社情民意研究中心研究人员 发言题目：民调机构：公众参与社会政策的重要平台 评论人：冯波　中国传媒大学政治与法律学院主任、教授 5. 发言人：张小山　华中科技大学社会学系副教授 发言题目：澄清社会研究中与分析单位有关的若干问题 评论人：李芹　山东大学哲学与社会发展学院教授 6. 发言人：郭强　华东理工大学教授 发言题目：我国学生科学素养状况调查报告 评论人：李煜　上海社科院社会学所副研究员、调研室主任	青连斌
12:00—14:00	用餐、午休	
14:00—15:00 （第三单元）	1. 发言人：李文华　广西师范大学法学院教授、副院长 发言题目：关于"自由度"的几个问题探析 评论人：张文宏　上海大学人文学院副院长、社会学系教授 2. 发言人：蒋逸民　华东师范大学社会学系副教授 发言题目：论定量研究与定性研究的结合及其对调查研究的启示 评论人：白红光　南开大学社会学系系主任、教授 3. 发言人：邝春伟　华东师范大学社会学系讲师 发言题目：社会调查中的误差及其处理方法 评论人：风笑天　南京大学社会学系教授	

续表

时间	论坛学术研讨内容	主持人
14:00—15:00 (第三单元)	4. 发言人：王佳妮　复旦大学社会学系研究生 　　发言题目：社会学研究方法论在当下的几个议题 　　评论人：贺银凤　河北社科院社会学所研究员 5. 发言人：王彦斌　云南大学公共管理学院教授 　　发言题目：一项关于组织公民行为的测量思路 　　评论人：刘崇顺　武汉市社会科学院研究员 6. 发言人：吴淑凤　上海财经大学人文学院经济社会学系讲师 　　发言题目：社会幸福感，衡量城市全面和谐发展的新维度 　　评论人：邝春伟　华东师范大学社会学系讲师 7. 发言人：游正林　中国劳动关系学院副教授 　　发言题目：建构中的定量因果分析 　　评论人：张彦　上海财经大学经济社会学系系主任、教授	刘欣
15:50—16:10	茶歇	
16:10—18:00 (第四单元)	1. 发言人：李芹　山东大学哲学与社会发展学院教授 　　发言题目：村庄社区和谐的有效途径 　　评论人：纪晓岚　华东理工大学社会学系系主任、教授 2. 发言人：王健　成都市社科院副所长、副研究员 　　发言题目：从服务需求看社区服务的性质 　　评论人：于真　湖北省社科院社会学所研究员 3. 发言人：卜长莉　长春理工大学社会学系教授 　　发言题目：在国企改制中崛起的东北民营企业 　　评论人：王康乐　湖南省社科院社会学所研究员 4. 发言人：陈雯华　中师大社会学系社调中心调研人员 　　发言题目：底层社会精英向上流动的路径 　　评论人：刘欣　复旦大学社会学系系主任、教授 5. 发言人：徐晓军　华中师范大学社会学系博士后、副教授 　　发言题目：论农村研究的家乡化 　　评论人：王彦斌　云南大学公共管理学院教授 6. 发言人：陶庆　北京大学政治人类学博士后、教授 　　发言题目：社会和谐治理："正当妥协"的宪政地方性知识 　　评论人：青连斌　中共中央党校社会教研室主任、教授	范伟达

3) 2008年长春"中国社会调查三十年"论坛

论坛名称：中国社会调查三十年

论坛负责人：范伟达、白红光

论坛时间：2008年7月21日

表2-3　中国社会学会2008年学术年会论坛日程

时间	论坛学术研讨内容	主持人
8：30—10：00 （第一单元）	1. 发言人：白红光　南开大学社会学系教授、系主任 　　发言题目：中国社会学的建设与调查研究 　　评论人：史昭乐　贵州省社科院社会学所所长、教授 2. 发言人：刘崇顺　武汉市社科院社会学所研究员、所长 　　发言题目：社会调查与社会学调查 　　评论人：风笑天　南京大学社会学系教授 3. 发言人：刘少杰　中国人民大学社会学系教授 　　发言题目：中国社会调查的理论前提 　　评论人：纪德尚　郑州大学公共管理学院教授 4. 发言人：蒋逸民　华东师范大学社会学系副教授 　　发言题目：科学研究精神与科学方法：回顾与展望 　　评论人：范伟达　复旦大学社会学系教授、市调中心主任 5. 发言人：王振威　武汉中南民族大学民社学院社会学教师 　　发言题目：对"官入"调查研究方法之反思 　　评论人：马晓俊　复旦大学出版社人文社科编辑室编辑 6. 发言人：温都日娜　内蒙古大学民族学与社会学学院 　　发言题目：浅析影响调查研究客观性的若干因素 　　评论人：张彦　上海财经大学经济社会学系教授、系主任	范伟达
10：00—10：20	茶歇	
10：20—12：00 （第二单元）	1. 发言人：陈天仁　复旦大学社会学系教授 　　发言题目：上海文化的国际化建设 　　评论人：范广伟　社科文献出版社总编助理、出版中心主任 2. 发言人：张湖东　广州社情民意研究中心主任 　　发言题目：政策实施阶段性公众评价的一个研究框架 　　评论人：仓平　东华大学科研处副处长、副教授 3. 发言人：易玉　沈阳工业大学专利法研究所所长 　　发言题目：辽宁省公民科学素养调查 　　评论人：张湖东　广州社情民意研究中心主任 4. 发言人：刘轶梅　哈尔滨市社会科学院社会学所副所长 　　发言题目：哈尔滨市城市公民公共行为文明素质调查测评报告 　　评论人：白红光　南开大学社会学系教授、系主任 5. 发言人：刘成斌　浙江师范大学法政学院讲师 　　发言题目：测量何以科学：调查问卷设计的四个关键 　　评论人：刘欣　复旦大学社会学系主任、教授	刘欣

续表

时间	论坛学术研讨内容	主持人
12:00—14:00	用餐、午休	
14:00—15:30（第三单元）	1. 发言人：王佳妮　复旦大学社会学系研究生 　　发言题目：改革开放三十年热点问题调查 　　评论人：青连斌　中共中央党校社会学教研室教授 2. 发言人：侯媛媛　北京零点调查有限责任公司 　　发言题目：提升广告投资决策水平的方法研究 　　评论人：尹海洁　哈尔滨工业大学社会学系教授 3. 发言人：梁铭坚　广州社情民意研究中心数据分析师 　　发言题目：探讨博弈行为对政务"窗口"服务满意度调查的影响 　　评论人：张文宏　上海大学人文学院副院长、社会学系教授 4. 发言人：仓平东　华大学科研处副处长、副教授 　　发言题目：影响公众安全感的因素模型及对策研究 　　评论人：蒋逸民　华东师范大学社会学系副教授 5. 发言人：吴垠　北京零点研究咨询集团、研究部总经理 　　发言题目：提升满意度计量水平方法的探讨 　　评论人：卜长莉　长春理工大学社会学系教授 6. 发言人：易外庚　江西省社科院社会调查事务所助理研究员 　　发言题目：中部地区城市"农民工"生存状况研究 　　评论人：刘崇顺　武汉市社科院社会学所研究员、所长	青连斌
15:30—15:50	茶歇	
15:50—17:30（第四单元）	1. 发言人：张晓霞　长春理工大学马克思主义学院讲师 　　发言题目：处于起步中的长春市社区经济 　　评论人：吴垠　北京零点研究咨询集团、研究部总经理 2. 发言人：尹海洁　哈尔滨工业大学社会学系教授 　　发言题目：残疾人的受教育状况：公平缺失与水平滑坡 　　评论人：陈天仁　复旦大学社会学系教授 3. 发言人：牛喜霞　山东理工大学社会学系教师 　　发言题目：城市化进程中被征农民综合安置模式研究 　　评论人：贺银凤　云南大学社会学系教授 4. 发言人：康新贵　广东平正信诚律师事务所律师 　　发言题目：当代中国社会四个阶层划分与阶级矛盾 　　评论人：王彦斌　云南大学社会学系教授 5. 发言人：范伟达　复旦大学社会学系教授、市调中心主任 　　发言题目：《中国调查史》写作思路 　　座谈讨论《中国调查史》书稿的写作	白红光

4) 2009 年西安"中国社会调查六十年"论坛

论坛名称：中国社会调查六十年

论坛负责人：范伟达、白红光

论坛时间：2009 年 7 月 20 日

表 2-4　中国社会学会 2009 年学术年会论坛日程

时间	论坛学术研讨内容	主持人
8:30—10:10（第一单元）	1. 发言人：范伟达　中国社会学会方法研究会会长、教授 　　发言题目：金融危机与中国调查业的现状与趋势 　　评论人：刘崇顺　武汉市社科院社会学所所长、研究员 2. 发言人：董金秋　河北农大人文社科学院讲师 　　发言题目：中国社会学研究的历史与现状分析 　　评论人：段学芬　天津理工大学院长、教授 3. 发言人：刘崇顺　武汉市社科院社会学所所长、研究员 　　发言题目：社会转型与城市发展——写在武汉解放 60 周年 　　评论人：白红光　南开大学社会学系主任、教授 4. 发言人：李德滨　哈尔滨市社会科学院研究员 　　发言题目：我与社会学 30 年 　　评论人：王彦斌　沈阳师范大学社会学学院教授 5. 发言人：梁幸枝　广州社情民意研究中心室主任 　　发言题目：官办民调机构发展研究分析 　　评论人：郭强　华东理工大学城市管理学院教授	白红光
10:10—10:30	茶歇	
10:30—12:00（第二单元）	1. 发言人：白红光　中国社会学会方法研究会秘书长、教授 　　发言题目：中国社会学与社会调查 　　评论人：史昭乐　贵州省社科院社会学所所长、教授 2. 发言人：范晓光　浙江省社科院社会学所研究员 　　发言题目：社会学定量分析中的内生性问题 　　评论人：刘欣　复旦大学社会学系系主任、教授 3. 发言人：王彦斌　沈阳师范大学社会学学院教授 　　发言题目：组织认同影响因素的聚类分析与 Logistic 回归分析 　　评论人：尹海洁　哈尔滨工业大学社会学系教授 4. 发言人：张丽萍　中国社科院社会学所助理研究员 　　发言题目：应用 Kish 表入户抽样被访者年龄结构扭曲问题研究 　　评论人：李煜　上海社会科学院社会学所调查研究室主任	

续表

时间	论坛学术研讨内容	主持人
10:30—12:00（第二单元）	5. 发言人：张杨波　武汉大学社会学系讲师 发言题目：内容分析方法：样本获得中的选择性机制 评论人：刘大可　福建省委党校社会发展研究所所长、教授 6. 发言人：尹海洁　哈尔滨工业大学社会学系教授 发言题目：大学毕业生成就水平及其影响因素的BP神经网络分析 评论人：邝春伟　华东师范大学社会调查中心主任、教授	刘欣
14:00—16:00（第三单元）	1. 发言人：陈天仁　上海社会学会常务理事、复旦大学社会学教授 发言题目：城乡一体化进程中农民家庭生活与文化消费的研究 评论人：纪德尚　郑州大学公共管理学院教授 2. 发言人：周巍　东莞理工城市学院社情研究中心主任 发言题目：东莞市零就业家庭现状调查报告 评论人：梁幸枝　广州社情民意研究中心室主任 3. 发言人：王磊　辽宁社会科学院社会学研究所助理研究员 发言题目：辽宁省农村低保基层实践问题研究 评论人：陈天仁　上海社会学会常务理事、复旦大学社会学教授 4. 发言人：易外庚　江西省社会科学院社会调查事务所助理研究员 发言题目：金融危机对中部地区城市居民的影响 评论人：李俊　华东政法大学社会发展学院讲师 5. 发言人：刘大可　福建省委党校社会发展研究所所长、教授 发言题目：客家村落通婚网络构成及其多维动因分析 评论人：朱力　南京大学社会学系教授 6. 发言人：谭贤楚　湖北民族学院副教授，湖北省社会学会理事 发言题目：现代化进程中的民族文化变迁：内涵与机理 评论人：渠敬东　中国社科院《社会学研究》编辑部主任、研究员	渠敬东
16:00—16:20	茶歇	

续表

时间	论坛学术研讨内容	主持人
16：20—18：00（第四单元）	1. 发言人：王桂秀　浦东新区社会经济调查中心统计师 　　发言题目：关于构建公众满意评价体系的探索和尝试 　　评论人：雷少波　重庆大学出版社《万卷方法》丛书编辑 2. 发言人：沈岱易　复旦市调中心、神州调查公司市场部经理 　　发言题目：电信行业顾客满意度测评分析 　　评论人：姜标　南康科技 CATI 系统客户经理 3. 发言人：段学芬　天津理工大学院长、教授 　　发言题目：和谐社会建设中和谐度指标体系研究 　　评论人：张文宏　上海大学人文学院副院长、社会学系教授 4. 发言人：李俊　华东政法大学社会发展学院讲师 　　发言题目：专业歧视：一个令大学生尴尬的话题 　　评论人：纪晓岚　华东理工大学社会与公共管理学院教授 5. 发言人：匡晓波　北京商智通信息技术有限公司技术总监 　　发言题目：CATI 系统的现状与未来——"海峡两岸四地消费者信心指数研究项目"谈起 　　评论人：范伟达　复旦大学社会学系教授、神州调查公司总经理	范伟达

在建国 60 周年的日子里，方法研究会举办的"中国社会调查六十年"学术论坛顺利举行。

中国社会学会方法研究会举办的"中国社会调查六十年"学术论坛于 7 月 21 日在 2009 年全国社会学年会上顺利举行。本论坛由方法研究会会长范伟达教授和秘书长白红光教授负责；贵州社科院史昭乐所长、武汉社科院刘崇顺所长和哈尔滨工业大学社会学系尹海洁教授主持了全天各个单元的专题讨论；上海大学人文学院副院长张文宏教授、郑州大学公共管理学院纪德尚教授、华东理工大学城市管理学院郭强教授、上海社科院社会学所李煜主任等专家学者进行了精彩的点评。与会代表近 60 人次参加了本论坛的发言和评论，会议学术气氛浓厚、讨论热烈，与会者受益匪浅。更为可喜的是不少从事方法教学与研究的年轻博士、讲师、副教授、副研究员积极参与本论坛的研讨，青年才俊的加入带来了学术前沿的思考与方法，让人耳目一新，青年学者们参加论坛后也欣喜地表示："终于找到了自己的组织。"

本次调查方法论坛内容广泛，专题深入。有的代表从调查史角度回顾总结了历史和现状；有的代表从方法论、研究方法角度进行具体论证；有的代表则以自己亲自主持研究项目为例介绍交流了心得。

中国社科院社会学博士生董金秋讲师以社会学规范性研究方法为参照，对中国社会学研究的历史和现状进行了反思性思考。武汉市社科院所长刘崇顺研究员以武汉为例，研究了武汉近60年来社会转型与城市发展的历史进程。浙江省社科院社会学所范晓光助理研究员以社会互动效应研究为例，探讨了社会学定量分析中的内生性问题，讨论了遗漏偏误、自选择偏误、样本选择偏误和联立性偏误等四种主要内生性问题的来源，并介绍了克服问题的一系列模型识别方法。中国社科院社会学所张丽萍助理研究员的论文"应用Kish表入户抽样被访者年龄结构扭曲问题研究"引起了与会者的广泛关注。

上海社会学会常务理事、复旦大学社会学教授陈天仁通过对上海市郊区208户农民家庭生活与文化消费的调查，了解农民家庭近3年的经济收入、影响生活消费的主要因素，并提出了16条对策建议。福建省委党校社会发展研究所所长刘大可教授在田野调查的基础上，以闽西武北村落为例，就客家村落通婚网络的基本情况、影响通婚的诸因素等做了比较和深入系统的探索。天津理工大学段学芬院长介绍了天津社科重点项目"和谐社会建设中和谐度指标体系研究"的理论依据、评估模型、指标遴选原则方法、权重的确定、数据采集处理等七个方面，展现了指标体系建立的全过程。哈尔滨工业大学社会学系尹海洁教授采用计算机神经网络分析的方法，基于哈工大毕业生状况调查的数据，对大学毕业生的成就性水平及其影响因素进行了BP神经网络分析，以成就性水平为输出变量，以25个因素为输入变量，得出这些变量对毕业生成就性水平影响程度的大小及其排序。这一研究成果引起了与会者的浓厚兴趣和热烈讨论。

国家标准委和国家统计局相关部门目前正就市场调查、民意调查和社会调查的相关术语标准征求各方意见。本次论坛除有高校、科研单位就社会调查和研究进行学术交流外，还有从事市场调查、民意调查的机构和公司代表进行了发言介绍。广州社情民意研究中心的梁幸枝主任做了官办民调机构发展的研究分析，认为民意机构参与到政策的制定和实施过程中，是利益主体多元化的必然要求，民调机构必须尽快找到符合国情、社情的道路，真正建立起完善深入了解民情、充分反映民意、广泛集中民智、切实珍惜民力的决策机构。复旦市场调研中心主任助理、神州市场调查公司沈岱易研究员介绍了多年来公司在从事顾客满意度研究中结构方程以及 lisrel 软件的应用。北京商智通信息技术公司匡晓波总经理以"海峡两岸四地消费者信心指数项目"为例谈了 CATI 系统的现状和未来。南康科技有限公司华南办事处谷曼丹主管介绍了南康公司近年来开拓和拥有 200 多家客户的经验与今后发展。为了鼓励和表彰与会代表优秀的学术成果，方法研究会自本论坛起设立优秀论文奖项，经与会代表匿名评选，本次论坛评选出一等奖论文获得者 3 名，二等奖论文获得者 5 名。

本次论坛是在方法研究会换届并经国家民政部今年 6 月正式登记发证后，首次组织的一项学术研讨活动。在论坛讨论中，到会的理事、会员代表对方法研究会今后的工作和发展也提出了积极的建议和要求，指出规范调查一定要有"方向感"，要"有秩序"和"有良知"，方法研究会的责任重大。经研究，方法研究会在今后一年中将举办"现代调查研究方法"高级讲习班，筹备召开全国性的"中国调查国际学术峰会"，建立与开通"中国调查"官方网站，进一步调整充实理事会、吸纳新的会员，为推进调查方法的教学和科研，为我国的调查事业规范、健康发展做出贡献。

附件：中国社会学会方法研究会"中国社会调查六十年"论坛获奖论文名单

一等奖

1. 社会学定量分析中的内生性问题：以社会互动效应研究为例　陈云松、范晓光

2. 大学毕业生的成就水平及其影响因素的 BP 神经网络分析　尹海洁

3. 城乡一体化进程中农民家庭生活与文化消费的研究——对上海市郊区 208 户农民家庭的调查分析及对策建议　陈天仁、蒋葵

二等奖

1. 中国社会学研究的历史与现状分析——以规范化研究方法为参照　董金秋

2. 和谐社会建设中和谐度指标体系研究　段学芬

3. 应用 Kish 表入户抽样被访者年龄结构扭曲问题研究　张丽萍

4. 现代化进程中的民族文化变迁：内涵与机理——武陵山区"G"村土家文化调查研究　谭贤楚、朱力

5. 客家村落通婚网络构成及其多维动因分析——闽西武北村落的田野调查研究　刘大可

"中国社会调查六十年"论坛照片

"中国社会调查六十年"论坛是方法研究会换届并经国家民政部 2009 年 6 月正式登记发证后组织的一项学术研讨活动。在论坛讨论中到会的理事会员代表对方法研究会今后的工作进行了研究讨论。

中国社会学会社会调查研究方法专业委员会（中国社会学会方法研究会）第二届理事会名单：

经过十多年的方法交流和学术活动后，中国社会学会方法研究会在 2009 年换届产生了第二届理事会成员，由范伟达教授任方法研究会会长、白红光教授任秘书长、苏驼教授为名誉会长。

苏驼教授　　　　　范伟达教授　　　　白红光教授

名誉会长：苏驼
会　长：范伟达
副会长：白红光、陈婴婴、郭志刚、马京奎
秘书长：白红光（兼）
副秘书长：青连斌　风笑天　丘海雄　郝大海　王彦斌
理　　事：范伟达　复旦大学社会学系教授、市场调研中心主任
　　　　　　　　　　上海社会学会调查研究方法专业委员会主任
　　　　　　白红光　南开大学社会学系教授、系主任
　　　　　　陈婴婴　中国礼科院社会学所研究员、室主任
　　　　　　郭志刚　北京大学社会学系教授
　　　　　　马京奎　国家统计局社会科技司司长
　　　　　　青连斌　中共中央党校社会学系教授
　　　　　　风笑天　南京大学社会学系教授
　　　　　　丘海雄　中山大学社会学系教授
　　　　　　郝大海　中国人民大学社会学系副教授
　　　　　　王彦斌　云南大学社会学系教授
　　　　　　夏传龄　中国社科院社会学所副研究员
　　　　　　罗　静　中国社科院城市环境研究中心博士后
　　　　　　王汉生　北京大学社会学系教授

林彬	北京大学社会学系副教授
史希来	中国人民大学社会学系副教授
冯波	中国传媒大学社科学院教授、教研主任
张文宏	上海大学社会学系教授、副院长
李煜	上海社科院社会学所副研究员、室主任
刘欣	复旦大学社会学系教授、系主任
瞿铁鹏	复旦大学社会学系教授
潘天舒	复旦大学社会学系副教授
张彦	上海财经大学社会学系教授、系主任
罗新忠	上海新闻报社总编助理、办公室主任
郭强	华东理工大学社会学系教授
邝春伟	华东师范大学社会调查研究中心主任
范冰	中共上海市委宣传部党校教师
郭大水	南开大学社会学系副教授
尹海洁	哈尔滨工业大学社会学系教授
董运生	吉林大学社会学系副教授
林聚任	山东大学社会学系教授、系主任
倪安儒	山东大学社会学系副教授
陈文江	兰州大学社会学系教授、副院长
冯世平	兰州大学社会学系副教授
赵文龙	西安交通大学社会学系副教授、系主任
郑丹丹	华中科技大学社会学系副教授
徐晓军	华中师范大学社会学系副教授
钟金洪	安徽大学社会学系教授、副系主任
王进	中山大学社会学系副教授
张友琴	厦门大学社会学系教授、副院长
纪德尚	郑州大学社会工作系教授、系主任
贺银凤	河北省社科院社会学所研究员
王晓华	深圳大学传播学系教授、系主任
张湖东	广州社情民意研究中心主任

史昭乐　贵州省社科院社会学所研究员、所长
刘崇顺　武汉市社科院社会学所研究员、所长
卜长莉　长春理工大学法学院教授
谭建光　广东青年干部学院教授、主任
范晓光　浙江省社科院社会学研究所助理研究员
范广伟　社科文献出版社总编助理、出版中心主任、
干咏欣　高等教育出版社编辑

3. 地方省市方法专委会的建立

为了更好地进行社会调查方法的研究，相关省市如上海、湖南、山西等也开始建立调查研究方法专业委员会。

1）上海市社会学学会社会调查研究方法专业委员会

上海市社会学学会社会调查研究方法专业委员会成员合影

上海市社会学学会于2007年7月10日成立了上海市社会学学会社会调查研究方法专业委员会，由范伟达（复旦大学）任主任，刘欣（复旦大学）、张文宏（上海大学）、蒋逸民（华东师范大学）、李煜（上海社科院）任副主任，刘欣兼秘书长，冯艾（复旦大学）、张彦（上海财经大学）、纪晓岚（华东理工大学）任副秘书长，旨在进一步推动社会调查研究在学术

领域的发展。

上海社会调查方法专业委员会是上海市社会学学会的分支机构,由来自高校学界、政府部门、研究机构、新闻单位、调查行业等方面的有关领导、专家、学者组成。

上海市社会学学会社会调查研究方法专业委员会成立大会暨"社会调查研究方法:理论与实践"学术论坛,于2007年12月15日在上海市社会科学研究院举行。市社会科学界联合会秘书长朱耀人研究员、市社会学学会会长邓伟志教授、市社会学学会秘书长潘大渭研究员、国家统计局上海调查总队袁建民处长、上海市民政局陶志良处长、上海市妇女联合会章黎明秘书长,以及来自上海高校学界、政府部门、研究机构、新闻单位、调查行业等各方面的方法专业委员会的委员会员、专家同仁参加了大会,成立大会由复旦大学社会学系主任、上海市社会调查研究专业委员会秘书长刘欣教授主持。

2) 湖南省社会调查方法专业委员会

2010年1月16日,湖南省社会学学会社会调查方法专业委员会在湖南省中南大学公共管理学院成立。

专业委员会成立大会由中南大学公共管理学院副院长车文辉主持。会上先由专业筹备委员会主任董海军报告了委员会筹备情况,由社会学学会秘书长杨盛海代表省学会宣读了关于同意成立社会调查方法专业委员会的批文。紧接着,方向新对专业委员会的成立表示热烈祝贺并做重要讲话,他强调了社会调查方法专业委员会成立对社会学研究的意义。同时,中南大学公共管理学院院长李建华在讲话中突出了社会学专业推动院系建设的重要性,表达了对新成立的社会调查方法专业委员会的良好祝愿,并承诺公共管理学院一定会全力支持专业委员会的发展。

大会上,会议代表审议了社会调查方法专业委员会章程,并选举产生了第一届理事会和常务理事会。中南大学社会学系董海军副教授当选为会长;湖南女子大学科研处处长王凤华、湖南省统计局民调中心副主任张新沙、湖南师范大学公共管理学院社会学系副教授周秋良、湖南团省委办公室副主任周建武当选为副会长;中南大学公共管理学院副院长、社会学系副教授车文辉当选为秘书长;并聘请风笑天教授等人为高级顾问,聘请方向新研究员等人为顾问。

"社会调查方法专业委员会是湖南省社会学学会继民俗专业委员会之后成立的第二个专业委员会，它的成立既充分彰显了湖南省社会学学会发展的强劲势头，也是湖南省社会学学会研究活动细分和深入展开的需要。专业委员会以马列主义、毛泽东思想、邓小平理论为指导，坚持为人民服务、为社会主义服务的方向，紧密结合中国国情和湖南实际，开展社会调查方法理论研究、学术交流、人才培训、咨询服务、宣传普及和对外合作，并专注于社会调查方法的研究和应用。"[①]

3）山西省社会学学会社会调查专业委员会

2012年11月3日上午，山西省社会学学会社会调查专业委员会成立大会在太原召开。出席大会的有省社科院、山西大学、山西财经大学、太原理工大学等的领导、专家教授，以及中国联通山西分公司、山西阳晨伟业科技公司等相关单位的领导。原山西省政协副主席、省工商联主席边鸣涛，山西省社科院党组成员、副院长杨茂林，山西省工商局纪检组长马春生，山西省社科联学会部部长尤晋鸣，山西省社会学学会会长秦谱德，山西省社会学学会副会长、山西省社科院社会学所副所长、人口研究中心主任谭克俭等参加大会，会议由山西省社会学学会常务副会长、山西大学马克思主义研究所所长乔瑞金主持。

会议上，边鸣涛做了重要讲话。他说："山西省社会学学会社会调查专委会的成立，是社会进步的重大标志。希望你们在工作中'有胆'，就是敢于介入社会矛盾，查清事实真相；'有识'，就是要有能力知识专长，看透问题本质。高举正义大旗，为社会、为政府服务。"省社科院副院长杨茂林也做了重要讲话，强调社会调查的方法很重要，充分反映社情民意，为政府和社会服务。复旦大学市场调研中心主任、中国社会学学会方法研究会会长范伟达、山西省社会学学会传媒专业委员会等友好单位也发来了贺信，对专委会的成立表示祝贺。

首届会长谭克俭在大会上做报告。他说："在发达国家，社会调查活动已经很普遍、很规范，许多大型的社会调查甚至被视为重要的国家资源；

---

① 中国调查研究网，w.srchina.org.cno。

随着我国经济社会的发展和全球化的推进，社会调查在社会科学研究、经济、社会活动中的作用和地位越来越显著；社会调查专业委员会的成立，正是意在联络我省社会调查相关领域的机构和专家，联络在市场经济大潮中叱咤风云的实业家，立足社会调查，研究社会调查理论，探讨社会调查方法，培育社会调查网络，扶持社会调查组织，开展社会调查活动。我相信，在有关领导的关心下、有关部门的支持下，我们的社会调查事业将走向辉煌，走向全国，走向世界。"

山西省社会学学会会长秦谱德指出：社会调查是我们党的优良传统，也是我们党的宝贵财富。我们取得革命胜利离不开社会调查，我们搞经济建设也离不开社会调查，在社会学开展起来以后，社会调查有了全新的内容和方法。山西省社会学学会社会调查专业委员会的成立，标志着山西省第一个民间社团社会调查组织正式诞生。会议上，秦谱德为社会调查专业委员会的发展壮大提出了"聚人才、广调查、表民意、创财路"十二字方针，并希望社会调查专业委员会开拓进取，努力工作，为山西省转型跨越发展提供服务，成为社会学会的一支重要力量。

山西省社科联学会部部长尤晋鸣强调：要坚持正确的政治方向，坚决依法按程序办事。山西省社会学学会社会调查专业委员会副会长兼秘书长、省社会事务调查中心主任刘宏生宣读了《山西省社会学学会社会调查专业委员会章程》，并对今后的发展规划做了说明。

会议在欢乐、祥和、热烈的气氛中完成各项议程。会后，出席成立大会的会员代表和领导、贵宾合影留念。[①]

（二）"中国调查"学术研讨会

1. 首届"中国调查"学术研讨会（2010 年）

2010 年 7 月 18 日，"中国调查"学术研讨会在上海复旦大学光华楼隆重开幕。本次全国性调查研究方法学术研讨会由中国社会学会方法研究会偕同海内外学术机构和调查业界同仁一起举办，为期 3 天。30 年来，中国社会学注重社会现实问题的理论研究和调查研究，为我国经济社会协调发

---

① "山西省社会学学会社会调查委员会成立了"，山西省社会事务调查中心网站，2012 年 11 月 6 日。

展做出了很大贡献。此次研讨会旨在总结交流改革开放30多年来特别是进入21世纪以来，中国调查及其研究方法的进展与经验，为从事调查方法教学和研究的同仁提供一个交流平台。来自各省、市、自治区、直辖市，香港、澳门特别行政区及海外的150多名专家学者出席了会议。

本次研讨会由中国社会学会方法研究会、复旦大学社会学系、南开大学社会学系、上海社会学会主办，香港中文大学社会学系、上海南康科技有限公司、广州社情民意研究中心、上海神州市场调查公司等单位协办。

大会开幕式由复旦大学社会学系教授、中国社会学会方法研究会会长范伟达教授主持，南开大学社会学系主任、中国社会学会方法研究会秘书长白红光教授致欢迎辞。此次"中国调查"学术研讨会得到了上海市委宣传部、中国社会科学院和复旦大学的高度重视，上海市委宣传部副部长潘世伟，中国社会科学院社会学研究所原党委书记王庆基，复旦大学党委宣传部部长萧思健，复旦大学社会发展与公共政策学院党委书记严峰，中国社会学会副会长、上海大学党委副书记副校长李友梅等出席了开幕式并致辞，对大会的召开表示热烈的祝贺。

美国著名社会学家、《社会研究方法基础》教材的作者艾尔·巴比（Earl Babbie）也专程从美国前来参加开幕式，并向在座嘉宾和与会者介绍了美国的社会研究方法教学和应用。

大会主题演讲由复旦大学社会学系主任刘欣教授主持，香港中文大学社会学系主任张越华教授向来宾介绍了香港中文大学社会学系的社会研究历程并做出未来展望。中国社会科学院社会学研究所方法研究室夏传玲主任从社会模型与定量分析的角度，提出了对当前定量社会学研究的思考。中国社会学会方法研究会副会长、中山大学社会学系丘海雄教授做了题为"社会科学的应用性研究"的演讲。华东师范大学现代城市研究中心主任、社会学系陈映芳教授从学术角度阐述了在范式与经验之间城市研究如何接近的问题。中国市场研究行业协会会长、北京大学新闻与传播学院刘德寰教授从布劳顿肯分析思路的误区，讲述了深描式结构分析的新探索。专家们的精彩演讲给现场的嘉宾带来了新的思考和启发。

中国社会学会方法研究会名誉会长、南开大学社会学系苏驼教授，美国加利福尼亚大学社会学系乔纳森·特纳（Jonathan Turner）教授等由于身体的原因，未能莅临现场，特发来了贺信祝愿本次研讨会圆满成功。

本届研讨会为期3天，共设5个论坛和2个专题讨论。5个论坛分别为高校调查研究方法教学研讨、费孝通先生调查思想与方法、中国民意调查的应用与发展、市场调查行业的现状与趋势、CAI调查等现代技术的运用；两个专题讨论为"海外社会研究方法的新进展"和"谁动了我们的数据"。本次会议共收到来自国内高等院校、政府部门、科研机构、调查公司以及海外从事调查方法教学研究的专家学者提交的论文86篇。

7月19日，经过一整天热烈而精彩的论坛研讨，晚上，"中国调查"学术研讨会在复旦大学光华楼圆满落幕，由陈映芳教授等20位专家学者组成论文评审委员会进行优秀论文评奖，在闭幕式上公布一等奖（8篇）和二等奖（20篇）的论文。由范伟达教授、白红光教授、艾尔·巴比教授、夏传玲主任等为论文奖获得者颁奖。随后，各论坛的主持人和评论人分别对五个论坛和两个专题讨论做了总结汇报。本次研讨会的召开恰逢世人瞩目的世博会在上海举办，上海世博局宣传部的负责同志也专程给各位来宾做了精彩详尽的世博讲座。

首届"中国调查"学术研讨会开幕式

前排从左到右就座的为：林泽民、丘海雄、夏传玲、陈映芳、刘欣、王庆基夫人、王庆基、白红光、范伟达、潘世伟、李友梅、萧思健、严峰、张越华、巴比、巴比夫人、瞿铁鹏、孙嘉明、刘德寰、梁幸枝。

1）开幕式部分领导致辞

（1）中国社会学会方法研究会秘书长白红光教授致欢迎辞

我代表中国社会学会方法研究会和复旦大学社会学系、南开大学社会学系、香港中文大学社会学系等10家主办和协办单位，向前来参加本次"中国调查"学术研讨会的各位嘉宾、各位代表表示热烈的欢迎和衷心的感谢。参加本次大会的有正式代表和理事、"特邀嘉宾"，上海地区各高校、政府单位及学术团体等专家学者，各单位会务人员，共150余人。

白红光教授

大会从开始筹备发出论文通知，得到海内外专家学者的积极响应，截至大会召开前，共有近百位代表报名参加，收到论文80余篇，由陈映芳教授等20位专家学者组成论文评审委员会进行论文评审工作，并将在闭幕式上公布一、二等奖的得主。

我们本次研讨会的学术论坛有：高校调查研究方法教学研讨、费孝通先生调查思想与方法、中国民意调查的应用与发展、市场调查行业的现状与趋势、CAI调查等现代技术的运用；并将就业界及媒体关注的"海外社会研究方法新发展"和"谁动了我们的数据"两个话题进行专题讨论。

我们很荣幸地邀请到美国著名社会学家、《社会研究方法基础》教材的作者艾尔·巴比教授来会演讲。特别感谢上海市委宣传部潘世伟副部长、中国社会学会副会长、上海大学副校长李友梅教授，复旦大学党委宣传部萧思健部长。复旦大学社会发展与公共政策学院党委严峰书记到会致辞，并为大会在复旦的召开提供一个这么优越的学术研讨平台。本次研讨会的召开恰逢世人瞩目的世博会在上海举办，我们将邀请上海世博局宣传部的负责同志向各位介绍上海世博会并组织全体与会代表参观上海世博会。本次研讨会是中国社会学会社会调查研究方法专业委员会（简称中国社会学会方法研究会），经民政部于2009年6月24日正式批复发证，由范伟达教授任会长后首次召开的全国性的学术研讨会。我们将在理事扩大会上就方法研究会的下一步计划、学会理事会的健全等工作进行协商和讨论。我们方法研究会的名誉会长苏驼教授因身体原因不能与会，但发来热情洋溢的贺信。香港中文大学社会学系主任张越华教授、中国社科院社会学所方法研究室主任夏传龄研究员等专家学者都将在会上做主题演讲，我们在此向为本次大会做出奉献的各位专家教授表示感谢。

（2）中共上海市委宣传部副部长潘世伟教授致辞

潘世伟教授

尊敬的范会长，尊敬的各位专家学者，今天社会学方法论研究领域的各位专家学者群贤毕至，汇聚复旦，举办"中国调查"学术研讨会，同时作为社会学会方法研究会的一次年会，能够参加这么一次会议感到非常的高兴，在此请允许我代表上海市委宣传部，同时也代表上海理论界、学术界，为我们这次学会的举办表示热烈的祝贺。大家知道，中国近代以来一直在努力实现现代化的目标。一开始我们采取了西方欧美国家的道路和方法，但是这个实践和探索遇到了挫折。在中国共产党成立前后，一部分中国的先进知识分子开始探索另外一条道路，这条道路一路走来已经将近90年，我们现在回过头来看，这条道路有它的原创性，它是第一次不是在资产阶级的领导下，第一次不是由资本主义的方式来完成一个国家、一个地区的现代化、工业化、城市化的历史使命。这种实践的原创性、它的特殊性、它的相对独立性,并不是被所有的人,包括这场伟大实践的参加者,以及这场变革的观察者所注意、所重视、所珍惜。

值得我们关注的这场变革还在延续,特别是中国改革开放30多年来,这场社会主义条件下由共产党领导的现代化的伟大事业加速推进。在这个加速推进的过程当中,我们感受到两个方面的巨大变化,一个就是逐渐发育出一个市场经济,另外一个我们开始逐渐地感受到中国的社会发育程度越来越高。

我们在座的各位都是社会学领域的专家学者,我们对后面一个变化可能感触比较多,值得我们注意的,无论是中国的市场,还是中国的社会,它发育的基础、它发育的路径、它发育的背景、它发育的远景,跟传统的欧美国家市场和社会发育的情况不完全一样。所有这些变化都对我们社会学的专家学者提出了一个挑战,你如何解读,如何解释。同时也为我们的学术研究提供了丰富的素材,你如何来亲近,如何来面对。我们不可能简单地沿用西方现成的关于社会变革的很多的理论和学术、观点来简单地解释中国的现实,中国所发生的一切无论是它的市场,还是它的社会的发育,以及整个现代化的进程,并不是西方过去发生变化的方法复制。在这种情况下我觉得我们社会学和其他的人文学科一样,面临着一个广阔的舆论发展空间。对中国社会变革做出怎么样的分析,得出什么样的结论,以及对它未来的走向给予怎么样的预测,并且把我们观察的结构和知识传播给领导层、决策层,传播给广大的人民群众,这是我们无法回避的历史责任。然而这个过程当中,我们究竟采用什么样的方法、什么样的分析工具,那是非常重要的一个环节。

有一位老人说过,没有调查,没有发言权。讲这句话的背景是中国解决政权的问题,解决国家独立和解放的问题。今天这个语境完全不同了,我想这位老人的名言对我们有着莫大的启示。古代的中国是一本书,近现代的中国是一本书,现在的中国更是一本书,我们如何去解读这部理论,也是我们社会学,特别是我们社会学方法研究领域的学者亟待解决的课题。我们非常期待社会学领域的专家学者,特别是社会学方法论的研究学者,能够给我们解读中国这本书提供更好的视角、提供更好的路径、提供更好的分析工具,说到底给我们提供一个多样化的方法,使我们能够最大限度地还原社会的本来面目,使我们能够更好地把握变化的规律,使我们能够更好地抓住中国变化的本质。我想在这个神圣的知识面前,我们大家要共同努力,这份努力是一个漫长的过程,可能是一连串的学术思考、学术研讨和学术调研所构成的。所以,这次中国调查学术研讨会,作为这种漫长的积极努力的一个重要的环节,我们期待有一个非常重要的发展,同时对我们未来的发展有更好的启示。

最后祝我们这次研讨会圆满成功。另外,上海在举办世博会,昨天达到了55万多人,是世博会开园以来最多的一次,对我们来说是一次非常有意思的分析,是一个特殊背景下的超大规模的人群的经济和流动。它所产生的经济、社会、文化以及人际关系的互动,从多方面揭示了中国城市化、工业化、现代化的某些侧面,听说会议做了一个安排,大家可以去"走马观花",学者可能有自己独特的视角,我们也期待你们参与世博的过程当中总结自己独特的感受。祝大家在上海工作愉快,谢谢大家。

(3) 中国社会学会副会长、上海大学副校长李友梅教授致辞

今天这个会是一个学术的研讨会,这个会的议题在中国社会学里面是非常重要的一个主题,叫中国调查学术研究。我们中国的社会经济正处在一个新的阶段,新阶段的转型期,许多新的现象、新的问题甚至新的矛盾需要我们去认识和理解。要达到一个高水平的认识和理解,调查研究是首当其冲的。所以,我感觉今天这个会非常重要,而且汇集了我们中国社会学界社会调查研究方法的许多优秀的学者。因为这个调查研究方法越来越受到不仅是社会学,还有其他社会学科甚至理工科的重视。前不久,我们刚组织了组织社会学的研究会,今天我们又召开这样的研讨会,可见大家对这个课题越来越重视。我自己感觉在学校里面、在我们课堂里面,关于

李友梅教授

真正的中国社会学调查研究方法的课程还很缺乏,应该受到大家的重视。我们在大学的课堂里面一般教给大家的,给本科生的主要是怎么样搜集材料,怎么样科学地搜集材料,怎么样整理资料,怎么样分析资料,但是分析资料、整理资料和搜集材料里面都有推论方式,推论逻辑,它不只是一个定量的研究,它更重要的是借助于定性研究。

所以,我们这次研讨会把这些引进去,怎么样培养我们的学生面对现实的社会,怎么样去认识这个社会,其实不仅仅是定量研究,还有很重要的定性研究。要会归纳问题,要会提炼问题,这个可能在我们的课堂里面关注得不是很够,学生毕业以后总是感觉到自己缺这块缺那块。我也希望我们今天的这个会,我们这么多的学者在这里,大家有时间就这个议题研讨一下,为的是培养我们的学生更加胜任这个工作。

(4) 中国社科院社会学所原党委书记王庆基副所长致辞

这次来上海开会我选了一个题目叫"略谈社会学方法",为了节约时间我就谈一下。社会学方法是非常重要的学问,是非常重要的研究领域。作为过来人,作为对社会学感兴趣的老者,就社会学方法的重要性、多样性和实践性谈一些认识。

第一,方法的重要性。熟悉中共党史的人都知道,党中央历来非常重视方法问题。早在1934年1月27日,毛泽东在《关心群众生活,注意工作方法》一文中强调:"我们不但要提出任务,而且要解决完成任务的方法问题,我们的任务是过河,但是没有桥或没有船就不能过,不解决桥和船的问题,过河就是一句空话。不解决方法问题,任务也只是瞎说一顿。"又说:"一切工作,如果仅仅提出任务而不注意实行时候的工作方法,那么,什么任务也是不能实现的。"中国在民主革命时期的任务是推翻帝国主义、封建主义、官僚资本主义"三座大山"的统治,建立新中国。完成这个战略任务的方法是什么呢?那就是党的建设、武装斗争、统一战线,也即"三大法宝"。如果不找到,或不坚持这"三大法宝",也就是不解决方法问题,要实现党在民主革命时期的

王庆基书记

任务是不可能的。从1978年中共十一届三中全会开始，中国进入了新的历史时期。新时期的战略任务是：振兴中华、实现四个现代化，建设科学、民主、文明的社会主义强国。方法是什么呢？方法就是拨乱反正，由阶级斗争为纲转到以经济建设为中心，实行改革开放，由计划经济转到市场经济，由摸着石头过河转到科学发展观。如果不正确解决方法问题，要振兴中华，实现新时期的历史任务，同样也是不可能的。邓小平于1992年1月18日至2月21日在《在武昌、深圳、珠海、上海等地的谈话要点》一文中说："计划多一点还是市场多一点，不是社会主义和资本主义的本质区别，计划经济不等于社会主义，资本主义也有计划。市场经济不等于资本主义，社会主义也要市场。计划和市场都是经济手段。"邓小平同志这里讲的手段也就是方法。方法的重要性，无论从宏观来说还是从微观来说，无论对历史的进程来说还是对现实与未来的进程来说，都是至关重要的，是不容置疑的。

第二，方法的多样性。世界是多样的，社会事务是多样的，社会学的方法也必然是多样的。社会学的方法有普遍性也有特殊性，有共性也有个性，既要关注普遍性和共性，也要关注特殊性和个性。社会学方法，有的长期有作用，有的短期有作用，对已经没有作用的方法就要摈弃。物质产品贵在创新，精神产品贵在创新，科研成果贵在创新，社会学方法同样贵在创新。新事物层出不穷，方法也要不断地创新。

第三，方法的实践性。社会学方法要注重学术研究、学术交流，特别要注重实践性，注重实践检验，坚持实践是检验方法正确与否的唯一标准。社会学方法的实践性与群众性密切相关。社会学方法的专家、学者，要坚持与社会工作者和调查对象相结合才可以正确使用社会学方法，完成社会学的调研任务。社会学方面的实践性要通过历史的检查，通过长期的观察和了解，分析现代、预测未来。社会学的实践性还要注重社会横向的联系、国际间的联系、族群间的联系、社区间的联系、地域间的联系。通过横向间的调研和分析，通过比较，找出事物的共性与差异，把握事物的发展规律，提出对策，为推进社会的进步不断做出宝贵的贡献。

上面的几点认识是我个人的学习心得，愿与大家切磋，如有错误，希望大家批评指正,谢谢大家。

(5)美国加利福尼亚大学社会学系乔纳森·特纳(Jonathan Turner)[①]教授贺词(由芝加哥大学俞志元博士代特纳教授致贺词)

尊敬的范伟达会长,尊敬的各位来宾,前一段时间因为骨折无法长途旅行,因此很遗憾没有参加本次会议。我很高兴中国社会学界有中国社会学会方法研究会这样的专注于方法学研究的平台。社会学方法是一个重要的研究领域,对社会学这个学科的发展起着重要的推进作用。

乔纳森·特纳教授

当然,除了社会调查方法之外还有其他的方法,比如实验法、历史学研究方法、观察法等,在这些方法中社会调查方法应用得相对比较广泛,因为它全面地了解到每个人群如何思考,然后寻找成因。但是它也有局限性,因为它没有办法测量社会结构,所以过分依赖社会调查研究方法也是不可取的。这里也提一下我的学术著作《社会学理论》这本书,这本书多次被翻译成中文,我当时写的时候没有想到这本书给美国社会学的各种调查带来如此大的影响,最近我撰写这本书的新版的时候加入了其他的理论框架,比如进化理论、生态学理论、文化理论和批判理论等。

这本书当中有一个非常重要的问题值得大家关注,就是社会学的理论发展需要突破宏观的纯理论的研究,同时也要发展一些社会学的机制研究,从而丰富我们对社会学的理解。在我构思这本书的过程中,我试图把许多理论进行形式化,但这只是初步的探索,如果社会学要成为一门解释的学科,我们就要不断地发展和不断地补充,作为社会学家的我们就是不断地丰富社会是如何运作的,并探索出普遍的规律,指导我们的实证研究。宏观的理论是无法被全面测试的,所以

[①] 乔纳森·特纳(Jonathan H. Turner),美国著名社会学家,1968 年从康奈尔大学获得博士学位后,长期在加州大学河边分校(University of California, Riverside)社会学系任教。曾担任社会学系主任,1997年后成为该校的杰出社会学教授,是美国当代资深的理论社会学家。特纳在社会学的多个领域都有突出建树,尤其以社会学理论研究见长,其研究成果在世界社会学界都有广泛的影响。

我们需要不断地探索可以被量化的、可以被验证的一些社会机制,这样我们就可以不断地探寻一些能够解释普遍的社会问题的机制。这观点在美国社会学当中不是所有人都能接受,我只是把它提一下,供在座的中国社会学家们讨论。

我个人认为社会学应该有一个分工,理论社会学家就是不断地开发新的理论,社会实证研究家就是验证这些理论。如果没有这样的分工我们的理论则必然会狭隘,其结果是我们的知识结构只能在狭隘定义的理论框架的前提下发展。所以我希望理论社会学的工作者能够尽量探索出一些普遍性的抽象的理论框架,同时社会实证研究者尽可能从经验的社会中验证这样的理论,如果我们的理论非常的抽象不需要现实的环境,同时我们又可以去验证它,那我们的学科将会变得更加的成熟,我希望中国社会学界在这方面有所突破。

最后非常感谢范会长给我这样的机会,祝贺中国调查学术研讨会顺利召开,谢谢。

2)本届研讨会设立了两场专题讨论,进行学术研讨和交流

(1)专题讨论一 "海外社会研究方法的新进展"

由香港中文大学社会学系主持。美国社会学家艾尔·巴比教授,香港中文大学的谭康荣、张越华老师,中国社科院的夏传玲老师,美国的孙嘉明老师,武汉社科院社会学科的刘崇顺老师,还有其他专家学者展开了非常积极生动的富有成效的探讨。

讨论主题可分为两个方面,一方面是讲这个社会研究方法的教学和在研究中的运用,另外一方面则是社会研究方法学术共同体以及制度化建设的一些问题

(2)专题讨论二 "谁动了我们的数据"

由上海神州市场调查公司上海库润公司(QQ survey)在线调研公司主持。各位专家学者从各个角度进行了讨论,发现实际上在调查的动机、调

查的方法，包括最后数据解读上可能会带来一些失真的效果。这个结构数据看是一个小问题，其实是一个大问题，牵涉社会的各个方面。

解放日报、东方早报、教育电视台、复旦大学新闻中心、香港中文大学通讯、中国社会学年鉴、中国调查研究网（w.srchina.org.cn）、神州调查（w.cmrsh.com）等报纸、网站、期刊都对中国社会学会方法研究会在上海成功召开"中国调查"学术研讨会进行了相关报道。

解放日报、复旦大学校报和香港中文大学"中大通讯"相继刊文报道首届"中国调查"学术研讨会。

2. 第二届"中国调查"学术研讨会（2011年）

1）研讨会日程

论坛名称：第二届"中国调查"学术研讨会

论坛负责人：范伟达　白红光

论坛时间：2011年7月24日

论坛地点：南昌洪都宾馆主楼2楼芙蓉厅

表2-5　中国社会学会2011年学术年会论坛日程

时间	论坛学术研讨内容	主持人
8:30—10:10 （第一单元）	1. 发言人：范伟达　中国社会学会方法研究会会长、复旦大学社会学系教授、市场调研中心主任 发言题目：首届"中国调查"学术研讨会的成果与启示 2. 发言人：郭强　华东理工大学中心主任、教授 发言题目：舒茨现象学社会学方法论的反思性追问 3. 发言人：夏传玲　中国社会学会方法研究会副会长、中国社会科学院社会学所方法研究室主任 发言题目：定性软件的中文兼容性和性能评估 4. 发言人：董金秋　河北农业大学人文社会科学院讲师 发言题目：研究问题的科学性及其提出方法 5. 发言人：张彦　上海财经大学经济社会学系主任、教授 发言题目：对访谈法教学内容的重要补充——怎样开好听证会 6. 发言人：王彦斌　沈阳师范大学社会学院教授 发言题目：人文社科知识水平与价值行为取向及其影响因素 7. 发言人：吕涛　清华大学社会学系博士后 发言题目：因果理论的结构与类型：科学检验与理论建构 评论人：刘欣　复旦大学社会学系系主任、教授 评论人：刘崇顺　武汉市社会学会会长、武汉市社会科学院研究员	白红光
10:10—10:30	茶歇	
10:30—12:00 （第二单元）	1. 发言人：郭大水　南开大学社会学系教授 发言题目：单一侧面社会学的四个基本观点——论"社会的"特质及一门平等的实证学科身份 2. 发言人：冯波　中国传媒大学政治与法律学院副院长、教授 发言题目：网络舆情与网络问政于民的桥梁：社会调查理论与方法的恰当运用	

续表

时间	论坛学术研讨内容	主持人
10：30—12：00（第二单元）	3. 发言人：董海军　湖南省社会调查方法专业委员会主任、中南大学公共管理学院社会学系副教授 发言题目：我国民意调查的机构类型、问题与发展建议 4. 发言人：匡晓波　北京商智通信息技术有限公司总经理 发言题目：三网合一调研方案在民意调查领域的应用 5. 发言人：叶齐华　中南财经政法大学哲学院副教授 发言题目：我国高等学校培养社会科学研究人才研究——《社会研究方法》课程教学实践与思考 6. 发言人：沈岱易　神州调查数据采集中心主任、研究员 发言题目：2011上海实事工程"垃圾分类"项目调查 评论人：张彦　上海财经大学经济社会学系主任、教授 评论人：史昭乐　贵州省社科院社会学所所长、教授	夏传玲
14：00—16：00（第三单元）	1. 发言人：陈天仁　复旦社会学系教授、上海市社会学专业委员会主任 发言题目：城市青年外来务工人员研究——对上海市闸北区共和新路街道的调查 2. 发言人：丁陆爱　湖南科技学院新闻传播系教授 发言题目：大学生手机报接触情况调查——以湖南科技学院为例 3. 发言人：黄庆均　广州社情民意研究中心数据处理中心主任 发言题目："2011年广东省城市医疗服务公众评价"报告之一、之二 4. 发言人：叶逢春　湖南商学院市场调查中心主任 发言题目：服装零售店非财务指标的采集与应用研究 5. 发言人：董烈波　安徽农业大学社会学系讲师 发言题目：农业院校大学生科学素养调查与分析——以安徽农业大学为例 6. 发言人：徐铭青　安徽省阜南县中岗中学教师 发言题目：科学的社会发展动力观 7. 发言人：段学芬　天津理工大学法政学院院长、教授 发言题目：创意城市评价研究 评论人：白红光　中国社会学会方法研究会秘书长、南开大学社会学系主任、教授 评论人：刘大可　福建省委党校社会发展研究所所长、教授	匡晓波

续表

时间	论坛学术研讨内容	主持人
16:00—16:20	茶歇	
16:20—18:00（第四单元）	1. 发言人：匡宏波　商智通咨询专家、中国人民大学统计学博士 发言题目：三网合一调研方案在高校中的成功应用案例 2. 发言人：束顺斌　库润公司（QQ Survey）国内在线调研公司 发言题目：网络调查参与动机分析及样本库建设 3. 发言人：刘绩宏　中国传媒大学电视与新闻学院、调查统计研究所 发言题目：样本网络对社交网络的拟合——基于SNS媒介的滚雪球式方便抽样调查填答率的提升方法 4. 发言人：邝春伟　华东师范大学社会调查中心主任、教授 发言题目：中学生家庭教育的调查与思考——对上海市CY二中的问卷调查 5. 发言人：修路遥　河南大学哲学与公共管理学院讲师 发言题目：流动儿童"差生"：抗争城市社会的符号 6. 发言人：曾铁　上海电大徐汇分校教授 发言题目：2010年《文汇报》科普病相报告 评论人：纪德尚　郑州大学公共管理学院教授 评论人：郭强　华东理工大学中心主任、教授 　　　　中国社会学会方法研究会理事会 主持人：会长范伟达教授、秘书长白红光教授	董海军

2）研讨会综述

中国社会学会方法研究会、南开大学社会学系、北京商智通公司共同举办的"第二届'中国调查'学术研讨会"于7月24日在南昌2011年全国社会学年会上顺利举行。本研讨会论坛由方法研究会会长范伟达教授和秘书长白红光教授负责；南开大学社会学系系主任白红光教授，中国社科院社会学所方法研究室主任夏传玲研究员，商智通执行董事、中国人民大学统计学博士匡宏波以及湖南省社会学会社会调查方法专业委员会主任董海军博士主持了全天各个单元的专题讨论；哈尔滨工业大学社会学系主任尹海洁教授，武汉社科院刘崇顺所长，上海财经大学经济社会学系主任张彦教授，贵州社科院史昭乐所长，白红光教授，福建省委党校副校长刘大可教授以及夏传玲研究员等专家学者进行了精彩的点评。与会代表近 50 人次参加了本论坛的发言和评论，会议学术气氛浓厚，介绍新方法，交流方法研究中的心得，讨论热烈，学者们参加论坛后也欣喜地表示："受益匪浅，参加年会没有白来。"

本次调查方法论坛内容广泛、专题深入。有的代表从研究方法新软件，有的代表从调查实践角度回顾总结了现状；有的代表从方法论、研究方法角度进行具体论证；有的代表则以自己亲自主持研究的项目为例介绍交流了心得。

范伟达会长首先回顾了去年世博会期间在上海复旦大学举行的首届"中国调查"学术研讨会的成果与启示，重申社会调查研究就是中国特色的社会研究，是社会研究的中国化和本土化，只有掌握了科学的调查研究方法才能了解和把握中国社会发展的现状和脉搏。夏传玲研究员介绍了定性软件的中文兼容性和性能评估，得出初步结论，就分析中文材料而言，Qualrus 是最佳的选择，NVivo 和 MAXqda 是次佳，其他软件则有或多或少的瑕疵。华东师范大学社会调查中心主任邝春伟教授展示了他对一个中学生家庭教育研究建模过程的案例与疑问。中南大学社会学系董海军副教授通过分析指出，必须创造条件促进非官方民意调查机构的发展，加强民意调查专业人士培养，成立民意调查委员会或协会、咨询委员会，提高政府、媒体和学者对民意调查的科学判断力，清除"伪民调"存在的土壤。

河北农业大学董金秋博士指出，一项实证研究的逻辑起点是提出研究问题。发言解释了研究问题的含义，以及科学而有效地研究问题的五个标准，说明了问题提出的途径，并结合文献回顾就研究问题提出的具体方法、步骤进行了讨论。上海财经大学张彦教授介绍了他写作《社会研究方法》教材的若干重要问题，与董金秋博士讨论交流了提出研究问题的相关问题，并阐释了研究结果呈现价值关怀。中南财经政法大学叶齐华副教授交流了《社会研究方法》教学初衷与思考。

复旦大学社会学系陈天仁教授等通过对上海市闸北区共和新路街道的调查，研究了城市青年外来务工人员。湖南科技学院丁陆爱副教授调查分析了手机报的接触情况。

神州调查数据采集中心主任沈岱易研究员呈现了 2011 上海实事工程

"垃圾分类"调查,广州社情民意研究中心张晓洁研究人员展示了2011年广东省城市医疗服务公众评价报告,匡宏波博士介绍了三网合一方案在民意调查的作用及在高校中的成功应用案例。

本次论坛是在方法研究会换届并经国家民政部2009年6月正式登记发证后,第三次组织的一项学术研讨活动。最后,会长秘书长召开了中国社会学会方法研究会理事会,总结交流了发展历程与现状,讨论展望了未来的发展计划,提出坚持办好年度性研讨会,继续完善做好"中国调查网"平台,为推进调查研究方法的教学和科研、为我国的调查事业规范、健康发展做出贡献。

在第二届和第三届"中国调查"学术研讨会之间,方法研究会还在2013年召开了贵阳会议和2014年的武汉会议,深入进行了调查研究方法的教学和实践的研讨。

*2013年贵阳"怎样上好方法课?——社会研究方法教学研讨会"论坛

(1) 论坛日程

论坛负责人:范伟达　白红光　沈岱易

论坛时间:2013年7月20日下午13:30—17:30

论坛地点:贵州饭店国际会议中心遵义厅

表2-6 "怎样上好方法课?——社会研究方法教学研讨会"论坛日程

时间	论坛学术研讨内容	主持人
13:30—15:30（第一单元）	1. 发言人:范伟达　复旦大学社会学系教授、市场调研中心主任、中国社会学会方法研究会会长 发言题目:大数据时代的社会研究方法 2. 发言人:段学芬　天津理工大学法政学院院长、教授 发言题目:参与式研究型教学模式初探 3. 发言人:肖富群　广西师范大学法学院副院长、教授 发言题目:社会研究方法系列课程的体验式教学 4. 发言人:谢俊贵　广州大学公共管理学院社会学系教授 发言题目:基于主因分析的社会调查研究方法教学目标定位 5. 发言人:尹海洁　哈尔滨工业大学社会学系系主任、教授,南岗区政协副主席 发言题目:如何讲好统计学——以方差分析为例	

续表

时间	论坛学术研讨内容	主持人
13:30—15:30（第一单元）	6. 发言人：谢雨锋　陕西省社会科学院社会学研究所副研究员 　　发言题目：质性研究方法讲解和实践 7. 发言人：张彦　上海财经大学经济社会学系教授 　　发言题目：社会科学研究的价值移情和超脱 8. 发言人：孙嘉明　复旦大学社会学系特聘教授 　　发言题目：美国社会研究方法教学的新进展 9. 发言人：夏传玲　中国社会科学院社会学所方法研究室主任、中国社会学会方法研究会副会长 　　发言题目：荷兰定性方法的研究和教学 10. 发言人：沈岱易　神州调查数据采集中心主任、中国社会学会方法研究会副秘书长 　　发言题目：国内外满意度测评方法的新趋势 　　评论人：刘欣　复旦大学社会学院副院长、社会学系主任教授 　　评论人：史昭乐　贵州和谐社会建设研究中心主任，贵州省社会科学院研究员	白红光
15:30—15:45	茶歇	
15:45—17:30（第二单元）	1. 发言人：李龙江　中共甘肃省委党校政治学教研部 　　发言题目：社会学研究方法课程教学改革实践与探索 2. 发言人：童玉英　中南民族大学副教授 　　发言题目：社会学研究方法系列课程教学改革初探 3. 发言人：周桂林　黑龙江大学社会学系主任、副教授 　　发言题目：涌现式案例在社会研究方法教学中的应用 4. 发言人：周琳琳　河南财经政法大学 　　发言题目：研究性教学方法在实践教学中的运用 5. 发言人：尚艳春、房文双　内蒙古农业大学社会工作系 　　发言题目：社会调查原理与方法课程改革中的若干问题探讨 6. 发言人：李燕荣　北京物资学院劳动科学与法律学院劳动与社会保障系主任、副教授 　　发言题目：劳动与社会保障专业大学生社会调查教学与实践 7. 发言人：陈鹏忠　浙江警官职业学院刑事司法系教授 　　发言题目：罪犯访谈——可操作教学模式的建立 8. 发言人：袁春瑛　山东警察学院专业基础教研部 　　发言题目：公安院校大学生社会调查能力培养研究报告	

续表

时间	论坛学术研讨内容	主持人
15:45—17:30（第二单元）	9. 发言人：汪来杰　河南大学地方政府与社会治理研究所 发言题目：日常生活的改造与救赎 评论人：白红光　南开大学社会学系教授、方法研究会秘书长 评论人：张彦　上海财经大学经济社会学系教授 中国社会学会方法研究会理事扩大会 主持人：会长范伟达教授，秘书长白红光教授	夏传玲

(2) 论坛纪要

中国社会学会方法研究会和神州调查数据采集中心联合主办的"怎样上好方法课？——社会研究方法教学研讨会"论坛于7月19日在贵阳2013年全国社会学年会上顺利举行。中国社会学会方法研究会等单位曾于2010年和2011年召开了首届和第二届"中国调查"学术研讨会，在2012年也成功举办了"社会管理调查研究的理论和方法"分论坛。

社会研究方法是社会学的三大组成部分和主干课程之一，在整个社会学研究中的角色无可替代，起着至关重要的作用。本次2013年"怎样上好方法课？——社会研究方法教学研讨会"论坛，旨在进一步总结交流全国各地不同专业从事方法教学的老师在方法教学方面的经验和典型方法实践。

本届论坛由方法研究会会长范伟达教授、秘书长白红光教授、神州调查数据采集中心主任沈岱易负责。复旦大学社会学系孙嘉明教授、神州调查数据采集中心主任沈岱易分别主持了下午两个单元的专题研讨。复旦大学社会学院副院长、社会学系主任刘欣教授，上海财经大学经济社会学系张彦教授进行了精彩的点评。

与会代表50余人次参加了本论坛的发言和评论，论坛讨论精彩，气氛热烈。社会研究方法教学是一门科学，也是一门艺术，在上半单元的研讨中，在第一线从事社会研究方法教学科研的广大资深老师交流和分享了多年来积累的丰富教学经验，为正在从事方法教学的中青年教师开阔了教学视野，启迪了研究思路。

中国社会学会方法研究会会长、复旦大学教学名师、社会学系范伟达教授介绍了在信息爆炸时代产生海量数据的"大数据"时代背景下，决策将日益基于数据和分析而做出，而并非基于经验和直觉的思考，并且提出了在重大转型的大数据时代，社会研究方法应该如何进行变革的思考。首先，要分析与某事物相关的所有数据，而不是依靠分析少量的数据样本。其次，要乐于接受数据的纷繁复杂，而不再追求精确性。最后，从探求难以捉摸的因果关系，转而关注事物的相关关系。

天津理工大学法政学院段学芬教授介绍了"参与式研究型教学模式初探"，从高校"社会调查研究方法"课程教学过程中忽视的实践操作性角度，结合多年的教学实践，通过教学理念的更新、教学方法的改革、教师角色的转换以及教学中心的变换等，探索形成了参与式研究型教学模式。

广西师范大学法学院副院长肖富群教授在社会研究方法系列课程的体验式教学基础上，系统介绍了该学院社会研究方法系列课程的设置、课程目的、教育理论基础、体验式教学以及教学效果。

陕西省社会科学院社会学研究所谢雨锋副研究员介绍了作为对"社会工作调查研究方法"教学探索的行动研究，是如何集体探讨自身经验的过程和形式。行动研究的方式研讨社会工作调查研究方法体现了社会工作者理念与行动的一致性、知识生产的空间与时间连接的情境性、知识的历史感和现实感结合的创新性。

广州大学公共管理学院社会学系谢俊贵教授探讨基于主因分析的社会调查研究方法教学目标定位，提出社会调查研究方法课程教学目标定位须对几个主要因素进行深入分析，主要包括大学层类定位、专业目标要求和课程互构关系，为社会学类专业的应用型人才培养打好扎实的知识与技能基础的思考。

复旦大学社会学院副院长、社会学系主任刘欣教授结合亲身教授全校精品课程之一的社会研究方法课程，介绍了丰富的社会研究方法教学经验。强调如何围绕科学判断、社会现象之间的因果关系，通过大量的实践案例和新闻事件，引导学生用科学研究方法的思路来研究社会现象和社会问题。

哈尔滨工业大学社会学系主任尹海洁教授以方差分析为例，介绍了如何讲好统计学。社会统计学的课受到学生的重视，如何正确使用统计方法，透过数学公式，挖掘统计思想，将统计学的知识教授给文科学生。

在下半单元的发言中，复旦大学社会学系孙嘉明教授则以美国UCBerkely大学和美国威斯康星大学的研究方法课程教学为例，介绍了美国社会研究方法教学的新进展。

上海财经大学经济社会学系张彦教授以社会科学研究的价值移情和超脱为主题，交流了如何化解由于价值的介入而使社会科学产生的危机。他指出：第一，韦伯的社会科学方法论中的"价值中立"不是价值无涉的价值中立，而是指进入研究领域后研究者对科学外价值立场超脱和对科学内价值立场移情的价值中立；第二，在社会科学研究中，要有科学精神和人文精神的两种移情，研究者才能在行动实践中实现事实判断与价值判断之间的内在一贯性。

中南民族大学童玉英副教授结合多年的教学实践，指出社会学专业的重要课程——社会学研究方法系列课程存在部分内容交叉重复，课程间缺乏相互渗透和贯通不足，提出应对社会学研究方法系列课程进行教学改革，从教学内容到教学方法上实现系列课程之间的整合优化，推动社会学专业本科教学质量取得更大进步。

黑龙江大学社会学系系主任周桂林副教授则从探析涌现式案例在社会研究方法教学中应用的角度，探析如何引导学生通过自己创造来弥补传统案例的缺点。强调涌现式案例的生产要注意讲授有限知识、以平等为第一互动规则、强化非线性小组讨论，并重视灵感和直觉等发散性思维。

河南财经政法大学周琳琳老师基于研究性教学方法在实践教学中的运用，分析出提高高等教育质量、创新教学方法是关键。并且立足于大学实践教学环节的教学方法创新，探讨了研究性教学方法在实践教学过程中的运用。

内蒙古农业大学社会工作系尚艳春老师通过对社会调查原理与方法课程改革的研究，介绍了她在课程教学过程中尝试的"以课程项目为依托"的"三位一体"教学方法改革。

北京物资学院劳动科学与法律学院劳动与社会保障系主任李燕荣副教授以劳动与社会保障专业大学生社会调查教学与实践为例，阐释了社会调查活动的客观真实性及科学有效性和劳动与社会保障专业学科特征具有高度的契合度，社会调查在劳动与社会保障专业教学中具有不可替代的作用。

浙江警官职业学院刑事司法系陈鹏忠教授通过罪犯访谈培养学生在实际案例中分析问题、解决问题的能力，分析可操作教学模式的建立，探讨案例式教学、情境式教学、启发式教学、讨论式教学等教学方法在《犯罪学案例教程》教学中的功用、相互间关系及诸种教学手段的整合运用，充分发挥多种教学手段的综合功能。

最后，范伟达会长回顾总结了方法研究会近几年的工作与现状，提示和展望了未来的发展设想，提出坚持办好今后几届"中国调查"学术研讨会，继续完善"中国调查网"学术平台，继续为推进中国调查研究方法的教学和科研、为我国的调查事业规范、健康发展做出贡献。经过热烈而精彩的研讨，"怎样上好方法课？——社会研究方法教学研讨会"论坛圆满落幕。

*2014年武汉"社会治理与满意度测评"学术研讨会

中国社会学会方法研究会主办的"社会治理与满意度测评"学术研讨会于7月12日在武汉2014年全国社会学年会上顺利举行。

"社会治理与满意度测评"学术研讨会

党的十八届三中全会《决定》提出了创新社会治理体制的理念和目标，这是中国特色社会主义有序运行和可持续发展的重要保障，同时也关乎民众的满意度与幸福感。本次2014年"社会治理与满意度测评"学术研讨会旨在围绕社会治理体制创新时期下的满意度测评进行研究经验与成果的交流和分享。

本次学术研讨会由方法研究会会长范伟达教授、秘书长白红光教授负责并主持。30多位代表、专家学者参与了研讨会的发言和评论,发言精彩,气氛热烈。与会学者就"社会治理与满意度测评"主题的发言为今后学界开展相关研究奠定了基础,开阔了研究思路。

中国社会学会方法研究会会长、复旦大学社会学系范伟达教授就我国满意度测评中值得研讨的几个问题做了报告交流:一、作为当代民主的一种实现形式,满意度测评如何从政治维度考虑在社会治理中发挥重要作用;二、如何加强满意度测评这一方法和技术对社会治理、公共事务进行控制和引导的推动作用、监督作用和保证作用,形成自主表达、协商对话、达成共识,制定符合整体利益的公共政策;三、总结海内外在满意度测评方面的原理、标准、方法、工具的最新进展,推动我国满意度测评的教学和科研工作;四、特别关注和研究测评效果和测评"落地"这一瓶颈问题;五、在满意度测评、幸福感调查等铺天盖地的当下,如何"慎用"测评、防止测评的"滥用、误用",从理论、方法、经验、伦理等各个层面剖析原因,提高测评的公信力。

上海市社会工作党委研究室龚佳颖老师就"社会建设指标体系与满意度测评"做了交流:上海社会建设指标体结构分为客观指标与主观指标,其中主观指标是通过"民生满意度测评"实现的。上海社会建设指标体系客观指标共设就业收入、教育、社会保障等10项一级指标、47项二级指标,既涵盖了中央对社会建设的六大要求,又突出了上海市委对社会建设工作的总体要求。2013年,我们首次开展了主观指标测评——上海民生满意度调查。调查采用PPS(不等概率)抽样法和系统抽样法,从生活水平、民生环境、公共服务、社会管理等4个维度,劳动就业、收入分配、消费能力、公共设施等16个方面,对全市1500位市民进行入户调查。调查显示,上海市民对民生现状持基本满意态度,其中生活水平对提升市民民生满意度有着最为重要的影响。上海市民对社会安全、社区服务、教育水平、文化生活、政府工作、公共设施等6个方面满意度排名靠前;而市民关注率最高的十大问题分别是:食品安全、看病费用支出、医疗水平、城市空气质量等。2014年,我们将继续委托复旦调查中心、上海神州市场调查公司开展民生满意度调查，了解上海市民对民生建设各方面的满意程度、对市政府实事项目的认识和评价，通过测评发现社会建设工作中的亮点和不足，为制定有针对性的政策措施提供客观依据。下一步，我们计划通过对民生感知评价指标的测试，以结构变量和观察变量的组合构成理论模型，初步建立民生满意度评价指数。

广东省省情调查研究中心民调所李春生所长为论坛与会学者介绍了广东省社情民意收集处理系统的建设情况，指出了当前社情民意收集处理存在的主要问题，即社情民意的收集和处理在系统性、动态性、反馈性、长效性等方面存在不足，需要在优化渠道、加快信息化建设、健全反馈机制、建立奖励评价机制等方面给予完善。

黑龙江大学社会学系主任周桂林副教授以黑龙江某地级市的 31 个政府职能部门为评价对象，抽样选取 125 家企业作为评价主体，通过在线填写网络问卷的方式，进行地方政府服务绩效评价。对不同部门得分差异、不同特征企业的评分差异，特别是总体满意度的影响因素进行了定量分析，并对研究过程和方法进行了反思。

复旦大学社会发展与公共政策学院陆晶婧老师使用昆山社区调查数据，将社区特征、社区参与和社区治理绩效进行量化，利用多层线性模型检验社区特征、社区参与对社区治理绩效的影响。研究发现，社区层次的变量会对社区治理绩效产生显著影响，社区居民的公共型社区参与、权益性参与对社区治理绩效有着显著的正向影响，社区稳定性会削弱公共型社区参与对社区治理绩效的正向影响，即社区中主观居住稳定性越强，公共型社区参与所带来的社区治理满意度将呈现下降的趋势。

内蒙古大学民族学与社会学学院哈斯额尔敦副教授以内蒙古锡林郭勒盟为例，通过回顾草场管理的制度发展历程，深入分析了草场管理政策现状与牧民的政策认同之间的关系，并在"正当性"理论框架内解析了政策认同的形成逻辑。指出"公共资源管理政策是否得到辖区居民的认可，对公共政策的实施效果影响甚大"。

湖北民族学院民族研究院谭贤楚副教授以恩施州为个案，结合其调研数据，对民族山区转型农村贫困人口的物质生活及精神生活状况、基本构成及其规模进行了探讨，并据此提出应推进整村开发式扶贫战略，实施"开发式扶贫和救济式扶贫"相互协同的综合扶贫模式,进一步完善农村的社会保障体系。

中国汽车技术研究中心研究总监贾广宏在全面介绍顾客满意度研究的各个领域以及技术发展过程和趋势,并对各种满意度测评技术进行客观评价的基础上,结合全国范围汽车企业和汽车消费者调研数据,建立了适合中国国情、充分反映中国汽车企业和中国汽车消费者声音的顾客满意度模型。

上海南康科技有限公司华东区主管吕亮志在论坛发言结束前,向与会学者介绍了计算机辅助面访系统(CAPI)技术在调查中的应用,以及南康面访专家产品的发展、特点、最新应用,特别演示了南康面访专家产品的使用过程。

经过热烈而精彩的研讨,"社会治理与满意度测评"学术研讨会圆满落幕。

3. 第三届"中国调查"学术研讨会(2015 年)

复旦大学社会学系 90 周年庆暨第三届"中国调查"学术研讨会在上海隆重举行。

第三届"中国调查"学术研讨会开幕式

2015 年 5 月 10 日,在复旦大学 110 年校庆及社会学系建系 90 周年庆之际,复旦大学社会学系和中国社会学会方法研究会等单位联合举办了第三届"中国调查"学术研讨会,总结交流新时期以来特别是近两三年间中国调查及其方法的进展和实践经验。

复旦大学社会学系创建于 1925 年，孙本文、应成一、言心哲、雷洁琼、潘光旦、胡曲园等著名社会学家曾在该系任教。1952 年因院系调整停办，1988 年恢复重建，至今已走过 90 年的历程。在广大师生的共同努力下，复旦大学社会学学科被评为"985 工程""211 工程"重点建设学科，上海市高校一流（重点）学科（B 类）；在教育部第二、三轮学科评估中，社会学一级学科名列前茅，师资规模位居第一。同时，该系教师组织开展并积极参与社会学界的各项学术活动，在中国社会学会历届理事改选中，范伟达、刘欣、瞿铁鹏、彭希哲、桂勇等教授历任多届中国社会学会理事或常务理事。其中，范伟达教授担任中国社会学会方法研究会会长、刘欣教授担任中国社会学会政治社会学专业委员会理事长。

中国社会学会方法研究会自 1992 年成立以来，在前任会长、南开大学社会学系苏驼教授带领下，在社会调查研究方法的理论研究和实践运作中取得了优异的成绩，为我国社会研究方法的教学研究和青年教师的培养做出了一定的贡献。21 世纪以来，中国社会学会方法研究会在现任会长、复旦大学社会学系范伟达教授的主持下，进一步在社会研究方法专业领域开展了大量的学术研究活动，每年举办研讨会或学术论坛：2006 年在太原举办"民意调查与和谐社会"论坛；2007 年在长沙举办"调查研究与和谐社会建设"论坛；2008 年在长春举办"中国社会调查三十年"论坛；2009 年在西安举办"中国社会调查六十年"论坛；2010 年在上海举办了首届"中国调查"学术研讨会；2011 年在南昌举办第二届"中国调查"学术研讨会；2012 年在银川举办"社会管理调查研究的理论和方法"论坛；2013 年在贵阳举办"怎样上好方法课——社会研究方法教学研讨会"论坛；2014 年在武汉举办了"社会治理与满意度测评"学术研讨会。

2015 年，中国社会学会方法研究会再次在复旦大学召开第三届"中国调查"学术研讨会。本次研讨会由复旦大学社会学系教授、中国社会学会方法研究会会长范伟达老师主持开幕式。复旦大学社会发展与公共政策学院副院长、社会学系主任刘欣教授在致辞中介绍了复旦大学社会学系学科创建与发展的历程和成果，强调了在复旦大学社会学系建系 90 周年之际，与中国社会学会方法研究会共同组织中国调查研讨会，邀请各界同仁共聚复旦，探讨社会调查方法和实践所面临问题的重要意义。刘欣教授在致辞中表示："作为社会调查方法训练有素的从业者，我们应该对自己的研究行为、对大众社会中所流行的认识，保持清醒的基于科学严谨的调查研究的批判性意识。而这种批判性意识，就体现着社会科学工作者的科学精神和社会关怀，是社会科学工作者的使命。中国社会学会社会调查专业委员会作为一个专业共同体，有责任在如何更科学规范地使用调查方法和技术、更准确地认识我们的社会、了解社情民意等方面，起到倡导、引领甚至规范指导的作用。"

复旦大学党委宣传部部长萧思健教授在致辞中指出："从2010年举办首届'中国调查'学术研讨会开始，调查的任务会越来越广泛，越来越深刻，越来越有新的内容，不管是社会学领域的人，还是其他领域的人，都应该把科学的调查研究作为很重要的手段和方法。"他认为，接下来的工作和交流，第一要立足学术，第二要服务社会，第三要丰富调查。立足学术需要有科学的精神，也需要有批判的精神；服务社会能够推动事业更好、更健康、更有效地向前推进。丰富调查是在新的时代，对"互联网+"的整体把握，以及对"万众创新"这样一种社会风气的鼓励。最后，萧思健部长衷心希望第三届"中国调查"学术研讨会能够展现成果，推进全国调查行业的发展，也帮助复旦大学社会学学科发展得更好。

随后，上海大学社会学系教授、中国社会学会原副会长邓伟志先生和中国社会科学院社会学研究所方法研究室主任、中国社会学会方法研究会副会长夏传玲研究员也发表了大会致辞。并在会上宣读了南开大学社会学系教授、中国社会学会方法研究会名誉会长苏驼教授和美国著名社会学家艾尔·巴比教授的贺信。

最后，由中共上海市委宣传部副部长燕爽教授发表致辞。

燕爽部长代表市委宣传部，向第三届"中国调查"学术研讨会的召开，也向复旦大学社会学系90周年系庆表示了祝贺。而后，燕爽部长在致辞中谈道："无论是理论研究还是实际工作，社会调查对我们中国社会的分析、梳理、记录，做基础性的工作，乃至在此基础上，进行必要正确的分析、判断预测等，都具有重要的意义。希望通过这次会议，能够引起对研究方法，调查研究工作更多的关注和重视。一个民族、一个国家的振兴，不仅仅来自经济上和物质上，还应该来自我们的精神财富，来自我们对历史的记载。在座专家学者,尤其是我们社会调查分析的专家学者,有义务也有责任,传播研究科学方法,让更多的人掌握科学的调查研究方法,从而记录中国调查,让中国调查产生更广泛的社会影响。"最后,燕爽部长表达了热切的期望,呼吁在座的专家学者,用真诚的学术态度和学术热情,来拥抱这个社会,让专家学者和社会来一个亲密的合作以及拥抱,真正使理论和实践有一个更好的协调和发展。至此,开幕式圆满结束。

在之后的主题演讲中,中国社会科学院社会学研究所方法研究室主任夏传玲研究员就"大数据分析和概念建构",北京大学新闻与传播学院教授、中国市场研究行业协会刘德寰会长就"假设检验?还是扎根?——以移动互联网研究为例",中国经济体制改革研究会理事娄健教授就"提高调查数据质量为本",清华大学社会学系副主任王天夫教授就"当前社会研究方法论的五个问题的讨论",南开大学社会建设与管理研究院院长关信平教授就"社会治理的目标任务及其方法论意义",中山大学社会学与社会工作系副主任梁玉成教授就"受访者驱动调查法(RDS)在实践中的适用性研究",上海社科院社会学所方法研究室主任李煜研究员就"新'土客'关系下的本地人态度",上海南康科技徐宝臣副总裁就"移动互联时代的在线调研质量控制"等内容做了精彩的发言。南京大学社会学系主任风笑天教授、河海大学公共管理学院副院长王毅杰教授做了演讲评论。

下午的大会专题报告分别由中央党校科学社会主义教研部教授、中国社会学会方法研究会副秘书长青连斌老师和中国经济体制改革研究会理事娄健教授主持,陈华珊、王彦斌、周拥平、俞志元、梁幸枝、章涛、刘崇顺、张乐天、罗静、龚敏、郭有德、张凤池等专家学者分别做了题为"网络社区社交关系测度方法""量表的主他整合测量方法""社会调查的纵向比较""NGO(非政府组织)与资金关系探讨——一项基于社会网络分析的研究""社会变迁中民意调查抽样的挑战""江苏民生满意度调查实证研究""大数据时代的社会学调查研究""中国田野调查——张乐天联民村数据库""通过问卷调查计算生态补偿""中国社会研究方法的现状和未来""社会科学研究项目效果的评价""中国调查——以社会共生视角开展社会调查"的专题报告。复旦大学社会学系教授、教育部社会学教指委委员瞿铁鹏老师,武汉社会科学院研究员、武汉市社会学会原会长刘崇顺老师,郑州大学公共管理学院主任纪德尚教授等做了评论。

本次研讨会同时还举办了5个论坛和1场新书发布会。5个论坛分别为：上海市社会建设研究会主持的"民生满意度调查的理论和实践"论坛、中国社科院社会学所方法研究室主持的"大数据时代的现代方法研究探讨"论坛、广州社情民意研究中心主持的"中国民调和市调行业现状与发展"论坛、中国社会学会方法研究会主持的"《社会研究方法》课程教学经验与实践"论坛、上海南康科技有限公司主持的"计算机辅助调查新技术应用与趋势"论坛，各个分论坛的与会代表进行了热烈而深入的交流探讨，学术气氛浓厚。

在"民生满意度调查的理论和实践"论坛的交流中，中共上海市社工委研究室陈洪明副主任重点介绍了上海市社会建设委员会办公室和复旦大学市场调研中心（上海神州市场调查公司）联合开展的"上海民生满意度调查"项目，2013和2014年的两次调查都获得了很好的效果，为上海加强民生为重点的社会建设、创新社会治理提供了真实有益的参考和决策支持，2015年将进行第三次跟踪调查。另外，上海政法学院汤啸天教授、中南财经政法大学叶齐华副教授、兰州大学管理学院王学军副教授、上海财经大学经济社会学系主任张彦教授、辽宁社会科学院社会学研究所王磊所长、山东警察学院袁春瑛副教授、湖北民族学院民族研究院谭贤楚教授、山西省社会科学院社会学所崔晋生副研究员、上海政法学院法学方向研究生李晶也依次做了论坛演讲。由中国青年政治学院周拥平副教授和中国经济体制改革研究会公众意见研究部主任娄健教授进行了演讲评论。

"《社会研究方法》课程教学经验与实践"论坛由南京大学社会学系风笑天教授主持，上海财经大学公共管理学院耿曙教授、上海大学社会学孙秀林副研究员、上海社科院社会学所副研究员李骏、复旦大学社会学系讲师俞志元博士、黑龙江大学政府管理学院周桂林副教授、南京师范大学社会学与社会工作系王晓焘讲师、河北经贸大学贾士靖教授、南通大学管理学院刘翠霞副教授等老师，就社会研究的方法教材与方法教学，社会科学中的定量方法培训，社会统计教学的思考，《社会研究方法》课程设计心得，问卷调查拒访原因的初步实证研究，社会调查中的问卷回收，本科生课程《社会调查方法》的教学构想等内容做了踊跃发言和热烈探讨。河海大学公共管理学院副院长王毅杰教授做了评论。

由上海文化发展基金会图书出版专项基金资助的《中国调查史》恰逢第三届"中国调查"学术研讨会举行之际正式出版。5月10日下午，研讨会就《中国调查史》的出版举行了新书发布会和首发式。复旦大学出版社总编辑、编审孙晶博士主持了发布会。著名社会学家、上海大学社会学系邓伟志教授对本书的立项进行了推荐，以书面形式做了发言，邓伟志教授在发言中介绍说："范伟达教授多达77万字的煌煌巨著《中国调查史》，是中国第一部系统阐述中国调查演化史的论著。从夏商周一直写到21世纪，还展望了未来，是具有强烈现实意义的完整的史书。书中对历史阶段的划分是严谨的，同时也体现了远粗近细的精神。从书中还可以清晰地看出，千百年来，中国人对调查功能的认识是由浅入深的，调查的方法是由少到多，由不太科学经过较科学再到科学，调查应用的范围是从狭窄到广泛，逐步进入到经济、文化、政治、社会各个领域的。如今不仅是社会学离不开调查，要修身、齐家也离不开调查，要治国、平天下更离不开调查。《中国调查史》一书反复论证了'没有调查，没有发言权'这句中国的至理名言，现在这句名言已传遍全世界。20多年前，我在与来上海访问的德国总统霍尔茨克教授座谈时，就听他娴熟地引用了这句名言，充分赞颂了这句名言。"

复旦大学社会学系瞿铁鹏教授祝贺范伟达教授的著作问世。瞿铁鹏教授评价说："有一句俗话说，'大书大难'，写过书的肯定知道，这个辛劳是凝聚在其中的。我很感动，范老师一边在上课，一边在搞研究，他志向坚韧，积这么多年的功夫，写成这本书，凝聚了他的心血。这部《中国调查史》一定会在中国社会学界引起很大的影响。这部《中国调查史》比较全面系统，从中国古代一直到当代，梳理细致，脉络清晰，视野独到，内含着马克思主义指导思想作为主线。这部《中国调查史》把中国共产党包括毛泽东进行社会调查的东西也写入其中，这是比较独特的地方。这个调查不限于学界，而是比较全面的范围。我们现在的社会调查，一般都是学西方先进的社会调查技术，对中国自己的社会调查实践倒是不太重视。想知道中国人在做社会调查也好，政治调查也好，文化调查也好，有什么独到的地方，有什么成果，这本书就是填补了空白。这本书涉及的范围，其实也是可以当作社会学史来读，不仅仅局限于方法研究方面的介绍，还涉及当代包括费孝通老先生等中国早期社会学家的成果，包括研究特色，都体现出来了。作者非常强调理论指导，这一点相当重要，而且这个理论指导比较清晰。"

随后，复旦大学社会学系教师、美国芝加哥大学俞志元博士和上海财经大学经济社会学系主任张彦教授也对本书进行了评论。

复旦大学校报（2015年7月8日）专版报道介绍第三届"中国调查"学术研讨会。

4. 第四届"中国调查"学术研讨会（2017年）

1）论坛日程

论坛名称："大数据时代的社会研究方法"论坛暨第四届"中国调查"学术研讨会

论坛负责：范伟达　白红光　董海军

论坛时间：2017年7月15日下午14:00—18:00

论坛地点：上海大学宝山校区EJ106教室

表2-7　中国社会学会2017年学术年会论坛日程

时间	论坛学术研讨内容	主持人
14:00—15:45（第一单元）	1. 发言人：范伟达　复旦大学社会学系教授、市调中心主任、中国社会学会方法研究会名誉会长 发言题目："大数据时代的社会研究方法"论坛的筹办 2. 发言人：马慧民　上海大数据联盟常务副秘书长、经济学博士、上海超级计算中心云计算与大数据部部长 发言题目：大数据联盟致辞：大数据与产业创新 3. 发言人：董海军　中南大学公共管理学院社会学系教授、中国社会学会方法研究会会长 发言题目：移动互联时代的E问卷调查 4. 发言人：钱浩祺　复旦大学大数据学院电力研究所主任助理 发言题目：大数据在社会经济学的应用 5. 发言人：郭强　同济大学文科办公室主任、教授 发言题目：大数据与方法论创新 6. 发言人：谢治菊　贵州民族大学教务处 发言题目：农村精准扶贫中的大数据思维及其反思 7. 发言人：吕鹏　中南大学社会学系教授 发言题目：基于大数据的群体事件演化过程预测研究 8. 发言人：魏炯翔　信励（上海）信息科技有限公司首席运营官 发言题目：大数据时代的另类数据研究及应用 9. 发言人：钱兵　中国电信北京研究院产品总监 发言题目：网络视频节目商业价值研究报告 评论人：罗静　中国社科院边疆研究所研究员、博士后，中国社会学会方法研究会副会长 评论人：肖富群　广西师范大学法学院副院长、教授、博导	白红光

续表

时间	论坛学术研讨内容	主持人
15:45—16:00	茶歇	
16:00—18:00（第二单元）	1. 发言人：汤啸天　上海政法学院编审、上海法学会副秘书长 发言题目：用法治推动大数据在公共安全管理中的应用 2. 发言人：罗新忠　复旦大学市场调研中心、上海神州市场调查公司研究总监 发言题目：上海居民社区服务需求特点分析 3. 发言人：沈岱易、王佳妮　复旦大学市场调研中心研究员、中国社会学会方法研究会副秘书长 发言题目：上海民生满意度调查数据挖掘对比分析 4. 发言人：张立平　天津师范大学教育科学学院教师 发言题目：当代中国全人教育的一种意涵——扎根理论分析与建构的视角 5. 发言人：张彦　上海财经大学经济社会学系原系主任、教授 发言题目：社会研究的定性分析 7. 发言人：龚为纲　武汉大学社会学系大数据与计算社会科学研究中心 发言题目：大数据时代"丝绸之路"沿线国家涉华舆情比较分析 8. 发言人：吕亮志　上海南康科技有限公司数据产品部运营经理 发言题目：基于 SAAS 云和大数据的 CAI 数据采集应用 NK-CLOUD 系统 9. 发言人：葛建辉　辰智科技总裁、创始人 发言题目：信息爆炸时代下的多源数据整合【以位置聚合餐饮大数据】 10. 发言人：潘昊　上海库润信息技术有限公司总经理 发言题目：新技术下调研数据的收集与质量控制 评论人：白红光　南开大学周恩来政府管理学院社会学系教授、中国社会学会方法研究会副会长 评论人：夏雨禾　南京大学社会学博士，温州大学新闻传播学教授 论坛总结发言：董海军　中南大学公共管理学院社会学系教授、中国社会学会方法研究会会长	范伟达

2）论坛综述

2017年7月15日下午，中国社会学会2017年学术年会"大数据时代的社会研究方法"论坛在上海大学宝山校区EJ106教室隆重举行。本届论坛由中国社会学会方法研究会、上海社会学会调查方法专业委员会、湖南省社会调查研究方法专业委员会联合主办，论坛负责人为范伟达教授、白红光教授和董海军教授。来自复旦大学、中南大学、南开大学、上海财经大学、同济大学、上海政法学院、武汉大学、贵州民族大学、广西师范大学、山西省社科院、天津师范大学等20余所高等院校、科研单位的80余名专家学者以及上海大数据联盟、中国电信北京研究院及南康科技、库润信息等机构参加了本次论坛。这也是"中国调查"第四次学术研讨会。

本次论坛以"大数据时代的社会研究方法"为主题，与会学者就大数据时代的研究方法、前沿技术和现实应用展开深入研讨，除特邀嘉宾以外，近30余篇学术论文通过了审核并收录本届论坛的论文集。

"大数据时代的社会研究方法"论坛现场

论坛开幕，首先由复旦大学社会学系教授、市调中心主任、中国社会学会方法研究会名誉会长范伟达讲话。他在致辞中简单介绍了"大数据时代的社会研究方法"论坛的筹办情况。中国社会学会方法研究会在21世纪以来开展了大量的学术研究活动，每年举办研究会和学术论坛，本次大数据论坛就是在 2010 年首届"中国调查"学术研讨会特别是第三届"中国调查"研讨会上专家学者研讨的主题基础上形成的。大数据时代，调查研究面临一场革命，社会研究方法也在原理、程序、技术、手段等各方面发生着革命性的变革。

范伟达教授在开幕式致辞

上海大数据联盟常务副秘书长、上海超级计算中心云计算与大数据部部长马慧民应邀到大数据论坛做题为《大数据与产业创新》的致辞。他说，数据已成为继劳动、土地、资本之后的第四种生产要素，阿里本质上就是一家数据公司；大数据在新零售、医疗健康、金融、车辆等各个领域得到了广泛的运用，也提升了产业创新。2016 年 4 月 1 日，上海数据交易中心、上海市大数据产业基地、上海大数据联盟在静安区成立。上海已形成交易中心、联盟、基地、基金、研究院"五位一体"的大数据布局。

马慧民副秘书长在开幕式致辞

中南大学公共管理学院社会学系教授、中国社会学会方法研究会会长董海军做了题为"移动互联时代的E问卷调查"的发言。他立足技术变迁与移动互联时代，从移动互联时代E问卷理论视角，介绍了该时代E问卷调查的特性、问卷调查的要求、个人操作之实务。在讲到"万物互联的大数据：从收集数据到数据挖掘"时，他指出随着物联网、传感器的发展，社交媒体、交通流量、气象、地理等多种大数据都在云端汇聚，当这些时空数据集被组合起来，并与人工智能结合，这似乎是自然界与社会研究的新角度与新高度。

董海军教授发言

在论坛第一单元中，复旦大学大数据学院电力研究所主任助理钱浩祺做了题为"大数据在社会经济学的应用"的发言；同济大学文科办公室主任、教授郭强做了题为"大数据与方法论创新"的发言；中南大学社会学系教授吕鹏做了题为"基于大数据的群体事件演化过程预测研究"的发言；信励（上海）信息科技有限公司首席运营官魏炯翔做了题为"大数据时代的另类数据研究及应用"的发言；中国电信北京研究院产品总监钱兵做了题为"网络视频节目商业价值研究报告"的发言。钱兵总监在研究报告中，介绍了视频节目的观众商业价值，其评价方法、指数排行榜及价值的解析如对比分析；同时又对视频节目的观众结构如行为偏好、如收视行为、消费行为、微信公众号、APP行为进行了分析。

魏炯翔、钱兵、郭强、吕鹏等专家学者发言

在论坛第二单元的交流发言开始中，主持人范伟达教授指出，我们身处大数据时代，也应该进一步挖掘如发扬传统和现代社会研究方法的生命力，不能把一个捧上天，把另一个踩在地，而应该把各种方法应用到可适用可拓展的地方去。本论坛的设置中就考虑到并安排了一些定性的或定性与定量相结合的报告发言议题。

复旦大学市场调研中心、上海神州市场调查公司研究总监罗新忠做了题为"上海居民社区服务需求特点分析"的发言；天津师范大学教育科学学院教师张立平做了题为"当代中国全人教育的一种意涵——扎根理论分析与建构的视角"的发言；上海财经大学经济社会学系原系主任、教授张彦做了题为"社会研究的定性分析"的发言；上海政法学院编审、上海法学会副秘书长汤啸天介绍了"用法治推动大数据在公共安全管理中的应用"。

二、中国调查研究的蓬勃发展 · 77

张彦、罗新忠、汤啸天、张立平等专家学者发言

本次论坛圆满顺利结束,同时经评审,来自本论坛曾东霞、董海军撰写的"个案研究的代表性研究:类型评析与应对思路"荣获 2017 年学术年会优秀论文奖。

5. 第五届"中国调查"学术研讨会(2018 年)

1)研讨会综述

5 月 25—27 日,为总结交流新时期以来特别是近两三年间中国及海内外的调查及其方法的进展和实践经验,"新时代的中国调查及其发展"国际学术研讨会暨第五届"中国调查"学术研讨会在中南大学举行,研讨会紧密围绕"新时代的社会调查"这一主题展开。来自海内外数十所高校、多家学术期刊以及相关的科技企业的五十多名参会人员,在研讨会上进行了深入研讨和交流。

休斯顿大学梁毓熙(Patrick Leung)教授、张锦芳(Monit Cheung)教授,佩斯大学原学术副校务长陈社英(She-ying Chen)教授,北卡罗来纳大学教堂山分校统计发展咨询协会主席陈定庚（Ding-geng Chen）教授，中国社会科学院社会学研究所社会发展研究室主任李炜研究员，湖南省社会学会执行会长方向新研究员，中国社会学会方法研究会名誉会长、复旦大学范伟达教授，中南大学公共管理学院党委书记刘迪、中南大学公共管理学院副院长李斌教授、社会学系董海军教授等出席了会议开幕式。会议由中南大学公共管理学院社会学系系主任潘泽泉教授主持。

"新时代的中国调查及其发展国际学术研讨会"开幕式

26日全天论坛分四个单元进行。来自北卡罗来纳大学教堂山分校、休斯顿大学、佩斯大学、中国社会科学院、南京大学、复旦大学、中国科学技术发展战略研究院、上海南康科技有限公司等海内外高校和机构的30余位报告人做主题发言。

中国社会科学院社会学研究所李炜研究员做了题为"推进数据档案学在社会科学中的应用"的专题演讲。李炜研究员在回顾中国社会调查四十年的基础上，提出当代社会调查面对的新难题，即数据调查如何满足用户需求，并指出中国社会科学研究机构应该具有前瞻意识，尽早投入数据档案中心建设，提升数据档案学的学科发展空间。复旦大学社会学系教授范伟达教授做了题为"社会治理和民生满意度调查的几点感悟"的专题演讲，提出充分运用现代技术，提高社会治理和民生调查智能化水平等观点。

休斯顿大学的梁毓熙教授做了专题演讲。北卡罗来纳大学教堂山分校的陈定庚教授做了题为"基于证据的干预研究：如何利用元分析和贝叶斯建模建立证据"（Evidence-Based Intervention Research: How to Build

Evidences from Meta-Analysis and Bayesian Modeling）的演讲，在演讲中深入浅出地阐述了 R 分析、Meta 分析等社会统计学前沿分析方法，并建议研究者在研究中多从研究设计（Study Design）、数据收集（Data Collections）、数据分析（Data Analysis）三方面去思考如何完善相关研究。

南京大学社会学院社会学系风笑天教授做了题为"弄清是什么与探索为什么：一条媒介报道引发的思考"的专题演讲。以文献为线索，深入讲解了社会调查与数据分析中应该注意的问题，并且提出不应该迷信权威、迷信数据，社会调查无论在任何时候都要以严谨和科学作为底线，引发了参会者热情讨论。

本届学术研讨会分论坛涵盖"构建中国社会调查理论体系的路径分析"、"论社交软件在社会研究资料收集中的应用"、"图表数据可视化演示：作为政策干预工具的工作薪酬分析"（Tableau Data Visualization Demonstration: Job Compensation Analysis as a policy Intervention Tool）、"政府民意调查现状及其发展方向"、"计算机辅助技术新时代的应用"、"计算机辅助调查系统在政府民调的实践运用"、"自发性社会调查的困境与路径选择"、"谣言传播中代理人的异质性、判断力和社会信任"（Heterogeneity, Judgment, and Social Trust of Agents in Rumor Spreading）、"社会资本与中国城市居民人际信任感研究"、"心理社会研究中的测量与分析：修正有效性、单维度化和测量有效性"（Measurement and Analysis in Psychosocial Research: Modified Validity, Unidimensionalization, and Measurement Effectiveness）、"长者生命回顾策略适应的质性研究"、"质性研究中的'过渡概化'与'反向事实'——浅论质性研究中的效度"、"未成年人犯罪社会调查的现状研究"等多方面内容。

26 日晚，中国社会学会社会调查研究方法专业委员会范伟达教授、中南大学董海军教授主持了自由畅谈会，就如何加入中国社会学会社会调查研究方法专业委员会、如何在新时代的调查中合理运用计算机技术、促进西部地区社会调查发展等问题进行了热烈讨论。范伟达教授表示，本次学术研讨会很好地体现了总结展望新时代中国调查发展的宗旨，以社会调查为出发点，但又不局限于社会调查，是一次囊括海内外学术界与实务调查界的国际学术盛会。

本届学术研讨会由中南大学公共管理学院社会学系、中国社会学会社会调查研究方法专业委员会主办，由上海南康科技有限公司、上海神州市场调查公司、长沙升华数字技术有限公司、湖南省社会调查方法专业委员会等机构和《中国青年研究》《中南大学学报（社会科学版）》《求索》《西北民族研究》等多家中文社会科学引文索引（CSSCI）期刊支持。

第五届"中国调查"学术研讨会代表合影

2）论文集目录

侯佳伟　生育意愿区间……………………………………………………………1

刘馨　高校女教师二孩生育意愿及其影响因素分析
　　　——以山西省高校为例……………………………………………………11

张若琪　构建中国社会调查理论体系的路径分析……………………………22

袁妙彧　养老机构选址、规模及功能定位对医养结合模式选择的
影响——基于扎根理论的探索性分析…………………………………………64

宇婷　中国大学生生活形态分群模型及心理健康
　　　——以上海市为例……………………………………………………………66

王娟　大病冲击下医疗保险与农村家庭消费的影响研究……………………87

方巍　体制视角的低收入人士社会帮扶研究…………………………………98

廉思　自发性社会调查的困境与路径选择……………………………………108

胡静凝　中国学界关于大数据和研究方法的研究：以社会学为例·110

马爱平　互联网金融风险防范和犯罪控制…………………171
　　田新朝　长者生命回顾策略适应的质性研究………………190
　　张钤　社会资本与中国城市居民人际信任感研究……………197
　　杨晶　基于居民层面的环渤海经济区公共投资绩效研究
　　　　——以天津市为例……………………………………221
　　彭青云　城市老年人互联网接入障碍因素研究………………246
　　刘伟　质性研究中的"过渡概化"与"反向事实"——成都……256
　　陶成　未成年人犯罪社会调查的现状研究……………………257
　　顾诗颖　调查数据质量的影响因素：经验与分析……………264
　　黄娟　闲暇生活与社区公共参与………………………………265
　　黄维　政策目标与实施效果——大学新生贫困资助政策的瞄准
性、充足性与减贫效果研究………………………………………276
　　林敏　村改居农民的平等权需求及其制度选择………………298
　　王浙勤　金炜圣　刘钰　毛利率敛性及其对审计职业判断的参考
价值研究……………………………………………………………309
　　吴庆　大学章程视角下省属医药类高校附属医院使命的话语分析·323
　　姚海波　居民环保行为现状及影响因素探析…………………332
　　张茂然　大学新生对高校贫困生资助制度的福利态度研究………387
　　张删　基于目标瞄准性视角的生源地助学贷款政策效果评估……401
　　3）中国社会学会社会调查研究方法专业委员会第三届理事会负责人
名单
　　名誉会长：苏驼　南开大学社会学系
　　　　　　　范伟达　复旦大学社会学系
　　会　　长：董海军　中南大学社会学系
　　副 会 长：白红光　南开大学社会学系
　　　　　　　罗静　中国社科院边疆所
　　　　　　　夏传玲　中国社科院社会学所
　　　　　　　邱泽奇　北京大学社会学系
　　　　　　　马京奎　国家统计局社会科技司
　　　　　　　丘海雄　中山大学社会学系

秘书长：范伟达　复旦大学社会学系

（三）改革开放时期的中国调查研究

1. 党政机关和高校学术机构的调查

1）党政机关的调查研究

深入实际进行调查研究，坚持理论与实际相结合，由此制定和执行正确的路线、方针、政策，是我们党领导革命、建设、改革的基本经验和基本工作方法。

重视和加强调查研究，是中国共产党的优良传统和作风。调查研究是我们的谋事之基、成事之道。不断完善中央调研决策制度，使之趋于民主化、科学化、程序化，成为历任领导集体矢志不渝的努力方向。中央高层高度重视调查研究，身体力行，率先垂范，不畏酷暑严寒，不间断赴各地做实证调查研究，走上田间地头、深入生产一线、进入寻常百姓家，听真话、察实情、解民意，问计于民、求智于民，向群众学习，向实践学习，为决策提供充足而科学的依据。同时，调查研究方法也要与时俱进。在运用我们党在长期实践中积累的有效方法的同时，要适应新形势新情况特别是当今社会信息网络化的特点，进一步拓展调研渠道，丰富调研手段，创新调研方式。学习、掌握和运用现代科学技术的调研方法，如问卷调查、统计调查、抽样调查、专家调查、网络调查等，并逐步把现代信息技术引入调研领域，提高调研的效率和科学性。

中国共产党十四大围绕中国特色的社会主义开展调查研究，十五大围绕社会主义市场经济开展调查研究，十六大以来党中央围绕科学发展观的提出、构建社会主义和谐社会、先进性教育活动、抗震救灾工作开展调查，十七大以来深入调查研究与贯彻科学发展。特别是十八大重申改进调查研究，狠抓作风建设，制定了改进工作作风、密切联系群众的八项规定。

改革开放之后，我国党和政府组织了许多社会调查，其中包括家喻户晓的人口普查和经济普查，也包括许多鲜为人知的专业领域的调查，形成了以国家统计局为中心、各部委机构分别开展的格局。除了实行调查之外，党和国家还担负着管理的职责，通过制定相关法规政策、规范统计解释指标，限定调查人员资格来实行对于我国境内调查的管理。

从 1978 年改革开放，40 多年来，我国经济高速增长，人民生活水平不断提高，党和国家领导人带领人民走出了一条有中国特色的发展之路。在探索的过程中，社会调查研究对我们认识当前形势，制定正确的方针政策，发挥着不可磨灭的作用。

普查是国家为了取得某项重大国情国力资料，专门组织的一次性大规模全面调查，如工业普查、第三产业普查、基本单位普查、农业普查等。1994 年，我国开始实行周期性的普查制度。定期取得全国人口、农业、工业、第三产业和基本单位等方面的基础数据，客观全面地反映重大国情国力的发展变化情况，为研究制定国民经济和社会发展规划及相关政策提供基础性资料，这对保障党中央和国务院各项决策的正确性和有效性是十分必要的，同时也为国民经济核算和统计调查体系改革奠定了基础。

2）高校学术机构的调查

随着社会学恢复重建，高等院校、学术机构的社会调查再次兴起。1979 年 3 月 15—18 日，全国哲学社会科学规划会议筹备处在北京召开社会学座谈会，决定成立中国社会学研究会，推选费孝通教授为会长。至此，中国社会学开始恢复和重建。

1981 年初，受中国社科院和国家教育部委托，南开大学开办了国内第一个本科层次的社会学专业班，由费孝通先生主持，从北京大学、中国人民大学、复旦大学、中山大学、武汉大学、兰州大学、云南大学等国内主要重点大学选派 43 名恢复高考后第一届大学生——77 级大三优秀学生集中学习社会学。该班毕业生许多已成为我国和国际社会学界的知名学者。

费孝通教授为这个班倾注了很多心血。尽管非常忙，但是他短短一年之内，来南开大学 4 次。他还通过自己的社会关系，为这个班提供了周到的支持。专业班的学员没有让费孝通失望。他们如饥似渴地吸收社会学知识，还积极投身社会调查。43 个人里边走出了 30 多位社会学教授，10 多位主任、院长。风云际会的南开大学社会学专业班也因此被称为社会学界的"黄埔一期"。

南开社会学专业班开学典礼照片　　南开社会学专业班学员、现复旦大学社会学教授、本书主编范伟达（右）与费孝通教授合影

在美国亚特兰大社会学年会上合照，左起依次为：边燕杰教授、林南教授、范伟达教授、周敏教授（当年林南教授为南开社会学专业班老师，边燕杰、范伟达为专业班学员）

　　社会调查随着社会学在中国的恢复重建，进一步显示了它的重要性。党的十一届三中全会以来，在党中央领导人大力倡导和亲自带领下，社会调查的优良传统得到了迅速恢复和发扬。近 40 多年是中华人民共和国成立以来政治经济形势最好的时期之一，也是社会调查之风最盛、社会调查成果最大的时期之一。中国自 1979 年恢复重建社会学学科以来，走过 40 多年的发展历程。这 40 多年是中国的工业化和现代化建设高速发展、社会各个领域发生巨大变革的时期。伴随着中国各个方面的发展，作为一门经验性和综合性较强的学科，社会学学科也蓬勃发展。一方面，社会学研究者努力把握时代的脉搏，研究和分析在社会变迁中产生的各种社会现象和社会问题；另一方面，我国各个领域的社会实践和学科又不断对社会学研究

的对象、主题、研究类型和研究方法提出新的要求和新的看法。

改革开放以来，学界和社科界进行了大量的社会调查，如中国社会结构调查、当代中国社会阶层研究、中国综合社会调查（CGSS）、天津市民千户调查、浦东新区社会变迁追踪调查、五城市家庭研究、大学生婚恋观实证研究、禁毒调查、艾滋病感染者调查等。

复旦大学社会学系浦东调查课题的论文报告荣获国家"挑战杯"后于颁奖典礼上合影，后排中左为复旦大学党委书记程天权，中右为本书主编范伟达教授

浦东新区"千户调查"成果发布会

本书主编与复旦学子（研究生）合影（左起依次为：陈剑、范伟达、罗静、罗慧敏、林枫、付顺东）

浦东新区调查行程中

本书主编在上海人民广播电台"市民与社会"直播室　　浦东社会变迁追踪调查部分报道

2. 民意调查和市场调查的兴起

1）民意调查的复苏

民意调查（也称民意测验、舆论调查）是一种了解公众对某些政治、经济、社会问题的意见和态度的调查方法，也是了解社会与群众意见的测量手段，其目的在于通过大量样本的问卷调查来精确反映社会舆论或一般民意动向。

民意调查对于广大民众来说，是一种很好的意见表达途径，为政府组织决策提供参考依据；对于政府组织来说，运用民意调查手段，能够有效地汇集意见，掌握了解广大民众的利益关切。因此，民意调查往往被称为"政治的温度计"。

民意调查的应用范围很广，除用于政治、经济、社会等问题的调查外，还用于商业、教育、法律、医疗卫生、大众传播等方面。在这些领域，它的主要作用是：（1）为各级党政部门宏观决策服务；（2）为社会服务及时捕捉和提供各种社会公众关注的信息；（3）为企业生产经营服务。

中国素有民意调查的传统，也是得益于西方民调方法论影响较早进行科学化民意调查的国家之一。

自中华人民共和国成立至1979年9月，整整30年里，先是由于对实证社会科学不重视，1957年后又受"左"的思想影响，导致中国的民意调查处于冰封期。十一届三中全会后，冰封久远的民意调查才得以复苏。改革开放后较早的一次民意调查是1979年9月《北京日报》内参部在北京维尼纶厂进行的民意调查。

1980年之后，中国从事专业民意调查的机构相继诞生，并且由学术性机构为主导向商业机构为主导转变，由个体向组织化转变。自1982年以来，民调机构对社会、经济等方面公众关心的问题，如物价问题、党风问题、宣传舆论工具的作用、思想政治工作等进行过民意调查，并取得了一定的成效。1986年1月中国社会调查所①成立，1988年复旦大学社会学系社会调查中心成立，1989年上海神州调查公司前身中调所上海调查处成立，1992年零点调查公司成立，1998年中国民意调查和市场研究第一次行业代表大会召开，2000年中国市场调查行业分会成立。改革开放以来，高校研究机构、民间团体进行了大量富有影响的民意调查。今天，对大多数中国城乡居民来说，民意调查已不是什么新鲜事了，人们对于民意调查的真实内涵也越来越明了。

1997年6月，《新闻报》新闻调查工作室、神州调查公司、复旦大学团委调研部联手策划、组织了"上海市民迎回归"随机抽样民意调查。"香港即将回归祖国，您的心情如何？"，98.2%的上海市民回答："激动、很激动。"

2005年5月，《解放日报》专门成立了社会调查中心，该中心由主任记者顾伯贤主持工作，并聘任范伟达教授为中心顾问。最早关注并进行民意调查的机构之一，国家级智库主管、国家级学会主办的神州调查公司从2005年起与《解放日报》社会调查中心长期合作，定期进行民意调查，关注社会民生热点话题，取得了良好的公众反馈和社会关注，积累了丰富的实际操作经验和民意调查成果。

《解放日报》社会调查中心和神州调查公司在2005年至2012年间曾关注和进行了以下民意调查的议题：

---

① 中国社会调查所（China survey service）始建于1986年1月，是中国创办最早、规模最大的民间独立的服务型社会调查事业单位之一。

1987年，党的十三大闭幕当天，中调所进行了一次创纪录的、以24小时为调查周期的面访调查。第二天上午9时将统计结果报送中央有关部门，同时提供给首都主要新闻单位，对这次调查，中央电视台、中央广播电台、人民日报等媒体都做了报道。

不仅中国媒体，外国媒体也非常关注这次具有重要意义的民意调查，美国《新闻周刊》就以"北京开始兴起舆论业"为题发布了详细报道。中调所与国家科委研究中心合作，于1986年至1987年对全国市民进行了"改革与发展中的社会心理调查"。

2005 年

上海市民抽样调查——"实事工程"百姓受益（解放日报 2005 年 1 月 3 日）

全国城市抽样调查——今天，我们怎样过春节（解放日报 2005 年 2 月 7 日）

和谐社会系列调查——加强道德建设，提升文明水平（解放日报 2005 年 3 月 14 日）

大学生就业抽样调查——首选：工作稳定和发展空间（解放日报 2005 年 4 月 4 日）

共同营造少儿成长良好环境（解放日报 2005 年 5 月 23 日）

红灯亮着你会穿马路吗？（解放日报 2005 年 7 月 27 日）

亲情，让老年人首选——居家养老（解放日报 2005 年 8 月 31 日）

网民热切呼唤构建网络诚信（解放日报 2006 年 9 月 28 日）

有了电话、手机、网络——您还会提笔写信吗（解放日报 2005 年 10 月 26 日）

城市人和动物如何和谐相处？（解放日报 2005 年 11 月 30 日）

2006 年

春节，上海市民如何消费（解放日报 2006 年 1 月 18 日）

上海女性社会地位调查（解放日报 2006 年 2 月 28 日）

手机实名制你赞成吗？（解放日报 2006 年 3 月 29 日）

上海市民礼仪素养认知度调查（解放日报 2006 年 4 月 26 日）

六月，你如何看"世界杯"（解放日报 2006 年 5 月 31 日）

上海市民城市生活跟踪调查比较（解放日报 2006 年 6 月 28 日）

家长代劳到何时：该放手时就放手（解放日报 2006 年 7 月 26 日）

上海市民结婚婚礼抽样调查（解放日报 2006 年 8 月 30 日）

文学名著：您还在读吗？（解放日报 2006 年 9 月 27 日）

广告受众说：我们心中有杆秤（解放日报 2006 年 11 月 29 日）

市民眼中的窗口行业"软肋"（解放日报 2006 年 12 月 27 日）

2007 年

老年人再婚问题调查（解放日报 2007 年 1 月 31 日）

每年，您花多少钱买服务（解放日报 2007 年 2 月 28 日）
您会如何投资理财（解放日报 2007 年 3 月 28 日）
喜欢浦东的理由（解放日报 2007 年 4 月 18 日）
您愿意成为技能型人才吗（解放日报 2007 年 5 月 31 日）
今夏，您会怎样用水用电（解放日报 2007 年 6 月 27 日）
众说纷纭"毕婚族"（解放日报 2007 年 7 月 25 日）
网购：让人欢喜让人忧（解放日报 2007 年 8 月 29 日）
谁泄露了我的个人信息（解放日报 2007 年 9 月 26 日）
您心中的职业选择（解放日报 2007 年 10 月 31 日）
婚前体检，您会接受吗？（解放日报 2007 年 11 月 28 日）
今天，我们如何阅读？（解放日报 2007 年 12 月 26 日）
2008 年
今年春节，市民怎么样花钱（解放日报 2008 年 1 月 30 日）
2008，老百姓期待什么？（解放日报 2008 年 2 月 27 日）
农村居民：外出旅游渐成时尚（解放日报 2008 年 3 月 27 日）
您所反感的不文明行为有哪些？（解放日报 2008 年 7 月 30 日）
上海和长三角女性创业意愿调查（解放日报 2008 年 8 月 27 日）
改革开放民生热点调查：30 年的脚印，30 年的变迁（解放日报 2008 年 9 月 25 日）
年轻人跳槽，究竟为哪般？（解放日报 2008 年 10 月 29 日）
楼市扑朔迷离，我们是否买房？（解放日报 2008 年 11 月 26 日）
年中盘点 2008：我们的记忆（解放日报 2008 年 12 月 24 日）
2009 年
迎世博上海社会环境调查：排队，让你感受到什么？（解放日报 2009 年 2 月 25 日）
投资理财：如何做您感觉温暖？（解放日报 2009 年 3 月 26 日）
大学生就业之路究竟怎样走？（解放日报 2009 年 4 月 28 日）
您对上海世博会有怎样的期待？（解放日报 2009 年 5 月 27 日）
社交网站：有些迷恋有些怨（解放日报 2009 年 6 月 24 日）
"新上海人"眼中的上海（解放日报 2009 年 7 月 30 日）

感受共和国60年辉煌（解放日报2009年9月30日）

购房仍是最大支出，世博概念拉动消费（解放日报2009年10月28日）

身边的世博，我们关注我们参与（解放日报2009年11月26日）

2010年

盘点牛年，展望虎年——2010：上海世博最期待（解放日报2010年1月28日）

社会诚信，不是可有可无（解放日报2010年2月25日）

让烟雾离我们再远些（解放日报2010年3月31日）

怎样营造"进得来，留得住"好环境（解放日报2010年7月28日）

世博百天窗口服务：中外游客的满意度显著提升（解放日报2010年8月25日）

后世博思考：多元、创新文化激励我们创造美好（解放日报2010年9月29日）

后世博思考：新理念、新挑战、新高度、新追求（解放日报2010年10月27日）

百姓关注的民生热点：物价、收入、住房位列前三（解放日报2010年12月29日）

2011年

居民休闲方式呈现多样化（解放日报2011年2月23日）

垃圾分类：您准备好了吗？（解放日报2011年5月25日）

在这里感悟历史的选择——上海红色景点调查探访（解放日报2011年6月29日）

受访者眼中的新能源汽车——成长的烦恼（解放日报2011年7月28日）

食品添加剂：魔鬼还是天使？（解放日报2011年8月31日）

面对老龄化，我们能做什么？（解放日报2011年9月28日）

执谁之手，与谁偕老？（解放日报2011年10月26日）

走进婚礼殿堂，期盼一生幸福（解放日报2011年11月30日）

我的人生旅途，该如何设计？（解放日报2011年12月28日）

老年人为啥容易被忽悠?(解放日报 2012 年 3 月 1 日)
微博:让我欢喜让我忧(解放日报 2012 年 3 月 28 日)
孩子的起跑线究竟在哪里?(解放日报 2012 年 5 月 31 日)
我们期待什么样的家庭医生(解放日报 2012 年 6 月 27 日)
您的车停在哪里——停车难的缓解之道(解放日报 2012 年 7 月 25 日)
质量问题最揪心,价格大战不靠谱(解放日报 2012 年 9 月 29 日)
家和万事兴——市民家庭幸福要素调查(解放日报 2012 年 11 月 29 日)
说说阿拉屋里厢的小康梦(解放日报 2012 年 12 月 26 日)

《解放日报》社会调查专版刊登民意调查报告案例

中共上海市委宣传部对《解放日报》社会调查报道的新闻评点

2）市场调查的茁壮成长

市场调查在我国的历史非常短暂。市场调查一度不受国内企业的重视。20 世纪 80 年代中期至 90 年代初，全国的专业化市场研究公司还寥寥无几。邓小平同志南方讲话和党的十五大以后，由计划经济向市场经济过渡，市场调查开始受到人们的重视，专业化市场研究公司相继成立，到 1998 年，我国已有专业化市场研究公司 500 多家。2001 年 4 月，中国信息协会市场研究业分会在广州宣告成立。同年 12 月，中国市场学会也在北京召开第三次会员代表大会，重申了 WTO 与市场营销调研的紧迫性。

中国较早运用市场调查方法可以追溯到20世纪50年代，那时由中央政府组织各地统计机构开展了全国范围的职工家庭生活调查工作。70年代，也曾运用抽样调查的方法，在中国59个城市、24个县城抽选13.9万户职工家庭，就收入等基本情况做了一次调查。进入80年代后，国家的经济调查和预测工作开始走向正轨，各地普遍恢复和成立了城乡抽样调查队，建立了以了解城乡居民收入、支出，家庭用品等基本生活数据为主要内容的固定样本，开展连续性的调查统计，为政府的宏观决策提供依据。

而真正意义的商业市场调查的运用，则始于20世纪80年代的中期。当时随着我国改革的深入，对外开放的程度逐步加大，一批外资企业开始涉足中国内地市场，外国的产品也逐步进入中国市场。这些在国际上一直依赖市场研究作为他们开拓先锋和"指路明灯"的外资企业，自然首先想到和要做的，就是在中国进行市场研究，寻找自己产品进入中国的途径、方式和打开消费者消费行为大门的钥匙。于是，境外一些市场调查机构纷纷受委托进入中国开展市场调查。为了开展数据收集，他们开始在中国国内寻找合作伙伴，并把初级的实地调查方法带到中国来。如广州的"华南市场研究公司"、北京的"中国市场调查所"，以及香港市场研究社（SRH）委托复旦大学社会调查中心与中调所上海办事处所进行的内地初期的各种调查项目。1993年8月6日，《南方周末》报的记者曾以"'盖洛普'逐鹿上海滩"为题，报道过我国20世纪80年代末和90年代初进行市场调查的一些"镜头"。

（1）广州：我国第一个市场研究公司成立（以下是一位创业者的部分自述）

市场研究作为一项专业、一门产业，在中国本土诞生和成长，是我国改革开放之后以及从计划经济向市场经济转型过程中产生的新生事物。广州市场研究公司是中国大陆第一家市场研究公司。作为这家公司的创办者之一并担任过公司第三任总经理的我，回想起当年的不寻常经历，不胜欷歔，更感自豪。

20世纪90年代中期，伴随市场经济的迅猛成长，国内市场调查研究公司呈现出一次爆炸式的发展。越来越多的调查公司开始从广东沿海一带向内地蔓延。中国市场调查业日益规范与完善，这是一个极富增长潜力的行业，一个日趋规范化、专业化并面向国际的行业。

（2）上海复旦市场调研中心

上海复旦市场调研中心是复旦大学下属最著名的调研中心之一，是中国最早以市场为研究对象的市场调研中心。作为复旦市场调研中心的有力后援，拥有国内一流人才的复旦大学为中心的经营与发展积极提供各个方面的服务和帮助，成为中心的头脑库、信息库。

复旦市场调研中心荟萃了社会学、管理学、经济学、心理学、计算机等方面的专业人才、操作人员和一组高素质、分布广的调查员网络。他们运用科学严谨的方法来设计模型、收集资料、统计分析。

已有的项目设计包括如下领域：护肤品、蓄电池、家用空调器、医用X光片、广告、银行、洗发水、不间断电源、大众传媒、咖啡、智能化大楼、彩妆用品、汽车、X光机、手表、快餐、电脑登录系统、办公机械、房地产、中式点心、大型综合商厦、营养口服液、消费行为模式调查等。

调查方式有：入户调查、个案研究、雪球式访问、街头拦截访问、案头资料研究等。

从为第一块力士香皂成功地打入中国市场起，中心已经在中国这日益发展的市场冲浪多年。多年来，中心不断进取、努力开拓，完成了一个又一个丰富而又多姿多彩的调研项目。

中心与上海社会调查所合作进行"上海地区汽水、果珍饮料的市场调查"，为上海日化四厂、霞飞日化厂、中英合资旁氏有限公司等上海地区化妆品市场开展调查工作，为上海市百一店开展"消费者状况调查"，为上海手表厂完成"东北地区的手表市场调查"，为太阳神集团进行上海口服液市场的用户访问卷调查，为台湾元祖食品公司做了食品上市前的问卷调查，为上海感光胶片厂做了"全国X光片的市场调查"，为复旦大学科研处"智能型X光机"进行了国际市场预测，为日本国际协力机构做"浦东中小企业用地调查报告"，为张江高科技园区发展公司做"上海张江高科技园区发展公司公关宣传资料"，为家化联合公司做"上海市区化妆品消费心态调研"，为上海复华科技公司做"上海地区电脑登录系统调查"，为中美合资上海赛恩营养食品有限公司做长期保健品市场追踪调查，为某公司投资PC电脑市场长期做"全国电脑生产厂家及市场发展调查"，为日本某大型电器公司做"中国消费者行为调查"。

（3）上海神州市场调查公司（CMR）

上海神州市场调查公司（China Marketing Research）是由国家级智库主管、国家级学会主办的，以市场调查为主、方法研究为辅，在社会经济各个领域广泛开展各类咨询的服务型市场调研机构，为中国信息协会市场研究分会理事单位。公司主要从事市场调查策划、经济信息咨询、企业文化交流、调研人员培训、广告效果研究、办公系统维护等业务。下设研究部、项目部、联络部、财务部、办公室等部门。

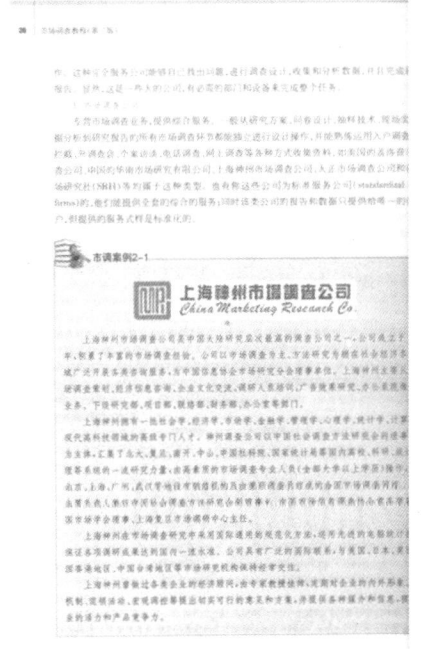 

范伟达教授主编《市调调查教程》（第三版）一书对上海神州市场调查公司的介绍案例扫描件

公司拥有一批社会学、经济学、市场学、金融学、管理学、心理学、统计学、计算机及现代高科技领域的高级专门人才。以中国社会调查方法研究会的理事会员为主体，汇集了北大、复旦、南开、中山、中国社科院、国家统计局等国内高校、科研、统计、管理等系统的一流研究力量，由高素质的市场调查专业人员（全部大学以上学历）操作，并在北京、上海、广州、武汉等地设有联络机构及由兼职调查员组成的全国市场调查网络。

公司主要负责人兼任中国社会调查方法研究会会长、中国市场学会理事、上海复旦市场调研中心主任。

公司在市场调查研究中采用国际通用的规范化方法,运用先进的电脑统计技术,保证各项调研成果达到国内一流水准。公司与美国、日本、英国等国家及中国香港、中国台湾等地区的市场研究机构保持经常交往。

公司愿做各类企业的经济顾问,由专家、教授挂帅,定期对企业的内外形象、运行机制、促销活动、宏观调控等提出切实可行的意见和方案,并提供各种媒介和信息,提高企业的活力和产品竞争力。

上海神州市场调查公司所做项目备受政府、媒体一致好评,并抄报上海市委书记和市长。

项目举例:

1. 中共上海市社会工作委员会:连续五年上海民生满意度调查
2. 上海市委办公厅建议立项调查:上海市民对社区服务需求调查
3. 上海人力资源和社会保障局:上海市企业用工需求
4. 上海市环境保护局:公众对城市环境保护满意率调查
5. 国网上海市电力公司电力科学研究院:上海市居民用电行为调查
6. 浦东新区政府外事办:浦东国际社区发展现状及公共服务研究
7. 上海通信管理局委托:上海电信行业满意度测评
8. 上海通信管理局委托:上海电信资费情况调查
9. 上海市科协委托:上海公众科学素养状况抽样调查
10. 闵行区科协委托:闵行公众科学素养调查
11. 闵行区政府委托:闵行区社区安全建设第三方考查评估项目
12. 闵行区公共安全建设协调小组办公室闵行公共安全调查
13. 全国妇联委托:全国大学生婚恋观调查
14. 上海市妇联委托:低碳调查
15. 宝山区科协委托:宝山公众科学素养调查
16. 上海世博局委托:上海世博会游客满意度调查
17. 上海通信管理局委托:上海电信行风测评
18. 上海市司法局委托:上海市民法律素养调查
19. 浦东新区政府委托:"浦东新区社会变迁"十年追踪调查

20. 上海浦东新区政府：上海金桥出口加工区调研策划及概念设计
21. 中国社科院人口与经济研究所：家庭变迁调查
22. 上海联通委托：3G 客户服务专项调查
23. 上海卷烟集团：上海市卷烟消费市场调查
24. 杨浦烟草公司委托：香烟专卖店调查
25. 旺旺集团委托：高级、中级管理层市场研究策划培训
26. 罗氏制药委托：上海罗氏企业文化评估调查
27. 企业的社会责任调查
28. 上海市民环保意识研究调查
29. 上海市民素质调查
30. 中国青年文学阅读意向调查
31. 老年人生活习惯和入住老年公寓意向调查
32. 中国国际教育展调查
33. 国内私家车主调查
34. 国内航空业乘客调查
35. 洋酒研究街头采访
36. 万宝路香烟测试研究
37. 施格兰冰露市场研究
38. 可维可饮料品味测试
39. 雪碧、芬达饮料研究
40. 果珍饮料抽样调查
41. 北京、广州、上海果汁饮料研究
42. 统一集团酱油测试
43. 年年红红木家具市场调查
44. 力士洗发水留置调查
45. 力士香皂香味测试研究
46. 旁氏护肤品市场调查
47. 咖啡休闲吧连锁经营调查
48. 名优新现代食品展评会
49. 上海速冻食品市场调查

50. 上海电信宽带与拨号上网市场调查
51. 互联网在中国的使用及影响调查
52. 上海电信视讯会议业务研究
53. IMI 消费行为与生活形态年鉴调查
54. 京、津、沪纺织品市场需求调查
55. 夏令卫生品汇展调查
56. 全国十六城市赛尼可减肥药调查
57. 西门子 CT 机市场分析
58. 施乐复印机市场调查
59. 家用电脑市场调查
60. 汽车品牌及用户研究
61. 中国汽车零部件国产化研究
62. 电动汽车及光纤入户调查
63. 花王产品调查
64. 中国工商银行"牡丹信用卡"特约商户调查
65. 《新闻报》读者调查(《新闻报》报社)
66. 全国报纸读者调查
67. 亚运会广告监查汽水广告研究
68. 视听器材品牌形象调查
69. 中国公民展望 21 世纪调查
70. 上海市民看香港回归抽样调查

《解放日报》刊登的由上海神州市场调查公司承担的"2015年上海民生满意度调查"专版

《解放日报》刊登的由上海神州市场调查公司承担的"2016年上海民生满意度调查"专版

三、新时代、新征程、新方案

（一）历史新起点，调研是关键

1. 八项规定转作风、调查研究是基础
1）改进调查研究

党的十八大之后，中央提出了改进工作作风、密切联系群众的八项规定，首要的一条就是：要改进调查研究，切忌走过场、搞形式主义。调查研究是成事之基，谋事之道。新的历史时期，各项工作面临着许多新情况、新课题，深入调查研究显得尤其重要。全国各地干部群众学习十八大文件精神，都认识到改进工作作风，首要应做好"调查研究"的文章。

调查研究要以人为本，把维护人民群众的根本利益作为调查研究的出发点。调查研究不能简单地了解政策、法律法规的落实，重要的是看落实是否以人的全面发展为目标；不仅看发展取得的成绩，关键要看发展的成果是否惠及人民群众的利益。广大干部开展调查研究，要怀爱民之心，听为民之言，思为民之策，把人民满意不满意、人民答应不答应、人民赞成不赞成作为判断是非、分析问题的标准。

调查研究要与时俱进，把科学发展观作为调查研究的导向点。广大干部开展调查研究，要贴近基层，贴近群众，贴近实际，不能拘泥于表面的成绩，被华丽的外表所迷惑。要从不同的角度进行思考，看是否有利于经济发展和社会进步，是否有利于改善和提高人民群众的生活水平。只有这样，才能发现问题，并找到符合政策和法律、符合人民利益的决策依据。

调查研究要实事求是，把掌握确凿的第一手材料作为调查研究的立足点。广大干部开展调查研究，既要发现问题、解决问题，又要监督工作、促进发展，这就要实事求是地进行细致调查，掌握充分而确凿的第一手材料。调查要综合运用多种方式方法，比如：听取汇报、实地考察、查看资料、抽样调查、问卷调查等；要让群众反映出真实的情况，请群众提出解

决问题的意见建议；既要看好的地方，还要看差的地方；不仅要看面上的，还要关注点上的。只有通过全面细致的调查，获取真实的原始的材料，才能真正了解把握实情。

调查研究要科学分析，把挖掘问题的本质作为调查研究的制高点。开展调查研究，要注重方法的科学性，使调研工作有深度、有力度。材料取舍，不能主观臆断，而要严谨求实；问题判断，不能泛泛而论，而要切中要害。要运用演绎归纳、分类比较、定性定量等方法，经过去粗取精、去伪存真，加以综合分析，将感性认识上升为理性认识，确保分析问题的科学性。只有抓住了主要矛盾，把握住了问题本质，才能得出具有一定深度和力度并对实际工作具有指导作用的调研成果[①]。

2）行、知、果的有机统一

调查研究"行"为先。"行"就是行动。"行"，要到实践中去。领导干部要以"衙斋卧听萧萧竹，疑是民间疾苦声"的情怀，摆脱文山会海，去官气；走出"衙门"机关，接地气，到实践的大课堂中行万里路、读万卷书。"行"，要到群众中去。领导干部要树立"纸上得来终觉浅，绝知此事要躬行"的理念，扑下身子、放下架子，带着感情、带着责任、带着问题，深入实际、深入基层、深入群众，到困难较多、情况复杂、矛盾尖锐的地方去调查研究。"行"，要讲究方法。在运用座谈会、个别访谈、实地考察、蹲点调查等传统方法的同时，注重利用现代信息技术手段，运用定性与定量结合、宏观与微观结合、静态与动态结合等方法进行综合分析，不断创新调查研究的方式和方法，切实提高调查研究的效率和水平。"行"，要制度化。要建立领导机关、领导干部调研工作制度，坚持重要决策调研论证制度，完善领导干部联系点制度，使调查研究成为领导机关和领导干部的经常事、基本功，使调查研究经常化、规范化、制度化。以此言之，大兴调查研究之风，其实质就是发扬党的优良传统，改进干部工作作风。

调查研究"知"为基。"知"就是真知。调查研究，一要"知"信息。要掌握主动权，既完成好"规定动作"，看看示范点、"样板间"，解剖"麻雀"，研究问题，更要有"自选动作"，专门看看"没有准备的地方"，多搞

---

① "青岛市人大常委会范寿昌：人大干部改进作风，应做好调查研究"文章。

一些"不打招呼""不做安排"的随机式调研，不回避矛盾，不掩盖问题，力求准确、全面、深入地了解情况。二要"知"实情。调查研究不能当"钦差大臣"、走走"套路"、蜻蜓点水、走马观花，而是要身在民中永为民，心想群众、深入群众；不能"隔着玻璃看，坐着轮子转"，而是要到田间地头看，围着群众转；不能满足于听听汇报、看看材料，而是要面对面、手拉手地与群众零距离"唠家常"，这样才能抓住群众最盼、最急、最忧的问题。三要"知"智慧。群众中蕴藏着巨大的智慧和力量，领导干部在调查研究中要甘做群众的小学生，拜人民为师，向人民学习，真正做到访贤于百姓、问计于基层、求知于实践。以此言之，大兴调查研究之风，其实质就是汲取群众智慧，向人民求"知"。

调查研究"果"为重。"果"就是成果。一要结出科学决策之"果"。毛泽东同志说："没有调查，没有发言权。"领导干部在调查中获得第一手资料后，要去粗取精、去伪存真，由此及彼、由表及里地思考、分析、综合，透过纷繁复杂的现象抓住事物的本质，找出内在规律，由感性认识上升为理性认识，最终在此基础上形成科学决策，使决策真正体现时代要求、符合实际情况。二要结出解决问题之"果"。毛泽东同志说："调查就是解决问题。"当前，领导干部进行调查研究，就是要解决事关改革发展稳定大局的重点问题，解决人民群众反映强烈的热点难点问题，解决党的建设面临的重大理论和实际问题，不断提高党的执政能力和水平。三要结出和谐稳定之"果"。科学决策、解决问题，最终目的是不断加强和创新社会管理，做好新形势下的群众工作，结出经济发展、政治稳定、文化繁荣、社会和谐、人民幸福之硕果。总之，调查研究就像一座桥梁，连着行动与真知，连着信息与决策，连着民生与民心。以此言之，大兴调查研究之风，其实质就是以人为本，执政为民。

调查研究不仅是一种深入群众、探求真知、科学决策的领导方法，更是一种集行、知、果于一体的执政过程，是谋事之基，成事之道。要增强领导能力，提升执政水平……必须在领导干部中大兴调查研究之风[1]。

调查，就是深入基层、深入实际、深入群众，了解真实情况、事物的

---

[1] "杨东广：大兴调查研究之风"，2012年2月1日，中国共产党新闻网。

本来面目，掌握第一手材料，获取感性认识；研究，就是对事物真实全面的情况和一手材料，通过研究、加工和深层次的理性思考，升华为指导实践的理论，就是透过现象抓住本质、把握事物发展的客观规律。调查是前提，就是做到实事；研究是目的，在于及时、准确、客观地把握事物的规律性，就是求是。只有调查研究，才能达到实事求是。只有调查研究，才能做到更新发展观念、转变发展思路、破解发展难题、完善体制机制，使思想和行动更加符合科学发展观要求。

深入调查研究是党的思想路线和群众路线在实际工作中的具体运用和体现，是党的优良传统，是科学决策的基础、探索规律的途径、改进工作的前提。坚持调查研究就是坚持马克思主义的唯物论、辩证法，就是坚持科学发展观的指导，就是一切从实际出发，理论联系实际，反对主观主义、本本主义、形式主义和官僚主义等唯心主义、形而上学的方法论和认识论。中国革命和社会主义建设的实践，尤其是40多年来改革开放的实践已反复印证，凡是科学正确的发展思路、目标、措施和决策，一定是在科学理论的指导下，从群众的利益、愿望和要求出发，深入基层、深入实际、深入群众调查研究，集中群众的正确意见，总结概括群众的实践经验得来的。

抓落实的过程是一个实践科学发展观艰巨的过程，是一个把科学发展观及中央的方针政策和战略部署转化为切合本地实际的、具体的科学发展思路、方法和措施及群众自觉实践的结合过程，是一个解放思想、实事求是，不断研究新情况、解决新问题的过程。而要实践科学发展观，求真务实抓好落实，不断研究新情况、解决新问题，调查研究又是关键环节。

新的历史起点上，实践科学发展观，转变发展理念，创新发展思路、方法和措施，应对新形势、化解新矛盾、解决新问题，必须抓住调查研究这个关键环节；提升科学发展、科学决策的能力水平，改进思想工作作风，提高认识规律、把握规律、遵循规律、运用规律的能力，做到倾听群众意见、尊重群众意愿、集中群众智慧、体现群众利益，必须大兴调查研究之风。只有这样，才能在抓落实中展现风采。只有这样，才能站得高、看得远、抓得准，自觉地把中央和市委的方针政策，贯彻到各项实际工作中去，真正抓出质量，抓出实效。

3）子子孙孙实干调查、践行中华民族复兴

"空谈误国,实干兴邦",是千百年来人们从历史经验教训中总结出来的治国理政的一个重要结论。面对 20 世纪 90 年代初期出现"姓资"和"姓社"之类的争论,邓小平同志果断提出"不争论",其实就是担心空谈和争论会使中国错失发展的战略机遇。实现梦想,贵在实干。如果空喊口号、不见行动,或者敷衍了事、马虎应付,"中国梦"就会永远飘在空中。坚持求真务实的科学精神和作风,就要克服形式主义和官僚主义,克服浮躁蛮干倾向,迎难而上、真抓实干,积极主动地投入中国特色社会主义建设事业中去。

"道路决定命运"。习近平总书记在对中华民族历史命运兴衰起落的阐述中,深刻揭示了中国特色社会主义道路对于中华民族复兴与崛起的关键意义。中国特色社会主义道路,是近代以来中华民族历经千辛万苦、付出各种代价、接力探索而形成的,是为历史所抉择、为实践所证明的民族复兴之路。一切不带偏见、尊重历史、尊重事实的人们都可以看到,中国特色社会主义使我们国家在新时期空前活跃起来,快速发展起来,日益繁荣富强起来,并在同那些或经历"城头变幻大王旗"变局,或深陷"山重水复疑无路"危机的种种"主义"的国际比较中,彰显出巨大优越性和强大生命力。

"实现中华民族伟大复兴,就是中华民族近代以来最伟大的梦想。"这是对"中国梦"时代命题的深刻解读,更是全体中华儿女的梦,它既充满着厚重的历史底蕴,又洋溢着豪迈的"中国自信",为团结凝聚中国人民创造美好未来指明了前进方向。

"实现中华民族伟大复兴是一项光荣而艰巨的事业,需要一代又一代中国人共同为之努力""空谈误国,实干兴邦",这些话语向每一位共产党员、每一个中华儿女明确提出了我们应当以怎样的精神状态追求理想、实现梦想的问题。只有中华民族的每一分子,子子孙孙实干调查、践行中华民族复兴,真正地发挥出最大的建设能量,形成最大的建设合力,我们才能把我们国家建设好,把我们民族发展好,实现中华民族伟大复兴的梦想。

2. 2019年杭州"新中国调查研究七十年"学术研讨会

"新中国调查研究七十年"学术研讨会开幕式

1) 研讨会综述

2019年9月22日,中国社会学会社会调查研究方法专业委员会、上海百老德育讲师团主办,浙江省舆情研究中心、上海市社会学会调查研究方法专业委员会协办的"新中国调查研究七十年学术研讨会"在浙江杭州举行。来自中国社会科学院、中国人民大学、复旦大学、中山大学、南开大学、中央财经大学、华东政法大学等高校与科研机构的80余名专家学者参加了此次会议。

中国社会学会方法研究会名誉会长范伟达教授主持了开幕式,董海军会长主持了主题报告会,罗静副会长报告了学会发展近况和会议筹备过程。

研讨会围绕"新中国调查研究七十年"的主题,聚焦新时代背景下调查研究的回顾与梳理、调查研究的变化趋势、调查研究与社会治理等问题进行深入讨论。在大会主题报告环节,中国社科院发展战略研究院陈华珊研究员、中国人民大学社会与人口学院赵延东教授、复旦大学社会学系主任李煜教授、浙江工业大学祝建华教授4人分别做了题为《面向大数据的测量与分析》《科技政策研究中社会调查方法的定位、功能和应用》《用非随机样本进行代表性推断》《大数据时代抽样调查的发展》的研究报告。在论文研讨环节,16位专家学者对各自的参会论文进行专题汇报,与会代表围绕"新中国调查研究七十年"的主题分组展开了热烈研讨。

会议第二天,方法会还组织与会代表参观考察了云生态产业小镇——云栖小镇和浙江"未来社区"样本——七彩小镇。

"新中国调查研究七十年"学术研讨会代表合影

2)研讨会日程

地点:逸科馆 209 行政会议室

主持方:中国社会学会方法研究会

主持人:罗静 白红光

表 3-1 新中国调查研究七十年研讨会日程

时间	内容	主持人
15:30—16:45 第一单元	1. 报告人:罗静 中国社会学会方法研究会副会长、中国社会科学院中国边疆研究所副研究员 题目:内部他者:边疆研究范式转变与社会学的本土化努力 2. 报告人:田丰 复旦大学社会学系副教授、杜克大学博士 题目:关系是否公平?——全球化、市场化及公众对关系文化的态度	

三、新时代、新征程、新方案 • 107

续表

时间	内容	主持人
15:30—16:45 第一单元	3. 报告人：王琪　中国海洋大学国际事务与公共管理学院院长、教授、博士生导师 题目：国际竞争视域下人才引进政策研究 报告人：肖云泽　浙江工业大学浙江省舆情研究中心讲师 题目：迈向"中国观"的国家观念研究——一个文献述评与实践社会学反思 4. 报告人：肖少波　上海复旦市场调研中心研究员 题目：大数据——跨越社会研究中翻译体系的一种新尝试 5. 报告人：金榜　河北大学社会学系教授、武汉地质资源环境工业技术研究院研究员 题目：大数据、人工智能、5G、6G 之应用 6. 报告人：贾志科　河北大学社情民意研究院副教授、副院长 题目：熟人关系在社会调查实践中的利弊分析及应用 7. 报告人：王浩斌　中南大学马克思主义学院教授、硕士生导师 题目：精准扶贫背景下习近平调查研究思想的科学内涵及其现实意义 评论人：董海军　中国社会学会方法研究会会长、中南大学社会学系教授	白红光
16:45—18:00 第二单元	8. 报告人：陶廷昌　中南大学马克思主义学院硕士研究生，助教 题目：毛泽东调查研究思想的基本特征及其现实意义 9. 报告人：马存孝　青海师范大学副教授，博士 题目：青海省格尔木市三江源生态移民与当地居民权益博弈调查 10. 报告人：王爱玲　金堂县委党校高级讲师 题目：调查研究在社区治理中的运用 11. 报告人：李宁　中共铜陵市委党校社会教研室讲师 题目：农民工市民化的教育观念研究 12. 报告人：吴新慧　杭州电子科技大学社会学系副教授 题目：《社会调查方法》翻转课堂教学改革 报告人：任国征　中央财经大学绿色金融国际研究院研究员、健康金融实验室主任 题目：调查研究中的"信任"理论前沿研究	

续表

时间	内容	主持人
16:45—18:00 第二单元	13. 报告人：黄建安　浙江省社会科学院研究员 题目：嵌入社会发展的社会学研究方法 评论人：范伟达　中国社会学会方法研究会名誉会长、上海社会学会调查方法专委会主任、复旦大学社会学系教授	罗静

3."社会治理与调查研究论坛"云端会议顺利召开

1）会议综述

2020年10月24日下午，中国社会学会社会学方法专业委员会召开"社会治理与调查研究"云端会议。来自全国科研机构和各大高校的34位研究人员参加了此次论坛。方法研究会名誉会长、复旦大学范伟达教授介绍了方法研究会过去一年的工作开展情况，并以"上海五年民生调研数据展现老龄社会路线图景"为题做了专题报告。论坛最后由方法研究会会长、中南大学董海军教授总结发言。十九大以来，中国的社会治理呈现出法制化、智能化、专业化的趋势，其中智能化实施起来最为困难，因为其实现要与信息化的设施联系起来，同时还涉及数据的搜集和算法的语言等问题。论坛分别就新时代社会治理研究中呈现出的新的研究方法、新的社会问题以及旧问题的新方案进行了深入讨论：

方法研究会名誉会长、复旦大学范伟达教授

论坛就最近几年新兴的大数据和算法分析等调查方法如何在社会治理中应用展开讨论。南开大学王进教授做了题为《用时间趋势分析方法（DFA）方法分析网络事件间隔数据背后的复杂性动力机制》的报告，就DFA算法如何分析社会系统的复杂性问题展开讨论。中国社科院陈华珊研究员的报告《大数据视角下的政策转向测量》，利用70年来人民日报的文本文件数据进行定量分析，展现大数据所呈现的政策转向。中南大学硕士研究生李希雨做了题为《问卷调查的标准化：必要性、困境与流程》的报告。论坛就如何利用调查研究方法解决新时代的社会治理新问题进行了深入探讨。梧州学院法学与公共管理学院副教授丁惠炯就《多元共治视域下社区协商民主的实践困境与解决对策》问题进行了分享，他利用文件调查分析了社区民主建设问题，并放在多元治理的框架下进行思考。同济大学副教授胡洁人做了题为《Incubating NGOs in China: Mass Organization, Dispute Resolution and the Evolving State-society Relationship（中国社会组织孵化：群团组织纠纷化解和演变中的国家社会关系）》的报告，她研究了非政府组织与地方政府之间的关系，认为群团组织的孵化能够带来许多显而易见的优点。复旦大学市场调研中心肖少波做了题为《超大城市社会治理智能化的有益探索——以S市J城区实践为例》的报告。上海大学研究生胡晨晨做了题为《从"卷入"到"融入"：城市青年社区参与和社区动员》的报告，中国社科院大学硕士研究生陈桂冰做了题为《新闻阅读中负面疲劳现象及其成因——以大学生问卷调查为讨论》的报告。论坛还就社会治理领域里的老问题提出了新的研究思路和解决方案。云南师范大学尤伟琼教授和中国社科大民族学与人类学系博士研究生肖宇龙报告了《云南直过民族的基层社会治理》，他们系统地分析了云南直过民族发展的三个阶段，在党和国家的领导下，一些少数民族从刀耕火种到在政治经济社会活动中跨越千年实现整体脱贫。在这个活动中带来的成绩和问题让人耳目一新。中国社科院中国边疆研究所副研究员罗静就《近代社会学研究方法与中国边疆现状》做了报告，她集中介绍了100年间社会学研究中国边疆这一特殊领域的社会学家和他们的成果与研究方法，使社会学再一次注意到这一重要领域，并提醒大家在当代更不要忽视这个领域。

方法研究会会长、中南大学董海军教授总结发言

2）论坛日程

会议时间：2020年10月24日（星期六）下午14：00—17：00

举办单位：中国社会学会社会调查研究方法专业委员会

会议主持：罗静　中国社科院副研究员、中国社会学会方法会副会长

表3-2 "社会治理与社会调查"学术论坛网络会议日程

时间	内容	发言人	主持人
14：00—14：20	致辞并发言 上海五年民生调查数据展现老龄社会路线图景	范伟达　复旦大学社会学系教授、中国社会学会方法会名誉会长	罗静
14：20—14：40	用DFA方法分析网络时间间隔数据背后的复杂性动力机制	王进　南开大学社会学系教授、原中山大学社会学系主任	
	对标国际城市　发展一流标准	陆晓文　上海社会科学院社会学所研究员	
	习近平调查研究重要论述的三维探析	代凯　中共广东省委党校（广东行政学院）行政学教研部副教授	
14：20—14：30	新时代社区服务新特点及对策研究：以天津市和平区为例	张旭军　讲师　冯光娣　副教授 天津职业技术师范大学经济与管理学院	
14：30—14：40	多元共治视域下社区协商民主的实践困境与解决对策	丁惠炯　梧州学院	

续表

时间	内容	发言人	主持人
14:40—14:50	云南直过民族的基层社会治理	尤伟琼　云南师范大学社会学与法学院院长	
15:00—15:10	Incubating NGOs in China Mass Organization Dispute Resolution and the Evolving State-society Relationship.	胡洁人　同济大学法学院	
15:10—15:20	我国政府绩效管理研究方法现状及其反思	刘鉴萱　广州大学2019硕士	
15:20—15:30	欠发达地区农村老年人的身体、精神和社会健康状况	王彦斌　云南大学民族学与社会学学院教授	
	超大城市社会治理智能化的有益探索——以S市J城区实践为例	肖少波　复旦大学市场调研中心研究员	
	论坛发言评议	董海军　中国社会学会方法会会长、中南大学社会学系教授 白红光　中国社会学会方法会副会长、南开大学社会学系教授	

（二）互联网、大数据、元宇宙之应用

1. 大数据时代的来临

半个世纪以来，随着计算机技术全面融入社会生活，信息爆炸已经积累到了一个开始引发变革的程度。它不仅使世界充斥着比以往更多的信息，而且其增长速度也在加快。信息总量的变化还导致了信息形态的变化——量变引发了质变。最先经历信息爆炸的学科，如天文学和基因学，创造出了"大数据"这个概念。如今，这个概念几乎应用到了所有人类致力于发展的领域中。

《大数据时代》是国外大数据研究的先河之作，该书作者维克托·迈尔·舍恩伯格被誉为"大数据商业应用第一人"，拥有在哈佛大学、牛津大学、耶鲁大学和新加坡国立大学等多个互联网研究重镇任教的经历。维克

托最具洞见之处在于，他明确指出，大数据时代最大的转变就是，放弃对因果关系的渴求，取而代之关注相关关系。也就是说只要知道"是什么"，而不需要知道"为什么"。这就颠覆了千百年来人类的思维惯例，对人类的认知和与世界交流的方式提出了全新的挑战。该书认为大数据的核心就是预测。大数据将为人类的生活创造前所未有的可量化的维度。大数据已经成为新发明和新服务的源泉，而更多的改变正蓄势待发。

这是一场革命。最早提出"大数据"时代到来的是全球知名咨询公司麦肯锡。麦肯锡称："数据，已经渗透到当今每一个行业和业务职能领域，成为重要的生产因素。人们对于海量数据的挖掘和运用，预示着新一波生产率增长和消费者盈余浪潮的到来。""大数据"在物理学、生物学、环境生态学等领域以及军事、金融、通讯等行业存在已有时日，因为近年来互联网和信息行业的发展而引起人们关注。

大数据到底有多大？一组名为"互联网上一天"的数据告诉我们，一天之中，互联网产生的全部内容可以刻满 1.68 亿张 DVD；发出的邮件有 2940 亿封之多（相当于美国两年的纸质信件数量）；发出的社区帖子达 200 万个（相当于《时代》杂志 770 年的文字量）；卖出的手机为 37.8 万台，高于全球每天出生的婴儿数量 37.1 万。IBM 的研究称，整个人类文明所获得的全部数据中，有 90% 是过去两年内产生的。这些庞大数字有四个特征：第一个特征是数据量大；第二个特征是数据类型繁多；第三个特征是数据价值密度相对较低。第四个特征是处理速度快，时效性要求高。这是大数据区分于传统数据挖掘最显著的特征。既有的技术架构和路线，已经无法高效处理如此海量的数据，而对于相关组织来说，如果投入巨大采集的信息无法通过及时处理反馈有效信息，那将是得不偿失的。可以说，大数据时代对人类的数据驾驭能力提出了新的挑战，也为人们获得更为深刻、全面的洞察能力提供了前所未有的空间与潜力。

专家希望《大数据时代》给予各位的是一些实实在在的知识和思考，并且唤起各位安静思索相关问题的心境。大数据是一个很重要的概念，代表了很重要的趋势，但我不希望它成为一种放之四海皆准的万能概念——因为越是万能的，就越是空洞的，人类学家克利福德·吉尔兹（Cliford Gertz）在其著作《文化的解释》中曾给出了一个朴素而冷静的劝说："努力在可以应用、可以拓展的地方，应用它、拓展它；在不能应用、不能拓展的地方，就停下来。"这应该是所有人面对一个新领域或新概念时应有的态度。

随着大数据时代的到来，社会研究方法也将随之在基本原理、研究方式、具体方法各个层面都发生革命性的变化和大跨度的超越。当然，我们在面对一个新领域、新概念的同时，也应该进一步挖掘和发扬传统以及现代研究方法的生命力，而不能把一个捧上天，把另一个踩在地，应该同时把它们应用到可适用可拓展的地方去。与此同时，我们尤其要注意对公共部门数据的分析与挖掘，政府才是大规模信息的原始采集者，这些潜在的数据价值需要通过创新性的分析来应用与释放。

2. 元宇宙热潮下的社会与未来

"元宇宙"是科技和资本领域的热点话题，也是学界的关注热点。伴随着扩展现实、数字孪生、区块链等技术的发展，在资本市场的热捧下，"元宇宙"已经从科幻小说里的一个语词发展成为影响现实社会的不容忽视的客观力量。围绕元宇宙，哲学探讨生命与存在等本体性"元话题"，新闻传播学分析媒介变迁和传播变革，经济学关注元宇宙经济，教育学面向元宇宙技术应用开展研究。不过，作为网络社会发展的第三次浪潮，"元宇宙"引发的重要社会变迁，以及元宇宙社会形态、社会结构、空间关系、交往形态等社会议题亟待社会学进行全面探讨。为了更好回应这些研究议题，推进对元宇宙社会的深入研究，由中国人民大学、安徽大学、吉林大学、中央民族大学、中央财经大学、西安交通大学和西北农林科技大学联合主办，安徽大学数字乡村建设研究院承办的"面向元宇宙：迎接网络社会发展的第三次浪潮"学术研讨会聚焦这一领域进行探讨。社会学界应密切关注元宇宙热潮及其引发的社会变迁，并在理论视野和研究方法上不断开拓创新，进而为促进社会学的繁荣发展做出贡献。

元宇宙作为一种客观现象，已经发展成具有足够客观性、真实性和独立性的，不以我们意志为转移的社会性力量，正在深刻影响着现实的经济社会。吉林大学邴正指出，数字技术是人类文明的一个重要分水岭，意味着人类开始由工业社会步入数字化社会——一个现实世界与虚拟世界并存且融合的新世界。数字化变迁体现了一场前所未有的连接、一场史无前例的融合、一场声势浩大的变化。连接改变了生存方式,融合改变了发展方式,变化改变了价值方式。

"元宇宙"带来时代转变

在社会学视角下,元宇宙不仅是一种新的媒介技术,还体现为一个新的空间形态,是基于扩展现实技术、数字孪生技术和区块链技术而形成的,将虚拟世界与现实世界在经济系统、社交系统、身份系统上密切融合的社会空间形态。与空间形态和技术基础相关的空间正义、平台治理、金融货币等也成为元宇宙研究的重要议题。

元宇宙整合多种新技术塑造了虚实相融的空间形态,通过沉浸体验、镜像世界、数字货币等深刻影响了个体生存和社会发展,更加凸显了"个人与社会"这一社会学经典议题。个体生存方面,南京大学成伯清认为,元宇宙话语关乎当代人"安身立命"的根本问题,元宇宙多元现实与多重自我为个体带来"解放"可能的同时,也在虚实交叠中存在更深的"异化"风险。

对于社会发展,元宇宙一方面带来了重大发展机遇,另一方面也存在表象冲突、阶层差异、数字劳动等方面的变迁挑战。中国人民大学社会学理论与方法研究中心主任、安徽大学讲席教授刘少杰指出,元宇宙中的网络交往与表象冲突,一方面表现为集体表象冲突,即海量信息供应条件下的群体分化、多元选择、价值差异等决定了元宇宙中集体表象的不确定性和矛盾冲突性;另一方面是数字表象冲突,即数字表象的形式普遍性和沟通便捷性，导致具有特殊性和排他性的集体表象，在数字表象的交会中发生更加复杂的冲突。

元宇宙技术将在社会保障、老龄工作、数字乡村建设中获得重要应用。南开大学关信平认为，元宇宙是信息处理与传输的工具体系，能够高效处理和传输信息，在促进社会公平和民生保障方面具有重要价值，通过增能性和保护性的帮助，使信息能够及时对接，最终实现更加惠民的"元宇宙"。新加坡国立大学冯秋石从健康老龄、活跃老龄、多产老龄、成功老龄等维度分析指出，元宇宙技术可应用于老年医疗和康复，并为老年人提供真正的生活便利，从而促进社会交往和社会参与，元宇宙能成为推进老年就业的重要平台，并在维持家庭关系、加强家庭互动、增进家庭支持上发挥积极作用。

面对元宇宙热潮，社会学需要重视并积极回应，开拓创新理论视野与研究方法。南开大学赵万里等认为，元宇宙赋能社会学想象力，为分析社会提供了一个新的阿基米德点，尤其在空间上元宇宙推动了社会诸多可见与不可见的秩序的自我显现，为扩展空间社会学想象力提供了经验与历史的窗口。中央财经大学王建民等认为，在研究范式上，元宇宙带来社会行动和社会结构意义上的研究创新和更新；在研究议题上，分析元宇宙时既要注重其技术基础，也要同社会学核心议题连接；在调查方法上，元宇宙将推进形成社会调查新场域和新方法，并通过数字技术推动实现调查高效化、标准化、智能化。

3. 社会调查研究方法公益讲座

1）开播致辞

范伟达：复旦大学社会学系教授、市场调研中心主任

中国社会学会社会调查研究方法专业委员会名誉会长

各位学界、业界同仁，各位朋友：

大家好！

疫情当前，教育部倡议停课不停学；春风十里，老师们践行停课不停教。由华中科技大学出版社约请中国社会学会社会调查研究方法专业委员会联合举办的"社会调查研究方法公益讲座"现在正式开播了。

中国社会学会社会调查研究方法专业委员会成立于1992年，至今已走过28年的历程。28年来，我们始终秉承"让社会调查研究方法成为人们认识、研究和改造社会的科学武器，促进有中国特色的社会学迅速成长，为社会主义现代化建设服务"的初心和宗旨，在调查研究方法的教学、科研、实践中辛勤耕耘、切磋交流，为中国的调查事业贡献了一份力量。

而今，我们迈入了新时代，特别是随着互联网、大数据、人工智能、云计算等信息技术的迅猛发展，我们的调查研究方法也理应与时俱进，为经济社会的发展提供更好的视角、更好的路径、更好的分析工具，要能最大限度地还原社会的本来面目，要更好地把握新时代中国特色社会主义变化发展的规律和本质。

"工欲善其事，必先利其器。"为满足社会调查研究方法研究和普及的需要，推动我国社会调查研究方法的研究和科学应用，提高社会调查研究活动的水平，适应中国特色社会主义现代化建设的需要，我们首次推出"社会调查研究方法公益讲座"，邀请调查方法领域的几位青年学者给大家介绍他们教学和科研的心得体会，普及与推广社会调查研究方法。

为提高讲座的针对性，反映和跟上方法领域的现实和热点议题，以便主办方今后更好地设置课程，敬请各位同仁及时反映你们对本课程的学习需求，根据你们的判断和感受提出意见和建议。

预祝本期"社会调查研究方法公益讲座"圆满成功！

2)"社会调查研究方法公益讲座"日程

（1）问卷设计的实务要点与反思（4月8日，19:30—21:00）

李煜，香港科技大学博士，复旦大学社会学系系主任、教授、博士生导师，复旦大学社会学博士后流动站站长，《社会学刊》副主编。

主要研究领域：社会分层与流动，婚姻家庭，社会统计和研究方法。

讲座要点：

① 问卷设计如何紧扣研究目的

② 从被访者答卷的认识过程重新认识问卷设计

③ 问卷设计中的实务流程与技巧

（2）如何减少调查中的无应答（4月11日，19:30—21:00）

赵延东，中国社会科学院博士，中国人民大学社会学系教授、博士生导师，中国科学技术发展战略研究院科技与社会发展研究所研究员。主要研究领域：社会资本与社会网络，风险与灾害的社会学研究，社会学研究方法与统计方法。

讲座要点：

① 社会调查中存在哪些类型的"无应答"问题？

② 造成"无应答"的原因有哪些？

③ "无应答"会对调查数据质量带来何种影响？

④ 在调查中如何减少"无应答"？

（3）多来源大数据的社会学分析应用：交响乐数据方法（4月15日19:30—21:00）

陈云松，牛津大学博士，南京大学社会学系教授、博士生导师，南京大学—约翰斯·霍普金斯大学中美文化研究中心主任，教育部青年长江学者，国家社科基金重大项目首席专家，社会科学研究（Social Science Research）等杂志编委。主要研究领域：计算社会学，人文社科大数据，社会网络，社会治理。

讲座要点：

① 展示大数据驱动的社会学想象力

② 介绍多来源大数据和量化历史资料

③ 凸显大数据视角对于社会和文化研究的价值

④ 呈现多来源数据的综合分析方法和案例

（4）多选题的编码录入与处理分析方法（4月18日10:00—11:30）

董海军，中南大学公共管理学院副院长、社会学教授、博士生导师，中南大学社会调查与民意研究中心主任，现兼任中国社会学会社会调查研究方法专业委员会主任，曾获第六届高等学校科学研究优秀成果奖二等奖。主要研究领域：社会学研究方法，青年社会学，环境社会学，社会管理。

讲座要点：

① 多选题的形式类型及编码方式

② 各种编码方式的预处理转换操作

③ 多选题变量的统计分析及拓展应用

（5）发展中国家迅速变迁情况下的社会追踪调查（4月20日 19:30—21:00）

梁玉成，中山大学社会学与社会工作系主任、教授、博士生导师，教育部青年长江学者，国家社科基金重大项目首席专家，兼任中山大学国家治理研究院副院长、社会科学调查中心主任。主要研究领域：社会分层，社会网与社会资本，在华外国移民，计算社会科学。

讲座要点：

① 追踪调查与横截面调查的对比

② 西方发达国家的追踪调查实践

③ 发展中国家追踪调查的实践

④ 中国追踪调查的实践

⑤ 中国劳动力动态调查的轮换样本追踪调查创新

6. 追踪调查数据的分析简介

（6）问卷调查现场执行的设计与难点（4月22日 19:30—21:00）

邹宇春，香港中文大学博士，中国社会科学院社会学研究所副研究员、社会发展研究室副主任，CSS调查项目的执行督导负责人。

主要研究领域：社会资本与信任，人口流动，家庭与青少年教育。

6期讲座，得到了8万余位学员的关注和参与。

（三）我党百年调查研究历程之历史经验

1. 方法会秘书处新年致辞

各位方法会会员、各位学界业界同仁：

大家春节好！我们携手走过了极不平凡的2020年。面对突如其来的新冠肺炎疫情，我们万众一心，众志成城，统筹疫情防控和经济社会发展取得重大成果。在大家的共同努力与无私奉献下，我们调查研究方法专业委员会也在2020年正常开展了各项学术活动，取得了一定的成绩与进展。

2020年3月中旬，方法会秘书处建立了方法会会员群，现有220多位会员朋友入群。4月—5月读书季，华中科大出版社与方法专业委员会联合推出了 6 期"社会调查研究方法公益讲座",青年学者的精彩演讲,得到了 8 万余位学员的关注和参与。2020 年下半年,"社会治理与调查研究论坛"云端会议顺利召开,来自全国科研机构和各大高校的研究人员共 30 余位专家学者参加了论坛报告和讨论。会员兄弟单位也纷纷举办与调查方法研究相关的会议和活动:由中国社科院社会学所发展社会学研究室与《青年研究》编辑部合办的"社会质量与全国大型社会调查反思研讨"分论坛举行;由湖南省社会学学会主办,中南大学社会学系、社会调查与民意研究中心、湖南省方法专委会承办的 2020 年湖南省社会调查技能与报告邀请赛决赛,在中南大学举行;复旦大学社会工作学系,浙江省舆情研究中心、深圳大学管理学院联合举办了第三届"社会工作与项目评估"论坛;第六届中国第三方评估论坛也于 12 月份在河北石家庄举行。

2021 年是中国共产党百年华诞。百年征程波澜壮阔,百年初心历久弥坚。站在"两个一百年"的历史交汇点,全面建设社会主义现代化国家新征程即将开启。

在新的一年中,我们方法会设想在上半年筹办中国共产党百年调查研究光辉历程、方法研究和经验总结方面的学术征文和理论研讨会;下半年在条件成熟的基础上推选我们专业委员会的理事会和常务理事会成员。从学术上和机构上,为明年 2022 年方法专业委员会成立二十周年的庆典做准备。我们的领域前景广阔,有很多方向有待发掘,需要会员同仁共同努力,期待得到您的建议与参与。

沉舟侧畔千帆过,病树前头万木春!今天,我们将 2021 年所有的喜悦与感谢汇聚成心中最美好的祝福!祝愿大家:新春快乐,万事如意,合家幸福!

2. 2021 学术年会"方法前沿"论坛举行

2021 年 7 月 18 日上午 9:00,中国社会学会 2021 学术年会"社会调查研究方法前沿"分论坛在重庆工商大学拉开帷幕。本论坛由中国社会学会社会调查研究方法专业委员会主办,南开大学社会学系、南开大学社会调查研究中心承办。来自国内外高等院校、研究机构、企业的 30 余位同仁莅临此次会议,共同研讨"社会调查研究方法前沿"议题。重视社会调查是中国共产党在百年奋斗历程中的优良传统，2021年正值中国共产党成立一百周年，梳理借鉴百年奋斗历程中的调查研究经验恰逢其时。与此同时，在社会学学科中，社会调查研究方法是重要工具，掌握并创新调查方法有助于推动社会学学科的发展。基于此，本论坛以"社会调查研究方法前沿"为主题，旨在研讨社会调查方法的经验与创新。

论坛伊始，南开大学社会学系教授、南开大学社会调查研究中心主任王进为论坛开幕致辞。王进教授欢迎各位同仁的到来，并阐述了社会调查研究方法在社会发展和学术研究中的重要作用。伴随着对社会学调查研究方法与对民生福祉的学术研究前景的美好展望，论坛学术研讨正式开始，分为上下半场、三个主题单元。

论坛学术探讨的上半场第一单元由南开大学社会学系王进教授主持。复旦大学社会学系教授、市场调研中心主任、中国社会学会方法研究会名誉会长范伟达教授以"中共百年调查研究史十读"为题，通过对党的百年历程中调查研究史再梳理和体悟总结出十点重要经验，指出党的社会调查紧随革命和建设中的生死存亡重要关头，在建党一百年的重要节点上重读党史并总结优良调查方法势在必行。

中南大学公共管理学院副院长、社会学系董海军教授在"中国共产党百年调查研究的三重逻辑：历史、实践与理论"报告中向与会者传递了他所总结的党的百年调查研究中的历史逻辑、实践逻辑与理论逻辑，并指出三者之间的有机统一关系。

中国社会科学院社会学研究所徐法寅助理研究员的报告"结构与行动的互动机制分析——再论'社会学方法的准则'"，探讨了社会学方法论的经典问题——社会与个人、结构与行动之间的关系问题。涂尔干、韦伯、吉登斯、布尔迪厄曾针对社会结构和社会行动提出了不同的社会学方法准则，却有"结构—行动"二元论或一元论倾向之嫌，各有偏颇之处；为了更好地解释结构再生产和结构变迁的性质和发生机制，需重回"结构—行动"二元论，并重构"结构—行动"一元论对结构和行动之间关系机制的分析，从而建立"结构—行动"互构论，强调结构的多样性和结构变迁的绝对性，具体说明行动者的能动性及其对结构变迁和结构再生产的影响机制。

第二单元由中南大学董海军教授主持。南开大学社会学系王进教授以"作为社会科学研究的社会学"为主题，指出科学是依靠可检验性去获得关于世界的相对深刻、相对可靠的知识的活动。过程的可检验性与知识的可靠性和深刻性共同定义了"科学"的概念，如果社会科学是科学，那么社会学作为一门社会科学也就应当具有可检验性、知识的确定性和深刻性的特征。可检验性就是反复用证据判断假设的真伪，而未被证据反复判断是对的假设只能叫假设。但是并非只要不能做实验，就不能对假设进行检验。王进教授指出，观察数据也是可靠的经验证据，在实际的研究中，对假设进行检验的关键在于我们需要知道往哪儿看、去看什么，知道怎样建立模型/假设进行数据分析，从而做出判断。

西安交通大学社会学系刘军教授分享了研究"分析单位之迷思：诸定义之辨"，研究辨析了袁方、风笑天、纽曼、巴比对分析单位的定义，指出实证研究中的"分析单位"通常被视为诸如个体、群体、组织等可见、可测的"点"，然而，这些都没有论及到分析单位的实质。由于"语言"有先天的抽象性或共相性，所以，在有些研究中，虽然研究者声称他们研究的"对象"或分析的单位是个体、群体、关系等，但实际上并不是，而只是"对象"的属性。"分析单位"作为概念，其本质只是"共相"或"类"，并不是"属性"，也不是任何具体个体、群体、关系等，更不是由它们构成或代表的样本、总体，更不是"个体本身""群体本身""事物本身"等。"分析单位"只能借助其所在的"意义网络"才能得到自行确定，也就是说"对象本身""分析单位本身"不可能通过"定义方式"加以研究。

四川大学数学学院党政办主任陈朝东以"习近平关于调查研究重要论述"为主题，总结了习近平关于调查研究论述的思想和内涵。指出其核心思想主要表现在八个方面：本质属性是"认识与实践"的辩证关系；主要性质是基础性与过程性；根本宗旨是坚持"以人民为中心"；基本原则是坚持解放思想、实事求是、与时俱进；主要内容是"科学发展""人民群众""党的建设"三个方向与"国家发展""世界发展"两个维度；主要特征是类型多样化、实施原则性、结果可信性与有效性；主要功能是发现并认识新情况、新问题，论证新举措、总结新经验，掌握新情况、认识规律，取经学习、开拓视野；主要目标是提高决策的科学性和民主性。

华东师范大学教育高等研究院唐晓菁博士从社会学的技艺角度,梳理了布迪厄的学术经历,认为布迪厄早期的民族志研究实践方式对其之后社会学认识论与实践方法创新有奠基性作用,因而布迪厄不仅是一位理论家,更是一位民族志研究者与方法论的实践者。在对阿尔及利亚与贝亚恩的比较田野研究过程中,布迪厄不仅发现了人的"实践的普遍性前逻辑的逻辑",从而奠定了其之后理论体系的基础,并且着手从认知人类学角度反观社会学知识生产实践的认知论问题。20 世纪 60 年代中期以后,布迪厄将"撰写逆向的《忧郁的热带》"与传授"社会学家的技艺"作为其毕生努力的两项事业。布迪厄的的民族志研究不仅对其独特社会学的形成起了关键作用,同时也改造了传统民族志研究方法,推动了当代法国社会民族志方法的生成与发展。

第三单元由复旦大学范伟达教授主持。南开大学社会学系王琰副教授的研究《社会情境中的垃圾分类:社会资本和环境规范的双重效应》(Waste sorting in context: The dual effects of social capital and environmental norms)以定量的方式探讨了社会资本、环境规范对个体垃圾分类行为的潜在双重影响。通过对具有全国代表性的数据集的多层次分析,表明社会资本确实提高了个人的环境参与,但它并非天然就能发挥作用,而是主要通过社会网络中流动的环境规范发挥作用;情境层面的环境规范促进了垃圾分类行为,并加强了环境规范的积极影响,但它们也削弱了社会资本的影响;从长远来看,培养有利于环境的规范可能对解决垃圾分类中的行为惰性至关重要。

中国传媒大学王小宁博士介绍了"在数字社会背景下的大型社会调查设计研究中的问卷分割技术",王小宁博士指出,当前社会调查中的问卷设计冗长和复杂,造成了受访者合作率下降、调查中断、数据异常等不良影响,从而导致调查质量下降,社会研究出现偏差。问卷分割技术旨在通过将冗长而复杂的问卷,通过排列组合的方法进行科学的分割和组合,形成若干份短小而精炼的问卷,然后在固定最高费用精度和固定最小精度的设计框架下,对分割后短问卷的样本量进行重新计算,并采用问卷随机发放的策略进行调查数据采集,最后在对获取数据的参数估计方法进行改进优化的基础上提高问卷调查的质量。

上海大学社会学院刘宇从"多选题数据分析"的方法出发，对相关文献进行梳理发现，多选题是传统调查研究中常见的形式，对多选题数据的常用分析方式有二分变量编码方法、多分类变量编码方法、购物篮储存法、等宽编码法和组合法。但对多选题数据的分析常常面临方法选用有限、提取信息损失等问题。刘宇指出可以将描述性数据分析、假设检验、多元统计分析与数据挖掘的方法纳入多选题数据分析中，以此丰富多选题数据中相关资料的分析使用方法。

会议最后，王进教授和范伟达教授对本次论坛分别进行简要总结。王进教授对与会同仁、论坛组织工作者们致以衷心感谢，并对社会调查研究方法论坛未来的发展提出期望，希望有越来越多的同仁关注社会学的调查研究方法，共同推动社会学研究方法的创新以及社会学学科的发展，促进中国社会学学术共同体的建设；范伟达教授指出2022年正值中国社会学会社会调查研究方法专业委员会成立30周年，专委会将与各位学术同仁一道继承和发扬30年来的优良传统，助力中国社会学研究更上一层楼。在全体与会学者的热烈掌声中，"社会调查研究方法前沿"分论坛圆满落幕。

3. 中国共产党百年调查研究之历史经验

1）复旦大学社会学系教授、中国社会学会方法研究会名誉会长范伟达于2021年7月在《中国社会科学报》发表题为《中国共产党百年调查研究历程探究》的文章：

> 中国共产党为什么能？中国特色社会主义为什么好？习近平总书记在庆祝中国共产党成立100周年大会上郑重回答："归根到底是因为马克思主义行！"习近平总书记说，"以史为鉴、开创未来……中国共产党坚持马克思主义基本原理，坚持实事求是，从中国实际出发，洞察时代大势，把握历史主动，进行艰辛探索，不断推进马克思主义时代化，指导中国人民不断推进伟大社会革命"。这是百年大党的宣言书、新征程的动员令，也为我们探究中国共产党百年调查研究历程提供了崭新的视角和思考的维度。
>
> 纵观我们党百年调查研究历程，中国共产党的调查研究从建党前后就始终以马克思主义基本原理为指导。以社会革命为导向，运用阶级分析、矛盾分析等方法对社会现状、对中国社会实际情况尤其是农

村状况进行调查研究，为中国共产党领导下的中国革命、建设、改革的方针和政策制定提供可靠的依据。马克思主义一经传入中国，其观点方法在研究中国社会现实问题的调查研究中就得到应用。例如，李大钊在他第一篇介绍马克思主义的文章《我的马克思主义观》中，就将马克思主义方法看成"改造世界原动力的学说"；李达则将马克思主义方法视为"改造社会"的学说；毛泽东的《中国社会各阶级的分析》就是应用马克思主义方法研究中国现实问题的成果。

纵观我们党百年调查研究历程，中国共产党的调查研究一开始就"从中国实际出发，洞察时代大势"，把马克思主义的基本原理和中国的具体实际相结合。马克思主义"实践"的意义不仅在于"认识世界"，同时也在于"改造世界"。调查研究正是认识世界的基本方法，是改造世界的重要途径。早期中国共产党人就以调查研究为工具，认识中国国情，探索革命之路。李大钊亲自到唐山煤矿调研工人状况；陈独秀在武汉委托包惠僧等调查汉口工人的状况。毛泽东则是我们党从事社会调查特别是农村调查的开拓者、践行者。同时，中国共产党人的调查研究是在全国范围进行的，即使在国民党统治区的特定历史环境下，也千方百计进行周密系统的调查。并且，一开始就同研究外国情况紧密结合在一起。中国共产党成立后，越来越多的同志开始认识到，"努力研究中国的客观的实际情形，而求得一最合宜的解决中国问题的方案"是党的"第一任务"。调查研究，"从中国实际出发，洞察时代大势"，更是中国共产党建党百年的优良传统。改革开放以来，中国共产党带领全国各族人民进行了一系列调查研究实践。进入新时期的中国调查研究，不再局限于党和政府机构部门的调查研究，在高校学术机构也如雨后春笋般迅猛发展，民意调查开始兴起、市场调查茁壮成长。党政机关、社会各界形成了一个共识：坚持做好调查研究这篇文章，是我们的谋事之基、成事之道。

纵观我们党百年调查研究历程，在革命、建设、改革中，中国共产党人发扬"不怕牺牲，英勇斗争"精神，坚持调查研究，"把握历史主动，进行艰辛探索"。"人生天地间，长路有险夷。"中国共产党在20世纪曾有过3次影响较大的关系党和人民事业得失成败的调查研究实践活动。20世纪30年代前后，以毛泽东为代表的中国共产党人在江西苏区进行了艰苦的农村调查。《中国佃农生活举例》《湖南农民运动考察报告》《中国的红色政权为什么能够存在？》《星星之火，可以燎原》等著作，都是在历史紧要关头、在极其艰难的环境下广泛深入社会调查的成果，从理论上阐明了中国革命必须走农村包围城市、武装夺取政权的道路。此后，毛泽东的《寻乌调查》《兴国调查》《长冈乡调查》《才溪乡调查》等大量社会调查，为我们了解中国国情、制定民主革命的战略策略、夺取新民主主义革命的胜利提供了最基本的理论和客观依据。1941年8月，中共中央颁布了毛泽东起草的《中共中央关于调查研究的决定》。例如，由高岗任团长的第一个大型调查团、由张闻天任团长的延安农村调查团等进行了大量的调查研究，写出了一系列调查研究报告。在60年代初，党和人民面临新中国成立以来前所未有的严重经济困难。党中央决心认真调查研究，纠正错误，调整政策。毛泽东在八届九中全会结束时说，希望今年这一年，1961年，成为一个调查年，大兴调查研究之风。全会一结束，毛泽东立即组织3个调查组，分赴浙江、湖南、广东农村进行调查。在调查研究的基础上，制定了"农业六十条""工业七十条"等，并召开了七千人大会，标志着中国共产党的实事求是精神在一定程度上的恢复，为克服面临的严重经济困难、尽快恢复和发展国民经济，提供了重要思想武器，促使国民经济调整工作取得了巨大成就。

纵观我们党百年调查研究历程，"坚持实事求是""不断推进马克思主义时代化"是马克思主义之所以"行"的精髓和灵魂。习近平总书记指出，"解放思想、实事求是、与时俱进，是马克思主义活的灵魂"。调查研究就是实事求是的实现形式，是坚持党的思想政治路线的保证，是理论和实际相结合的行动。毛泽东同志在党的七大报告中，把理论和实践相结合的作风规定为我们党的三大作风的第一项。他在《反对本本主义》一文中说，马克思主义的'本本'是要学习的，但是必须同我国的实际情况相结合。我们需要'本本'，但是一定要纠正脱离实际情况的本本主义"。习近平总书记在中央党校所做《谈谈调查研究》的报告中也指出，"应该看到，当前在领导干部中，不重视调查研究、不善于调查研究的问题还是存在的……凡此种种，严重影响决策的科学性，妨碍党的路线方针政策的贯彻执行，也损害领导机关、领导干部的形象"。同时，他告诫我们，"调查研究方法也要与时俱进……特别是当今社会信息网络化的特点，进一步拓展调研渠道、丰富调研手段、创新调研方式，学习、掌握和运用现代科学技术的调研方法……提高调研的效率和科学性"。

纵观我们党百年调查研究历程，中国共产党人的初心使命，就是为人民谋幸福、为民族谋复兴，"指导中国人民不断推进伟大社会革命"。重视和坚持调查研究，不仅是辩证唯物主义认识论的基本要求和我们党的基本工作方法与优良传统，更是党保持同人民群众密切联系的重要渠道。调查研究也是做好领导工作的一项基本功，调查研究能力是领导干部整体素质和能力的组成部分。习近平总书记强调，"面对复杂形势和艰巨任务，我们要在危机中育先机、于变局中开新局，干部特别是年轻干部要提高政治能力、调查研究能力、科学决策能力、改革攻坚能力、应急处突能力、群众工作能力、抓落实能力，勇于直面问题，想干事、能干事、干成事，不断解决问题、破解难题"。正如习近平总书记"七一"重要讲话所号召的，在新的征程上，我们必须"牢记初心使命，坚定理想信念，践行党的宗旨，永远保持同人民群众的血肉联系，始终同人民想在一起、干在一起，风雨同舟、同甘共苦，继续为实现人民对美好生活的向往不懈努力"。

历经百年，中国共产党向人民、向历史交出了一份优异的答卷。中国共产党调查研究的发展和壮大，融入在中国共产党百年波澜壮阔的历史之中，与中国共产党共同铸就了一部伟大的时代史诗。现在，中国共产党团结带领中国人民又踏上了实现第二个百年奋斗目标新的赶考之路。在新的征程中，我们要大力弘扬并坚持调查研究，认真搞好调查研究，坚持把马克思主义基本原理同中国具体实际相结合、同中华优秀传统文化相结合，用马克思主义观察时代、把握时代、引领时代，继续发展当代中国马克思主义、21世纪马克思主义，创造中国式现代化新道路，创造人类文明新形态。

2）中南大学社会学系教授、中国社会学会方法研究会现任会长董海军也在 2022 年 6 月第 5 期《人文杂志》上以《中国共产党百年调查研究的历史逻辑、理论与实践逻辑》为题，交流考察揭示了中国共产党调查研究的百年演变。

回望中国共产党百年发展历程，调查研究为中国共产党成长和中国社会建设做出了卓绝的贡献。调查研究作为贯穿中国共产党革命、建设与改革时期的重要线索，作为执政兴国的重要理念，在帮助中国共产党认清国家现状、解决现实问题的过程中起到了重要作用。

中国共产党调查研究的历史逻辑。基于中国共产党面对不同的时代主题和不同的历史任务，要解决不同的问题的角度，认为中国共产党调查研究经历了革命道路探索（20 世纪 20 年代到 40 年代）、执政探索（20 世纪 40 年代到 70 年代）、改革拓展（20 世纪 70 年代到 21 世纪初）与新时代复兴（2012 年至今）四大任务发展阶段。中国共产党结合不同时期的功能定位，适时调整调查研究目标和调查模式，从描述性调研、革命认识型调研、执政探索型调研向统合型调研转变，持续推动调查研究的适用性模式及体系发展。

中国共产党调查研究的理论逻辑。一方面，调查研究作为一种认识活动，必然需要科学理论的指导。中国共产党一直以马克思主义为指导，马克思主义的辩证唯物主义、历史唯物主义世界观和方法论要求中国共产党必须始终坚持和不断加强调查研究。也正是因为马克思主义指导，中国共产党的调查研究不断焕发生机与活力。另一方面，中国共产党的调查实践也推动了马克思主义中国化的进程。在马克思主义的指导下，中国共产党的调查研究取得了丰硕成果。从毛泽东思想、邓小平理论、"三个代表"重要思想、科学发展观、习近平新时代中国特色社会主义思想，领导人们的伟大思想成果都诞生于他们亲身躬行调查研究的实践中。这正是马克思主义与中国实际相结合的产物，将继续指导中国共产党的调查实践。在中国共产党的调查实践中其理论逻辑体现出"基、体、翼"的特征。从辩证唯物主义出发，"理论联系实际"是理论之基，为调查研究提供基础理论指导，同时中国共产党本身鲜明的人民性也决定了"马克思主义群众观"作为调查研究的理论之"体"。而"翼"是对"体"的支撑，在调查实践中具体体现为"具体问题具体分析"。

中国共产党调查研究的实践逻辑。在中共调查研究长期实践进程中，逐步发展的一套兼具本土特色与政治价值的中共调查研究实践逻辑，是调查实践有序开展的重要保障。从实践逻辑上看，一代代中国共产党人始终重视调查研究的工具价值，将调查研究视为经济、政治、文化等多项工作中的重要方法。在实际的调查研究中，以"实事求是"作为调查研究的基本要求和工作态度，始终坚持"以人民为中心"的根本立场和"问题导向"的基本范式，并且将调查研究作为政治话语与斗争策略的方法工具。

习近平总书记强调，"要从党的辉煌成就、艰辛历程、历史经验、优良传统中深刻领悟中国共产党为什么能、马克思主义为什么行、中国特色社会主义为什么好等道理，弄清楚其中的历史逻辑、理论逻辑、实践逻辑"。中国共产党的百年调查研究的阐释分析就是一个重要切入口，中国共产党调查研究的历史逻辑、实践逻辑与理论逻辑三种逻辑之间呈现出有机统一的关系。这对我们整体把握中共调查研究的本质与发展方向具有重要的方法论意义，启示我们只有坚持和发展调查研究，才能理清错综复杂的矛盾关系，把握持续变化的时代命题，不断创新中国特色社会主义理论体系，推动党和国家的事业向前迈进。

中共调查研究百年发展经历了萌芽期、发展期、复兴期与繁荣期四个时期，呈现出波浪式前进、螺旋式上升的发展规律，其历史逻辑体现出，中国共产党对于调查研究的运用与中国社会发展、与其领导的事业都呈现出很强的相关关系。通过长达百年的实践，中国共产党的调查研究已形成一套可抽象的实践逻辑，即坚持中国共产党的领导，坚持具有中国特色的调查研究思维，坚持调查研究的意识形态地位。马克思主义所包含的辩证唯物主义、实事求是以及群众观，要求中国共产党进行长期的调查研究实践，这是中共调查研究所遵从的理论逻辑。

总的来看，中国共产党调查研究的历史逻辑、实践逻辑与理论逻辑三种逻辑之间呈现出有机统一的关系。历史逻辑是实践逻辑与理论逻辑的基础，实践和理论在历史进程中不断发展、不断创新；实践逻辑统一历史逻辑与理论逻辑，历史逻辑、理论逻辑只有与当下的实践、发展了的实践相结合，才能更好地发挥效应；理论逻辑反映历史逻辑与实践逻辑，是对于二者的提炼与深化。历史、实践与理论"三个逻辑相统一"，对我们整体把握中共调查研究的本质与发展方向具有方法论意义。坚持中共调查研究的历史逻辑、实践逻辑与理论逻辑的有机统一，是我们发展中共调查研究的宝贵经验。

下编　方法理论前沿

一、调查研究方法的守正创新

理论导向实证研究的学术理念——我的回顾和总结

边燕杰[①]

摘 要：本文叙述我关于理论导向实证研究的学术理念的形成过程。我在母校南开大学哲学本科和社会学研究生就读期间，先后在苏驼老师、杨心恒老师、林南老师、吴泽霖教授指导下学习和尝试调查研究，积累经验，完成了硕士论文"独生子女家庭研究"。读博期间，林南老师指导我开展天津市区居民社会网络与求职过程的问卷调查，完成了博士论文"单位结构与地位获得——中国城市单位地位研究"。任教以来，我继续使用调查方法开展学术研究，先后主持了多项大型项目，包括大城市求职网调查、中国综合社会调查、防疫社会资本调查。回顾调研历程，总结点滴体会，以此感恩导师引领。

关键词：感恩导师；调查研究；求职网调查；中国综合社会调查；防疫社会资本调查

一、引子

诚挚祝贺《中国调查研究》即将由母校南开大学出版社出版！借此机会，写一段文字，回顾多年来我参与和主持的若干学术议题的调查研究，总结点滴体会，以此感恩诸位导师的辛勤引领，也留下记录以备查询，用于探索我国调查研究的特点和规范。

学术议题的调查研究是我从事社会学研究的基本方法。我学习和尝试学术议题的调查研究，是在母校哲学本科和社会学研究生就读期间开始的。期间，我先后参加了苏驼老师领导的全国社会学书目调查（1980年夏）；参与了杨心恒老师主持的武清县家庭联产承包责任制调查（1982年秋）；

[①] 边燕杰，明尼苏达大学社会学教授，西安交通大学"领军学者"特聘教授、实证社会科学研究所所长。主要研究方向：经济社会学，关系社会学，社会网络与社会资本，社会分层与社会流动。发表中英文专著7部、编著译著14部、中英文论文200余篇。

在林南老师的社会调查研讨课上设计了平生第一份学术议题的调查问卷（1982年冬）；最后，在导师吴泽霖教授的指导下，主持和实施了天津城乡问卷调查（1983年秋），完成了"独生子女家庭研究"的硕士论文（1984年夏）。

读博之后，我逐步形成一种习惯，凡产生学术创意，就试图收集一手调查数据，用以探索相关理论观点的真理成分、存在条件、作用范围等。而在数据分析时又会产生新的问题和学术创意，期待收集新的调查数据，由此循环往复，没有终点。在美读博期间，林南老师指导我开展"天津市区居民社会网络与求职过程"的问卷调查（1988年夏），完成了博士论文"单位结构与地位获得——中国城市单位地位研究"（1990年冬），修改稿以《中国城市的工作与不平等》为题出版了英文专著（1994年秋）。1991年任教以来，我先后主持了津沪住房调查（与约翰·罗根合作，1993年春）、津沪汉深城市物质文化调查（与戴慧思、王绍光合作，1997—1998年）、香港居民求职网络调查（1998年）、广东企业社会资本调查（与丘海雄合作，1999年）、中国西部社会经济变迁调查（2010）、中国大城市求职网络系列调查（1999、2009、2014—2016、2019—2021）、与李路路合作开创了中国综合社会调查和公共数据库（2003年至今）。后两项为系列调查，前者基于城市代表性样本，后者基于全国代表性样本，数据使用广泛，学术影响长久。

从2002年开始，我总结学术议题调查研究的特点，提出了"想问题、究理论、重证明"的"理论导向实证研究"的学术理念，并自觉按照此理念推动新的调查研究项目，培养青年学子。新冠肺炎疫情暴发之后，我于2020年3月率领西安交通大学研究团队，开展"防疫社会资本"的微信用户调查，配以线上大数据。这是利用网络技术收集数据的最新尝试，研究成果以中英文论文形式发表，并受邀在"学术志"开办讲座。

下面，我以初步尝试、规范形成、求职网调查、中国综合社会调查、防疫社会资本调查等五个专题，简要介绍几个重要阶段的调查研究经历，在结束语中讨论研究与调查的辩证关系。

二、初步尝试

我对学术议题调查研究的最初尝试，是在母校就读哲学本科和社会学研究生期间，分别得到4位导师引领，积累了初步经验。

第一次经历发生在1980年夏，我报名参加了苏驼老师组织的全国社会学书目调查。1979年3月中国社会学会恢复重建，沉寂了27年的社会学教学与研究开始复苏。专业停顿近卅载，恢复从何入手？苏老师的想法是"育人必读书"。为此开展社会学书目调查，带领学生南下宁沪查询社会学书目，"清理家底"，为恢复社会学教学打基础。这在当时是十分必要和急需的。对于已经自学社会学一年多的我来说，参与该调查是个天赐良机。我们师生7人先后在南京大学图书馆、复旦大学图书馆、华东师范大学图书馆、上海市图书馆抄录社会学书目的情形至今历历在目，当时的几点触动，也终生不忘。一是社会学旧书虽丰，但是编译多于创新研究；二是书籍分类和编目是个细活，更是一门专业技能，终身受用；三是调查研究是件苦差事，憨实为要，切忌精明；四是拜访老社会学家成应一先生时，他聊得很深，一句"中国只有关系，没有社会"，当时令我困惑不已，很多年后才深解其意，促使我提出了中国主体话语的关系社会学①。

第二次经历发生在1982年秋，社会学硕士班组织社会调查实践，我和梁向阳、周华一道参加了杨心恒老师的农村社会学调查小组，到天津武清县调查家庭联产承包责任制的推行效果。比之于社会学书目调查，武清调查的对象是人，不是物，更具挑战性。武清调查以座谈和走访观察为先导，形成理论观点和研究假设之后，收集了村级人口和经济产出数据，通过数据分析得出实证研究结论。此前的1981年"南开班"，设有社会调查、问卷设计、统计分析等课程，武清调查是将书本知识转化为农村调查经验的首次尝试。杨老师言传身教，让我们体验了如何获得基层领导支持、开展无提纲访谈、在同吃同住同劳动的"三同"氛围中获得数据，并在分析框架构建、问卷题器设计、数据录入电脑、统计分析操作、调查报告写作等具体环节中，也都获得了直接经验。

第三次经历发生在1982年秋末冬初，林南教授再来南开大学，重点讲述调查研究方法，是研讨性质的。他让学生各自提出所关注的社会问题，指导我们拟定调查问卷，在他离开后我们拿着问卷去调查，撰写调查报告。

---

① 边燕杰，《关系社会学及其学科地位》，《西安交通大学学报》2010年第5期；边燕杰、杨洋，《作为中国主体话语的关系社会学》，《人文杂志》2019年第9期。

基于我当时对于人口问题的研究兴趣，我提出了"生育意愿多因素分析"的议题和框架，受到林老师的称赞和鼓励。此前的两次调查研究都是老师提出问题，我只是参与者、执行者，但这次成为问题提出者、问卷设计者、研究主导者，角色转换既是挑战，更是锻炼机会。由我执笔的调查报告发表在《社会学研究》的前身《社会学通讯》上，初尝调查研究成果，巩固了兴趣，萌发了自信。

第四次经历是在吴泽霖教授的指导下，就独生子女家庭开展硕士论文研究工作。当时我拟定了独生子女家庭的亲子结构、成长环境、生活方式等议题，开展天津城乡个案访谈和问卷调查。这是我首次独立开展学术议题的调查研究。农村调查选点是我下乡插队的静海县，城市调查选择南开大学所在的市区，深度访谈（15例）和问卷调查（800个案）都很顺利。那时还没有个人电脑，在苏驼老师的安排下，我获权使用学校的电脑设备，用刚刚学会的程序设计语言开展数据分析，获得了预期结果。吴老以80多岁高龄，字斟句酌地批改了我的论文初稿和修改稿，并从武汉亲临天津，请他早年的学生、北京大学社会学系主任袁方教授担任我的硕士论文答辩委员会主席，吴老、苏驼老师、李竟能老师担任答辩委员。按照袁方老师和诸位答辩老师的指导，我的硕士论文拆分为两篇独立文章在学术刊物上发表[①]。

三、规范形成

我于1985年秋—1989年冬在美国纽约州立大学（奥本尼校区）攻读社会学博士学位。社会研究方法的系列课程包括方法论、中级统计、高级方法、高级统计、因果模型、理论建构与研究设计等，通过这些课程的学习和参与导师林南老师的研究项目，形成了我对包括调查研究在内的实证科学研究方法的五点规范性认知。一是，科学研究以探索新知为目标，而所谓新知不能停留在经验层面，而应提升为理论知识，即事物的本质及内在变动逻辑；二是，探索新知的前提是富有怀疑精神，以推翻、否定、修正、完善前人理论为己任，不唯上、不唯书；三是，科研成果的基本形式

---

① 边燕杰，《独生子女家庭的增长与未来老年人的家庭生活问题》，《天津社会科学》1985年第5期；边燕杰，《试析我国独生子女家庭生活方式的基本特征》，《中国社会科学》1986年第1期。

是建立新的理论解释，就是在 XY 之间建立因果关系，发现和提出新的内在机制；四是，理论解释必须具有可验证性，让数据成为检验理论的真理成分的标准；五是，科学研究以循证为本，以"实"为证，基于随机样本的调查研究及其统计模型分析，是其他方法不可替代的，在实证研究中居于核心地位。这五点认知是我读博期间的关键知识所得，在博士论文和随后的研究项目中形成了个人认同的学术研究规范。

拟定博士论文研究计划时，我告别了人口问题的研究兴趣，选择理论含量较高的社会分层和社会网络，作为博士论文的两个分题，也成为我今后长期的学术研究兴趣之所在。博士论文从中西比较视角提出问题。其一，社会分层的西方理论背景是地位获得模型，基于资本主义体系下市场竞争和个人选择假设，锚定了"职业地位"为核心理论变量；我的中国生活经历和相关文献研读表明，社会主义再分配经济体系下，人财物的统一调配预示着，工作单位是更为根本的社会地位标识，所以确定了"单位地位"的研究假设。其二，"弱关系"理论是社会网络分析范式在职业获得研究中的重要理论成果，其核心因果机制是非重复性信息通过弱关系的跨结构边界流动；而我的中国生活经历和广泛观察表明，社会主义的就业分配制度中，"服从分配"的行为规范使得职位信息的作用趋近于零，代之而起的是通过"强关系"获得职位分配者的人情关照，为此提出"强关系"研究假设。除了这两个议题之外，起草研究设计之后的 1988 年 5 月，我参加了在哈佛大学召开的中国经济改革及其社会后果的学术研讨会，聆听了倪志伟关于市场转型论的发言，产生了颇多疑问，遂成为调查问卷的第三个分题。我当时不能回国，非常感恩杨心恒老师主持了天津市区居民随机抽样调查。我的博士论文修改稿以"中国城市的工作与不平等"为书名发表了英文专著[1]，"强关系"假设的部分研究成果还以论文形式发表[2]。

我的天津调查及研究成果收到了广泛的积极回应。除了林南老师以外，指导老师之一、城市社会学国际知名学者罗根教授对此产生了浓厚的

---

[1] Bian, Yanjie. Work and Inequality in Urban China. Albany, NY: State University of New York Press, 1994a.

[2] Bian, Yanjie. 1994b. Guanxi and the Allocation of Urban Jobs in China. The China Quarterly 140: 971-999; Bian, Yanjie. 1997. Bringing Strong Ties Back In: Indirect Ties, Network Bridges, and Job Searches in China. American Sociological Review 62: 266-285.

中国研究兴趣,随之与我合作申请美国国家研究基金,开展津沪住房调查,在城市社会学和市场转型理论视域下,探讨职业、收入、住房等资源分布的社会不平等问题,基于这个新数据,我与他合作发表了多篇论文[①]。合作期间,我从罗根教授身上学到了可贵的研究经验,特别是如何从中西比较视角提出问题,设计问卷题器,分析和解释数据结果,他是我亦师亦友的合作同伴。后来罗根创立了中国城市研究网络(Urban China Research Network),提供青年学者研究基金,召开学术年会,组织期刊专辑,邀请资深学者担任指导,培养了一大批中国城市研究的青年学者,我的多位博士生、博士后均是受益者。

知名中国问题专家戴慧思教授也对我的博士论文草稿提出了许多建设性意见,多次邀请我参加她在耶鲁大学主持的小型学术研讨会,最终促成了我们之间的合作研究计划,与她在耶鲁的政治学同事王绍光教授一起,开展津沪汉深四城市物质文化的调查研究,成果以中英两种文字发表[②]。戴慧思和王绍光专长于定性研究,他们的问题意识和理论观点给我颇多启发。与他们的合作令我对定性研究和定量研究的结合有了切身体会:通过定性方法,研究者能够深入实际生活、增强问题意识、挖掘故事文本、发现理论逻辑;而通过定量方法,研究者可以深究理论逻辑、关切社会差别、占有完整数据、实现模型证明。规范和完整的实证研究须是定性和定量相结合的,而如何有机地结合两者,是研究者终生探索的课题。

四、求职网调查

学术议题的调查研究永无止境。一方面是由于既有调查存在研究设计

[①] Logan, John R., and Yanjie Bian. 1993. Access to Community Resources in a Chinese City. *Social Forces* 72: 555-76; Bian, Yanjie, and John R. Logan. 1996. Market Transition and the Persistence of Power: The Changing Stratification System in China. *American Sociological Review* 61: 739-758; Bian, Yanjie, Xiaoling Shu, and John R. Logan. 2001. Communist Party Membership and Regime Dynamics in China. *Social Forces* 79: 805-842.

[②] 边燕杰、李煜,《中国家庭的社会网络资本》,《清华社会学评论》2000 年第 2 期; Bian, Yanjie, Ronald Breiger, Deborah Davis, and Joseph Galaskiewicz. 2005. Occupation, Class, and Social Networks in Urban China. *Social Forces* 83 (4): 1443-1468; Davis, Deborah, Yanjie Bian, and Shaoguang Wang. 2005. Material Rewards to Multiple Capitals under Market Socialism. *Social Transformation in Chinese Societies* 1: 31-58; Wang, Shaoguang, Deborah Davis, and Yanjie Bian. 2006. The Uneven Distribution of Cultural Capital: Book Reading in Urban China. *Modern China* 32: 315-348.

缺陷，数据分析和学术交流过程中才发现问题症结之所在，随即开始寻找弥补完善的方法，从而开展新一轮调查，收集新数据；另一方面是由于社会变迁本身提出了新问题，发生了新现象，随之需要新理论和新数据，推动相关学术议题的实证研究。我于 20 世纪 90 年代提出的"强关系假设"面临来自这两个方面的双重挑战，催生了"社会网络与求职过程"的系列调查项目，简称求职网调查（JSNET，取 Job-Search NETwork 的字头作为英文简称），从 1988 年的天津调查开始，经历 1993 年津沪调查、1996 年新加坡调查、1998 年香港调查、1999 年五城市调查（长春、天津、上海、厦门、广州）、2009 年八城市调查（增加济南、兰州、西安）、2014—2016 年八城市调查、2019—2021 年五城市调查（长春、天津、上海、厦门、西安），前后跨越 33 年，核心议题都是求职网的影响作用。

先说研究设计缺陷。1988 年的天津调查假定弱关系的相对优势在于职业信息的流动，强关系的相对优势在于人情影响的获得，但对职业信息和人情影响没有直接测量。这是截至 20 世纪 90 年代世界范围内同类调查的共有研究设计缺陷，在我和合作者开展的中国—新加坡比较研究中暴露无疑[①]。开展中—新比较的理论预设是，市场经济的新加坡显示弱关系的相对优势，与社会主义再分配体系下的天津相区别，但是调查结果并不支持这一理论预设。相反地，强关系的显著作用在中新两国之间存在惊人的一致性，引发了新的理论思考，直接测量关系资源性质——职业信息还是人情影响，也被提到调查研究的日程上来。

再看社会变迁本身。1978 年以来的改革开放逐步引入市场机制之后，我国所有制结构由单一公有制转向多元化。例如，20 世纪 80 年代个体经济的兴起和劳动力的双向选择政策，20 世纪 90 年代"抓大放小"的产权改革，2001 年之后加入世贸组织，都让我国城市就业状况彻底告别了国家分配制度，求职网发挥影响作用的体制环境处于动态变化之中。在经济体制转型的新形势下，资本主义和社会主义的抽象理论划分失去了理论解释力，市场经济与再分配经济的交叉融合也模糊了体制边界，都要求更新实证研究设计。

---

① Bian, Yanjie, and Soon Ang. 1997. Guanxi Networks and Job Mobility in China and Singapore. *Social Forces* 75 (March): 981-1006.

迎接上述双重挑战，我于 1997 年秋——1999 年夏，从明尼苏达大学获得学术假，原计划在香港科技大学就职 2 年，开展香港与内地的求职网比较研究，但实际上一直工作到 2006 年才返回明尼苏达大学。1998 年获得香港政府大学资助局的研究基金开展香港调查，转年延伸至内地五城市。研究设计的三个要点描述如下：第一，根据深度访谈的故事文本，设计一套多题器量表，询问被访者在求职过程中从人际关系获得了哪些帮助，从简单的职业信息到更为实质性的人情帮助。这是世界范围内同类调查研究的首次测量创新。第二，询问被访者是在怎样的环境中求职的，回顾参加工作以来的求职时间和状况，以便分析求职网作用的历史变迁。这是研究我国改革开放前后体制环境变化所必须的数据。第三，将香港作为中国社会的典型市场经济，将内地作为中国社会的转型市场经济，让五个内地城市作为分析单位，测量长春、天津、上海、广州、厦门五个城市的市场化程度和体制改革力度，以便研究宏观经济体制变迁对于求职网作用的制约。这些研究设计的改进，有助于直接检验强弱关系假设，并增加了宏观微观两个层次的分析，推动了求职网研究[1]。

后续的求职网调查都根据新的研究需求不断修订问卷内容。2009 年的八城市调查，不仅增加了济南、兰州、西安三个城市，丰富了城市之间市场化变异的测量点，特别重要的是增加了体制不确定性的概念（操作化为体制规则模糊性、体制变迁非透明性、体制交叉非相容性），替代 1999 年调查设计中市场改革力度的概念，从体制不确定程度与市场竞争程度的交叉互动，深入分析求职网作用的宏观环境条件和群体差异[2]。2014—2016 年的八城市调查是从收集时点数据转变为收集时序数据的尝试，为了控制

---

[1] 边燕杰、张文宏，《经济体制、社会网络与职业流动》，《中国社会科学》2001 年第 2 期；Bian, Yanjie, & Xianbi Huang. 2009. Network Resources and Job Mobility in China's Transitional Economy. *Research in the Sociology of Work* 19: 255-82; Bian, Yanjie, & Xianbi Huang. 2015a. The Guanxi Influence on Occupational Attainment in Urban China. *Chinese Journal of Sociology* 1 (3): 307-332; Bian, Yanjie, & Xianbi Huang. 2015b. Beyond the Strength of Social Ties: Job Search Networks and Entry-Level Wage in Urban China. *American Behavioral Scientist* 59 (8): 961-976; Bian, Yanjie, Xianbi Huang, & Lei Zhang. 2015. Information and Favoritism: The Network Effect on Wage Income in China. *Social Networks* 40: 129-138.

[2] 边燕杰、张文宏、程诚，《求职过程的社会网络模型：检验关系效应假设》，《社会》2012 年第 3 期；边燕杰、王文彬、张磊、程诚，《跨体制社会资本及其收入回报》，《中国社会科学》2012 年第 2 期；程诚、边燕杰，《社会资本与不平等的再生产：以农民工与城市职工的收入差距为例》，《社会》2014 年第 4 期。

内生性问题的干扰，建立关于求职网影响作用的因果模型①。最后，中国特色社会主义自 2013 年进入新时代，体制转型继续深入，反腐败力度加大，法治社会建设兴起，都有可能制约求职网的作用性质、形式和范围，为此于 2019 年秋季启动五城市调查。受新冠肺炎疫情的影响，调查实施中途停顿，到 2021 年才恢复完成，相关数据正在整理分析中。

从 2009 年开始，历次求职网调查都增加了社会网络及其作用的研究议题，扩大了研究范围。我本人直接参与的议题研究包括：中英社会网络及其作用的比较分析②，餐饮社交网络分析③，社会资本的线上与线下转换研究④，人际关系与法治社会建设的关系研究⑤，社会资本变迁研究⑥，私营企业主网络研究⑦。

求职网调查的数据是合作者共享的。先后有多人参加了合作，包括（按照姓氏英文字母为序）白红光、陈文江、冯世平、关信平、龚文娟、胡荣、李煜、梁玉成、林聚任、刘少杰、卢汉龙、秘舒、丘海雄、王文彬、吴愈晓、张文宏、赵延东，以及西安交通大学实证研究所的大多数成员。为此，基于求职网调查数据的学术研究成果还有很多，这里不一一列举。

---

① 刘伟峰、陈云松、边燕杰，《中国人的职场交往与收入：基于差分方法的社会资本分析》，《社会学研究》2016 年第 2 期；边燕杰、张顺，《社会网络与劳动力市场》，北京：社会科学文献出版社，2017；边燕杰、孙宇、李颖晖，论社会资本的累积效应，《学术界》2018 年第 5 期；边燕杰、缪晓雷，《如何解释关系作用的上升趋势？》,《社会学评论》2020 年第 1 期；Bian, Yanjie. 2019. *Guanxi: How China Works*. Cambridge, UK: Polity Press.

② 边燕杰、郝明松，《二重社会网络及其分布的中英比较》，《社会学研究》2013 年第 2 期；边燕杰、肖阳，《中英主观幸福感比较研究》，《社会学研究》2014 年第 2 期。

③ 边燕杰、郭小弦，《餐饮网社交功能的中日韩比较》，《学术交流》2015 年第 2 期；陈云松、边燕杰，《饮食社交对政治信任的侵蚀及差异分析：关系资本的"副作用"》，《社会》2015 年第 1 期。

④ 边燕杰、雷鸣，《虚实之间：社会资本从虚拟空间到实体空间的转换》，《吉林大学学报》2017 年第 3 期；边燕杰、缪晓雷，《论社会网络虚实转换的双重动力》，《社会》2019 年第 6 期。

⑤ 边燕杰、王学旺，《作为干部晋升机制的关系社会资本：对于基层法官的实证分析》，《西北师范大学学报》2019 年第 6 期；边燕杰、王学旺，《社会资本与乡村法治：亲友联系的协调作用》，《河南社会科学》2021 年第 3 期；边燕杰、王学旺，《迈向依法有序的网络维权：社会资本的力量》，《福建论坛》2022 年第 4 期。

⑥ 边燕杰、郭小弦、李晓光，《市场化与社会资本的变迁，1999—2014》，《开放时代》2020 年第 4 期。

⑦ 王文彬、肖阳、边燕杰，《自雇群体跨体制社会资本的收入效应与作用机制》，《社会学研究》2021 年第 1 期。

五、中国综合社会调查

中国综合社会调查（CGSS）是一个公共数据库建设项目。综合社会调查（General Social Survey，简称 GSS）于 1972 年诞生于美国，基于全国住户的随机抽样，开展年度问卷调查，就社会学家共同关心的问题，收集一手数据，建立公共数据库，对学界开放使用。此举受到世界各国社会学家的积极响应，纷纷仿效，随即促成了社会调查国际联合项目（International Social Survey Programme，简称 ISSP），参与成员共商议题，分别在本国本地区的 GSS 项目中收集数据，然后汇总建立 ISSP 数据库，向学者开放使用。我在美国读博和任教期间深得 GSS 数据之益，所以在香港工作期间动了开发 CGSS 的念头，经与中国人民大学李路路教授一年的酝酿和准备，于 2003 年合作发起 CGSS 长期项目，建立了我国社会学界的首个公共数据库。

在 CGSS 的创立期间（2003—2008），李路路获得中国人民大学"211"和"985"专项经费资助 100 万人民币，全数投入 2003 年 CGSS 项目，我获得香港政府大学资助局的重点资助 380 万港币，港科大增配 50 万港币，全数投入 2004—2008 年 CGSS 项目。首期 CGSS 的抽样设计、问卷议题、调查实施、数据质量评估等，参见相关著作和论文[①]。从 2009 年开始，由于我加盟西安交通大学，在西安交通大学担任人文学院院长、创办实证社会科学研究所，所以离开 CGSS 共同主持者的角色，但以学术顾问身份继续参与 CGSS 指导，并继续担任 CGSS 的国际代表，参加 ISSP 年会，代表中国参与 ISSP 研究模块的起草工作。截至 2021 年底，CGSS 的用户超过 3 万人，发表著作和论文已经无法精确统计。

公共数据库须最大程度地服务于学界使用者，问卷设计是个关键环节。CGSS 首先服务于中国学者、学生，但是相关社会学议题有其深远的理论渊源和发展脉络，所以问卷设计须与国际接轨，获得国际学界认同，让 CGSS 成为反映中国动态、传播中国声音、交流中国研究成果的学术依托。

---

① 边燕杰、李路路、蔡禾，《社会调查方法与技术：中国实践》，北京：社会科学文献出版社，2005；Bian, Yanjie, & Lulu Li. 2012. The Chinese General Social Survey (2003-2008): Sample Designs and Data Evaluation. *Chinese Sociological Review* 45 (1): 70-97.

为此，在 CGSS 问卷设计中，我和李路路商定，经过港科大和中国人大两个研究团队的充分讨论，形成了下列共识：第一，研究议题兼具中国问题意识和社会学理论关怀；第二，理论概念保持其跨文化的普适性，但是相关测量题器必须具有中国特色和文化内涵，增强问卷的本土针对性和调查适用性；第三，在上述两大原则指导下，问卷设计具体处理好四类问题，即提问方式、敏感内容、问卷结构、题型选择。具体的处理方式在 2003 年的问卷设计中，对于社会分层、社会流动、社会网络等三个议题，均有体现。

发展 CGSS 这样的全国调查和公共数据库，需要团队集体的力量，全体参与成员的奉献精神是立项之本。从抽样到议题，从问卷设计到组织实施，再到数据清理，每个环节都是费时费思、消耗精力的，而一经整理完毕就公开发布，还要做好文献解说和配备辅助人员，没有奉献精神是无法想象的。从根本上说，这种奉献精神来自项目参与成员对于科学研究的高度专业认同：实现科学研究的新知探索和反复求证的目标，需要数据共享，才能让大家在同等条件下，共同参与和推动循证为本的实证研究。为此，我在这里特别感谢参加 2002 年在珠海召开的中国综合社会调查筹备会议的全体成员，感谢 2002—2008 年香港科技大学和中国人民大学两个研究团队的精诚合作和奉献精神，感谢 2009 年至今中国人民大学团队和全国各地参与单位和个人对于 CGSS 数据库建设的持续贡献。

六、防疫社会资本调查

突然暴发的新冠肺炎疫情迅速蔓延全球，至今尚未完全控制。截至 2022 年 5 月，全球超过 1.5 亿人感染病毒，超过 160 万人失去生命。疫情暴发之后的很长一段时间，在缺乏疫苗和对症药物的条件下，居家隔离等措施有效控制了疫情的肆意蔓延。与此同时，家庭内外的亲情网络、友情网络、社区网络为人们提供情感支持，帮助人们减少心理压力，提高防护意识，加强防疫行为，从而有效避免感染，保持身心健康，平稳渡过疫期。换言之，人际接触虽在人类未知状态下导致疫情传播，但是人际联系和帮扶又在人类已知状态下发挥正能量，成为应对和调适疫情风险的有效社会机制。为此，我提出"防疫社会资本"的概念，2020 年 3 月在西安交通大学组织研究团队，开展微信用户的线上调查，获取线上大数据，研究防疫抗疫的社会机制，以期表达学者的社会关怀，践行习近平总书记"把论文写在祖国大地上"的指示，发表了系列成果[①]。

微信用户调查和线上大数据支持如下结论：第一，在疫情风险条件下，人际联系是抵御个体化和社会孤立的关键机制，集中体现为亲友之间和邻里之间的相互帮扶、相互救助、相互支持，发挥了社会资本的作用。第二，社会资本是应对和调适疫情风险的有效社会机制。其中，以亲友联系为核心关系圈构成了内聚社会资本，其作用是直接的、正向的、稳健的，充分表明我国亲情、友情、人情关系文化的正能量；而多种渠道的资讯来源构成了外联社会资本，其作用是间接的、不稳健的，也具有较高的人际差异性。第三，中国与美、英、德、意、西、韩等国的线上大数据分析证明，中、韩两国比欧美国家的疫情感染控制更为有效，一个重要的原因是，当户外出行比率锐减的条件下，人们亲情互动和资讯沟通都显著增加，且有助于保持积极心态，减少疫情带来的负面影响。第四，物理隔离背景下的身体锻炼条件虽受影响，亲友互动和线上交流往往激励新的锻炼方式，从而实现疫情平稳过渡。

开展防疫社会资本调查之前，我参与和主持的调查研究均是线下实施的，通过入户面访和填答问卷来获得一手数据。新冠肺炎疫情期间，入户调查已无可能，线上调查成为方便易行的个人数据收集方法。我于2007—2009 年在中国人民大学指导了一位硕士研究生辛济云，品学兼优，为此我推荐他到香港科技大学读博，毕业后他创办了"调研家"平台，是深圳瀚一数据有限公司开发的专业线上调查工具，我曾提供专业支持。当时我想到了辛济云，请他协助开展微信用户的线上调查。调查时间为 2020年 4 月 23—24 日，通过"调研家"平台随机抽样具有代表性的全国微信用

---

① 边燕杰、马旭蕾、郭小弦、缪晓雷、鲁肖麟，《防疫社会资本的理论建构与行为意义》，《西安交通大学学报》2020 年第 40 期；边燕杰、缪晓雷，《如何解释关系作用的上升趋势？》，《社会学评论》2020 年第 1 期；边燕杰、缪晓雷、鲁肖麟、马旭蕾、郭小弦，《社会资本与疫情风险的应对》，《武汉大学学报》2021 年第 5 期；边燕杰、鲁肖麟，《防疫社会资本及其效用——基于七国线上大数据的实证分析》，《人文杂志》2020 年第 10 期；Bian, Yanjie. 2020. Epidemic-Specific Social Capital and its Impact on Physical Activity and Health Status. *Journal of Sport and Health Science* 9: 426-429; Bian, Yanjie, Xiaolei Miao, Xiaolin Lu, Xulei Ma, and Xiaoxian Guo, 2020. The Emergence of a COVID-19 Related Social Capital: The Case of China, *International Journal of Sociology* 50 (5): 419-433.

户样本框约 3 万人，被访者通过手机终端的微信软件接收问卷并填答，应答时间 6 分钟左右，简便易行，1 天试调查检验程序和问卷内容，线上检测通过率为 37.5%；1 天正式调查，收集有效问卷 3009 份。比之于入户面访调查方式，微信用户线上调查的特点是：问卷短小，填答率高，检测有效，快捷实用。我们借助"学术志"平台发布调查结果，开办防疫社会资本的学术讲座，听众超过 2 万人。

与此同时，防疫社会资本研究团队在有机融合线上大数据与微信用户调查数据方面做了尝试，争取互补结果，取得了初步经验。基于这些尝试，我率领两位博士生（缪晓雷、鲁肖麟）在"学术志"平台提供了 10 小时的短课，讲授"传统数据与大数据的有机结合"。所谓传统数据包括个案数据、实验数据、调查数据三种形式，而大数据，特别是线上大数据，具有储量大、收集快、变量多、价值高、信息真等 5V 特征（Volume、Velocity、Variety、Value、Veracity）。但是比之于传统数据形式，大数据形式往往重集体轻个人、重相关轻因果、重预测轻解释，所以两种数据的结合势在必行。我提出四种结合途径：一是实质问题与大数据的结合，就是线上社会问题可以通过大数据分析获得新知；二是随机抽样与大数据收集的结合，例如通过微信用户的线上调查解决线下调查的若干困境；三是传统数据测量与大数据测量的结合，例如社会资本的线下测量转化为线上测量；四是理论导向与机器学习的结合，就是在有监督机器学习中注入理论导向，在无监督机器学习中获得理论成果。学术志平台为本课程制作了视频，读者可打开链接参考详细内容（https://owl.xet.tech/s/2Vfl0t）。

七、结语

作为总结，这里讨论研究与调查的辩证关系。我们通常的表述是调查研究，意在通过不同的调查方式来了解实际情况，通过分析调查所得资料来实现研究目的。但是基于我的长期经历和体会，学术性的调查研究是研究先于调查，而调查之后的研究成果往往又成为下一轮调查的前提，所以是先研究、再调查。

先研究就是理论导向为先。这不是说研究者要唯上、唯书，调查只是为了验证某个教条、某些判断、某种观点的形式主义。完全不是。所谓理论导向是指,研究者在调查之前已有相当的学科和跨学科训练,对于所研究的问题拥有相当程度的前期知识准备,为此必须对所研究的问题建立一个理论认知,就是对事物的本质及内在变动逻辑建立了抽象表述,用以指导数据收集工作,即调查。基于我本人的经验,同时观察周边他人的调查研究经历,特别是我直接参与培养的硕士生、博士生、博士后、青年合作者的调查研究经历,失败的调查往往败于缺乏充分准备的前期理论工作,包括文献研究、概念辨析、理论思考、框架建构等,都属于理论导向的内容。相反,那些成功的调查往往不是功成于调查本身(虽然非常重要),而是由于调查前有充分的理论准备,所以才设计了成功的问卷内容、概念测量、题器指标、模型分析预设等,从而获得有效的调查结果。在我看来,没有明确的理论导向,缺乏坚实的理论准备,调查研究或者像古人所谓"出师未捷身先死",或者像当代经济学家批评的"垃圾进、垃圾出"的数据游戏。培养学术型调查研究人才,必须坚持理论导向。

调查也是至关重要的一环。调查的方式很多,基于我的调查研究经历,大体包括走访个案、开座谈会、蹲点观察、深度访谈、结构问卷等五种形式,前四种属于定性研究方式,后一种属于定量研究方式。如果理论建构分为探索和证明两个阶段,那么定性研究方式特别有助于理论的探索,就是通过个案研究发现理论逻辑;而定量研究方法特别有助于理论的证明,因为对于社会科学研究者而言,他们的任何理论都是针对具有确定边界的人类群体的,比如中国社会阶级阶层、华人关系网络、东亚国家新冠疫情、人类公共卫生的社会影响机制,等等。为此就要求研究者获得确定总体的随机抽样,然后使用结构性问卷收集定量数据,开展模型分析,证明相关理论的真理成分、存在条件、影响范围等。优秀的学术型调查研究人才,应将定性和定量两种研究方式有机地结合起来。

我在 2002 年庆祝北京大学社会学系成立 20 周年的纪念活动中,提出了"理论导向的实证研究"的学术理念,2015 年落笔成文公开发表[①],将此理念概括为"想问题、究理论、重证明"三个步骤。想问题,就是调查研究者必须对所关心的社会情况和社会变迁产生问题意识;究理论,就是

---

① 边燕杰,《理论导向的实证社会学研究》,《中国社会科学评价》2015 年第 2 期 12-23 页。

将现象层次的问题意识上升为具有学科和跨学科背景的抽象理论问题；重证明，就是获得权威性的数据用于证明理论认知的真理成分、存在条件、影响范围。我是按照这个理念约束自己、培养学生的，这里与读者再次分享。

The Scholarly Notion of Theoretically Oriented Empirical Research —My Review and Summary

BIAN Yanjie

Abstract: This article describes the process in which I developed the scholarly notion of theoretically oriented empirical research. During my undergraduate and postgraduate studies at Nankai University, my alma mater, I received valuable guidance of how to conduct survey research from, in chronicle order, Professors SU Tuo, YANG Xinheng, Nan Lin, WU Zelin, completing my master's thesis on "A Study of One-Child Families". For my Ph. D., Professor Nan Lin guided me to carry out a questionnaire survey on "Social Networks and Job Search Process in Tianjin", and based on this data I completed my doctoral dissertation "Work-unit Structure and Status Attainment: A Study on Work-unit Status in Urban China". Afterwards, I continued to use survey research as the main method to meet my objectives of creative scholarship, and I have conducted a few large-scale survey projects, including Job-Search Network Surveys, Chinese General Social Surveys, and Epidemic-Specific Social Capital Surveys. This article reviews my survey research contours and experiences as a token to appreciate the guidance of my academic mentors.

Keywords: Empirical Studies; Survey Research; JSNET; CGSS; Epidemic-Specific Social Capital Survey

"微全球化"的研究领域及其社会学方法论意义

孙嘉明[①]

摘　要："微全球化"即全球化的微观现象，它体现在人们超越国界、跨文化的社会关系和空间的联系与交往的过程中。特别是自 2020 年以来新冠病毒疫情在全球范围大流行，更证实了当今世界与过去任何时候相比，人与人之间的全球联系和互动之广度和密切程度。因此，对"微全球化"进行研究，对于认识和加强人与人之间跨国界沟通和互动及其对当地社会的影响有着重要意义。本文就海外留学、国际移民、跨国婚姻、劳务输出、跨境旅游、虚拟交往等现象进行了分析，并提出"微全球化"是一种把关注点放在个人层面上，涉及跨国界的行为、交往、关系等方面的变化作为其研究的切入点，并进而把握某种跨国界行为、交往、关系的一般模式和共同特征的全球化研究。从方法论角度而言，"微全球化"是把人放在全球系统中加以研究，强调和突出体现了全球范围内人的活动以及人们的多层面多样性的社会互动关系，而这正是社会学家可能观察的新的研究范式。

关键词：微全球化；跨国界现象；跨文化互动；全球社会化

　　全球化研究在国外已有半个多世纪，自 20 世纪 80 年代开始随着中国的对外开放在学术界开始引起热烈的关注。纵观全球化研究的历史，从 20 世纪 60 年代到 80 年代，全球化研究主要还是以民族国家为分析单位的。到了 80 年代以后，随着全球化趋势的加强，多种视角开始呈现，出现了不同的全球化研究的分支，诸如经济全球化、文化全球化、政治全球化、法律全球化等。特别是 90 年代以后，人类的社会结构日益呈现跨越民族国家

[①] 孙嘉明，美国伊州大学社会学博士，现任美国德克萨斯州农工大学社会学终身教授，社会学系研究生主任。主要著作：《华人全球化：全球联结对社会变迁的影响》《全球社会学》等。2017 年荣获世界名人终身成就奖。

界限的特征,这就使得超越民族国家的视角成为主流①。甚至于认为全球化就是人类生活的一体化过程、全球化就是资本主义化、全球化就是美国化等。

对全球化的深入研究也大大促进了社会学理论的发展。20世纪90年代以来,社会学主要从社会变迁、社会转型的角度,时空变化的角度,全球意识的角度,全球体系的角度,全球性共识的角度,来对全球化展开异彩纷呈的界定。有国内学者将全球化的因素概括为六个方面交织而成,每一种因素都是全球化不可缺少的组成部分。比如时空概念的巨大变化,文化互动不断增加,世界居民面临共同的问题,相互联系与相互依存的增长,强大的跨国组织和不断增加的跨国行动,经济、政治、文化等全方位的一体化等②。具体到全球化问题的研究上,尽管许多宏观的社会学理论研究做出了种种的努力,但其分析的基本框架仍然是民族国家中心论,未能摆脱以民族国家为分析单元,以民族国家和国家间体系作为基本参照系,并将国家间的互动视为全球社会的主要动态③。

相当一部分学者是从经济、技术和时空维度来界定和把握全球化,把全球化看作跨国商品、服务交易、国际资本流通规模和形式的增加,以及技术的广泛迅速传播、世界各国经济的相互依赖等。他们认为全球化就是距离的消失,是时空的压缩,是即时性或共时性等。于是他们更多地把全球化的动因归结为技术进步和自由市场的扩张,特别是把信息技术的变革视作全球化唯一的动力。然而,也有学者批评这种见物不见人的全球化观点,认为全球化说到底是人的全球化,在经济、技术等全球化现象背后是有意识、有目的的活生生的人;而物的全球化表象掩盖了人的真实目的和利益要求的全球化本质。因此,从根本上说,主宰、推动全球化进程的是人和人的关系及其价值体系,而不是资本、信息技术或跨国公司④。可见,以往的全球化研究基本上是以国家为本(nation-based)或以全球为本

---

① 王黎芳:《社会学视野中的全球化》,《学习与实践》2006年第4期。
② 王黎芳:《社会学视野中的全球化》,《学习与实践》2006年第4期。
③ 文军:《范式整合:全球化时代社会学研究的变革》,《学术论坛》,2001年第3期(总第146期)。
④ 吴怀友,王伟:《分歧共识展望——10余年来国内全球化理论研究述评》,《江汉大学学报(社会科学版)》2005年第4期。

（globe-based）的研究视野；关注于器物或功能为本（facility-based）①的全球化，而忽视了以人为本（people-based）的微观全球化②。显然，要推进全球化的研究，特别是从社会学角度对全球化作深入研究，必须在全球化的研究范式上有所突破，才能有新的发现。

一、"微全球化"研究：全球化的微观研究

和其他学科类似，全球化研究从总体上讲，也可分为宏观研究与微观研究。全球化的宏观研究（macro perspective of globalization），其研究对象是以机构，公司和制度性的跨国界关联与活动为主。早期的全球化研究主要以民族国家为分析单位（unit of analysis）。以后则基本上是以社会结构、社会体系、经济系统、文化变迁等宏观视角，以城市、区域、跨国公司作为分析单位。全球化的微观研究（micro perspective of globalization）是基于以个人作为分析单位的一种研究范式，诸如对个人层面的跨国界流动、海外留学、跨国婚姻、虚拟全球社交网络等现象进行研究和分析。更具体些，微观层面的全球化研究关注个人与全球化之间的关系，以个人如何受全球化的影响、参与全球化的实践，并在全球化的进程中得到发展并进而影响到本地社会为基本研究内容的。

国内外对于全球化的宏观研究早已有之，然而"微全球化"则并未引起人们足够关注。柯林斯（Collins）曾发表题《论宏观社会学的微观基础》一文，强调对于微观领域研究的重要性。他指出重要的宏观体制变革不是一朝一夕完成的，它是基于连续的重复的微观情景之变化，以及伴随着人们之间相互作用和随之产生的对于社会存在的认识③。所有宏观层面的变化，诸如社会模式，机构和组织等，都可以看成是微观层面的抽象和总结。每个人的日常生活经验则是微观情景的序列，而这些在时间和空间分布不

---

① Facilities are buildings, pieces of equipment, or services that are provided for a particular purpose. 可译成设备，设施，机器的功能，服务，提供便利等。
② 孙嘉明，〔美〕斯科特·兰卡斯特：《华人全球化：全球联结对社会变迁的影响》，世界图书出版公司，2017年，第21页。
③ Collins, R.: *On the Microfoundations of Macrosociology.* American Journal of Sociology, 1981, p.985.

同的个人生活经验,在宏观层面的总和将构成所有可能的社会学数据①。

克诺尔·塞蒂纳(KKnorr Cetina, K)和布洛格(Bruegger, U)也曾提到全球"微结构"(microstructure)的概念。"全球微结构体现在活动主体尽管在地理上有着遥远的距离,然而却相互关联着和互动着②。米瑞姆·仪埃雷兹和埃弗拉特·盖缇(Miriam Erez and Efrat Gati)在其《一种动态的,多层次的文化模式:从个人的微观层面到全球文化的宏观层面》一文中也提到社会文化变迁是从人们的行为变化开始,从个人层面上讲,是通过自下而上的过程,进而成为共同的行为规范和价值观,从而使得文化的宏观层面实体得以改观③。萨斯基亚·萨森(Saskia Sassen)提到"微情景"(microsites)和"微交换"(microtransaction)的概念。她说那些全球化城市中的活动主体实际上并未活动于不切实际的全球舞台,而是生活在某种日常生活中全球形态的"微空间"(microspaces)里④。孙嘉明(Jiaming Sun)在"*Global Connections and Local Transformation*"一书中提出了全球化的微观研究(micro perspective),并认为它关注于个人的全球连接,这种连接把生活在不同国度的人们联系起来,从而产生对于地方社会发展的一种重要影响机制⑤。综上所述,这些观点和概念构建和形成了"微全球化"概念的基本雏型。

其实对全球化研究作宏观和微观的区分不是随意性的,它是一种研究方法论上的不同,而本质上是由于学者们对于现实社会发展变化的反馈和理性思维决定的。所谓方法论(Methodology),在英文中简单地说是一种the way of thinking,即一种思维的方法。特别是指一种宏观思维框架,也可以称之为一种研究方式。宏观与微观即两种不同的方法论。

---

① Collins, R.: "*On the Microfoundations of Macrosociology*". American Journal of Sociology, 1981, p.989.

② Knorr Cetina, K., & Bruegger, U.: "*Global microstructures: the virtual societies of financial markets*". American Journal of Sociology, 2002, p.18

③ Erez, M., & Gati, E.: "*A Dynamic, Multi-Level Model of Culture: From the Micro Level of the Individual to the Macro Level of a Global Culture*". APPLIED PSYCHOLOGY: AN INTERNATIONAL REVIEW, 2004, 583-598.

④ Sassen, S.: Sociology of globalization. New York: W.W. Norton.2007.p.194

⑤ Jiaming Sun: Global Connectivity and Local Transformation: A Micro Approach to Studying the Effect of Globalization on Shanghai. Lanham: University Press of America, Rowman & Littlefield Publishing Group, 2008.

在马克思主义创始人那里，对于人类历史的考察，也总是把宏观与微观结合起来加以研究的，也就是把关注对历史活动实践主体的考察与当时的历史状况联系在一起。马克思和恩格斯把历史活动的主体与交往和历史活动形态的演变与更替联系起来，指出世界历史时代产生着世界普遍交往，是交往活动、交往形式、交往关系不断发展的历史，人类物质交往实践必然是世界范围内的扩展，全球化不过是物质交往实践形态本质的核心范畴[①]。马克思、恩格斯在《共产党宣言》中写道："资产阶级，由于开拓了世界市场，使一切国家的生产和消费都成为世界性的了。"由于不断扩大产品销路和获取利润的需要，"驱使资产阶级奔走于全球各地。它必须到处落户，到处开发，到处建立联系"。因而，"过去那种地方的和民族的自给自足和闭关自守状态，被各民族的各方面的互相往来和各方面的互相依赖所代替了"[②]。

总之，全球化的研究可以从不同的学科范畴来进行。经济学可能从经济全球化角度来加以认证，文化学则提出文化全球化的概念，而社会学应当注重于社会关系的全球化问题。从这一角度出发，社会学所要研究的全球化，本质上讲就是研究人们全球性的社会关系及其发展的现象、过程和规律。"微全球化"的研究范式提供了这种社会学研究全球化的基本方法、重点和素材。

二、"微全球化"研究的对象及其社会学意义

"微全球化"的研究不同于上述的全球化宏观视野，是把关注点放在个人层面上，把涉及跨国界的行为、交往、关系等方面的变化作为其研究的切入点，并进而把握某种跨国界行为、交往、关系的一般模式和共同特征。总体上讲，这种研究是一种"自下而上""由微而巨"全球化研究，在方法上常用的是归纳法、抽样调查法、实地考察法和逻辑判断法等。

近一百多年来的社会学发展，以及许多社会学家的贡献，为跨国界、跨文化的全球社会学的诞生奠定了基础。"全球社会学"试图建立一门普遍

[①] 白雪：《〈共产党宣言〉中关于经济全球化的研究》，硕士学位论文，沈阳建筑大学，2011年，第15页。

[②] 郑卫丽，郑伟红：《马克思主义全球学研究思想探析》，《保定学院学报》2010年第6期。

的、运用于全球范围的对社会现象的理解与把握的理论范式，同时，运用比较研究以及分类方法与现实中的社会现象，特别是那些跨民族国家界线的事件，以及具有独特性的社会现象进行分析和比较①。作为分支学科的"全球社会学"本质上讲就是研究人们全球性的社会关系及其发展，而"微全球化"现象从学理上讲应当成为全球社会学研究的重点。"微全球化"现象包括诸如个人的跨国界流动、留学生现象、跨国婚姻现象、海外就职现象，虚拟全球社交现象等。国内学者对于"微全球化"现象的认识和研究也零星泛见于一些文章中，比如对于跨国界交往以及海外关系的研究。由于跨国界关系网历来被认为是一种"稀有资本"，建立个人的"海外关系"其意义并不在于"关系"本身，而在于这种"关系"可能对本地社会所能带来的巨大作用。从某种意义上讲，"微全球化"在中国的实践也体现在华侨华人对我国政治、经济、文化、科技以及外交等各个领域所发挥的一种难得的积极作用②。还比如《从跨文化视角分析中美跨国婚姻》③《中国海外留学生跨文化适应研究》④《大学生网络素养与全球意识现状研究——以北京邮电大学大学生为例》⑤《中外合资企业青年人才流动的现状分析与对策研究》⑥，以及《从全球化视角看人的生存方式的当代转向》⑦等，都是属于以关注跨国界人际交流与互动为核心内容的研究成果。这些研究的基本特点是：以全球化的微观视角由微而著，注重个体在全球范围的互动等。可见其"微全球化"方法论的关注所在。此外，这些研究所使用的方法符合"微全球化"所倡导的研究方法，即以行动者个人为基本分析单位、作实地考察和问卷调查、更强调使用定量研究的方法等。简而言之，方法（methods）是指为解决问题而采用的具体手段，即做事的方式（the way of

---

① 孙嘉明，王勋：《全球社会学：跨国界现象的分析》，北京：清华大学出版社，2006，第21页。
② 孙嘉明，杨雄：《全球化进程中的跨国界交往现象——试论"海外关系"对本土经济、社会转型的影响》，《社会科学》2007年第6期。
③ 李丽媛：《从跨文化视角分析中美跨国婚姻》，硕士学位论文，辽宁师范大学，2010年。
④ 刘莉莎：《中国海外留学生跨文化适应研究》，硕士学位论文，辽宁师范大学，2008年。
⑤ 方琼：《大学生网络素养与全球意识现状研究——以北京邮电大学大学生为例》，《北京邮电大学硕士研究生学位论文》，2010年3月。
⑥ 胡近，刘志刚：《中外合资企业青年人才流动的现状分析与对策研究》，《当代青年研究》2001年第6期。
⑦ 贾英健：《从全球化视角看人的生存方式的当代转向》，《山东科技大学学报（社会科学版）》2005年第3期。

doing）；而方法论则是将多个具体手段汇总提炼，并进行带有共性的概括，进而成为方法论（the way of thinking）。

可见，"微全球化"研究和关注跨国界人们之间的连接与沟通。本质上讲所有的跨国物流交易背后都有着重要的跨越边界的人们之间的联系和互动。这种联系和互动本身就是一种社会关系的存在，它使得在一个局部地区的居民能够融入全球。因此，从这个意义上讲，"微全球化"是经济全球化或者其他宏观全球化的动因之一。而这一点也印证了社会关系或者说人们之间的连接与沟通是一种社会事实，也是其他社会活动或社会事件产生的基本条件。

著名的"小世界现象"（Small World）项目研究提供支持这一结论的有力证据。1967 年，社会心理学家斯坦利·米尔格拉姆[①]进行了具有开创意义的实验。他测试了一种研究假设，即通过仅有的几位当事人（或中间人），任何一个个人便可连接到巨大的社会网络成员的任何其他人。当然，他当时研究的仅仅是基于美国的特定背景而已，却具有普遍意义。显然，这一研究是基于个人作为分析单位的一种方法。他的著名实验研究表明，通过一个或至多有约 6 个连接（朋友或亲戚），在美国的任何人都可以与其他任何人相连接。由此"小世界现象"的概念可能得出这样的结论，在这个星球上，任何人远离其他的任何人，永远或者也至多只能是"六度分离"（six degrees of separation）[②]。几乎每个人都熟悉的一种情景是，在一个派对或在一些社交场合，人们在经过短暂的交谈后会惊叹某种"常见的意外"，发现他们有着一些共同认识或熟知的人，因此，他们常常感叹："嗯，这个世界真小！"

著名流行病学家布拉德利（D. J. Bradley）在 1988 年提出"四代旅行模式变革"，以一种有趣的方式指出旅行模式已经发生了变化。他比较了他的曾祖父、祖父、父亲和他自己的旅行方式。他发现曾祖父一生都在北安普敦郡 40 公里的一个村庄度过，而祖父的旅行距离仅限于英格兰南部的 400 公里。如果我们将布拉德利的旅行距离与他父亲的旅行距离（父亲主要活跃在欧洲）进行比较，他已经周游了半径 4000 甚至 40,000 公里的世

---

① Milgram, Pool, Newcomb, & Kochen, M.: The Small World. Norwood, N.J.: Ablex Pub.1989.

② Schepisi et al.: Six degrees of separation. United States: Metro-Goldwyn-Mayer.1993.

界。从广义上讲,每隔几代人的旅行空间范围扩大了 10 倍,因此布拉德利的旅行范围是他曾祖父的 1000 倍①。无疑,交通技术的发展大大缩短了空间距离,而通讯技术的发展也大大缩短了人与人之间的"想象"距离。

这些研究成果在当时既引人注目也令人惊讶,显然在如今全球化的时代更不会逊色。在众多以宏观角度研究全球化的背景下,这些微观研究显然具有独特之处。因为这些研究方法并不局限于观察我们周围世界的整个结构或体系,而是关注于人们间的社会关系,如朋友、亲戚、熟人以及各类交往对象,并由此产生的人们的行为和相互作用。在全球化的视野里,这种与他人的连接以及由此形成他们周围的关系则是基于跨国界的意义,以及具有文化交流和共享的意义。此外,这种关系的进一步强化可导致在根本上改变一个人的生活方式和内容。而众多个人的生活经验以及"微观情景"所有序列总和,则进而影响到当地的社会结构及宏观体制②。

从社会学角度而言,全球化是指人类的社会关系跨越了国家和地区界限,在全球范围内展现其全方位的沟通、联系、互动的过程与趋势。因此,社会学可以从全球社会交往的发展以及由此产生的社会结构的变迁出发,来展开对全球化的研究。社会交往和社会结构都是社会学的核心主题之一,社会中经济的、政治的和文化的活动实际上都是嵌入(embed)在更广大的社会结构之中③。所谓全球化趋势,实际上就是人类社会结构的日益跨国化、全球化的趋势,而这种趋势是建立在不同主体交往实践的基础上的,是在人类社会结构不断分化、整合的推动下人们的社会交往向全球扩展的结果④。

"微全球化"现象属于社会学范畴。它体现了在当代全球化背景下,个人的全球交往活动如何通过已有的民族国家的形式来实现;在这种跨国界交往活动中,人们如何摆脱本国、本地区、本群体的狭隘利益,以及人们

---

① Bradley, D.J.: The scope of travel medicine, in. STEFFEN, R. et al., Travel medicine: proceedings of the first conference on international travel medicine. Berlin: Springer Verlag.1988.

② Collins, R.: "*On the Microfoundations of Macrosociology*". American Journal of Sociology, 1981.p. 984-1014.

③ Granovetter, M: "*Economic Action and Social Structure: the Problem of Embeddedness*". American Journal of Sociology, 1985, p.481- 510.

④ 文军:《全球化议题与社会学研究》,《社会科学辑刊》2002 年第 5 期。

在这种全球交往活动中如何受制于"全球社会化"(global socialization)。由于社会群体的差异性，人的全球交往和全球社会化还不能在全社会层面上全面展开，还仅仅局限于一定人群范围内，不过，这并不影响人们追求和满足交往全球化的要求及生存方式。随着"微全球化"的进程，作为群体的人们的素质和能力也一定会不断地得到提高，并最终使更多的人的交往走出地域和民族国家的局限，实现世界历史性的普遍的交往。

新冠病毒在全球大流行同样也从一个侧面揭示了人们全球联系的广度和密切程度。这种日益增强的全球联系使病毒的全球传播成为可能且不可避免。换句话说，冠状病毒通过"人传人"传播，而当今世界的全球联系恰恰成为此次瘟疫全球范围传播的"大前提"，人们的跨境旅游和跨境交流起到重要中介作用。因此，当今世界人类是一个共同体，面对疫情，任何国家都不能孤军奋战。如何在加强全球联系的同时调整人们的联系方式和生活方式，除了必要的接种疫苗、航空疫情管控和隔离之外，发展更多形式的虚拟全球联系互动，如视频会议、视频通信和办公、在线课程、在线政务、在线医疗、在线购物等，已经成为企业家、经济学家、社会学家乃至政治家们关注的焦点，有些早已成为现实，有些也已列在议事日程之中。此次世纪瘟疫的全球大流行是否会带来全球化的终结？在我看来，答案是否定的。

除了对上述跨国界流动的留学生现象、跨国婚姻现象、海外就职现象、虚拟全球社交现象等"微全球化"现象进行研究和分析之外，还可以包括以下课题：个人的全球互动与交往，以全球为基础的社会化过程，个人的全球意识产生及其教育，"微全球化"与公民素质与文明程度的提高，"微全球化"与疫情传播与控制，"微全球化"与社会维稳和安定，全球文化与伦理传播对于个人价值观的影响，"微全球化"现象地本地社会发展的功能，"微全球化"的表现形式、观察指标与测量，以及"微全球化"模型等。因此，它是社会学研究的重要领域，对于认识和加强人与人之间跨国界沟通和互动及对当地社会的影响，有许多研究课题正待开发。

三、作为一种研究范式的"微全球化"及其方法论的思考

从方法论角度而言，"微全球化"研究是基于以人作为分析单元的一种

分析框架来对全球化现象进行研究的方法。显然,它属于一种研究范式(paradigm)。范式是科学研究中一个十分重要的概念,它是设计研究,收集资料、检验假设、建构理论的重要依据。作为研究范式的"微全球化"可以从以下几方面加以讨论:

(一)个人的全球化

个人的全球化过程也就是个人的全球交往过程。人的关系的全面性取决于交往的全面性,这有赖于交往范围的扩大和程度的加深①。全球化将不同国家、民族的人们内在地联系起来,极大地拓宽了人们的活动领域和交往范围。一方面,多层次的交往成为当代人的基本活动形式,成为其他活动的中介条件;另一方面,交往又改变了人们的生存方式,丰富了人们的生活内容和意义,既拓展了人的自由发展的空间,也为人的发展注入了新的、更为全面的内涵②。

马克思、恩格斯早在一百多年前就已经预言人们在全球范围的普遍交往必然代替地域性的交往。"只有随着生产力的这种普遍发展,人们之间的普遍交往才能建立起来;……最后,狭隘地域性的个人为世界历史性的、真正普遍的个人所代替。……交往的任何扩大都会消灭地域性的共产主义。……而这是以生产力的普遍发展和与此有关的世界交往的普遍发展为前提的"③。这是由于生产力的发展为全球化的实现准备了必要的物质基础,更为重要的是,生产力的发展使得人们的世界性交往建立起来,由于"世界交往"的建立,才使每一个民族的发展和变革都依赖于其他民族的发展和变革。同时,由于生产力的发展,"世界交往"的建立,才使个人由"地域性的个人为世界历史性的、经验上普遍的个人所代替"④。

社会学的理论中有一组血缘关系、地缘关系、业缘关系的分析概念,表明社会发展是从血缘关系向地缘关系和业缘关系逐渐推进的过程。古代社会人们的社会交往和互动是以血缘关系为主的,以后产生了地缘关系,即在特定的地域范围内的交往。而现代社会则是以业缘关系为主。业缘关

---

① 孙嘉明,〔美〕斯科特·兰卡斯特:《华人全球化——全球联结对社会变迁的影响》,世界图书出版公司,2017,第27页。
② 陈新夏:《人的发展的世界视野和中国特色》,《马克思主义研究》,2007年第9期。
③ 马克思,恩格斯:《共产党宣言》,北京:人民出版社,2009年。
④ 马克思,恩格斯:《马克思恩格斯全集》,北京:人民出版社,1995年。

系本质上是一种契约关系，它以界定契约双方的权利和义务的范围和内容为主要特征。这种形式上平等的社会关系在一定程度上可以促进社会成员的自由交往和横向联系。在当今全球化社会的条件下，全球各国社会成员之间、跨国性企业与企业之间的交往和互动程度会日益高涨。这种现象的出现与传统社会中对于人们的交往的限制是不可同日而语的。美国普林斯顿大学社会学教授列维（M. J. Levy）曾师从社会学家 T. 帕森斯，受结构功能主义的影响至深。他从发达社会内人际关系的变化上，提出了现代社会是陌生人的社会，也就是一种易结易解的人际关系的看法，不无道理。"自致性社会关系"正是在社会流动频繁的现代社会中体现其意义的，它与传统社会中的"先赋性社会关系"相比，给人们创造的发展机会更多。

中国人传承几千年的传统交往模式，在全球化的时代受到了挑战。由于受到经济发展、网络技术和全球化的影响，中国人的交往模式也进入了一个新的时代——"跨国界交往"时代。"跨国界交往"显示出中国人的交往形态更为多元化，意味着新兴交往方式的出现，也预示着随着新交往模式的产生。诸如国际网络、出国旅游、多国俱乐部等跨国界交流方式，正成为中国人新的交往平台。

跨国界互动和交往所带来的意义并非仅限制在物质的或地理之上，其本身蕴含着很深的文化意义和社会价值。跨国界互动和交往可能或者已经带来了新的社会或文化层面的结果。

（二）人的全球社会化

个人的全球化和人的全球社会化（global socialization）是两个不同的概念[①]。个人的全球化即作为个体存在的个人如何发展全球交往与融入全球社会的过程；而人的全球社会化则是指人们所经历的一连串跨国行动，以及与世界上其他人进行交往互动并享用来自海外的异域文化等过程中如何"被"影响和变化的，其基本功能是使得跨国界的行动者或参与者吸收异域文化的特质，并与已经适应了的那些本土文化元素相结合，也就是社会学中通常讲的社会化的过程。

人的社会化从本地社区转向全球社会是一个历史必然过程。传统意义

---

① Jiaming Sun, Scott Lancaster: Chinese Globalization: A Profile of People-Based Global Connections in China. Published by Routledge. 2015. p. 26.

上的社会化是一个过程,即由老一辈或年长者传授已有的文化传统,使得社会的文化能稳定或延续下去。同时我们也知道,社会化可以通过同代人之间的交往互动而发生,比如在学校、社区、工作场所,通过面对面的交往而产生,显然更多地是在一个比较接近的地域范围内进行的。然而,在全球化的时代,地域概念已经发生根本性的变化。因为人们的相互交往和互动可以跨越地域甚至国界。在全球化的时代,"社区"这一概念也已经超出其地理意义,居住在世界各地的人们在不同的文化背景下能频繁地一起参与互动。在过去的半个多世纪,由于世界各地人际交往的频率急剧地增加和程度不断地扩展,从而增加了人们跨国界社会关系的"形成过程"(formative)。全球化的过程必然促使人们的活动领域扩大,由于人们社会交往互动的全球化,人口的地域性流动转向全球性流动,跨国旅游、经商、学习等将极大地发展,跨国婚姻以及跨种族通婚将习以为常,人们的社会化过程也将伴随着全球化而不断更新[①]。

全球社会化的发生场所也与传统意义上的学校、工厂、社区不同,它可能是跨文化婚姻的家庭、跨国企业、国外的大学校园与课堂、海外的旅游地,甚至是全球虚拟网站等。这是因为在全球化时代,传统的地域性的"社区"概念远远不能满足人们现实活动的要求。世界上不同文化背景的人们走到一起,以实在的和虚拟的方式参与互动和分享经验。对于人们的"全球社会化"过程及其效应以及对本地社会影响,有许多课题值得研究,社会学完全可以用实证研究方法来进行深入的探索。此外,跨国网络社交的虚拟互动也可能会更深入地贯穿日常生活。这种虚拟互动的实际影响及其意义,以及如何影响本地社会维稳与安定,也是研究的课题之一。

(三)全球伦理与全球意识

人的全球社会化过程,使得人们参与更多的跨国活动,拓展全球视野,发展全球交往;而人们更多地具有全球联络,则更具有全球意识。人们全球意识以及全球互动对本地社会发展必然产生深远的影响。从生活中的不少案例可以看到,曾留学海外的具有更强的全球意识和相对更高的文明行为群体。比如在出国旅游团队中,那些高声喧哗的可能都是第一次出国,

---

[①] 孙嘉明,王勋:《全球社会学:跨国界现象的分析》,北京:清华大学出版社有限公司,2006年,第19页。

或来自农村；曾在国外居住过一段时间的人，更能遵守交通规则，坐小车总是自觉系安全带等。这种现象泛见于日常生活中。一种普遍共识是出过国的人，也许更懂得文明办事，遵章守法；有着海外经历的人，更有参照意识，也更懂得祖国意味着什么。

汉威（Hanvey）曾深入探讨全球意识，他认为一个人的全球意识会因发展的不同而产生层次上的差异，越高层次的人，越能尊重别人对不同事物的看法，担负维护地球生态环境的责任、欣赏不同文化社会的特质，了解全球制度的运作过程，思考判断并做出能增进人类社会福祉的选择。同时，他还提出全球意识包含五个要素，即：1. 观点意识；2. 对全球状态的意识；3. 跨文化意识；4. 有关全球动力的知识；5. 人类选择的意识[①]。

克尼普（KnieP）则致力于设计一门全球意识导向的课程，他认为全球意识的内容包括下列几项：1. 人类的价值与文化，即超越族群认同，对人类普遍价值的研究，区分各族群成员不同的文化价值以及对全球意识多样性的贡献；2. 全球体系的运作关系，即有关全球四大互动系统经济、政治、生态、科技的研究；3. 全球议题，即有关地球存续、跨国性的研究、和平与安全、经济发展、环境维护与人权伸张等；4. 全球历史，即有关人类各历史阶段的文化交流与价值演进、各种全球制度的演进情形、近来所面临的问题与事件的时代背景研究，等等[②]。

随着以因特网为核心的现代通讯网络的发展和全球经济一体化的巩固，全球问题尤其是全球性伦理问题将会越来越多地出现。联合国与各国政府必须充分重视全球伦理与全球意识的教育和培养，为全球意识及伦理的诞生奠定物质基础、经济基础、政治基础和社会伦理基础。由于以往的社会伦理体系往往都带有强烈的地域性和民族性，即使在相对发达的工业社会，其伦理体系也具有强烈的民族国家色彩以及浓厚的意识形态色彩，可说都是一种"以国家为轴心的"相互对立的关联状态。只有随着现代通讯技术和交通技术的发展，人类的交往方式发生了巨大变化，由"地域性交往"进入了"全球化交往"时代，全球伦理与全球意识才有可能真正建

[①] Hanvey, R. G.: *An attainable global perspective*. Theory into Practice, 1982, 21 (3).
[②] 方琼：《大学生网络素养与全球意识现状研究——以北京邮电大学大学生为例》，研究生学位论文，北京邮电大学硕士，2010，第 14 页。

立起来。

（四）"微全球化"与人的发展

全球化的本质在于其活动主体的相互交往与互动。人类发展与全球化的世界是同步发展的，也就是说，全球化必将推动人类整体的发展。人的发展与其交往范围和程度密切相关。交往的普遍性是个人全面发展的前提，因为"个人的全面性不是想象的或设想的全面性，而是他的现实关系和观念关系的全面性"①。"世界交往"为实现人的解放和发展创造条件。在马克思看来，生产力的巨大发展带来的世界交往使原先具有狭隘地域性解放意识的个人为具有世界历史眼光的、实现普遍解放的真正个人所代替。可以说，这才是马克思的向世界历史转变思想所希望达到的真正目标和理想状态，即真正的普遍的个人的解放，全人类的解放②。

马克思用"世界公民"来表述人作为类的存在。当代德国著名思想家哈贝马斯对这种由世界公民所组成的社会的出现寄予了很大希望，在他看来，随着网络时代的到来，人与人之间交往的国家界限将被超越，一种将所有人结合起来，所有民族和种族平等和谐地生活于其中，所有人都享有民主自由权利的网络公民社会，再也不是一个遥远的梦想③。

综上所述，"微全球化"是建立在微观全球化视野基础上的一种研究范式，它具有显著的社会学方法论意义。从社会学意义上讲，以个人作为分析单位，把人放在全球系统中加以研究，强调和突出体现了全球范围内人的活动以及人们的多层面多样性的社会互动关系，而这正是社会学家可能观察的新的窗口或视角。确立"以人为本"社会学的科学发展观，对于提升人的素质、不断推进人的全面发展，以及当代中国人的发展理论与实践，将具有深刻的现实意义，也必将具有更宽广的世界意义。

---

① 马克思，恩格斯：《马克思恩格斯全集》第 46 卷（下册），北京：人民出版社，1980 年。
② 唐踔：《"世界交往"视阈下的马克思全球化思想》，《甘肃联合大学学报（社会科学版）》，2012 年第 1 期。
③ 贾英健：《从全球化视角看人的生存方式的当代转向》，《山东科技大学学报（社会科学版）》2005 年第 3 期。

The research field of "micro-globalization" and its sociological methodological significance

SUN Jiaming

Abstract: "Micro-globalization" refers to the micro-phenomenon of globalization, which is embodied in the process of people transcending national boundaries, cross-cultural social relations, and spatial connections and interactions. In particular, the global pandemic of the new crown virus since 2020 has confirmed the breadth and closeness of global connections and interactions between people in today's world compared to any time in the past. Therefore, research on "micro-globalization" is of great significance for understanding and strengthening cross-border communication and interaction between people and their impact on local society. This article analyzes the phenomena of studying abroad, international immigration, transnational marriage, labor export, cross-border tourism, virtual communication, etc. It proposes that "micro globalization" focuses on the individual level that involves international borders. Changes in behavior, communication, and relationships are taken as the entry point for its research. Then a globalized study of general patterns and typical characteristics of cross-border behavior, communication, and relationships is grasped. From a methodological point of view, "micro-globalization" is to put people in a global system for research, emphasizing and highlighting the activities of people on a global scale and the multi-level and diverse social interactions of people, and this is precisely the social interaction. A new research paradigm that a scientist may observe.

KeyWords: Micro-globalization; cross-border phenomenon; cross-cultural interaction; global socialization

问道于野：调查研究与社会学自主知识体系构建

罗静[①]

摘　要：社会学自传入中国始就面临着本土化的问题，即要解决西方社会学理论和中国经验之间的冲突，解决这个问题是几代中国社会学家一直的追寻。从田野发现中国的研究范式在社会学传入中国后对中国知识生产方式产生巨大的影响。因此调查研究和社会学方法在一段时期里被当作是万能宝剑，方法成为方法主义。社会学研究以及政府政策制定过程中没有调查研究是不行的，但是调查也不是万能的。当前以互联网和数字技术为代表的第四次技术和产业革命正如火如荼，世界已经进入数字经济时代，传统的调查研究也面临一场革命，社会研究方法也已在原理、程序、技术、手段等各方面发生着革命性的变革。社会学本土化（自主知识体系）仍然是当代中国社会学家要解决的问题，而调查研究是中国社会学构建自主知识体系的必然路径，其最重要的意义是开启了学院学术向中国田野中发现问题、寻求答案的大门。无论时代如何变换，关于中国社会的知识只能来自对中国社会的调查。

关键词：社会学自主知识体系；研究方法；社会调查；社会学

中华人民共和国成立后，社会学作为一门学科在 1952 年中断后于 1979 年恢复重建，其间中断了 27 年。社会学恢复重建后，社会调查研究方法是最先启动的研究方向，并在 20 世纪 80 年代独领社会学研究的风骚。在这其中，社会学研究方法和社会调查研究经常被混作一谈，即社会调查就是方法，方法就是用来进行社会调查的。其实泛泛而言，方法和社会调查是高度重叠的。20 世纪 90 年代随着中国改革开放在社会各个领域引向深入，中国学术也在寻求和西方的学术接轨与对话，在这样的时代背景下，社会

[①] 罗静，中国社会科学院中国边疆研究所副研究员，社会学博士，研究方向：发展社会学，边疆社会变迁，边疆治理。

学界内部对社会学方法会不会变成"纯粹的智力游戏"①充满忧虑,并认为中国社会学研究方法以美国定量化研究为主的取向已经遇到了危机②,呼吁重新审视社会调查与研究方法。毫无疑问,当前社会学研究方法遇到了学界内部的讨伐和来自现实的挑战,又要重新思考社会学方法何为、调查研究何为这样最"原始"的问题。本文力求从"知网"保存的四十年来发表的篇名中有"社会学""方法"的中文文章中,探究调查研究与社会学自主知识体系构建的关系。

一、调查研究与发现中国

社会学传入中国以后,第一代社会学家便致力于社会学本土化的工作。晚年的费孝通回忆:"联系中国实际讲社会学和以社会学的研究来服务于中国社会的改革和建设,是'社会学中国化'的主要内容"。早在20世纪30年代,费孝通等社会学人便以"认识并改造社会""关注民生问题"作为社会学学术取向。社会学的这一学术取向源于清末民初社会学初入中国时,农村经济和社会的衰败、乡土中国民不聊生的社会现实激起学人们学术爱国的热情,因此"五四"新文化运动后社会调查之风在中国广泛兴起。③这段时期的研究比较有代表性的有梁漱溟主持的乡村建设运动、晏阳初主持的平民教育促进会定县实验区,陈翰笙主持的中国农村经济研究会在无锡等地区农村的调查。有些研究不一定用社会学这个名义,但事实上都主张联系中国社会进行调查研究并以服务于中国社会为目标的。④李景汉在《边疆社会调查研究应行注意之点》中区分了"调查"和"研究",他认为调查的主要任务是要发现事实,研究的主要任务是要说明事实。

毫无疑问,"调查"和"研究"是构建社会学自主知识体系的必经之路。社会学作为一个学科中断27年恢复重建以后,最先起动的研究方向是社会学调查研究方法。这一方面是社会学注重社会调查的传统一直未断,老一辈的社会学人依然秉持着"没有调查,没有发言权"的理念。另一方面,

---

① 孙立平:《在学科共同体中寻求社会学的发展》,载夏勇,贺卫方等:《二十一世纪的中国社会科学》,《中国社会科学》2000年第1期。
② 仇立平:《社会研究方法论辩背后的中国研究反思》,《新视野》2016年第6期。
③ 段塔丽:《20世纪早期费孝通社会调查研究工作的学术取向》,《思想战线》2017年第1期。
④ 费孝通:《略谈中国的社会学》,《高等教育研究》1993年第4期。

在 20 世纪 70 年代末和 80 年代初，中国整个社会处于改革的初始阶段，急需要对社会现状进行深入了解，为改革决策提供现实依据。研究部门的主导者也认为社会学的研究方法是社会学在中国中断研究以后最亟须补课的。时任中国社会科学院院长胡乔木 1981 年与社会学工作者座谈时指出："现在的问题在于我们对 20 世纪下半期以来所发展起来的许多方法太不熟悉了，……我们需要首先掌握现代社会学所积累起来的资料和它所使用的方法。"①

第一，社会学调查方法最早提上日程，是因为方法的"中立性"不受意识形态的影响。"知网"中可以搜到的社会学研究方法的专业学术文章最早发表于 1979 年《复旦学报（社会科学版）》上，题目叫作"谈谈无产阶级社会学的内容和方法"，文章讨论的问题是"社会学的阶级属性"，论证社会学研究在社会主义国家的合法性问题。文章认为："一百多年来，资产阶级社会学也积累了一整套调查技术和方法，这些是没有阶级性的，是可以为我们利用的……"② 1981 年发表了两篇文章③，分别介绍统计方法的应用和美国社会学家林南在上海的授课情况，这两篇文章可以大概理解那个时代学者们的心境。由于社会历史环境的限制，20 世纪 80 年代初期从事社会学研究的学者们都是刚从"文革"的阴影中走出来，自身的学术定位受到历史逻辑的制约。学者们发文章力图求证社会学研究方法的政治无涉性，并且在实际运用过程中，有意识地强调社会学的经验性和实用性，强调对具体社会问题的社会调查和对策研究。同时，对国外社会学的学习和借鉴，也是侧重于对技术性研究方法和手段的学习，这些都是尽力减少意识形态影响的做法。这样的历史影响直到 20 世纪 90 年代后期，随着改革开放后新培养的一代学人的成长才发生改变。

第二，了解国情并为制定政策提供依据，是社会学恢复重建以后社会

---

① 中国社会科学院社会学研究所：《社会学通讯》1981 年第 1 期，第 4 页。转引自：邓方：《中美社会学的十年交流对中国社会学的影响》，《社会学研究》1989 年第 3 期。

② 袁缉辉，刘炳福：《谈谈无产阶级社会学的内容和方法》，《复旦学报（社会科学版）》1979 年第 6 期。

③ 张钟汝，梅明瑾：《社会调查方法及其应用——美国社会学家林南教授在沪作学术报告》，《社会》1981 年第 0 期；高树桥：《论统计分析方法在社会学研究中的地位与作用》，《社会科学战线》1981 年第 4 期。

调查的初心。20世纪80年代初,国家确定改革开放的大政方针后,社会科学的各个学科纷纷寻找在改革开放中的研究发力点,哲学、经济学和历史学等学科很快就有学科内的共同话题,而社会学则是以"民意调查"和"定量研究"的独特优势,搅动了社会决策系统①。那时代的学者们相信中国正在经历一场社会大变革,了解中国的社会现状便是当时社会学在学术界的立足点。费孝通先生在1980年中国社会科学院规划局讨论社会学的研究规划时说:"对于我国的社会情况,在很多方面还是停留在毛主席当年指出的'一知半解'的状态。所以要在我国建立社会学,还必须从搜集材料的工作做起不可。从社会调查入手也是符合实际的办法……通过社会调查,我们才能有系统地、比较全面地反映客观存在的社会情况。"②。当时的主政者认为我们国家过去的一些决策失误,就是因为对社会现象没有进行科学的调查研究,结果导致了主观化的错误,改革就是要尽力避免这种主观的决策失误。1987年,中国经济体制改革研究所建立了第一个全国性的民意调查机构"中国社会调查系统",该机构所进行的几次大型社会调查为改革决策提供了有价值的材料③。

中央政府建立的"中国社会调查系统",不仅仅是官方了解民意的途径,在某种意义上也开辟了一条官方与社会各阶层对话的渠道。十二届三中全会以后,改革重点由农村转向城市,在城市改革一年以后,整个社会的心理环境发生了变化④,政府急于了解改革过程中国民心态的变化,并以此为据制定下一步的改革政策,同时广大民众也通过社会调查的途径,将自己的意见向政府层面进行传达。比如在十三大闭幕之日,中国社会调查所进行了一次关于政治体制改革的民意抽样调查,这次调查及时反馈了改革的民意,为决策提供参考⑤,从而形成政府与民间的良性互动。

这一时期中有一批较有影响的调查:"全国五城市家庭调查"(1983年)、"天津千户居民调查"(1983—1993年)、"中国青年职工状况调查"

---

① 张宛丽:《十年社会学理论、方法研究的回顾和反思》,《社会学研究》1989年第4期。
② 费孝通:《为社会学再说几句话——在社会学座谈会上的发言》,《社会科学战线》1980年第1期。
③ 《中国社会调查系统简介》,《社会学研究》1988年第1期。
④ 王秀珍:《中国社会调查系统建立始因》,《党政论坛》1987年第10期。
⑤ 王坚:《十三大增强人民改革信心 中国社会调查所问卷调查得出初步结果》,《瞭望周刊》1987年第45期。

（1983年，样本规模达12000份）、"中国青年农民状况调查"（1983年，样本规模达到25000份）等①。在20世纪80年代问卷调查大行其道之时，也有学者质疑"问卷法适合中国现在的国情吗？"有学者主张应走费孝通先生所实践的以区位法、访谈法为主，辅之以问卷法的路子。但是这些质疑并没有阻碍定量调查成为那个时代社会学研究方法的主流。

第三，中国治学经世致用的传统，深刻影响了社会学在中国的发展取向。中国学者治学一直秉承的传统是为世事所用的实用主义。这种经世致用的学术品格虽然历经多次革命，但是一直影响中国的社会科学研究。因此，20世纪80年代初期，刚刚恢复重建的社会学者要将社会学研究方法从教条主义的泥沼中拉出来，并放入"服务四化建设"的新政治趋向中便顺理成章。晚年的费孝通回忆："联系中国实际讲社会学和以社会学的研究来服务于中国社会的改革和建设，是'社会学中国化'的主要内容。"

社会学传入中国以后，第一代社会学家即从事实际的社会调查。李景汉是近代中国社会调查的典范实践者，他一生做了大量的社会调查，运用个案法、抽样法等对中国的都市与乡村进行广泛深入的调查，李景汉被认为是社会调查派的代表人物，他主持了"北京洋车夫调查""北京劳工调查""北京郊区居民生活调查""定县调查"等，出版了《北京郊外之乡村家庭》《社会调查方法》《定县社会概况调查》《定县秧歌选》《定县经济调查》《定县须知》《中国农民问题》《社会调查》《北京郊区乡村家庭生活调查札记》等一系列调查报告。陈达以云南环湖户籍示范区人口普查资料为主撰写的《现代中国人口》，曾于1946年7月在美国最有影响的社会学杂志——芝加哥大学的《美国社会学杂志》上以专题报告的形式发表。关于民国时期社会调查的规模，1936年燕京大学社会学系的刘育仁在题为"中国社会调查运动"的学士学位论文中做了估计，他依据各种期刊和报纸的目录索引，统计1927—1935年间的社会调查数量为9027次②。

1980年，社会学恢复重建的第二年，费孝通作为社会学界的领军人物，也认为社会学恢复以后的定位要从为国家建设服务的角度出发。费氏认为：

---

① 风笑天：《社会学方法二十年：应用与研究》，《社会学研究》2000年第1期。
② 吕文浩：《民国社会学家视野中的"社会调查派"》，中国社会科学院近代史研究所青年学术论坛（2007年卷），2007年。

"我们需要对当前现实的社会生活进行科学的调查研究,以便帮助党和国家解决一些急迫的社会问题,扫除一些前进中的障碍,使社会的各方面都能沿着社会主义道路顺利地向前发展。这是我们在这时候急切需要开展社会学研究的主要原因。"此外,经世致用思想也是当时学者规避教条主义影响的途径,改革开放初的学者认为,"抽样调查法,是资本主义社会学中最主要的研究法,对于这些方法要在马列主义理论的指导下,……去其糟粕、取其精华,为我所用"[①]。

经世致用思想主导下的社会调查辅助国家政策的制定,最先运用在对改革开放初国家"计划生育"国策的调查研究上,研究者希望通过对生育意愿的调查来了解如何使计划生育政策更好地贯彻和执行。"知网"文献中可以查到的第一篇利用问卷方法进行定量分析的文章发表在1982年[②],即"农村女青年的婚姻和生育意愿——来自江南农村的调查"[③]一文。到了90年代,除了定量研究以外,中国的社会学者也利用其他研究方法做了很多经验研究,这其中包括李银河有关婚姻家庭的系列研究,折晓叶有关《村庄的再造》的研究,刘达临、潘绥铭等人关于中国人的性观念的研究,徐安琪等人关于婚姻质量的研究,风笑天关于独生子女的研究,沈崇麟、杨善华等人关于城乡家庭的研究,全国妇联关于妇女地位的研究。实际上这些研究的影响力直到后来才显现出来,因为毕竟不是那个时代的主流。

二、调查研究与方法主义

20世纪80年代,美国社会学家在中国开办的几期社会学方法培训班,对于中国社会学的影响十分深远。20世纪80年代初,当社会学打开国门看西方的时候,主要是面对美国。而80年代又适逢美国社会学界的哥伦比亚学派以个人行为为中心的研究重点和定量分析的研究方法统治着整个美

---

① 严家明:《社会主义社会学研究方法刍议》,《社会科学》1984年第5期。
② 有研究搜集到改革开放以来最早的社会调查是1979年的"中国青年生育意愿调查"(李炜,2016),本文由于资料搜集范围仅限于1978年以来《知网》所涵盖的篇名中含有"社会学"和"方法"字样的文章,故没有搜索到这个调查。此处引用资料并非用于证明最早的社会调查来自何处何时,而是佐证改革开放初社会学研究最初服务于社会建设的研究路径。两篇文章皆是研究生育意愿,显然都是为当时国家推行的计划生育政策服务。
③ 方絃:《农村女青年的婚姻和生育意愿——来自江南农村的调查》,《社会》1982年第2期。

国社会学①。"社会学的数学化过程是一种科学趋势。社会学家如不懂数学和数理统计方法,已经无法进行研究。"②美国利用社会调查来辅助政策制定的事例对中国社会学界是非常新鲜的,比如美国利用问卷调查预测总统选举结果,利用调查结论安排退伍军人入学读书等问题。1979年费孝通对美国社会学界进行拜访时,也发现了美国社会学的实用性格:"当前美国社会科学的特点,也许可以说是见树不见林,重资料而轻理论,好'微观'而避'宏观',搞具体实际问题而不接触全面、系统的根本问题。"③那个时代,国内社会学界也翻译出版了很多东欧社会主义阵营国家关于社会学研究方法的文章和书籍④。这些文章对方法的介绍并没有偏重于具体哪个方法,但是在相当长一段时间里,定量统计占了绝对的优势。定量研究也逐渐成为国内社会学研究的主流⑤。

20世纪80年代学习美国社会学定量分析的研究方法,是中美社会学交流的主要内容。中国社会学会和中国社会科学院社会学研究所先后于1980年和1981年在北京举办了两期社会学讲习班。1981年,上海市社会学学会和复旦大学分校社会学系邀请美国教授林南在上海市社会科学院礼堂做了题为"社会调查方法及其应用"的学术报告,1985年,林南教授又到上海社会学学会讲社会学的调查方法⑥。20世纪90年代由美国的福特基金会资助了三期"社会学方法高级讲习班"⑦,这三期讲习班延续了80年代的做法,以美国教授讲授定量方法为主。方法讲习班深刻地影响了与会的几百名研究人员,这几百名研究人员几乎囊括了当时从事社会学方法研究的大部分学者,因此美国定量研究在中国社会学研究中的推广与美国教

---

① 邓方:《中美社会学的十年交流对中国社会学的影响》,《社会学研究》1989年第3期。

② 张钟汝,梅明瑾:《社会调查方法及其应用——美国社会学家林南教授在沪作学术报告》,《社会》1981年第0期。

③ 费孝通:《应用压倒理论——〈访美掠影〉之一》,《读书》1979年第9期。

④ 约热·戈鲁查尔,王爱珠:《社会学的分类和研究的基本方法》,《社会》1982年第2期。阿斯曼,施托尔贝格,黄德兴:《社会学研究中收集数据的方法》,《现代外国哲学社会科学文摘》1983年第7期。

⑤ 风笑天:《推动与引领:〈社会学研究〉三十年来的方法研究论文回顾》,《社会学研究》2016年第6期。

⑥ 蓝成东:《美籍社会学家林南讲社会学调查方法》,《现代外国哲学社会科学文摘》1985年第11期。

⑦ 分别于1995年、1997年和1999年在北京和南京举办。

授主持的几次授课密不可分,可以说那几次授课影响了中国社会学研究方法后来几十年的发展。

20世纪90年代后期至今,社会学调查研究方法并没有沿着80年代初的研究路径继续发展下去,研究方法关注的重点不再是大范围的对各类社会问题进行定量调查,而是转向强调社会学研究方法的学科建设。这次学术路径的转型一直影响到今天,究其背后的动力,一是社会学研究方法经过十几年发展后有自我完善的需求;二是改革开放20年后中国社会的巨大变化导致研究问题的多样化;三是中国加入WTO后所引发的全社会对与国际社会接轨的关注。

首先,社会学调查研究方法经过十几年发展,逐渐显现出其自身的不足:研究虽然已经形成分支,但是仍然显得单薄,社会学研究人员水平还比较低,社会学方法的运用上规范性不够,研究质量不高[1],样本的抽取不够科学和严密、统计分析不够深入[2],有些定量研究方法如多元分析、网络分析等则尚未见到使用[3]。由社会学方法自身的不足所引发的讨论,导致学术界内部要求加强社会学研究方法的学科建设,特别是强调规范化建设。

其次,20世纪90年代后期,党和政府将改革开放政策在社会各个领域推向深入,于是社会问题也呈现出多样化的特征。在80年代盛极一时的通过问卷调查发现问题、解决问题的研究路径,在面对复杂多样的社会问题时显得捉襟见肘。

再次,20世纪90年代的中国有一个很重要的社会背景,就是中国积极努力加入WTO,希望更加深入地融入世界。这样的社会氛围也影响到社会科学的研究,学术界普遍追求与西方学界进行对话并成为新的共识。在这样的共识下,学者认为"人们普遍认为社会学方法就是问卷调查。如果仅仅停留在此水平上,中国社会学方法就无法与国际学者在同等水平上进

---

[1] 风笑天:《近五年社会学方法研究述评》,《社会学研究》1995年第1期。
[2] 风笑天:《我们的社会学研究方法可以打几分?——对87位社会学者的调查分析》,《华中理工大学学报(社会科学版)》1999年第3期。
[3] 风笑天:《我国社会学恢复以来的社会调查分析》,《社会学研究》1989年第4期。

行对话"①。因此社会学研究方法要在学科建设方面下功夫,以便与西方学界进行对话。

最后,社会学研究方法要与国外学界进行对话,已经成为一个明确的追求和口号,这意味着改革开放初所实行的社会学调查研究方法路径的转变。在 2000 年清华大学恢复社会学系而召开的国际学术研讨会上,有学者明确提出社会学研究不仅要面向中国社会的真问题,而且要面向国际社会学界进行开放式的对话与交流②。这作为中国顶尖大学的社会学系成立的宣言,向世人明确指出了其研究追求。事实上,这样的研究追求及所形成的研究路径,在后来一直引领着中国社会学的发展方向。尽管当时也有学者提出如何在与"国际通行的规范研究"接轨的同时,保持中国社会学研究的"特色"和"本土性"③,但是这样的发问,在那段时期并不是社会学界追求的主流所在。

三、调查研究与社会学自主知识体系

最近几年中国社会学界有很多文章回顾社会学研究方法,在回顾过程中也出现了关于社会研究方法的反思,有学者认为尽管社会研究方法本身出现了各式各样的问题,但是总体来说我们仍然处于社会调查的繁荣阶段④。

不可否认的是,社会调查研究方法经过了 40 年的发展,取得的进步是惊人的,尤其是一系列全国范围的纵贯调查,使得社会变迁和社会发展的科学化研究成为可能。但是中国还没有产生被西方主流世界认可的社会学理论,即中国社会学自主知识体系构建尚未完成。学者们的反思主要来自三个方面,一是在技术层面对社会调查研究方法本身的批评,二是置疑社会学方法对于我们生活感受的解释力问题,三是认为我们的研究仍然规范性不够,不是社会调查研究方法的问题,而是研究水平的问题。

---

① 风笑天:《近五年社会学方法研究述评》,《社会学研究》1995 年第 1 期。
② 清社:《"问题与方法——面向 21 世纪的中国社会学国际学术研讨会"召开》,《社会学研究》2000 年第 6 期。
③ 林彬、王文韬:《对当代中国社会学经验研究及研究方法的分析与反思——90 年代社会学经验研究论文的内容分析》,《社会学研究》2000 年第 6 期。
④ 李炜:《与时俱进:社会学恢复重建以来调查研究的发展》,《社会学研究》2016 年第 6 期。

首先，尽管社会调查相对于过去历史时期有了很大的进步和发展，但是自身也面临着危机①。尽管在社会调查中样本量逐渐增加，数据范围由局部转向全国，但是学者自行搜集一手数据做研究的在减少，专业机构的官方数据使用增加，研究层面微观化，缺乏宏观视野和理论视域等②。

其次，更严厉的反思认为调查研究演变成了方法主义，这导致了今日学界的危机。这里的方法主义指的是"能够寻得一种精巧的方法，把握住我们全部的生活经验"③。由此置疑社会学研究方法是否偏离了社会学的本土关怀。学者们对社会学研究方法的讨论，在某种程度上反映了当代社会学研究者对如何研究中国社会的焦虑④。

此外，有学者认为今天社会学的发展面临的不是如何更好地研究中国的问题，而是如何做出世界公认的、一流水平的社会学研究的问题，中国的社会学理论和方法研究要有助于社会学学科的知识积累，与西方社会学家竞争，需要在国际已有的学术共识的基础上通过更为严谨规范的方法获得世界影响力⑤。

以上争论反映的是中国社会学界与西方学术价值取向的重大区别：中国的学术研究更加追求的是"本质地揭示现象"，而西方学术研究更加追求的则是"知识的积累"⑥。因此，一项社会调查研究有没有价值，有多大的价值，中国和西方社会学界的评判标准是不一样的，以"经世致用"还是以"知识积累"为标准来评价中国社会学研究方法，得出的结论是不一样的。

在知网中搜索文章"篇名"⑦中含有"社会学"+"方法"的文章，截至2018年10月共有453篇，最早的一篇文章发表在1979年。总体来看，

---

① 陈云松，贺光烨，吴赛尔：《走出定量社会学双重危机》，《中国社会科学评价》2017年第3期。
② 刘柳，陈云松，张亮亮：《定量群学三十年：以〈社会学研究〉论文为例》，《江苏行政学院学报》2018年第2期。
③ 渠敬东：《破除"方法主义"迷信：中国学术自立的出路》，《文化纵横》2016年第2期。
④ 仇立平：《社会研究方法论辩背后的中国研究反思》，《新视野》2016年第6期。
⑤ 谢宇：《走出中国社会学本土化讨论的误区》，《社会学研究》2018年第2期。
⑥ 孙立平：《在学科共同体中寻求社会学的发展》，载夏勇，贺卫方等：《二十一世纪的中国社会科学》，《中国社会科学》2000年第1期。
⑦ 之所以使用"篇名"作为搜索依据，主要是考虑到在20世纪70年代和80年代，甚至90年代早期发表的文章体例都没有摘要和关键词。如果以"社会学"+"方法"搜索文章的关键词，最早的文章是1996年，这样显然会丧失相当部分的文献。

文章篇名中含有"社会学"+"方法"的文章的数量大多集中在最近10年（2010年后），这是由于从事社会学方法研究的学者队伍的规模效应。在1985年前后有一次小高潮，背后的原因是在1985—1986年召开了几次全国性的大型社会学和社会学方法研修班，大规模的研修班直接促成了那段时间发表文章的数量。今天看来，20世纪80年代是社会学研究方法的黄金年代毫不夸张。详情见图1。

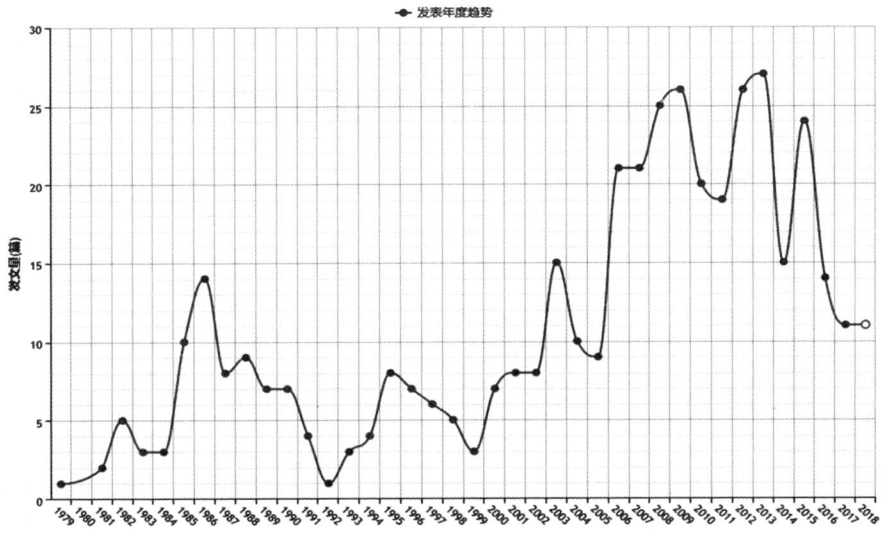

图1　中国知网1979—2018年以"社会学"+"方法"为篇名发表论文数量

数据来源：知网。

社会学恢复重建是从社会学研究方法开始，那时西方的社会学研究方法对中国学者而言有一种神秘感，故而产生异常的吸引，中国社会学者们期待可以利用西方的研究方法来发现中国社会的奥秘，从而帮助中国的社会治理。然而，尽管社会学研究方法在社会学恢复重建之初颇有引领之势，但是社会调查研究方法在社会学界其实只占一个小角落的位置。在社会学恢复重建后的40年时间里，社会学界的学术会议年年都有，但是社会调查研究方法方面的专业学术会议却只召开过几次。此外，专门的社会调查研究方法的论文在社会学论文中的占比也很低，截至2015年第6期，《社会学研究》30年来共发文2885篇，其中社会研究方法方面的论文只有98篇，占全部论文的 4.2% 左右①。

当代中国社会调查研究方法是改革开放的时代产物。经过了 40 多年的学习和摸索，中国社会调查研究方法在人才培养、学科构建等方面都有了长足进步。社会调查研究方法的发展也反映出强烈的时代特点，从改革开放初以问题取向的实用性格，到致力于学科体系、学术体系和话语体系的规范化建设，社会调查研究方法在问题取向和学理取向之间的摇摆，映射出中国社会的变迁。其实调查研究不仅仅是社会学的学科专属，调查研究还被大量地运用于日常的各项工作实践中。比如在抗日战争时期，中国共产党通过对中国社会各阶级的深入调查，成功地制定了革命战略，因此调查研究也是"共产党的传家宝"。十八大以来，党和政府提出提升国家治理能力和构建国家治理体系的要求，并在"全党大兴调查研究之风"，此时又是社会调查研究的大好时代。

四、小结

社会调查研究方法的变迁是随着中国的时代发展而变迁，甚至可以看作是中国社会变迁的一部分。社会学恢复重建之初，费孝通认为决定中国的社会学发展有两个重要的考量："怎样对待过去的社会学，怎样对待外国的社会学。"这两个维度决定了中国社会学发展的逻辑起点。同时，费氏还认为"要在中国的泥土里培植中国的社会学"，要坚持"洋为中用的原则，反对全盘照搬的办法"②。费氏的学术雄心是构建中国社会学的自主知识体系。

中国社会学会社会调查研究方法专业委员会暨学术研讨会于 1992 年 12 月 15 至 17 日在天津市社会科学界联合会会议室举行。会议由社会调查研究专业委员会筹备组组长苏驼教授，筹备组成员范伟达、王汉生分别主持，社会学会会长袁方、中国社会科学院社会学研究所副所长王庆基等理事参加了大会。会议围绕如何使社会调查研究方法在社会主义现代化建设中更好地发挥作用进行了交流讨论。

---

① 风笑天：《推动与引领：〈社会学研究〉三十年来的方法研究论文回顾》，《社会学研究》2016 年第 6 期。

② 费孝通：《重建社会学的又一阶段》，《社会》1986 年第 2 期。

社会调查研究专业委员会是社会学会成立后的第三个专业委员会,前两个分别是教育社会学专业委员会和人口与环境社会学专业委员会。袁方会长在成立大会上讲,在全国人民正在从理论和实践上为深入探索具有中国特色社会主义而努力的关键时刻,成立社会调查研究方法专业委员会,"对于更好地发挥认识社会、改造社会的作用来说,是非常必要的,也是非常及时的"。袁方教授认为社会学的学科结构由理论、方法、应用三部分组成,社会调查方法关系到实际部门决策的水平和效益,特别是在建设具有中国特色的社会学过程中,对于正确全面地了解国情,使理论与实践相结合有重要意义。

在方法专委会的成立大会上,与会者一致认为,无论是理论研究还是实际工作,社会调查都是对中国社会分析、梳理、记录的基础性工作,乃至对在此基础上,进行必要正确的分析、判断预测等,都具有重要的意义。希望通过成立方法专委会,能够引起对研究方法和调查研究工作更多的关注和重视。一个民族、一个国家的振兴,不仅仅来自经济上和物质上,还应该来自我们的精神财富,来自我们对历史的记载。作为社会调查研究的专家学者,有义务也有责任传播研究科学方法,让更多的人掌握科学的调查研究方法,从而记录中国调查,让中国调查产生更广泛的社会影响。

社会调查研究方法经过了 40 年的发展,费氏当年的憧憬还在,不同的是社会学研究方法似乎经历了一个"轮回":40 年前社会学定量研究方法就像一道光照进刚恢复重建,正处于迷茫期的中国社会学里。时过境迁,同样的方法似乎却成为今日社会学研究的桎梏。今天,尽管中国社会学的研究方法已经摆脱了最初对西方社会学研究方法的盲目崇拜和模仿,但是我们现在却应极力避免另一种倾向,即社会学研究方法罔顾中国的现实社会关怀,变成纯粹为与西方对话而进行的智力游戏。不可否认社会学的研究方法十分重要,但是方法是否能独立于研究内容而存在是存疑的。只有深入中国的田野,去感知现实,发现问题。在调查的基础上提炼中国社会的学术概念,生产关于中国社会的社会学理论,构建中国自主的社会学知识体系。才能形成中国社会学自己的特色、风格和气派,展现学术自信。

量化研究背后的理论关切——以代际流动研究为例[①]

李煜　张陈陈[②]

摘　要：本文以代际流动研究为例，描述了该研究领域从社会开放性的理论问题出发，建构了代际流动性这一中层可检证的社会现实场景，并存在阶级论、等级论和个体论三种对不平等世界的理论想象。文章依次梳理了在这三种不同理论立场下，社会不平等结构和社会流动的概念和指标上的差异，以及分析时所采用的不同研究策略和模型设定。文章认为，代际流动领域的成功经验在于其具有清晰、可实证的研究问题，以及理论、指标和模型的有机统一。而其研究实践对于提升量化研究的启发意义，在于研究中强化理论导向和理论自觉。

关键词：代际流动研究；量化研究；方法论

　　量化的实证研究是社会科学的主流范式之一。近三十年来，国内的量化研究发展迅速，无论是研究成果的数量，还是研究设计的规范性和方法技术的成熟度，都获得了长足的进步，但也不时受到学术共同体的诟病。最为典型的三种批评是验证常识、纠缠细枝末节和炫技型的唯技术倾向。本文认为，理论导向的量化研究在很大程度上可以克服这些局限。本文将以代际流动领域的量化研究为例，通过梳理在量化研究的不同阶段，不同理论倾向和学派是如何呈现出截然不同的研究模式，尝试说明理论在量化研究中的引领和约束作用。

　　选取代际流动研究作为分析案例的原因是，该领域是社会学研究中发展最为成熟、研究技术迭代最快的领域之一，产生了以理论问题为导向的大量研究。尽管面对同一个理论问题，但由于学者们对社会现实的认知和提炼不同、理论解释的侧重点各异，自然形成了不同的理论流派和研究范

[①] 本文为国家社科基金一般项目（20BSH126）"代际收入流动的社会学分析研究"的中期成果。
[②] 李煜，复旦大学社会学系教授（li.yu@fudan.edu.cn）；张陈陈，复旦大学社会学系博士研究生。

式,并采用不同的测量指标和统计模型,因此代际流动研究领域呈现出"同一理论问题、多元的量化研究范式"的特征。多元研究范式的背后是不同流派的理论预设不同,而理论预设的不同又直接导致量化研究过程中各研究范式对理论概念的把握、操作化的指标和模型的选择都大相径庭,看似繁复纷乱的量化模型背后有明确的理论关切。一般研究者对此可能并未有清晰的认知和自觉。本文试图通过厘清代际流动各研究范式背后的理论逻辑,指出不同理论立场对指标和模型选择的约束,小结代际流动研究的成功经验,从而对提升当前量化研究的水平起到一定的启示作用。

一、理论问题在社会现实情境下的再现

在对代际流动领域的量化研究进行回顾之前,首先需要明确的是理论和理论导向的含义。理论是对社会现象的本质特征及其内在变动逻辑的抽象表述。在本文中,理论更多指社会学意义上的中层理论,由一个或多个实质性的抽象陈述或命题构成。在(后)实证主义的方法论下,理论不能只停留在思辨和抽象的层次,须通过实证阶段完成对理论的证明。理论的真伪、其成立和发生作用的条件,是需要实证研究予以检证的[①]。

量化分析作为实证研究的重要方式,其目标可能是多种多样的:有的是对研究对象或社会现象的侧面或全景式描述,有的着力于具体社会过程的梳理和分析,也有的把量化分析作为理论检验的核心手段。其中,以回应理论问题、检证理论陈述为研究最终目的的文本称之为理论导向的量化研究。在研究策略上,理论导向的量化研究通常首先要为理论问题找到一个现实社会场景或应用领域,在具体的社会情境中对理论命题中的抽象概念进行操作化,从而将理论命题转变为一个可检证的经验陈述(或称为研究假设),进而通过对这一经验假设的检证来判断理论命题的真伪或可靠性。

代际流动所对应的抽象理论概念是社会结构的开放性问题(或简称为社会开放性问题,Societal Openness),即社会不平等结构中各主要群体间的边界是模糊的、可渗透的、易穿越的,还是界限清晰、边界僵硬、有壁垒相排斥的。其对应的核心理论问题就是社会大众所关心的社会是否"固

---

① 边燕杰,《理论导向的实证社会学研究》,《中国社会科学评价》2015年第2期。

化"和为什么会"固化"的问题,以学术语言可以表达为社会结构的开放与封闭程度如何判定、是否有规律可循,有什么样的规律、又受到什么因素的影响。研究社会开放性最直接的社会情境无疑是对两代人之间的代际社会流动分析,即父代是如何将自己的社会结构位置(或结构性优势)传递给子代的。于是,对社会开放性研究这一抽象理论性的问题讨论就被转化为对社会流动性程度和规律的经验性研究。对此,社会流动研究的奠基者索罗金[1]认为流动率的波动是随机的、受偶发的历史事件和即时的社会经济状况影响,没有什么规律可循。而当代研究者们并不认可这一判断,试图通过历史性比较、长期趋势分析与不同制度和社会境况下社会间的截面比较来回应这一问题。

至此,社会开放性这一理论问题确定了代际流动这一可实证的社会现实情境,但理论并没有因此就退场,因为不同学科和理论流派在界定社会不平等结构的本质和指标方面是有争议的:社会学界尽管同样认为职业分化是社会不平等的主要表现形式,但阶级论学者强调依据职业所判定的阶级结构位置的传递,等级论者强调职业背后社会等级地位的传递;经济学家则一直关注对收入的代际流动性分析,随着全球性收入不平等的加剧和收入重要性的提高,这一分析获得了巨大的社会影响力。

不同学科、社会学内部不同流派对于社会不平等结构的不同定义,本质上折射出的是对社会不平等现实的三种不同的理论想象。这为我们提出了一个新的问题:在同一理论问题下,当理论陈述落地到同一个现实场景下,不同理论流派会形成不同的研究范式,将赋予理论概念不同的含义和操作化指标。

二、不同理论立场下的概念界定:对不平等世界的三种理论想象

计算代际流动性的前提是对不平等结构进行定义。对不平等世界的想象不同,对社会流动的概念化和分析范式也会出现差异[2]。社会学的流动研究一直存在两大传统:阶级论者认为社会不平等的核心是社会阶级之间

---

[1] Sorokin, Pitirim A. 1927. *Social Mobility*. New York: Harper & Brothers.
[2] Weeden, Kim A., & David B. Grusky. 2012. The Three Worlds of Inequality. *American Journal of Sociology* 117(6):1723-1785.

的不平等，因此流动就意味着相同阶级位置出身的群体在阶级结构位置中的变化，典型如从雇农变自耕农、工人变小业主；等级论者则强调社会不平等是对社会资源和生活机会占有量多少的不平等，因此关注相同社会经济地位出身的群体在社会等级位置中的变化，代际职业的大幅变动是典型的流动。经济学认为社会不平等的核心表现就是个体间收入的不平等，因此关注收入的代际流动性就足够了。不同的分层观下，社会流动的定义也大相径庭。下面将分述阶级论、等级论和个体论三种不同的分层观及其对不平等世界的三种理论想象。

（一）阶级论（class world）

持阶级论的学者认为社会不平等主要是因为社会成员在社会阶级结构中处于不同的位置而产生的。这一理论立场强调不平等结构即阶级结构，是社会过程中（主要是生产过程中）的不平等关系所确定的社会位置组合。而职业不仅是社会分工的产物，职业差异也是阶级关系的具体呈现，所以阶级的区分和归属可以借由对职业的有效归类来实现。

在这一研究范式下，主要有新马克思主义和新韦伯主义两个理论传统。新马克思主义者认为阶级关系的实质是剥削关系，这种剥削关系是基于生产资料所拥有的权力形成的。社会成员以其对生产资料、组织、技术等各种与市场相关的资产的所有权和控制权而被赋予权力，在生产过程和市场交换中有权力者可以占有、控制、分配劳动力和劳动剩余，无权力者处于被雇佣和剥削地位。这种权力的不对等关系形成了阶级，并表现为阶级之间的收入不平等[1]。新韦伯主义者则认为阶级关系的实质是雇佣关系，社会成员因占有的经济、组织、技术等资产不同，在劳动力市场和生产单位中的雇佣关系形式自然存在差异，这种雇佣关系决定了个人所处的劳动力市场状况和工作状况，并表现为不同阶级享有不同的生活机遇[2]。

这里需要强调的是，阶级论下各个阶级之间的不平等是多维度的。比如赖特以经济所有权关系、对生产手段的控制和对劳动的控制三个维度来

---

[1] Wright, Erik Olin. 1979. *Class Structure and Income Determination*. Vol. 2. New York: Academic Press.

[2] Goldthorpe, John H. 1987. *Social Mobility and Class Structure in Modern Britain (2nd Edition)*. Oxford: Oxford University Press.

划分阶级,大部分阶级在三个维度上出现部分控制的情景,赖特称之为"阶级的矛盾位置"[①]。但因为划分阶级的多维度,而各阶级在各维度上高低并不一致,所以两个阶级在相互比较时并不能简单化地判定谁高谁低。如小业主和非管理岗位的专业技术人员,前者拥有一些生产资料,后者拥有技能资产,两者比较很难说出等级次序。所以本质上,阶级论的各阶级是一个定类变量,并不预设存在一个单维度的高低判定。

(二)等级论(Gradational world)

与阶级论不同,持等级论的学者们将社会视为一个简单的、单维度的等级结构,个人的社会结构位置按照职业收入、职业声望或社会经济地位的高低排列。在等级论者看来,社会不平等是因社会成员对社会资源和生活机会占有量的多少而形成的不平等,个人地位等级的高低取决于社会资源和生活机会占有量的多寡[②]。

在等级论者看来,职业是社会资源和生活机会不平等分配的基础。在现代社会,不同的职业要求不同的准入资格或教育证书,所拥有的收入、声望和权力也是不同的。职业地位的差异带来了社会资源和生活机会的差异,也由此形成了一个垂直的职业地位等级体系。换句话说,等级是建立在共同的职业特征(如职业的收入、声望和社会地位等)基础上的,职业地位等级构成了社会分层结构的核心,也形塑了相同等级位置者在消费、生活方式、行为态度和价值观念方面的共性。

(三)个体论(Individual world)

经济学家始终专注于以个人或家庭的收入(和财富)来分析不平等现象,认为产生劳动力市场中个体收入差异的主要机制之一就是个人技术和能力的差异[③]。在经济学家看来,社会不平等基本就是收入(和财富)不平等的代名词。在市场经济和消费社会为特征的现代社会,个人的社会地位越来越多地由一个人在收入等级梯度上的位置来定义,收入越高,个人

---

① Wright, Erik Olin. 1996. *Class Counts: Comparative Studies in Class Analysis*. New York: Cambridge University Press.

② 等级论者也经常使用阶级这一术语,但通常其阶级并无阶级论者的社会权力/支配关系的内涵,习惯上用精英或上层阶级,中产或中上层、中下层阶级,底层或贫困阶级等语汇。

③ Mincer, Jacob. 1958. Investment in Human Capital and Personal Income Distribution. *Journal of Political Economy* 66 (4): 281-302.

社会地位越高。经济维度的收入已经构成个人地位乃至个体生活机会的主要影响因素。

并且,对于社会学所钟意的以职业为基础的不平等结构,经济学家提出了诸多质疑,可以概括为四点:首先,随着劳动分工的进一步细化和市场化带来的产业升级和职业结构变迁,大量的新兴职业出现,不仅使得传统明晰的职业分类适用性下降、职业间差异变化,同时导致子代进入相同职业的可能性变低,代际阶级固化不再只有原有的父职子承的继承模式。其次,随着收入不平等的加剧,职业内部的收入差距也在扩大,职业本身异质性的增强削弱了职业作为不平等结构位置的测量效度。再次,当"金钱能买到一切",这既意味着收入和财富是体现职业背后社会资源和生活机会的最佳指标,也意味着用收入来衡量不平等结构显得更直截了当、更具有测量效度,而且收入能比职业提供更多的个体差异性。最后,收入不但是消费分层、生活方式差异的基础,也深刻地影响着社会成员的地位认同和社会行为。

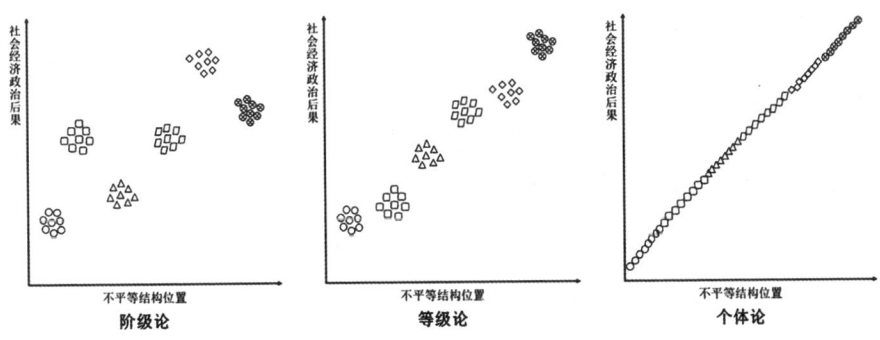

图一　三种不平等理论想象下的社会结构示意图

在三种不平等世界的理论想象下,三个不同的研究范式采用了不同的代际流动测量指标。如图一所示,不同形状的点代表不同的细分职业类型。在阶级论学者看来,阶级是同类职业的聚合,是阶级关系的结构化呈现,而不是简单的收入、声望、权力上的高低决定了职业的阶级归属,所以在社会经济政治后果上并非呈现出地位越高、各项指标越好的趋势,阶级类别更像是一个定类指标,而非定序或定距指标。等级论的分析单位仍然是职业聚类或职业类别本身,但他们强调同类职业在社会经济地位后果上的同质性和次序性，所以在这个不平等的世界里，呈现出职业聚类间高低有序的排列，阶级类别是一个定序指标。在个体论看来，社会不平等体现为原子化个体之间的资源差异，社会不平等结构就是社会成员资源（操作为收入）多寡的展示，这时可以将个体间的不平等视为一个定距变量。下面我们将对这三种不同理论想象下的代际流动测量指标做一粗略的考察。

三、理论预设下的指标选择

如上所述，三种不同理论想象下的不平等测量指标之间的差异在于：与以 EGP 分类为指标的阶级论相比，等级论视角下的阶层指标预设阶级之间有明确的地位高低；与以收入为指标的个体论相比，等级论下的最小分析单位是职业而非个体。那么他们所对应的流动指标又将有何种差异呢？

（一）基于阶级论的流动指标

在阶级论的理论想象下，社会位置是由阶级关系确定的，因此社会流动更多是指阶级结构位置的变动。我们以在国际研究中广泛使用的 EGP 阶级分类为例，说明这一范式下流动指标的确定。因为在 EGP 基础上生成的职业阶级是类别变量，因此需要对父代职业阶级和子代职业阶级进行流动表分析，以考察代际阶级地位的变化。流动表分析是一种特殊的列联表分析技术，区分了绝对流动率和相对流动率。绝对流动率表明子代职业阶级与父代职业阶级之间的相关程度，可以细化为三种指标：总流动率、流入率和流出率。总流动率指出身阶级不同于所在阶级的比例，流入率指对某一给定终点阶级中来自不同阶级出身的人所占比例，流出率指对某一给定起点阶级中流向不同阶级终点的人所占比例。

但是，绝对流动率指标受产业升级下职业结构变动的影响很大，因此后来的流动研究转向测量控制（去除）结构变迁影响后的流动率，即相对流动率。相对流动率指标显示了出身阶级和所在阶级之间的净关联程度，通常以优比（odds ratio）和基于优比的关联度（association）为指标。优比和关联度不受边缘分布（即代际职业结构变迁）的影响，是代际流动机会（或事实）均等的直接测量。优比越接近 1 或关联度越接近 0，说明不同家庭出身的子女间的流动机会差异越小，社会流动性越高。一个社会真正的代际流动性水平和流动机会的公平程度，只能通过相对流动率反映出来。

这里需要再次强调的是，基于流动表分析计算的优比或关联度，适用于阶级指标是类别变量的情况，不需要预设或判定不同阶级间的社会地位孰高孰低。

（二）基于等级论的流动指标

在等级论的理论想象下，阶级地位是按照职业收入、职业声望或社会经济地位的高低排列的，具有鲜明的定序变量特征。不同社会群体之间的差异可以被视为单一维度上的差异。因此流动可以被定义为，个人在某一垂直维度上的向上或向下流动。这一视角的优势在于回答先赋性因素与自致性因素对个人职业地位获得的影响、代际不平等传递机制和程度等问题。

在等级性阶层的理论视角下，形成了几种不同的不平等结构的测量指标：1. 将职业声望或社会经济地位指数（socioeconomic index of occupational status，SEI）这些连续变量直接作为衡量阶级地位高低的指标[①]，或是根据得分将其分组为不同的职业聚类后作为指标；2. 以职业、收入和教育为依据的多元标准划分形成可排序的阶级类别[②]。

尽管不平等测量指标的操作方式不同，但都是基于所属职业的各项指标整合形成一个高低有序的得分或序列。等级论范式下流动指标的确定，以回归模型系数和流动表分析中的垂直模型（vertical model）系数为典型处置方案，父代地位得分对子代影响的模型系数越高，代表父代对子代的影响越大，也意味着代际流动性越弱；近年来也有利用 SEI 的等距变量特性而套用经济学收入流动模型的做法，即直接对子代 SEI 与父代 SEI 进行线性回归，以讨论父代对子代的影响。

（三）基于个体论的流动指标

在个体论的理论想象下，社会成员的社会地位是由一个人在收入等级梯度上的位置决定的，代际收入流动性就是个人在收入分配中的位置在多大程度上不受其父代收入的影响。经济学家采用了多种方式测量代际收入流动性，其中最常用的指标就是代际收入弹性（IGE，Intergenerational

---

[①] Ganzeboom, Harry BG, Paul M. De Graaf, & Donald J. Treiman. 1992. A Standard International Socio-Economic Index of Occupational Status. *Social Science Research* 21(1): 1-56.

[②] Song, Xi, & Yu Xie. 2020. Occupation-Based Socioeconomic Index with Percentile Ranks. *University of Pennsylvania Population Center Working Paper (PSC/PARC)*, 2020-2059.

Elasticity）。它通过将子代收入对数值与父代收入对数值进行最小二乘回归得到，含义是父辈收入每提升一个百分点位置其子女收入将提高多少百分点。代际收入弹性越大，表明父代经济收入对子代经济收入的影响程度越高，也意味着代际流动性越弱。因为代际收入弹性系数容易受到样本选择和收入分布离散程度的影响，因此其他一些指标还包括代际相关系数（IGC，Intergenerational Log Correlation），即通过父亲收入与子女收入标准差的比值调整代际收入弹性。这一指标还避免了收入随时间变化和收入不平等变化的影响。

此外，估计代际收入弹性的基本假定为不同阶层的代际收入弹性是相同的，从而得出一个社会的平均代际收入弹性。一些研究认为，代际收入弹性是非线性的。为了分析不同收入群体的代际传递是否有差异，还可以采取收入转移矩阵（Intergenerational Transition Matrix），即对父母收入进行 n 等分后计算每一收入阶层家庭出生的子代进入不同收入分位的几率。以 Chetty 为代表的一系列研究采用代际等级斜率（IRC，Intergenerational Rank Correlation）作为估计代际流动性的新指标，即计算父母和孩子的收入分位数排名的相关性，代际等级斜率越大，表明父母收入排名对子女收入排名的影响越大。

四、不平等指标限定下的模型选择

阶级论中的社会不平等结构是由基于阶级关系的职业聚类构成，因为阶级关系的多维性，不必也无法预设各个阶级之间的顺序位置；基于职业位次的等级论，无论是直接用 SEI 还是聚类的职业群组，都暗含个人的地位完全依附于职业且可单一维度排序；以收入为代表的个体论，其社会结构的对应指标是个体的收入，原子化且可准确计量。因为在不同的理论立场下，不平等结构的测量指标不同，造成相应的研究在估计代际流动性时需要针对不同的变量类型采取不同的模型和分析方法。

（一）分类别的阶级模型

前文提到，阶级论理论视角下的流动研究通常以优比（odds ratio）和基于优比的关联度（association）为指标。优比不受边缘分布的影响，因此可以控制结构变迁的影响来测量一个社会真正的流动率。但是优比是一个基于两个二分类别变量之间关系的统计量，对以职业类别变量作为分析对象的流动表来说有些繁琐。于是学者们试图建立以优比为基本要素的流动模型，以简化和概括优比所代表的代际流动性信息。出于不同的分析目的和理论假设，流动表分析发展出了两类模型取向[①]：一种是将阶级视作类别变量、寻找流动模式差异的非垂直模型（non-vertical model）；另一种是将阶级视为定序变量、计算代际关联度的垂直模型（vertical model）。

非垂直模型，顾名思义并不预设阶级类别间存在明确的单维性高低差异。它认为不同职业阶级出身的子弟所拥有的机会结构构成了该阶级独特的流动模式，因此不同阶级之间的继承性也是不同的。或者说，一个社会里各阶级子弟机会结构的组合即所谓的流动模式。代际流动分析的重点是捕捉不同社会或时期间流动模式的差异，以回应社会开放性是受何影响、如何变迁这一理论问题。

非垂直模型的典型代表是拓扑模型（topological model），该模型将流动表的各单元格设定成相同或不同的水平，根据单元格的不同流动倾向将其分配到不同的水平，然后给所有置于同一水平的单元格一个共同的相互作用参数，来阐明流动模式[②]。社会流动模型（core model of social fluidity）在拓扑模型的基础上进行了改进，因此又被称作改良的叠加拓扑模型（overlapping topological model）。具体来说，社会流动模型可以同时叠加多个设计矩阵、同一个矩阵对不同的时期或国家也有多个参数，从而实现同时估计多个流动效应是否存在和检验同一效应在不同时期/国家是否发生变化[③]。

对数相乘层次效应模型[④]和同-异模型[⑤]是另一类适用性更广的模型，它悬置对阶级间是否能排序的预设，只假定比较的国家或时期遵从同样的流动模式、但代际关联性的程度不同，从而直接估算不同国家或时期间代

[①] 李煜，《社会流动的研究方法：指标与模型》，《社会学》2008 年第 4 期。

[②] Hauser, Robert M. 1978. A Structural Model of the Mobility Table. *Social Forces* 56 (3): 919-953.

[③] Erikson, Robert, & John H. Goldthorpe. 1992. *The Constant Flux: A Study of Class Mobility in Industrial Societies.* Oxford: Oxford University Press.

[④] Xie, Yu. 1992. The Log-Multiplicative Layer Effect Model for Comparing Mobility Tables. *American Sociological Review* 57(3): 380-395.

[⑤] Erikson, Robert, & John H. Goldthorpe. 1992. *The Constant Flux: A Study of Class Mobility in Industrial Societies.* Oxford: Oxford University Press.

际流动性的强弱。

（二）分等级的分层模型

等级论理论视角下的流动研究通常将职业声望、SEI 或建立在前者基础上的职业聚类作为阶层指标纳入模型，比较相应模型的回归系数。在等级论学者的分析中，一种分析策略是将以职业聚类为基础的等级阶级（或阶层）作为不平等结构的测量。这时他们也会使用流动表分析这一统计技术，但所使用的模型是垂直模型而不是上文所说的非垂直模型。两者的不同在于，垂直模型将阶级视为定序排列、将阶级差异等同于阶级距离这一未测量的潜变量，从而可以以定距赋值阶级捕捉结构。古德曼（Goodman）提出的各种 R+C 和 RC 模型是垂直模型的典型代表。R+C 和 RC 模型以潜在的行效应和列效应分别指代父代和子代的阶级距离，以其交互项代表流动模式。当假定国家或时期间流动模式相同时，亦可将不同时期/国家的社会流动性比较转化为代际关联度数值大小的比较[1]。

更为传统和广泛使用的研究路径还是以 SEI 为指标，以地位获得模型为范式，以对代际继承机制的讨论为核心[2]。在模型上，由于 SEI 是连续变量，因此地位获得模型以路径分析为工具，同时估计了父代职业、教育等先赋性因素与个人职业、初职等自致性因素对个人当前职业地位的直接影响系数与间接影响系数。系数越高，代表该因素的影响越大。后续研究在此基础上采用结构方程模型衍生出一些新的拓展。如威斯康辛模型（Wisconsin model）把社会心理因素作为中介变量引入模型，发现除了家庭背景之外，重要他人（Significant Others）和自身能力认知也会影响个人对教育和职业的热望，进而影响个人的教育获得水平以及未来的职业获得水平[3]。

（三）个体的人力资本代际投资模型

个体论视角下的流动研究最常用的指标就是代际收入弹性。贝克尔

---

[1] Goodman, Leo A. 1979. Simple Models for the Analysis of Association in Cross-Classifications Having Ordered Categories. *Journal of the American Statistical Association* 74 (367): 537-552.

[2] Blau, Peter M., & Otis Dudley Duncan. 1967. *The American Occupational Structure*. New York: John Wiley and Sons.

[3] Sewell, William H., Archibald O. Haller, & Alejandro Portes. 1969. The Educational and Early Occupational Attainment Process. *American Sociological Review* 34: 82-92.

（Becker）与托姆斯（Tomes）[①]以收入为指标、基于家庭经济学和人力资本投资理论构建的代际收入流动模型，奠定了代际收入流动研究的理论基础。他们认为父代通过两种途径影响子代的收入：一是通过从父母那里继承的先天特征如基因遗传、家庭成长环境等，二是通过对孩子的人力资本投资产生的回报。但后续研究指出，家长的人力资本投资并不简单取决于对孩子投资的回报，还受到父母本身收入的制约、即存在信贷约束。这一假设修正了人力资本投资模型，指出低收入家庭因为信贷约束更大，无法对子女进行充足的人力资本投资，从而造成底层家庭的代际流动性偏低。

总体而言，这些经济学分析模型的核心逻辑是，代际收入传递是父代投入（主要是收入投入）于子代的人力资本以助其换取收入产出的过程，其长处在于着力于微观层面的分析，但局限是对父代的社会性结构制约有所忽视。关于代际收入流动研究采取的具体模型和优劣，限于篇幅此处不再展开。

总结来看，当分析不平等结构的再生产程度和代际继承的过程机制时，三种不平等世界的理论立场在测量流动的指标和模型选择方面呈现出不同的倾向。社会学家关注的是与控制不同职业的权力资源有关的结构性解释，因此聚焦于分析职业和以职业为基础的阶级阶层，衍生出以地位获得模型和流动模式研究为代表的两类模型；而经济学家则更关心收入不平等，或者说个人在收入分配中的位置在多大程度上受其父代收入的影响，建立了以代际收入弹性为基础的指标及模型。

五、小结与讨论

本文从社会开放性的理论问题出发，建构了代际流动性这一中层可检证的社会现实场景，展示了不同理论立场下三种不同不平等世界的想象。文章依次说明在不同的想象或理论立场下，对社会不平等结构的本质说明和指标选择是有差异的，于是各自发展出三种对流动的不同定义和指标，进而采取了不同的研究策略和模型。具体的逻辑脉络和内容小结如表1所示，不再赘述。

[①] Becker, Gary S., & Nigel Tomes. 1979. An Equilibrium Theory of the Distribution of Income and Intergenerational Mobility. *Journal of Political Economy* 87(6): 1153-1189.

表 1 对不平等世界的三种理论想象、指标限定与模型选择

理论观点	特征维度			
	不平等结构的想象	不平等结构的指标	代际流动指标	代际流动分析模型
阶级论	基于阶级关系的不平等结构	是由多维度差异的阶级构成，不能简单比较高低	优比和基于优比的关联系数	流动表分析的垂直模型
等级论	基于职业所形成的社会资源和生活机会差异	是由单维可比的阶级构成，或基于SEI的职业聚类	基于优比的关联系数；自致与先赋，直接效应与间接效应	流动表分析的非垂直模型；路径分析和结构方程模型
个体论	基于个体资源（收入）获得能力的差异	资源（收入）差异的原子化个体的累加	代际收入弹性IGE；代际相关系数IGC；代际等级斜率IRC	人力资本投资模型

经过七十多年的发展，代际流动领域的研究经历了理论问题的切换、研究范式的迭代和研究技术的发展，共同推进了代际流动成为最为成熟、规范而又充满活力的研究领域之一。其成功的秘诀在于三条：清晰、可实证的研究问题，理论、指标和模型的有机统一，丰富可靠、可积累的数据。本文关注的是前两条，可以得到以下三点结论：

首先，在代际流动研究中对代际流动性、流动模式以及流动机制等经验问题的讨论，本质上是对社会流动性这一抽象理论问题的回应。同时流动研究中所凝练得到的中层理论，本身也需要在经验研究中得以检验。只要紧扣回应这些理论问题、介入理论争辩，量化的经验研究就可以摆脱验证常识和纠缠细枝末节的批评。

其次，指标的选取、模型的设置，都是基于理论预设和研究实践的需要。模型的更新迭代不仅仅是纯技术的进展，更是为了更好地贴切理论立场、符合社会情境和回答研究问题。在这个原则下，采用更复杂的模型也不是炫技，而应该被视为量化研究的技术进展。

最后，对于量化研究者而言，不能只顾埋头算模型数星星，不能看图说话事后解释，更不能操弄数据选择性呈现统计结果。在指标选取和模型设置时，要明晰其背后的理论预设，在量化研究中培养理论意识，把就事

论事的经验结论提升为理论对话和理论构建。

归根到底,理论导向和经验研究中的理论自觉,这大概是代际流动研究实践为量化研究带来的重要启发。

筚路蓝缕启山林——以CSS为例看大型学术调查的成长

李炜[①]

1. CSS的缘起
2. CSS起步之路：2005—2008
   a) 调查主题
   b) 抽样设计
   c) 调查执行
3. CSS成长之路：2010—2013
   a) 抽样框更新
   b) 地图地址抽样方法的引入
   c) 现场执行模式的改换
4. CSS现今之路：2015至今
   a) 利用CSS调查开展社会质量指标体系
   b) 建立中国社会质量基石数据库暨CSS调查数据平台
   c) 引入计算机辅助调查方式：CSS-CAPI系统
   d) 应用计算机辅助地图地址抽样系统：CASS-CARS
5. CSS的未来之路
   a) 持续开展社会纵贯调查，创制中国社会现代化指标体系
   b) 综合开发纵贯调查数据资源，深化对我国社会变迁的趋势研究
   c) 建设中国社会发展与社会治理智库平台

中国的改革开放迄今已有40余年的历程，我国社会学学科的恢复重建是与这一宏大历史进程同步的，我国的社会学研究者也一直是以学科特有的研究方式——社会调查，关注、描述和研究这一变迁过程的。余生有幸，

[①] 李炜，中国社会科学院社会学研究所中国社会状况综合调查首席执行人。

在 1987 年进入国内第一家专业社会调查机构——"中国社会调查所",成为改革开放之后较早的一批调查人,此后的十多年时间参与和主持过数十项的民意舆论调查、政治调查、市场调查。又自 2005 年以来主持中国社会科学院的大型连续社会调查项目"中国社会状况综合调查"(Chinese Social Survey,以下简称 CSS)达 17 年之久,经历了改革开放以来中国社会调查事业发展过程中的风雨与盛况。愿借此书发布之际,以 CSS 调查为样板,谈谈自己在中国学术社会调查的成长经历中的感悟。

一、CSS 的缘起

CSS 的发起是在 2005 年的夏秋之交。时任中国社会科学院社会学研究所所长的李培林研究员提出,中国的社会学恢复重建已经二十余年了,对于中国的社会变迁要有自己的持续调查研究;社科院的社会学所作为"国家队",要像美国的 GSS 一样,开展中国社会学的持续调查项目。这一倡议在社会学所内得到一致的赞同。社会学所自 1980 年建所以来,就开展过多项全国性的学术调查项目,如"中国五城市家庭调查""中国百县市调查"等。特别是 1999—2021 年间老所长陆学艺带领研究团队开展的"中国社会阶层结构调查",是社会学所建所以来规模最大、执行最为规范严格的学术调查项目,在该调查基础上形成的《当代中国社会阶层研究报告》引起社会各界的热烈反响。这些调查为社会学所开辟持续性调查的路向奠定了学术氛围和基础。

然而开展持续性的学术调查项目,除了学术热望之外,更需要有长远规划、长久的经费保障以及长期稳定运作的团队予以支撑。

调查的长远规划,起初是对标学术界驰名的美国芝加哥大学民意调查中心(NORC)主持的"综合社会调查"(General Social Survey, GSS),立志把我们的调查做成中国的 GSS。有鉴于此,我们收集了 GSS 自 20 世纪 70 年代以来的研究主题、问卷、执行文件加以研究,把我们将开展的调查设计为类似于 GSS 的全国范围内的大型纵贯调查项目,在内容上侧重公众的劳动就业、经济生活、家庭结构、社会态度等主题,2~3 年开展一期,逐步汇聚转型时期中国社会变迁的数据资料,为社会科学研究和政府决策提供翔实而科学的基础信息。为了表示我们要进入社会纵贯调查的国际队列,开始我们甚至赋予调查的英文名称为 CGSS——中国的 GSS。我们调查早期的一些发表成果中,也的确用了"CGSS, by CASS"这样的名义。当然,众所周知,中国人民大学早于 2003 年就和 NORC 合作使用了 CGSS 的名称,我们有僭名之嫌,只好改弦易张,于 2009 年更名为现在的名称 CSS。

CSS 调查经费的长期保障,一直是一个重要而难以解决的问题。CSS 第一期调查的经费预算需 140 万左右,中国社会科学院在初期并未有充足的经费支撑长期调查项目,我们只能是倾全所之力来筹措。当时恰好国务院办公厅交办我院有关社会和谐稳定的调查研究项目,其中部分经费(数十万)可以为我们启动全国调查之用。培林所长归集以往课题经费,加上院里的部分资助,多方筹措才算保障了 2006 年第一期调查的经费。

至于组建从事大型学术调查团队,培林所长的计划是单独成立一个研究室,并希望我来担纲。这个研究室便是于 2006 年 5 月成立的"社会发展研究室",第一任室主任是陈光金研究员,我任研究室副主任。不久陈光金升任副所长,不再兼任研究室主任,我于 2008 年担任研究室主任,成为 CSS 的执行人。

我当时虽只是一位晋级不久的副研究员,但已是有十余年从事社会调查经验的老兵了。特别是在陆学艺所长主持的"中国社会阶层结构调查"中负责全国十二个省市的调查实施和组织,给了我不少调查统筹的历练。2004—2005 年期间,我又为所里指派,担任民政部基层政权司主持的"中国村民自治状况调查"的执行人,在抽样设计、访员招募培训、调查管理、数据处理各环节都得到了国际调查专家的提点,带领团队成功地完成了一项高规格的全国调查,得到了民政部的表彰。应该是我和社会调查的这种缘分,让培林所长中意于我。

经过 2005 年 8 月至 2006 年 3 月共 8 个月的筹划,社会学所成立了以李培林所长为负责人,陈光金、张翼、杨宜音、李炜、陈午晴、王俊秀为成员的项目组,于 2006 年 3 月以"构建社会主义和谐基本社会跟踪调查"的名义向社科院科研局提交了课题立项书,并获得批准立项,自此 CSS 调查扬帆启航。

二、CSS 起步之路：2005—2008

这一时期是 CSS 的奠基阶段。经过 CSS2006 和 CSS2008 两期调查，调查主题和问卷主要内容基本定型，调查执行的管理模式也基本确立。但在调查技术上还有诸多不足，仍处于探索之中。

（一）调查主题

CSS 的研究主题紧密围绕中国社会发展不同阶段的现实问题。CSS 的研究模式虽然取法于美国的 GSS，但在创立初期就确立了调查主题侧重中国现实问题的原则。具体而言，就是在研究社会变迁的基本模块之外，每期都聚焦一两项社会现实议题为主题，如 CSS2006 和 CSS2008 分别以社会矛盾与社会冲突、民生问题为其主题。这一设计思想也一直贯穿于迄今为止的 8 期调查之中，如 2011 年第三期调查以城镇化为主题，2013 年以社会质量为主题。这一设计方式的优点在于，可以通过调查把握中国社会发展中的阶段性特征和重大的社会问题，从而为社会政策研究提供有针对性的数据资料。这些阶段性特征在时序上串联起来，就形成中国社会变迁的数据写照。十余年来项目组人员先后出版了 20 部中外文专著，如《当代中国社会和谐稳定》《当代中国民生》《当代中国城市化及其影响》《当代中国生活质量》《当代中国社会质量报告》等，均是围绕不同阶段的主题并以各期主题数据为基础素材开展研究。现在看来，如果没有当初各期调查聚焦主题的设计思路，就不可能有这些具有学术影响力的丰硕成果。

除此之外，CSS 初始调查的内容设计也采用了模块化的方式，即一组关联的研究问题设计成相对固定和标准化的测量访项，以便多期调查间比较。如 CSS2006 包含了基本信息、教育、就业与职业、代内/代际流动、家庭经济、社会保障、生活压力、社会经济地位认同、社会问题认知等 15 个模块，CSS2008 追加了消费与媒介接触、社会网与社会支持、廉政建设 3 个模块。模块设计的方式也沿用至今，迄今为止 CSS 的 8 期调查共包括 25 个模块，内容广泛丰富，涵盖了社会学、经济学、政治学、教育学、法学、廉政学、社会心理学、传播学等多个学科关注的议题。这些模块又具体设计为固定模块、轮替模块、热点模块三种不同类型，以分别满足社会变迁的长期追踪、周期性监测、重大变迁事项分析等不同研究需求。

(二）抽样设计

CSS 初期的抽样将全国 18～69 周岁的住户人口作为本调查最终推断的总体，采用了多阶段复合抽样（Multi-stage Composed Sampling）的方法，即分县/市/区、乡/镇/街道、居委会/村委会、居民户、居民 5 个阶段抽样，每个阶段采取不同的抽样方法（见表 1）。

表 1　CSS 2006—2008 全国分阶段抽样样本单位分布及抽样方法设计

抽样阶段	抽样单元	数量	抽样方法
阶段一	县/市/区	130	分层比例抽样+PPS 抽样
阶段二	乡/镇/街道	260	PPS 抽样
阶段三	居委会/村委会	520	PPS 抽样
阶段四	居民户	7064	等距抽样
阶段五	居民	7064	简单随机抽样

第一阶段 PSU 县/市/区的抽取以 2000 年全国第五次人口普查的《2000 人口普查分县资料》为基础，将全国 2797 个县/市/区以城镇人口比例、居民年龄、教育程度和产业比例 4 大类指标 7 个变量作聚类分层，以 PPS 方式在每一个分层中，抽取相应数目的县/市/区（PSU），共抽取了 130 个市县区，覆盖全国 28 个省/自治区/直辖市；第二阶段乡/镇/街道（SSU）的抽取是根据抽中的县/市/区的乡/镇/街道户数、人数统计名册作为抽样框，以 PPS 的方法在每一个 PSU 内抽取出 2 个 SSU；第三阶段村委会/居委会（TSU）的抽取是根据抽中的 SSU 的村委会/居委会户数、人数统计名册作为抽样框，以 PPS 的方法在每一个 SSU 内抽取出 2 个 TSU，而后派遣抽样员到每一个抽中的 TSU 登录常住人口与外来人口的资料，最终汇总成了一个涵盖 47 万户、160 余万人的抽样框数据库；第四阶段居民户的抽取相对较为简单，只要根据上述人口清单抽样框数据，在每个 TSU 内进行等距抽样即可。

CSS 初期的抽样设计有几个基本特点：一是固定样框，依据人口普查周期更新，十年期间不变；二是村居一级事先不区分城乡属性，以便利分析社区层面的城市化属性变化；三是以 18～69 岁人口为推断对象，侧重经济活动人口。之后的抽样框更替也一直沿用这几个设计原则。

（三）调查执行

CSS 初期的调查执行，是以政府部门支持+专业调查机构执行+项目组质量监控的模式开展的，即依靠中央部委文件作为调查合法性的依据，如初期两次调查分别以公安部和民政部名义发文；委托专业调查公司负责全国调查执行，如 CSS2006、CSS2008 均委托北京华通现代市场信息咨询有限公司管理调查运作；社科院项目组派遣巡视督导赴各地观察和监督调查流程确保访问质量。这种集政府、科研、公司三方优势资源推动调查的运作模式卓有成效，如 CSS2006 的现场调查工作在当年 4 月中旬启动，两个月内全国 130 个县/市/区 520 个村/居 7063 份问卷就全部完成了。

同时，CSS 项目组还设置了标准化的执行流程，包括行政准备、督访培训、实地抽样、现场访问、质量控制、数据处理等多个环节，以《访员手册》《督导手册》《巡视督导手册》等标准化文件为执行规范。CSS 之后的执行模式有了重大的调整，但注重调查培训、严格执行管理流程、注重现场质量管控的风格一直传承下来，保证了 CSS 数据高水准的品质。

三、CSS 成长之路：2010—2013

2010 年中国社科院成立了调查与数据信息中心（以下简称"调查中心"），CSS 被视为社科院的品牌调查项目，得到了高度重视，并获得 2011 年和 2013 年两期调查经费资助。CSS 项目组也在调查过程中，为该中心培养业务人才，带动其调查执行和管理能力的成长。在此期间，CSS 项目借助院调查中心的平台和经费资助，实现了如下几项调查方法的改进。

（一）抽样框更新

随着 2010 年底第六次全国人口普查结束，CSS 的全国固定样框也面临更新。在调查中心的资助下，2011 年初 CSS 项目组设立"中国社会科学院全国居民调查网络建设"课题，一方面在"六普"资料基础上建立新的抽样框，一方面完成全国调查合作团队的组建。项目组特邀人口与劳动经济研究所王广州研究员作为抽样框建设的主设计人，依然采用多阶段混合抽样的方式，一阶段抽样以"六普"的全国县/市/区为一级抽样单元，将全国分为东北、华北、华东、中南、西北、西南省份为 6 个子总体；子总体内以经济发展、人口结构、教育水平三大类指标 10 个变量进行隐含分层排序，而后以 PPS 方法抽取相应数目的 PSU。二阶段抽样在上述 PSU 中以 PPS 方法抽取 4 个村/居委会（SSU）。最终抽取了全国 151 个县/市/区（PSU）和 604 个村/居①。

此次抽样框设计较之初期有几个明显的亮点：其一，"六普"数据直接获自国家统计局，可靠性高；其二，舍弃了乡镇街道一级抽样单元，降低了整群抽样误差，样框代表性更好；其三，隐含分层排序抽样的方法较之多元聚类更为合理简便；其四，子总体可分别做全国六大区、东中西、城乡等不同情形的推断，更为灵活。CSS 项目沿用这一抽样框至今，今年也将随着"七普"数据再度设计更新。

（二）引入地图地址抽样方法

除抽样框的更新外，CSS 在样框末端抽样方式也做了重要的调整。如前所述，CSS 初期多阶段抽样村居内的抽样框，根据的是村居住户人口名册。但中国高速社会变迁中每年高达 2 亿多人口的巨量流动，使得反映静态人口状况的住户名册难以成为概率抽样的依据。国内大型学术调查的同仁也都认识到这一点，并且引介了国外的区域概率抽样方法（Area Probability Sampling）并改造为地图地址抽样的方法（Address-based probability sampling），社会学调查中中国人民大学的 CGSS 应该是较早采用这一方法的项目。2010 年因与 CGSS 联合执行，CSS 也开始放弃初期的住户名册样框，改用地图地址抽样方法。

改用地图地址抽样带来全然不同的抽样流程：实地抽样要经过标划村居边界，按既定行走路线绘制建筑物，列举可居住建筑物与地址，形成地址清单、地址抽样、核户、形成样本清单等多个环节，其技术标准和住户名册抽样大不相同，而人工量、耗时和经费都数倍增加。但为了提高调查的覆盖率和代表性，这种投入是值得的。项目组中张丽萍老师担纲地图地址抽样技术的流程化工作，在她的项目组同仁的努力下，于 2010—2011 年间项目组编制了《CSS 地图地址抽样手册》和相应的技术流程，并自 CSS2011 调查始一直运用至今。

---

① CSS 的抽样框建设文献，可参见：李炜、张丽萍，"全国居民纵贯调查抽样方案设计研究"，《科研信息化技术与应用》，2014 年第 5 期。

（三）现场执行模式的改换

政府部门的行政支持是 CSS 初期调查执行中的重要保障，但行政资源不具有可持续性；专业调查机构一旦没有政府行政支撑，也难以进入村居开展入户调查，这种情况下学术调查的执行模式就要另辟蹊径。2010 至 2021 年间，社科院的 CSS 和中国人民大学的 CGSS 这两家大型学术调查项目联手合作，一起建立了由全国 40 余所高校加入的"中国社会调查网络"（CSSN），将依托专业调查机构执行的模式改为依托地方高校和科研机构。地方高校既有广泛的人脉，可以确保进入城乡社区的合法性；也需要大型调查提供学生社会实践的机会，联合作业还可以相互扶持，共享数据资源。故而建立调查联盟可谓一举多得、多方共赢的举措。虽然其后 CSS 和 CGSS 因机构经费与财务管理的差异而未能持续合作下去，但与各地高校科研机构合作开展调查的模式，双方都一直持续下来。

项目组+地方合作机构的调查执行模式也带来 CSS 调查管理的改变。其一，项目组要考察和遴选合作方。具备社会学或社会工作系、开设调查方法课程、有充足的学生充任访员和督导角色、有校方组织化的管理、有广泛的人脉关系可以"打通"进入本省城乡社区的渠道等条件的高校，是调查合作的优选；其二，项目组要为各合作机构提供系统、规范的培训课程。每逢调查期，项目组要分赴各合作方，面对访员和督导开展为期 3—4 天的十余门课程；其三，由于高校的调查实操专业能力逊色于专业调查机构，项目组要加大现场质控的力度。幸运的是，CSS 项目得到了社科院研究生院的社工专业硕士中心（MSW）的大力支持，自 2011 年始，每期调查都有数十位社工硕士担任培训和巡视督导，奔赴各地为调查的现场提供组织和质量保障，做出了出色的贡献。

总而言之，这一期间 CSS 项目调查的各项制度已趋规范，执行团队也稳定下来，有了问卷设计、实地抽样、执行质控、数据清理的明确分工；在调查期间，项目组成员还兼任大区督导，分管数个省的调查执行。在上述方法改进、模式转型的基础上，成功完成了 CSS2011 和 CSS2013 两期调查。

四、CSS 现今之路：2015 至今

2013 年之后，CSS 项目的持续发展又面临到学术拓展和技术更新的双重挑战。2012—2013 年中国社科院启动了"创新工程"，研究人员的学术压力陡然增加，CSS 这样的长期纵贯调查，如何深化在发展社会学领域的学术价值，成为项目组思考的重要问题。同时，计算机辅助调查方式已在国内的同类大型调查中运用，CSS 还处于纸笔作业的低端落后状态，也急需在技术上实现突破。有鉴于此，这一时期项目组在研究取向和方法技术层面做了以下的改进。

（一）利用 CSS 调查开展社会质量指标体系研究

在反思以往纵贯调查在内容设计方面存在的共性问题之后，项目组认为，传统的 GSS 类型调查在内容主题设计上以模块化为主，但缺乏模块之间缺乏整体的联系，无法综合评估持续性社会变迁的状况，而采用指标体系更有助于深化社会变迁的研究价值。这时，来自欧洲社会科学研究和公共政策研究领域的"社会质量"（Social Quality）理论和指标体系进入了项目组的研究视野。该理论自 20 世纪 90 年代中期以来在欧洲学界得到了充分的发展，形成了包括社会经济保障、社会凝聚、社会融入和社会赋权 4 个维度、18 个领域、49 个子领域、91 项指标的"欧洲社会质量指标体系"[1]。

他山之石，可以攻玉。项目组认为，社会质量的理论虽然来自欧洲，但和我国现阶段社会发展的诸多重大议题相关联，和全面建成小康社会所强调的"富强民主文明和谐"的价值取向高度契合，这一理论也是社会发展理论的新范式。自 2013 年开始，CSS 项目组开展了社会质量理论和指标体系的本土化研究工作，通过焦点组访谈、认知测试等研究方式，对社会质量指标做了契合中国现实的重要调整，最终形成包含 4 个基本维度和 15 项二级指标、80 余项三级指标的"中国社会质量指标体系"，并设定为 CSS 中的固定模块，使得全国层面的社会质量衡量和评估有了持续的数据资源。

"中国社会质量指标体系"的推出，有效地提升了 CSS 调查的学术含

---

[1] 有关欧洲社会质量指标体系的研究，参见林卡：《社会质量：理论方法与国际比较》第二章，人民出版社 2016 年，PP14-26。

金量，赋予 CSS 有别于国内其他同类调查的独特定位。此后，项目组成员连续出版了两期《当代中国社会质量报告》，在《社会蓝皮书》上也刊载相应内容。

（二）建立中国社会质量基础数据库暨 CSS 调查数据平台

CSS 的数据自 2008 年起即面向全国公众发布，但用户获取数据的方式是通过邮件申请，项目组经审批后点对点邮件发送。2015 年之后，用户数大幅增长，需要建立一个更为高效的数据发布平台。2016 年，项目组获得国家社科基金重大招标项目"中国社会质量基础数据库建设"（16ZDA079）资助，委托合作机构开发了"中国社会质量基础数据库"（csqr.cass.cn）。该平台用于管理"中国社会状况综合调查（CSS）"纵贯数据库，发布"中国社会质量指标"数据。除了 CSS 调查数据外，数据库还整合了大量统计数据资源，目前集成的统计数据包括 215 个数据集、数千万的数据项。该平台免费向研究人员提供数据在线分析、下载、可视化展示、在线科研办公等服务，为学术研究和政策咨询提供数据支撑。该平台于 2018 年 7 月上线开通，并于当年入选中国社会科学院创新工程重大科研成果。

（三）引入计算机辅助调查方式：CSS-CAPI 系统

至 2015 年，CSS 的五期均采用纸版问卷作为数据收集的工具载体，尽管很好地完成了收据的采集工作，但纸版问卷存在无法自动实现各个指标的内在逻辑关联监测、无法自动实现对无效回答的提醒、无法实现纸版数据与电子数据的自动转换等情况，项目组为数据回收、数据清理、数据核查以及现场质控等方面的人工处理方式，投入了大量的人力、物力和时间。

2017 年项目组尝试引入计算机辅助调查（CAPI）方式，与北京大学中国社会调查中心合作，对北大已有的 CAPI 系统大力修改形成北大版 CSS-CAPI（PK-CAPI）系统，并在当年的第六期 CSS 调查执行中予以使用，在数据清理、数据回收、数据核查等方面有了极大的改善。但囿于该系统的情境代码和框架设置并非为 CSS 特制，现场数据收集和质控管理中的一些个性化需求尚未满足。因此自 2018 年始，由 CSS 项目组成员邹宇春老师负责，与数据库研发机构合作，开发了针对 CSS 的特定需求和现场调查执行模式的 CSS-CAPI 系统。该系统具有样本和访员管理、电子问卷记录、听取现场录音、现场阅卷、双向审改问卷、访员地理信息定位、可视化分析等诸多强大和实用的功能，可在 Web 端和移动端同步使用。CSS2019 和 CSS2021 的两期调查中应用了 CSS-CAPI，数据质量大幅提升，现场质控数据审核过程明显减短，数据清理过程简便快捷，在国内同类软件中得到一致好评。

（四）应用计算机辅助地图地址抽样系统：CASS-CARS

如前所述，CSS 项目自 2011 年始采用地图地址抽样方法实现村/居内部的住户抽样。然而，纸笔方式获取的地址样本框不仅耗时、耗力、耗钱，很难监控样本框质量，而且纸质绘图资料也不利于长久保存和重复使用。随着电子地图资源的可资应用，CSS 项目组考虑开发以卫星影像地图为底图的电子化地图地址抽样系统。

2019 年 1 月至 6 月，由项目组成员任莉颖老师担纲，开始了"中国社会科学院计算机辅助住户抽样系统"（CASS-CARS）的开发。项目组与南康公司合作，开放了 WEB 端和移动端两套系统，集成了最新的高清谷歌卫星影像地图和高德导航地图，包含村/居图层和建筑物图层，通过地理信息系统与计算机辅助调查技术，实现自动加载村居边界、标记建筑物位置、录入建筑物信息、自动编号并生成住户清单列表、在线实时完成概率抽样以及导航至样本地址等功能。此系统应用于 CSS2019 调查中，全国共有 1100 余名抽样员、访员使用该系统对全国 151 个区/市/县 580 多个村/居的住户进行地址信息采集，共采集地址信息 98 万余条。该系统在 2021 年经过二期开发完善，也应用于 CSS2021 调查之中。

这一系统是国内大型社会调查中较大规模地在实地绘图抽样阶段全程实现电子化操作的积极创新，大大提升了绘图阶段的工作效率与准确度，节省实地调查中访员查找样本地址的时间，使调查执行更加便捷、有效，得到了社会调查界的高度好评。

五、CSS 的未来之路

如上所述，为保障大型学术调查的质量，CSS 项目组经过 17 年的积累，建立了一套完整的调查流程管理方式，制定了近 8 万字的调查管理流程文件，开发了 12 门专项培训课程，有专门的研究人员分工管理问卷设计、调查执行、抽样与加权、数据清理的各个环节，实现了社会调查的规范化、文本化、操作化，为大型学术调查的科学运作，提供了可靠的技术保障。

正是在项目全体成员长年倾力奉献下，CSS 获得了丰硕的成果。2006—2021 年，项目团队开展了 8 期大规模的全国调查，共动用了全国近万名访问员，累计访问 72038 个城乡家庭，建立了包括 8975 万个数据项的调查数据库。目前已有全国 530 家单位 11352 位用户申请和使用数据，共发表学术成果 1133 篇（部），并通过社科院《要报》等专供决策信息向中央有关部门呈送 63 篇对策研究信息和报告，得到中央领导同志的高度肯定。CSS 调查 2011、2013、2015、2017、2019 的五次调查数据分别为习近平总书记和中纪委领导在历年中纪委全会报告中引用，具有较大的学术影响力和社会影响力。

展望未来，CSS 项目将继续拓展大型纵贯学术调查的研究领域，提升学术研究价值和资政建言的智库功能。

（一）持续开展纵贯社会调查，创制中国社会现代化指标体系

CSS 项目开展已有 17 年，跨越了三个"五年规划"阶段。2020 年全面建成小康社会之后，按照中央的战略目标将在 2035 年基本实现社会主义现代化强国，这一重大任务的实现期也是三个"五年规划"阶段。为推动这一战略目标的实现，中央必然需要进程评估指标体系。因此开展实现社会主义现代化的指标研究，应是社科院高度重视的资政课题。CSS 项目组拟以持续开展跟踪社会变迁的 CSS 调查为基点，调整已有的"中国社会发展质量指标体系"，收集和研究现代化建设中"社会现代化"的微观指标，综合宏观统计资料，构建我国社会现代化评估指标体系，服务于国家社会主义现代化建设大局。

（二）综合开发纵贯调查数据资源，深化对我国社会变迁的趋势研究

CSS 是一部以数据形式留存的"当代史"。以往研究发现，职业非农化、城镇化、教育普及、互联网应用等多个宏观层面要素，深刻影响着 15 年来人民生活形态、社会心态、价值理念的变迁过程。CSS 项目组下一步将综合利用 CSS 跨时点数据，聚焦于用时序分析、趋势研究的技术手段勾画社会变迁的路径，分析诸如中等收入群体的构成变动、社会阶层构成与

认同的变迁、价值观/社会态度的世代变迁等重大的社会变迁研究主题。

（三）建设中国社会发展与社会治理智库平台

CSS项目组计划于2023—2025年初步完成中国社会发展与社会治理智库的平台建设。该平台基于CSS 2006—2021年长时间纵贯调研数据，再结合长时段、国内外社会发展的多类型数据，包括经济数据、人口数据等重要行业领域关键数据年鉴数据，以及互联网的过程性数据，建构中国社会主义现代化指标指数、中国社会治理大数据预测实证模型，打造一个集调研数据、统计数据、文本数据、互联网数据等多种数据类型、多源头数据为一体的大数据智库实验室，为探索中国社会发展趋势，构建中国社会发展理论，能够实现监测、预测、评估、建议和问题构建提供重要等理论支持与数据支撑。

"谁动了我们的数据"
——从"中国调查"学术研讨会专题讨论谈起

冯波[①]

摘　要：2010年"中国调查"学术研讨会安排了一个专题讨论，主题是"谁动了我们的数据"。本文作为这一讨论的续篇，结合作者一年来的亲身经历，归纳了数据失真的几种情况：动数据的问题，发生在有需求的时候；动数据的问题，还发生在利益驱动的时候；在某些情境下，数据失真只是因为原始信息的随意、不准确；市场调查会受既定目标驱动而导致数据偏差；其他类型的调查也存在类似问题。本文认为：研究方法是社会科学研究的重要组成部分，研究方法有问题，研究的结论、对策建议就会出现偏差，因此，保证研究方法的效度、信度至关重要。作为专业的社会调查工作者，有责任对这些动数据的现象和成因予以关注和纠正，不能任其发展。

关键词：中国调查；数据；研究方法

"中国调查"学术研讨会（全国性调查研究方法学术研讨会）是2010年7月18日—20日在复旦大学光华楼举办的，主办者为中国社会学会方法研究会、复旦大学社会学系、南开大学社会学系等，海内外学术机构和调查业界等多家单位协办。笔者向会议提交的论文题目是"高校社会调查方法课将知识转化为能力的必要性和途径"。这次研讨会旨在总结、交流改革开放以来特别是进入21世纪以来中国调查及研究方法的进展与经验，为从事调查方法教学和研究的同仁搭建一个交流平台。会议正值世博会期

---

① 冯波，中国传媒大学教授（三级），中国传媒大学社会学系原系主任（2007—2019）。研究领域为传媒社会学、文化社会学、宗教社会学、中国社会学史等。目前主要致力于参与景天魁先生主持的国家社科基金重大项目（18ZDA162）《中国社会学史》第四卷（宋明时期群学的心性化趋向，负责人为邓万春）的部分内容撰写工作及统稿。

间，吸引了海内外150多位专家学者、与会代表参加，盛况空前。最引人注目的是美国著名社会学家、《社会研究方法基础》教材的作者艾尔·巴比参加了会议，并在7月18日上午的开幕式上致辞，向与会者介绍美国的社会研究方法教学和应用。开幕式的主题演讲汇集了当时国内研究方法领域和业界的"大咖"：香港中文大学社会学系主任张越华介绍了他带领下的社会学系的社会研究历程，并对未来做出展望；中国社会科学院社会学研究所方法研究室主任夏传龄从社会模型与定量分析的角度，提出了对定量社会学研究的思考；中国社会学会方法研究会副会长、中山大学社会学系丘海雄的发言题目为"社会科学的应用性研究"；华东师范大学现代城市研究中心主任、社会学系教授陈映芳探索了城市研究在范式与经验之间如何接近的问题；中国市场研究行业协会会长、北京大学新闻与传播学院刘德寰介绍了深描式结构分析的新探索。对于主题发言，笔者印象很深的是夏老师说他们所经历的社会调查中，有的数据很难做到精准，比如问工资收入，有人填的未必准确。所以对定量研究的崇拜在中国要大打折扣。正因如此，定性研究才是必要的。7月18日下午安排的是专题报告会。此外，会议还根据所提交的论文类别，安排了五个论坛和两个专题讨论。五个论坛分别为：高校调查研究方法教学研讨，费孝通先生调查思想与方法，中国民意调查的应用与发展，市场调查行业的现状与趋势，CAI调查等现代技术的运用。笔者参加了"高校调查研究方法教学研讨"论坛的研讨。两个专题讨论为：海外社会研究方法的新进展和"谁动了我们的数据"。笔者参加了"谁动了我们的数据"专题讨论组的讨论。

"谁动了我们的数据"的讨论，大家畅所欲言，谈了遭遇的很多情况，也做了对策的探讨。

至今，我们其实还在时不时地遭遇"谁动了我们的数据"的问题。所以笔者想在本文中谈一下对这个问题的思考，作为续交的12年前这次专题讨论的"作业"。

一、广义上讲，动数据的问题发生在有需求的时候

当数字关乎评价的时候，往往会有动数据问题的发生。2020年6月至

2021年6月，笔者在滇西某高校以银龄计划教师①的身份支教，2020年10月获聘该校马克思主义教研部主任，亲历了思政课教师统计数据之事。教育部有文件要求：思政课专职教师数量要按照350∶1的生师比配备。按照这一要求，滇西某高校的思政课教师应该至少有9名专任教师。但是实际情况是：有两个年轻老师被外派武汉读博了，只有两个年轻老师在岗。加上5个银龄计划教师也才有7个实际在岗的专职教师。但是学校为了达到云南省的要求，把兼职教师也报成专职教师凑数。后来被省里的调查组查出来了。由于专职教师严重不足，2021年3月开学初，马克思主义教研部基本的行政运转都无法保证了。在这种情况下，笔者向校长直接提了意见，要求保证起码的、最基本的专职教师人数。后来，校长、书记发力，从行政部门调回两名年轻老师，才使马克思主义教研部基本的教学、行政工作得以正常运转。党委书记曾诚恳地向笔者解释：学校很困难，没人可用。省里不给那么多进人指标，所以只好把思政课教师调到纪检、组织部、人事处、招办等部门，这些人算是兼职思政课教师。一方面要保证学校的运转却没足够的人可用，另一方面还要满足教育部、省里关于思政课教师数量配置的要求。滇西某高校"动数据"的操作就是在这种两难的处境下发生的。这不是调查方法意义上的数据，但是广义上，我们也可以理解为是调查数据方面的"动数据"问题。

二、动数据的问题还发生在利益驱动的时候

2022年以来，新冠疫情反弹，多地疫情扩散，核酸检测常态化、普遍化。北京4月26日以来至今（5月31日）天天做核酸检测。但是5月中旬以来，接连曝出几起核酸检测机构违规操作、数据造假的问题。"21财经"网站2022年5月27日发表了深度报道——《北京接连查处核酸检测

---

① 银龄计划是教育部推动并落实的发动高校退休教师支援西部师资匮乏的高校教学科研的一项计划，于2020年启动。笔者是第一批银龄计划教师。笔者于2020年1月55周岁时申请办了退休手续，然后报名参加了这一计划。当时滇西某高校（总部在大理）是有需求的三所高校（另外两所在新疆）之一。笔者报的是滇西某高校的思政课教师岗位。

企业，第三方检测机构为何事故频出？》①，对此事进行了报道和分析。5月27日下午，在北京市新冠疫情防控工作第347场新闻发布会上，北京市公安局副局长潘绪宏介绍，北京警方在工作中发现，北京金准医学检验实验室有限公司在核酸检测过程中存在涉嫌违法犯罪的情况。

早在5月14日，北京市房山区的朴石医学就因原始检测数据明显少于样本检测数量被吊销医疗机构执业许可证。21日，据北京警方通报，根据卫健部门移送的案件线索，公安机关以涉嫌妨害传染病防治罪立案侦查，对实验室实际控制人、法定代表人等6人，依法采取刑事强制措施。5月9日，市民举报上海中科润达医学检验实验室存在"假阳性"检测报告，随后上海官方介入调查。此前，河北、安徽等地也曾公开通报核酸检测相关事件。

核酸检测涉及的背后问题很多，表面的报道后面有很多因素没有浮出水面。5月28日中午，笔者当了两个半小时的志愿者，在社区西门值守，引导进门的人扫码、出示出入证。之后写了篇记录和思考的文章，没想到社区居委会的人对此有些特别的反应。文章本来是拟向单位提交的北京市教工委号召高校老师写的疫情防控方面的征文。为稳妥起见，写好后，笔者先发给社区居委会的同志看，得到的是语焉不详、顾虑重重的回复。由此可以推断，问题不是表面呈现的那么简单。

三、市场调查也会受既定目标驱动而导致数据偏差

笔者在大理支教的时候，因学校所在地交通不便，滇西某高校会在周末组织银龄计划教师去位于洱海边的一个沃尔玛超市购物。大概2020年7月的时候，笔者在沃尔玛超市入口处遇到一个小姑娘，她受机构委托做一个简单的顾客调查。她问笔者什么时候来大理的，笔者说6月3号来的。问笔者住在哪里，笔者说半小时车程。问笔者是哪里来的，笔者说北京来的。结果小姑娘说：您不能说是北京来的，得说是本地的；不能说住得远，

---

① "深度｜北京接连查处核酸检测企业，第三方检测机构为何事故频出？" 21财经（21jingji.com）。

得说住沃尔玛附近；不能说刚来的，得说是长住的。她把笔者逗笑了，笔者说那你这叫调查吗？这不是叫造假数据吗？后来，这个"调查"就中断了。诸如电商、快递要好评之类，也属于这种。他们受既定目标的驱动，希望所谓"调查"的结果削足适履，符合他们的需要。这样的"调查"名为调查，实际上是为了误导消费者。最近半年笔者曾经一度用了多次某购物平台购物，遭遇了数次刷单：电商为了增加平台商品的购买率，人为刷单。比如笔者从云南买了某物，结果它给刷单成两件，一件真实的，另外一件是个小挂钩之类不值钱的东西（直接在邮件上标注：不配送），这样就显得在它家买东西的人多了。但是由于刷单，会导致搞错单号。所以笔者买东西，但在笔者的该平台界面，可能会显示在安徽某地已经被人签收了。这种乱象会降低电商信誉。

四、除市场调查会出现数据失真以外，其他类型的调查也存在类似问题

笔者曾经加入一个近 500 人的戏曲爱好者微信群。群主热心组织大家看各种戏剧、曲艺演出。他组织接龙买票的票价都很便宜，比实际定价低出一半左右。有一次，群主在群里发了一段话，笔者才知道了其中的奥秘。他大意是说，看某社的相声，大家给的评价不多，照这样下去，人家就不给优惠票价了。他让大家赶快去某平台给好评，把评价率和好评率提上去，以便大家继续享受优惠票价。在这种操作下，某些文艺演出好评率的真实性、准确性能保证吗？

研究方法是社会科学研究的重要组成部分，研究方法有问题，研究的结论、对策建议就会出现偏差。因此，保证研究方法的信度和效度同样重要。以上列出的是非规范的社会调查的一些调查乱象，造成的结果都是数据失真。作为专业的社会调查工作者，有责任对这些动数据的现象和成因予以关注和纠正，不能任其发展。"谁动了我们的数据"这个专题讨论已经过去 12 年了，但现实情况可能比 12 年前更过分，尤其是核酸检测机构数据造假、涉及科学技术社会学的问题，这是对科学严谨性、严肃性的亵渎和挑战。

当前，中央提倡大力发展哲学社会科学，也包括在规范的调查方法方面用力，做好普及、规范严谨的社会调查的工作。在某种意义上，科学方法的普及比做好某项专业的社会调查意义更大，这是对"谁动了我们的数据"持续探究并提出解决对策的当代价值所在。另外，从未来走向上看，"社会学研究方法的未来发展方向应和中国社会的发展进程紧密结合，向着规范化、系统化和本土化的发展目标不断前行"①。在这方面，对"谁动了我们的数据"的探究于社会学研究方法的完善、规范化而言，也有其重要价值。能否实事求是地搜集材料，不因上级职能部门的要求而"编织"数据；不因逐利的动机而置科学精神于不顾、伪造数据；不因预设的调查"结论"而让"数据"服从、服务于先行的目标；不因个体的利益需要而违心地去评价本不想去评价的对象，体现的是一种对待实事求是精神的态度，也体现的是是否尊重科学的方法意识的态度。

"Who Changed Our Data"
—From the Academic Seminar of "China Survey"

FENG Bo

Abstract: The 2010 "China Survey"Symposium organized a panel discussion on "Who Moved Our Data". As a continuation of this discussion, combined with the Author's personal experience over the past year, this paper summarizes several situations of data distortion: the problem of changing data occurs when there is a demand; the problem of changing data also occurs when interests are driven; In some cases, data distortion is simply due to random and inaccurate original information; market research can be driven by established goals and lead to data bias; other types of surveys have similar problems. This paper believes that research methods are an important part of social science research. If there are problems in research methods, the conclusions and countermeasures of the research will be biased. Therefore, it is very important

---

① 赵联飞：《中国社会学研究方法 70 年》，《社会学研究》，2019 年第 6 期，第 24 页。

to ensure the validity and reliability of research methods. As a professional social survey worker, it is our responsibility to pay attention to and correct the phenomena and causes of these changed data, and not to allow them to develop.

Key Words: China Survey; Data; Research Method

二、数字化时代的调查研究方法转型

从集体表象到数字表象[①]
——论元宇宙热潮的演化逻辑与扩展根据

刘少杰[②]

摘　要：在对元宇宙逐浪升腾的追逐热潮中，人们对元宇宙的认识逐渐发生了重要变化，并呈现出清晰的演化逻辑。随着元宇宙观念的转变，推进和建设元宇宙的行动发生了从虚拟转向现实的融合扩展，元宇宙由此不仅同经济、政治、文化和社会生活发生了广泛联系，也使它呈现为广阔而崭新的社会现象。元宇宙是精神社会与实体社会的统一，支持元宇宙思想观念和建设实践快速发展的根据包括：丰盛时代的富裕物质生活，由各种数字网络技术综合支持的数字表象，经济社会发展的不平衡性。元宇宙是社会学研究不可回避的崭新社会，社会学应当改变单纯面向经验事实的研究方式，应当像经典社会学所倡导的那样，在经验现象中探究规定行为与思维的集体表象和社会制度，实现对数字表象和元宇宙行为与制度的深入理解。

关键词：元宇宙；演化逻辑；扩展根据；数字表象

元宇宙热潮升腾而至，元宇宙阐释众说纷纭，快速生成的元宇宙现象令人感到腾云驾雾、虚实难辨。可以借鉴迪尔凯姆在宗教生活中发现集体表象和社会制度的研究方式，在快速变化的元宇宙热潮中揭示元宇宙的观念演化、扩展根据和发展趋势。时至今日，元宇宙已经不能仅被理解为表象空间或精神社会，它在利益、权力和技术的驱动下，已经开始了同现实社会的融合，已经扩展为丰富而崭新的社会形态，成为社会学进入数字化、网络化和智能化时代不可回避的研究对象。

[①] 国家社科基金重大项目"实施数字乡村建设行动研究"（21ZDA057）。
[②] 刘少杰，中央民族大学特聘教授，中国人民大学社会学理论与方法研究中心教授。研究方向：网络社会学，理论社会学。

一、元宇宙观念的演化逻辑

元宇宙这个崭新的名词被赋予了很多令人耳目一新的含义。被公认为元宇宙开发领头羊的扎克伯格解释什么是元宇宙时说："我们从桌面转到网络，再转到手机；从文字转为照片，再转到影片。但进展并非到此结束。下阶段的平台和媒体将让人更有身临其境的感觉。你将置身在网络中，而不是从旁边看，这也就是我们所说的'元宇宙'。"①虽然扎克伯格对元宇宙做了许多生动的描述，但简而言之不过是说：元宇宙是在网络信息技术和数字影视技术的基础上形成的"更有身临其境感觉的"崭新空间。

从扎克伯格的描述可以看出，这个发现元宇宙具有无限商机的网络公司巨头，尽管已经毅然把自己公司的大名（Facebook）改为元宇宙（Meta），表达了他看好元宇宙具有广阔发展前景的坚定信心，但他仍然没有认为元宇宙就是人类身处其中的现实社会。他明确肯定的是，元宇宙是可以使人们获得"身临其境感觉"的表象空间，而不是身体真正进入其中的现实世界。更明确地说，在扎克伯格看来，元宇宙可以使人们在虚拟空间中形成更真实的体验。然而，无论体验有多么真实，但毕竟体验和感觉都不是身体活动其中的现实世界。

人们在评析扎克伯格这种注重视觉效应和表象体验的元宇宙概念时，通常认为其来源于尼尔·斯蒂芬森在 1992 年创作的科幻小说《雪崩》，后来上映的《黑客帝国》和《头号玩家》等科幻电影也对元宇宙概念产生了重要影响。正是这些文学作品或影视艺术所展示的梦幻影像，不仅吸引了百千万人的痴迷关注，而且也使扎克伯格等信息科技巨头在数字化的虚拟表象世界中看到了巨大商机。

正是看中了数字表象的神奇魅力，扎克伯格理解的元宇宙是具有超越现实的另一个宇宙（Meta+Verse），是一个虚拟的但可以从中感受到比现实更生动、更丰富和更真实的表象空间。在网络信息、数字模拟和数字影像技术的支持下，一个五彩缤纷、神奇梦幻的虚拟世界被构建了出来。带上 VR 眼睛，在这个虚拟世界中能够看到比实体世界更生动丰富的变化过程，

---

① 《扎克伯格眼中的"元宇宙"：细品 Facebook 改名的背后》，中国青年网，2021-11-12 09:56。https://baijiahao.baidu.com/s?id=1716185983208889799&wfr=spider&for=pc

可以形成比在地方空间中更真实的体验。

而当元宇宙热潮在中国兴起之后，追逐者们对元宇宙的理解则比扎克伯格的"真实感"更加真实，甚至把元宇宙看成比现实更加真实的世界。经济学家朱嘉明认为，"'元宇宙'为人类社会实现最终数字化转型提供了新的路径，并与'后人类社会'发生全方位的交集，展现了一个可以与大航海时代、工业革命时代、宇航时代具有同样历史意义的新时代"①。可见，元宇宙被认为具有划时代的意义，它是以数字化转型为基础的"后人类社会"。

赵国栋等学者在考察了元宇宙各方面的发展之后，得出了元宇宙作为一种新型社会，将给人类文明增添难以想象的辉煌。元宇宙"不仅是经济。元宇宙还是一个'社会'，更是 M 世代②组成的后现代社会。其中不仅有经济现象，还有文化现象、社会现象。在这个超越国家、民族、地域、时间界限的社会中，会孕育什么样的文明？实在令人神往"③。也就是说，元宇宙不仅包含了现实社会中的经济、文化和社会各种现象，而且它还超越了地方时空的边界限制，将孕育出令人难以想象的崭新文明。

于佳宁与何超在更加广阔的视野里看待元宇宙，他们认为，元宇宙就是第三代互联网，它展开于社会生活的各种方面，应当在虚实的融合中把握其本质特征。他们指出："元宇宙的本质特征是五大融合：数字世界与物理世界的融合、数字经济与实体经济的融合、数字生活与社会生活的融合、数字资产与实物资产的融合。元宇宙并非只是'虚拟空间'，发展元宇宙的关键是'融合'。"④

国内学者把扎克伯格理解的具有虚拟性的元宇宙扩展为虚实结合的另一种元宇宙。朱嘉明论述的"后人类社会"、赵国栋界定的 M 世代的"后现代社会"、于佳宁与何超讨论的第三代互联网中的五大融合，虽然各有特

---

① 赵国栋、易欢欢、徐远重著，《元宇宙》，北京：中译出版社，2021，第 2 页。
② M 世代，《元宇宙》作者给出的界定是："M 世代（Metaverse Generation），即生活在元宇宙这代人，大约出生于 1995 年到 2010 年之间。这代人伴随着互联网一起成长，受到互联网、即时通信、短信、MP3、智能手机和平板电脑等科技产物影响很大。……他们是元宇宙世界的居民。"引自：赵国栋、易欢欢、徐远重著，《元宇宙》，北京：中译出版社，2021，第 39 页。
③ 赵国栋、易欢欢、徐远重著，《元宇宙》，北京：中译出版社，2021，第 227 页。
④ 于佳宁、何超著，《元宇宙，开启未来世界的六大趋势》，北京：中信出版社，2021，第 22 页。

点,但共同性也很明显,即强调数字化在经济、文化和社会等各领域的全面展开,催生了一个与传统社会不同的元宇宙新社会。简言之,国内学者讨论的元宇宙是一种把虚拟与现实,精神与实体统一起来的过程,是数字化、网络化和智能化在经济、文化和社会等各领域的全面展开。

总之,元宇宙概念经历了在科幻游戏中生成向经济、文化、社会扩展的发展过程。虽然这是一个高度压缩的发展过程,却清晰地展现了从虚拟世界的视觉表象到虚实结合世界的现实生活的演化逻辑。元宇宙通过《雪崩》《黑客帝国》和《头号玩家》等文学影视作品,以生动的感性形象向人类展现了超越现实的奇幻世界。由于感性形象具有概念演绎和逻辑推理无法与之相比的感染力和易理解性,尤其经过数字技术的支持,元宇宙中的感性形象具有了更加缤纷斑斓的色彩、浩瀚无垠的空间和无限丰富的内容,使其具备更加神奇的魅力,为人类展开了一个景观无限的精神世界。

并且,元宇宙的精神世界与神话和宗教追求的精神世界不同,虽然神话对神灵的歌颂和宗教对神圣的崇拜,也表达了人类对力量、善良和永恒的希望,但其直接结果是引导人类在敬畏中远离现实。而元宇宙则是借助网络信息和数字影视技术展开具有科学含量的精神世界,人们在欣赏变化万千的科幻影像时,却能产生对现实的体验和联想,其结果不是超脱现实,而是引导人类返回现实、深入现实。正是在这个意义上,扎克伯格认为在元宇宙中能够"形成比在现实中更真实的体验",也正是在这个意义上,元宇宙在中国学者的视野里展开了同现实更加广泛的融合。

二、元宇宙热潮的扩展根据

虽然元宇宙概念问世已有 30 多年的时间,但对元宇宙的追逐热潮却是在 2021 年兴起,至今仅有一年多的时间。而在这较短的时间中,元宇宙的追逐热潮却波澜壮阔、高潮迭起。

尤其引人注目的是 2021 年 10 月,扎克伯格宣布具有万亿美元市值的 Facebook 公司改名为 Meta。时隔不久,元宇宙又传来一个惊天新闻:2022 年 1 月 19 日,微软宣布将斥资 687 亿美元收购游戏开发公司动视暴雪,全球元宇宙追逐者像打了兴奋剂一样欢腾雀跃,各国证券市场中的元宇宙概念股股价也应声大涨。元宇宙成为蕴含着巨大商机、美幻前程、广袤无限的新空间、新世界和新宇宙而引起日益增多的投资者、开发商的热切关注，各种巨额投资信息和宏伟开发规划不断涌现。对经济效益敏感的经济学和对新鲜事物能够做出迅速反应的新闻学或传播学等学科，也纷纷把目光转向元宇宙这个可以使学术想象力空前活跃和无限扩展的崭新领域。

元宇宙在中国也引起了实业界和学术界的热烈追逐。2021年10月至11月，中国移动通信联合会元宇宙产业委员会和中国民营科技实业家协会元宇宙工作委员会相继成立。11月18日，张家界元宇宙研究中心成立。12月5日，新华社元宇宙联创中心成立。学术界对元宇宙现象也给予了极大关注，赵国栋和于佳宁等人撰写的介绍元宇宙的著作，成为2021年的畅销图书。很多关于元宇宙的学术论文也纷纷发表，至2022年2月，知网收录的直接以元宇宙为主题的论文竟然有1200多篇。

元宇宙能够在全球形成如此热烈的追逐浪潮，一定有其兴起和升腾的根据。

第一，丰盛时代的到来，不仅为数字游戏和休闲娱乐的开发奠定了丰厚的物质生活基础，而且也日渐强烈地提出了丰富和拓展精神生活的要求。罗布乐思上市引起热烈追捧，腾讯大力开发数字游戏产业，微软巨资收购动视暴雪，都明确无疑地说明巨型科技公司对数字游戏产业的看好。鲍德里亚早在20世纪70年就已经明确指出，丰盛时代的到来，不仅摆脱了物质生活资料匮乏状态，满足了人们的物质生活需求，[①]而且还引起了人们消费需求的深刻转变：从使用价值的追求转向了符号价值的追求。[②]符号价值追求是对个体差异性、与他人的区分性或身份地位的追求，也可以归结为精神生活的追求。

事实上，丰盛时代到来引起消费需求的变化，不仅是通过穿着打扮的特殊性而彰显个体的地位和价值，而且还表现为游戏、休闲、娱乐等方面的精神生活需求大幅增长。这些在物质生活资料匮乏状态下不可能成为社会成员普遍关注的生活形式，在丰盛时代不仅成为社会成员日常生活的基本形式，而且也成为企业和市场投资获利的重要领域，并且还成为政府管理、整合和联系社会的重要途径。从游戏出发甚至将之作为主要内容的元

---

① 鲍德里亚著，刘成富、全志钢译，《消费社会》，南京：南京大学出版社，2008，第1页。
② 鲍德里亚著，夏莹译，《符号政治经济学批判》，南京：南京大学出版社，2009，第44页。

宇宙建设与开发，正是适应了人类社会从贫困走向富裕条件下发生的精神生活地位的提高和需求增加的深刻变化。

第二，从游戏起步的元宇宙，是通过生动的表象吸引人们的关注，并有效地刺激了参与者的持续兴奋，进而生成了元宇宙中的集体表象乃至社会表象。迪尔凯姆深入论述了集体表象和社会表象在宗教生活以及社会生活中的力量和作用，在他看来，人们在宗教或社会的集体活动中形成了蕴含着价值认同、共同信念和群体崇拜等内容的集体表象。集体表象是通过形象意识活动形成的可以记忆、传递和传承的集体共识，它不仅可以整合个体的意识和情感，成为增强集体兴奋、维持集体活动的纽带，而且还具有淹没个体意识和规定集体行动的社会强制性。

迪尔凯姆论述的集体表象或社会表象，是在地方空间的社会活动中形成的与感性存在直接联系的直接表象。而在元宇宙中通过数字技术和 VR 视觉效应形成的数字表象，是一种同感性存在具有间接联系的间接表象。之所以称之为具有间接性，是因为元宇宙中的游戏动作和游戏场景是虚拟的，尽管游戏者在虚拟空间中形成的游戏体验，要比在实地场所中的游戏活动形成的体验更生动、更丰富和更有真实感，但这些特点无论多么强烈也改变不了游戏的虚拟本质。游戏者在元宇宙中看到的甚至感觉接触到了的，都是一种经由数字技术的中介作用而生成的数字表象。

虽然数字表象具有虚拟的间接性，但正是凭借虚拟技术而获得的生动性、丰富性和真实性，加上虚拟空间的广袤性或无边界性，数字表象可以引起参与元宇宙游戏的活动者更加丰富的联想和体验。

而当数字表象被应用于视野更广阔的网络交往、虚拟聚会、线上旅游和数字文化等活动中，其展开的场面就更加广阔而生动、丰富而真实，所以，超现实的或另一个世界的元宇宙的称谓也就得到了普遍认同。正是数字表象展开的广阔景观，它具有了在地方空间中通过群体活动而形成的集体表象无与伦比的扩展力量。元宇宙中有难以计数的兴趣共同体，但当其中形形色色的共同体通过共有表象链接成百千万人同时在线或持续互动的社会过程时，元宇宙就成为超越地方空间的具有整体联系的精神社会。

因此，元宇宙在中国引起追逐热潮，就具有了表现为效益、产业和实业的更加真实的现实基础。元宇宙在中国发生的虚拟与现实更加紧密联系的变化,与中国社会的发展现状和社会需求直接相关,即中国经济社会虽然有了较大幅度的发展与提升,但物质生活资料的满足程度在全国范围内还处于很不平衡的状态。不仅城乡之间、东部与西部之间,而且不同社会阶层之间和不同行业之间的贫富程度也存在很大差别。因此,即便相对富裕地区和相对富裕群体的物质生活达到了较高程度的满足,出现了精神生活需求大幅提高的变化,而发展滞后地区和相对贫困的阶层与群体,仍有对物质生活资料的较大期待或需求。面对这种发展不平衡的现实,元宇宙的建设与发展就不能仅仅仰望星空,而要适应社会发展的不平衡状态和社会需求的多元差异,在虚拟与现实、表象与实体、精神生活与物质生活的联系中开拓自己的发展空间。

三、社会学研究面临的挑战

无论是元宇宙由之起步的科幻游戏,还是扩展到虚拟与现实的广泛融汇,元宇宙都离不开数字表象的作用。正是通过数字表象,元宇宙展开了比地方空间中的宗教群体或社会集体更广阔、更有活力的崭新社会生活。虽然仅仅戴上 VR 眼镜才能身临其境地进入元宇宙之中,娱乐与观赏,交往与沟通,都不过是一个表象过程,但这种元宇宙中的活动也是一种社会生活,只不过是与实体社会不同的精神社会生活。物质生活和精神生活都是人类社会自始缺一不可的生命过程。迪尔凯姆考察的图腾崇拜或原始宗教,就已经充分地说明精神生活也是一种社会现象。并且,正是精神生活的存在与活动,才使社会保持了活力,结成了群体,认同了制度,形成了秩序。

同迪尔凯姆在原始宗教活动中论述的集体表象相比,数字表象作为感性意识活动,凭借数字技术获得了更加灵敏的感受力、更加有效的沟通力、更加广阔的视野空间;而在元宇宙中,数字表象还作为行动者的感知对象和活动环境,展现了更加生动的画面、更加丰富的意义、更加自由的活动空间。因此,数字表象为行动者带来的主体能力和客体环境,都更加具有生机和活力,由此而吸引了无数社会成员,尤其是那些精力充沛、想象丰富的青少年,流连忘返地沉浸其中,在五彩缤纷的表象世界中自由遐想,摒弃地方空间中的无尽烦恼,在精神世界中无忧无虑地展翅翱翔。

而当元宇宙成为数以百万、千万甚至数以亿计社会成员投入其中，进而成为广阔无垠的社会空间后，商人从中发现了利润丰厚的巨大商机，管理者从中看到了一个可以施展管控技能的权力场，道德家则发现这个与现实有密切联系却往往不服从现实规则的场域，应当对之开展道德教化。于是，在推进虚拟与现实、表象与实体的融合中，地方空间中的利益追求、权力争夺和道德教化，纷纷进驻元宇宙之中。由此，曾被一些浪漫的追逐者宣布为自由天堂的元宇宙，也就不可阻挡地向世俗追求敞开了大门，被标榜 Meta 而超越现实的元宇宙，变成了更加现实的社会。

元宇宙同地方社会一样，都需要获得人们共有表象的支持，其变化不过是由集体表象转变为数字表象，展开空间从有清晰边界的地方空间进入到广袤无界的虚实相间的数字空间。其最明显的也是最重要的特点，乃是精神生活的地位和份额由从属而上升为主导。因此，元宇宙确实是一种广阔无限、内容丰富的崭新社会，是一个不仅传统社会学所探索和关注的内容都存在于其中，而且还生成了新内容和新问题的社会。社会学不应被其日新月异的变化和陌生术语所屏蔽，而应积极面对这个与传统社会大不相同的新社会。

令人遗憾的是，呈现了崭新内容与形式的元宇宙社会，虽然引起了经济学、传播学和哲学等学科的高度重视，但社会学却没有给予积极的关注。当元宇宙被称为 2021 年最令人们瞩目的热词，关于元宇宙研究的学术论文和新闻评论大量发表之时，却很少能够看到来自社会学领域的研究成果。为何一向对新社会现象给予积极关注的社会学在元宇宙热潮中却保持了相对沉默？究其原因，首先在于社会学研究的传统视野主要关注的是作为经验过程的实体社会生活，而元宇宙追求者高谈阔论的人类社会新空间，主要表现为脱离实体社会的虚拟空间，因此自然不在社会学的视野之内。

然而，一些元宇宙的追逐者却认为，元宇宙中的数字交往、沉浸体验、云旅游、云看展以及数字游戏等活动也是一种社会现象。元宇宙活动借助数字技术而形成无限丰富的数字表象，并以这些表象为基础去体验、交往和连结而形成了精神社会。并且，元宇宙的建设开发并没有止步于精神社会，人们又把数字表象同经济、政治、文化和社会生活联系起来，不仅使元宇宙实现了虚拟与现实的广泛融合，而且获得了比仅仅固守于实体空间中更大的效益。

元宇宙中的集体表象和社会表象，就其表现形式和社会作用而言，同迪尔凯姆论述的集体表象并无本质区别。但不可否认的是，宗教生活中的集体表象是旨在超越现实而达到彼岸世界的追求，而元宇宙中的数字表象却志在虚拟中实现对现实的更真实体验。在数字交往、数字游戏、云端旅游等元宇宙活动中，是通过 VR、AR 和 MR 等数字技术创造和激发的数字表象，引起人们心醉神迷的兴趣，进入比在实体空间更有实体感的沉浸式体验。因此，元宇宙凭借数字技术展开了一个在传统视野中深感陌生的世界，但其目的却与宗教相反，意在让人们同现实发生更亲密、更和谐的联系。

不过，元宇宙创造者们的善良愿望未必能够天真地实现。一旦理想化的数字表象同现实发生了联系，现实中的贪婪欲望、残酷竞争、资源控制、权力争夺，都会一股脑儿深入其中。元宇宙中的房产开发与交易、数字经济与数字市场、云端文化旅游和数字游戏等，都已表明现实的争夺利益之手已经伸向其中。尤其是于佳宁等学者论述的元宇宙发展的六大趋势，[1]更加清楚地显示，元宇宙的发展不仅有可供争取的巨大效益，而且也会在这种潜力无限的效益的争夺中发生值得社会学去深入探究的社会矛盾或社会问题。

进一步说，无论是凭借 VR 眼镜看到的数字精神世界，还是数字表象同实体存在发生种种融合的虚实统一的现实世界，元宇宙中都包含了真实的社会交往关系、价值取向不同的社会行动、表象形式不同的财富资源、因资源占有多寡而出现的社会分层、获取与支配能力区分的权力关系，凡此种种，都是社会学在元宇宙中可以面对的重要课题。因此，面对热浪汹涌的元宇宙热潮和正在推进扩展的元宇宙建设，社会学不应当保持沉默，而应当像社会学兴起之初努力探索工业社会的本质与规律那样，积极考察和深入研究元宇宙发展的形式、路径、问题和前景。

然而，尽管元宇宙呈现了同现实社会的综合趋势，很多在传统社会中发现的问题和呈现的规则在元宇宙中也同样存在，但元宇宙毕竟展开了另

---

[1] 于佳宁、何超著，《元宇宙，开启未来世界的六大趋势》，前言。北京：中信出版社，2021。

一个空间，这个虚拟的表象空间，其主要内容是一种精神生活或精神社会。以在地方社会中开展经验研究为专长的社会学，应当调整自己的研究方式和学术追求，在虚拟与现实、缺场与在场、精神与实体的统一中展开自己的学术视野。

社会学应当超越对经验事实的表层描述，像迪尔凯姆倡导的那样，在经验现象中揭示作为制度的社会事实。社会学以社会事实作为自己的研究对象，这是迪尔凯姆在为社会学奠基时提出的基本任务。[①]虽然当代社会学没有忘记迪尔凯姆做出的这个论断，但很多学者对社会事实的理解却与迪尔凯姆相距甚远。迪尔凯姆承认面对经验事实的重要性，但他说的社会事实不是直接呈现着的经验现象，而是通过人们的经验活动而形成的思维方式、生活方式、行为方式和感觉方式，而这些方式就是规范着社会行动的制度，社会学就是关于这些制度的科学。[②]

人们在宗教或社会的群体活动中，通过交往互动而形成共同的情感、知觉和表象，亦即形成了共同坚持、信仰和遵循的集体表象，宗教活动、社会群体乃至部落和民族，才能整合与维持，才能在不断演化的历史变迁中持续地激发集体兴奋或社会运动，使各种形式的社会生活在动荡不安的历史中世代相继地延续下去。迪尔凯姆在《宗教生活的基本形式》等著作中通过对宗教活动与社会活动的丰富考察，揭示了集体表象和社会表象在社会发展变迁中的深层作用，树立了在地方空间、社会空间和心理空间的综合中开展社会学研究的典范。

在元宇宙热潮逐浪排空的新时代，一种新的空间已经不可回避地呈现在社会学研究面前，即数字化、网络化或信息化的超实体空间已经突破任何边界限制而无处不在地形成。无论人们给这个新空间赋予何种称谓：数字空间、网络空间、虚拟空间、表象空间……，它都以难以预料的神奇速度、广阔场景和多彩表象在不断创新地生成和扩展着。社会学应当继承奠基者确立的方法原则和开拓的学术视野，在地方空间、社会空间、心理空间和数字空间的多重空间联系中，对已经到来的元宇宙新社会开展更有创新性的研究。

---

① 迪尔凯姆著，狄玉明译，《社会学方法的准则》，北京：商务印书馆，1995，第7页。
② 迪尔凯姆著，狄玉明译，《社会学方法的原则》，北京：商务印书馆，1995，第19页。

From collective representation to digital representation

LIU Shaojie

Abstract: In the upsurge of chasing the metaverse, people's ideas of the metaverse has gradually undergone important changes, and presents a clear evolutionary logic. With the concept of metaverse, the action of promoting and constructing the metaverse has been expanded from virtual to reality, which not only connects with the economy, politics, culture and social life, but also makes it appear as a broad and new social phenomenon. The metaverse is the unity of both spiritual and substantive society. The basis supporting the rapid development of the metaverse's ideas and construction practice includes: the rich material life in the abundant age, the digital representation comprehensively supported by various technologies, and the imbalance of economic and social development. This is inevitable to sociological research. Sociology should change the way of simple empirical fact oriented research to, as advocated by classical sociology, explore the behavior and thinking of collective representation and social system within the experience phenomenon, and have a better understanding of digital representation and the metaverse concept and system.

Keywords: metaverse;evolutionary logic; basis supporting; digital representation

教育机会不平等中主要与次要效应的近似估计
——基于学业表现离散化测量的思路[1]

胡安宁 余家庆[2]

摘　要：本文通过对学业表现的离散化测量，为估计教育机会不平等的主要和次要效应提供了一种实用的近似方法。与广泛使用的埃里克森-琼森模型相比，我们的方法不受学业表现需服从正态分布与指定升学选择预测模型的参数设定约束。此外，离散化的方法还可以揭示不同学业表现对个体升学概率影响的异质性效应。通过分析"蒙特卡洛模拟"数据和经验调查数据,本文表明使用离散化方法能得到和使用埃里克森-琼森模型方法近似的结果。此外，我们进一步在模拟数据集中分析了离散化方法的相对优势。当学业表现不服从正态分布时使用埃里克森-琼森模型可能会产生偏误，相比较下使用离散化方法不会产生这样的问题。

关键词：主要效应；次要效应；非参数；埃里克森-琼森模型；离散化

一、引言

社会群体间的教育机会不平等（inequality of educational opportunity，IEO）是教育社会学研究的经典议题。研究 IEO 的常见做法是将教育获得（educational attainment）分解为两部分：一部分归因于不同社会群体的学业表现（academic performances），另一部分归因于这些群体成员根据学业表现做出的升学选择（educational choices）。布东[3]分别对这两部分命名为

---

[1] 本文的英文版曾以 Using a Discretized Measure of Academic Performance to Approximate Primary and Secondary Effects in Inequality of Educational Opportunity 为题发表于 Quality & Quantity 期刊 2017 年 51（4）：1627-1643。

[2] 胡安宁，复旦大学社会学系，教授，研究方向为社会统计方法；余家庆，复旦大学社会学系，博士研究生，研究方向为家庭社会学。

[3] Raymond. Boudon, *Education, opportunity, and social inequality: changing prospects in Western society*. New York: Wiley, 1974.

主要效应（primary effect）与次要效应（secondary effect）。①

在实证研究中，研究人员使用埃里克森-琼森模型（the Erikson-Jonsson model，EJM）②来区分 IEO 中的两种效应：特定社会群体的教育获得可以参数化为学业表现分布和此分布下实现教育分流（educational transition）的概率的乘积。③在 21 世纪初提出后，EJM 被广泛用于研究主要和次要效应在决定不同社会中受教育差异的相对重要性。④

作为参数模型的 EJM 有一些关键的设定：第一，学业表现分布服从正态分布；第二，使用连接函数为逻辑（logit）函数的广义线性模型来预测升学概率。虽然 EJM 这些设定有助于计算⑤，但在现实应用中可能会面临一些挑战。例如，学业表现在实际生活中可能不是正态分布，而是以偏态分布甚至是指数分布的形式存在。逻辑斯蒂（logistics）回归模型很好地揭示了平均效应（average effect），但也可能因此遗漏了学业成绩处于不同位置时（different spots on the spectrum of academic performance）对教育分流产生的潜在异质性影响。

---

① 更多理论细节参见 M. Jackson, "Introduction: How Is Inequality of Educational Opportunity Generated? The Case for Primary and Secondary Effects," in M. Jackson, ed., *Determined to Succeed? Performance versus Choice in Educational Attainment*. Stanford: Stanford University Press, 2013. pp. 1-33.

② 有关 EJM 的介绍参见 R. Erikson, J. O. Jonsson. The Swedish Context: Educational Reform and Long-Term Change in Educational Inequality. in Erikson, R and Jonsson, J. O., eds., *Can Education Be Equalized? The Swedish Case in Comparative Perspective*. Westview, Boulder, 1996; pp. 65-94; R. Erikson et al., On Class Differentials in Educational Attainment, *Proceedings of the National Academy of Sciences* 102, 2005, pp. 9730-9733; Michelle Jackson, et al., "Primary and secondary effects in class differentials in educational attainment: The transition to A-level courses in England and Wales," *Acta Sociologica*, Vol. 50, No. 3, 2007, pp. 211-229.; M. Jackson, "Introduction: How Is Inequality of Educational Opportunity Generated? The Case for Primary and Secondary Effects,". pp. 1-33.

③ EJM 方法由埃里克森等人提出，是在埃里克森和琼森 1996 年发表的文章基础上的拓展。本研究中采用杰克逊的提法，将这种分解方法称为"埃里克森-琼森模型"（EJM）。参见 R. Erikson. et al., On Class Differentials in Educational Attainment, pp. 9730-9733.; R. Erikson, J. O. Jonsson. The Swedish Context: Educational Reform and Long-Term Change in Educational Inequality, pp. 65-94; M. Jackson, "Introduction: How Is Inequality of Educational Opportunity Generated? The Case for Primary and Secondary Effects", pp. 1-33.

④ 相关实证研究参见 M. Jackson, *Determined to Succeed? Performance versus Choice in Educational Attainment*. Stanford: Stanford University Press, 2013.

⑤ C. Kartsonaki, M. Jackson, and D. R. Cox, Primary and Secondary Effects: Some Methodological Issues. in M. Jackson, ed., *Determined to Succeed? Performance versus Choice in Educational Attainment*. Stanford: Stanford University Press, 2013, pp. 34-55.

需要指出的是，这些问题也可以通过诸如随机效应模型等更加复杂的参数模型解决，但在计算与解释上存在困难。在这篇文章中，我们为现有研究提供了一个更方便的做法，通过对学业表现的测量进行离散化处理来估计主要效应和次要效应的近似结果。[1]这样做的优点是：第一，离散化的测量方式以及随后使用的非参数模型允许研究者放松对学业表现的分布假设，因为非参数的策略理论上可以处理不同分布下的数据；第二，对离散化学业表现的测量有助于效应异质性的讨论，研究者可以计算出学业成绩在不同离散"区域"（regions）中实现教育分流（升学）的概率；第三，学业表现的离散化测量有助于大众读者的理解。因为最终计算出来主要效应与次要效应可以通过列联表的形式进行直观的呈现与解读。

本文接下来的部分将介绍 EJM，然后讨论模型的参数设定以及在实际研究中带来的潜在挑战。随后，我们详细介绍了更加方便的离散化方法，并通过分析模拟数据与经验调查数据，与基于 EJM 的方法得到的结果进行了比较。我们通过另一个模拟数据进一步表明了学业表现不服从正态分布时使用离散化方法的相对优势。

二、背景

（一）埃里克森-琼森模型

EJM 的运用主要集中于教育研究，是在埃里克森和琼森 1996 年发表的文章观点的基础上发展而来。[2]根据 EJM，主要效应和次要效应分别用学业表现的分布曲线以及实现教育分流概率的曲线来表示。随后，埃里克森等人[3]和琼森等人[4]进一步完善了该观点，提出了反事实分析的思路来分析主要效应和次要效应在决定不同社会群体教育中获得的相对重要性，这

---

[1] 我们使用"近似"一词，是因为本文提出的方法基于离散化测量的非参数模型，来近似基于连续测量的参数模型的结果。如果某些情况下参数模型不适用，离散化的近似方法可以作为 EJM 的替代。

[2] R. Erikson, J. O. Jonsson. The Swedish Context: Educational Reform and Long-Term Change in Educational Inequality, pp. 65-94.

[3] R. Erikson. et al., On Class Differentials in Educational Attainment, pp.9730-9733.

[4] Michelle Jackson, et al., "Primary and secondary effects in class differentials in educational attainment: The transition to A-level courses in England and Wales," pp. 211-229.

些统计结果标准误可见卡特索纳基斯等人的近作。[①]

为了说明这一模型，我们以社会群体上大学的阶层不平等为例。具体而言，EJM 用某一阶层中个体上大学的比例（P）来衡量某一阶层的教育获得。P 可以表示为：

$$P = \int [\frac{1}{\sigma\sqrt{2\pi}} \exp^{\frac{-(x-\mu)^2}{2\sigma^2}}][\frac{\exp^{(a+bx)}}{1+\exp^{(a+bx)}}]dx \quad (1)$$

在公式（1）中，x 表示学业表现（例如 GPA 考试成绩），并假设成绩服从正态分布 N（μ, σ^2）。在给定 x 取值下，EJM 通过拟合逻辑斯蒂回归模型来预测人们上大学（transition to college）的概率，也就是 $\frac{\exp^{(a+bx)}}{1+\exp^{(a+bx)}}$。这里的 a 和 b 表示逻辑斯蒂模型的系数。

可以看到，在公式（1）中，学业表现 $[\frac{1}{\sigma\sqrt{2\pi}} \exp^{\frac{-(x-\mu)^2}{2\sigma^2}}]$ 以及给定成绩表现下的升学选择 $[\frac{\exp^{(a+bx)}}{1+\exp^{(a+bx)}}]$ 可以分开计算。在这个意义上，埃里克森-琼森模型对主要效应和次要效应的分解具有创造性。我们在这里可以很容易地进行反事实分析，分析如果某一阶层的其中一种效应的取值和其他阶层相同时，某一阶层的教育成就会发生什么变化。

（二）参数设定与实际挑战

值得注意的是，由公式（1）可知 EJM 模型有两个基本参数设定：第一，每个社会群体的学业表现假定服从正态分布；第二，使用逻辑斯蒂回归参数模型来估计教育分流的升学选择。这两个参数设定在教育研究中可能会给研究者带来挑战。

首先，不同社会群体学业表现的现实分布可能并不服从正态性。假设一个社会中有上层群体（upper class）和下层群体（lower class）两种群体。一个可能的场景是，上层群体学业表现的经验分布由于阶层优势而呈现负偏态，而下层群体学业表现的经验分布则呈现正偏态。这相当于在服从标准正态分布的概率密度函数（pdf）基础加多了一个峰度非零的参数（用 α 表

[①] C. Kartsonaki, M. Jackson, and D. R. Cox, Primary and Secondary Effects: Some Methodological Issues, pp. 34-55.

示），并产生一个偏态的概率密度函数 $\frac{2}{\sqrt{2\pi}}\exp\frac{-x^2}{2}\int_{-\infty}^{\alpha x}\frac{1}{\sqrt{2\pi}}\exp\frac{-t^2}{2}dt$。[①]这样一来，建立在假设α＝0的正态分布设定可能具有误导性。哪怕学业成绩的分布仅仅稍微偏离（simply deviates）了正态性，却可能因此产生错误。假定一组学生中的学业成绩（GPAs）分布形式非常"不平衡"（绝大多数人为低分学生以及极少数人为高分学生），此时研究者可能会使用诸如指数分布或帕累托分布等幂律分布形式（a power-law distribution）来描述。在这种情况下，正态分布的模型设定是不恰当的。[②]

其次，公式（1）使用逻辑斯蒂回归考察学业表现对升学概率的平均效应，但可能因此掩盖了不同成绩范围学业表现的潜在效应异质性。[③]在前文提到的公式 $\frac{\exp(a+bx)}{1+\exp(a+bx)}$ 中，a 表示上大学的基线偏好（baseline preference）。不考虑学业表现 x 的取值，b 可以表示为当 x 每增加 1 单位时，个体上大学的概率平均增长了 b%。但是，这里 x 增加 1 单位究竟是在什么成绩范围内发生并没有特别说明。也就是说，系数 a 和系数 b 解释的是平均效应，并不随学业表现 x 的变化而变化。实际上，平均效应能解释的信息有限。假设现在存在一条上大学的最低分数线，当个体学业成绩远低于入学分数线时，此时成绩增加一分对上大学的几率比（odds）变化的影响微乎其微。随着个体成绩越逼近入学分数线，学业成绩的每单位提高所带来的增长效应也越来越大，直到学业成绩超过最低入学分数线后该效应才随之下降。

[①] A. O'Hagan & Tom Leonard, "Bayes estimation subject to uncertainty about parameter constraints," Biometrika, Vol. 63, No. 1, 1976, pp. 201-203.

[②] 需要提及的是，当学业表现不服从正态分布时，计算过程将变得更加复杂。具体而言，EJM 需要在公式（1）中求解积分。当服从正态分布的时候，这一过程可以被省略，因为此时的逻辑斯蒂函数可以近似为一个正态累积分布函数，也就是 $\frac{\exp(a+bx)}{1+\exp(a+bx)} \approx \Phi(ka+kbx)$，k 是一个调节常数（turning constant）。因此，公式（1）可以近似为一个封闭表达式：$\int \sigma^{-1}\phi(\frac{x-\mu}{\sigma})\Phi(ka+kbx)dx$。但如果模型的正态设定不满足的话，这种计算便利就不复存在。参见 C. Kartsonaki, M. Jackson, and D. R. Cox, Primary and Secondary Effects: Some Methodological Issues, pp. 36-37.

[③] 这里的效应异质性指的是 x 不同取值下，对应系数 b 取值也有所不同。虽然在逻辑斯蒂回归模型中，因变量（如上大学的概率）与 x 呈正向的 s 型曲线关系，但逻辑斯蒂回归模型中的系数 b 是固定不变的。

在这种情况下，b 的取值呈现"倒 U 型"分布（不一定对称），并在入学分数线附近达到最大值。同样，我们也有理由怀疑 a 的取值也会随着 x 取值变化而变化。可惜的是，在 EJM 的既往应用中，学业表现的不同取值对升学概率的异质性影响并没有得到特别阐明。①

总的来说，模型的正态假定以及关注平均效应的逻辑斯蒂回归模型设定，可能无法很好处理现实中的 IEO 研究。因此我们这里提出了一种实用（easy-to-implement）的非参数方法，通过对学业表现进行离散化测量来估计主要和次要效应的近似结果，既能放松对参数设定要求，又能识别效应异质性。

值得提及的是，这一方法的提出目的在于补充而非取代埃里克森-琼森模型。如果经验数据满足 EJM 方法中的参数设定，我们更推荐研究者使用 EJM 或相关模型。这是因为对学业表现的连续测量在估计中更具效率。相反，当研究者不能确定数据的分布性质，或者想探讨学业表现对教育分流效应的潜在异质性，那么我们的方法提供了一种解决思路。

三、方法

（一）对连续变量进行离散化处理

我们方法的关键在于对连续测量的学业表现进行离散化处理。离散化（discretization），或者说分组（grouping）一直是一种广泛使用的策略，可以避免统计模型的参数约束。②例如教育研究中一般会把受教育年限离散化为基础教育、中学教育和高等教育三组，类似这样的分组处理做法同样可见于其他研究领域。

---

① 这一问题可以通过随机效应逻辑斯蒂模型解决，但是公式（1）的积分求解步骤会变得非常麻烦。

② 例如 D. R. Cox, Note on Grouping. *Journal of the American Statistical Association*，52, 1957, pp. 543-547.; Robert J. Connor, "Grouping for testing trends in categorical data," *Journal of the American Statistical Association*, Vol. 67, No. 339, 1972, pp. 601-604.; Andrew Gelman & David K. Park, "Splitting a predictor at the upper quarter or third and the lower quarter or third," *The American Statistician*, Vol. 63, No. 1, 2009, pp. 1-8. 相关文献回顾参见 Douglas G. Altman, "Categorizing Continuous Variables," in P. Armitage & T. Colton, eds., *Encyclopedia of Biostatistics*, NY: Wiley, 2005, pp. 1-4.; Elizabeth L. Turner, Joanna E. Dobson & Stuart J. Pocock, "Categorisation of continuous risk factors in epidemiological publications: a survey of current practice," *Epidemiologic Perspectives & Innovations*, Vol. 7, No. 1, 2010, pp. 1-10.

尽管对连续变量进行离散化处理具有一些优势，但是使用离散变量会损失统计效率（statistical efficiency）。当一个连续变量降维成分类变量，一些数据信息就会因此丢失，相当于降低了测量精度（measurement precision）。统计学家为了解决这个问题进行了大量研究。科克斯[①]对如何尽可能地保留数据信息的分组处理进行了开创性讨论。康纳[②]探讨了恰当的（optimal）分组数量如何提高了趋势研究中统计数据的渐近效率。摩根和埃拉索夫[③]研究了在生存分析中对连续变量分组处理的效果。赵和科隆尔[④]在一项模拟研究中分析了由于对连续变量分组处理而导致几率比（odds）潜在效率损失。麦克斯韦和德兰尼[⑤]表明，基于连续变量中位值进行二分离散处理可能会产生过度估计问题。泰勒和于[⑥]研究了在线性模型中预测变量分组处理对控制变量统计特性的影响。格尔曼和帕克[⑦]分别用自变量分组后的前四分之一或三分之一的因变量平均值与自变量分组后的后四分之一或三分之一的因变量平均值相减来近似（approximating）线性回归模型，并指出其中的潜在效率损失问题。

　　总的来说，这些研究表明，连续变量离散化的效率损失程度取决于变量分组数量以及分组变量与结果之间的潜在关系。根据纳加拉等人[⑧]的建议，当满足以下条件时，对连续变量进行离散处理是一个可行的策略：（1）分组的数量要大（通常超过 3 组）；（2）分组后估计到的结果变量平均值应

---

① D. R. Cox, Note on Grouping, pp.543-547.

② Robert J. Connor, "Grouping for testing trends in categorical data," pp. 601-604.

③ Timothy M. Morgan & Robert M. Elashoff, "Effect of categorizing a continuous covariate on the comparison of survival time," *Journal of the American Statistical Association*, Vol. 81, No. 396, 1986, pp. 917-921.

④ LuePing Zhao & Laurence N. Kolonel, "Efficiency loss from categorizing quantitative exposures into qualitative exposures in case-control studies," *American journal of epidemiology*, Vol. 136, No. 4, 1992, pp. 464-474.

⑤ Scott E. Maxwell & Harold D. Delaney, "Bivariate median splits and spurious statistical significance." *Psychological bulletin*, Vol. 113, No. 1, 1993, p. 181.

⑥ Jeremy M. Taylor & Menggang Yu, "Bias and efficiency loss due to categorizing an explanatory variable," *Journal of Multivariate Analysis*, Vol. 83, No. 1, 2002, pp. 248-263.

⑦ Andrew Gelman & David K. Park, "Splitting a predictor at the upper quarter or third and the lower quarter or third," pp. 1-8.

⑧ O. Naggara, et al., "Analysis by categorizing or dichotomizing continuous variables is inadvisable: an example from the natural history of unruptured aneurysms," *American Journal of Neuroradiology*, Vol. 32, No. 3, 2011, pp. 437-440.

具有实际意义。①在接下来的经验研究中,我们遵循一般做法构建了四组群体,并满足了条件(1)。我们同时认为,在教育研究中条件(2)应该是可以得到满足的,因为不同群体的人是依据其学业表现被分组的,这自然与上大学的不同可能性有关。因此,结果变量(例如升学概率)在不同学业成绩组间存在"实际意义上的差别"(meaningful qualitative difference)的假设也是恰当的。需要指出的是,研究者可以采取多种形式对学业表现进行离散化处理,并不一定是等距离分组的方式。②

(二)离散化与主要-次要效应的趋近

接下来的一节中,我们将使用分组后的学业表现来考察 IEO 中主要和次要效应的分解情况。正如上文所介绍那样,这个方法使用列联表(contingency table)来区分主要和次要效应。我们通过一个假设的例子予以介绍,并使用 0—100 分赋值的考试成绩来衡量 200 个人的学业表现,其中 100 个人来自上层群体,100 个人来自下层群体。

上层群体初始学业表现假设为图 1-a 所示的连续数值,由于阶层优势(class advantages),分布被设定为负偏态。图 1-b 进行了对应的离散化处理,分别在 25 分、50 分与 75 分处进行分组断点。由于学业表现可以由图 1-a 曲线下的面积区域来表示,在图 1-b 中,对应的学业表现可以通过这四组柱状相对高度来表示,柱状越高表示划分为该分数组的个体数量更多。

根据图 1-b 所示,对于上层群体而言,"0—25 分"组有 10 人,"25—50 分"组有 20 人,"50—75 分"组有 40 人;"75 分及以上"组有 30 人。因此这四组柱状的相对高度表示每组人数除以总人数(100 人),分别是 0.1、0.2、0.4 和 0.3。这就是离散化处理后的考试成绩分布。

图 1-c 表示的是对下层群体考试成绩的连续分布。为了跟上层群体形成差别,这里的分布设置为负偏态。和前面的离散化做法一致,我们也将

---

① 对连续变量进行分组处理的另一个条件是分组的断点选择应该从理论或者实际出发,而不是由数据驱动。相关观点参见 Douglas G. Altman, "Categorizing Continuous Variables," pp. 1-4.; Berthold Lausen & Martin Schumacher, "Evaluating the effect of optimized cutoff values in the assessment of prognostic factors," *Computational Statistics & Data Analysis*, Vol. 21, No. 3, 1996, pp. 307-326.

② 例如,学者们可能会根据理论或现实作为分组标准来对学业表现离散化处理。只要离散化后的分布形状不要严重偏离原本连续分布的形状,不同离散化策略得到的最终结果应该是相似的,因为它们都近似于原本的连续分布。

反映学业成绩的曲线面积转变成图 1-d 中柱状的相对高度来表示。

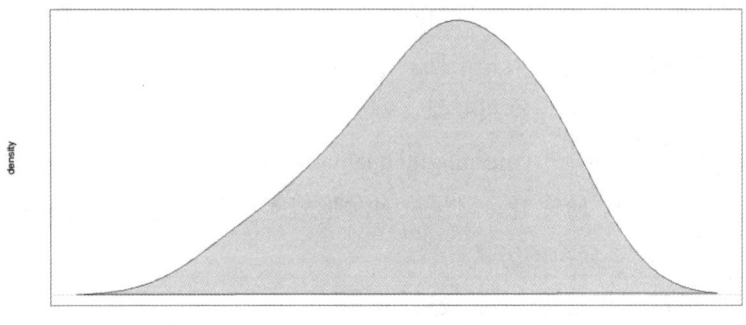

a 上层（连续）

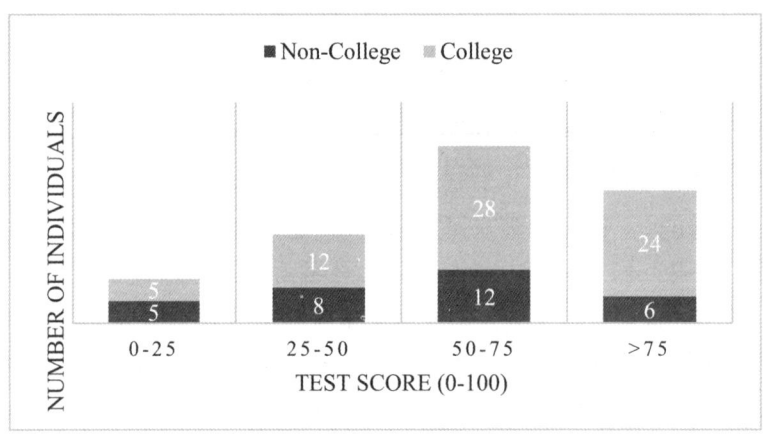

b 上层（离散）

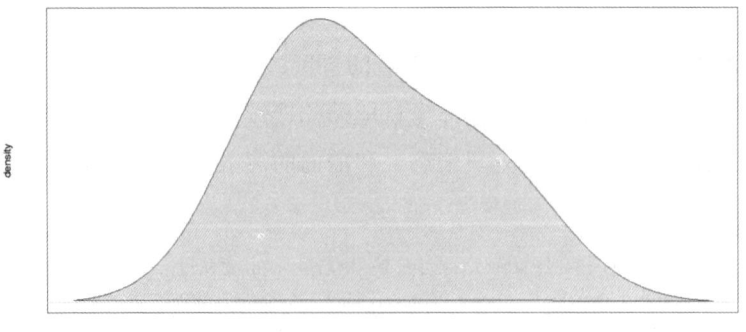

c 下层（连续）

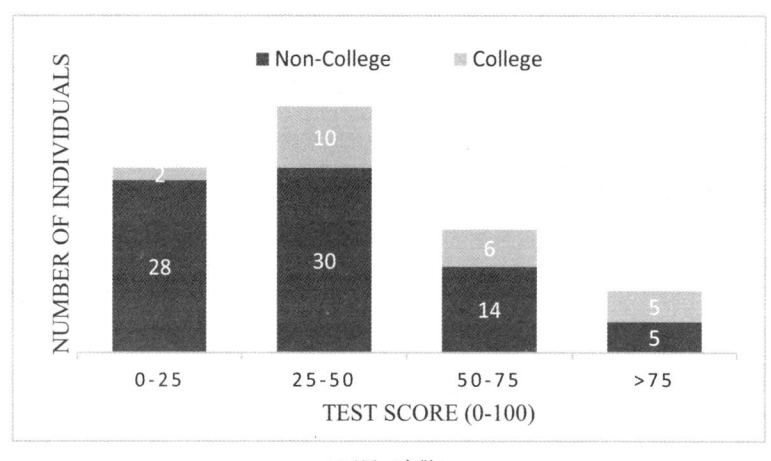

d 下层（离散）

图 1　对连续测量的学业表现进行离散化处理

对学业表现的分组处理为我们估计给定学业表现下的升学概率提供了一种简便的近似做法。在这里，升学概率等同于每组中上大学的人数比例。例如，在图 1-b 的"0—25 分"组中有 5 个人上了大学，那么这一组人上大学的概率约为 0.5；同样，在"25—50 分"组人中，上大学的近似概率是 0.6；"50—75 分"组和"75—100 分"组人上大学的概率分别为 0.7 和 0.8。对于下层群体而言，这四组人升学的估计概率分别为 0.07、0.25、0.3 和 0.5。

上述步骤计算在数学上是一个直观的黎曼积分近似（Riemann approximation）。这种近似的方法从应用的角度很容易操作，可以避免 EJM 对参数设定要求带来的潜在挑战。第一，离散化后的学业表现分布可以是多种形式，而不必服从模型的分布设定（例如正态分布）；第二，我们可以很容易地算出每个分数组中上大学人数的数量，不必通过参数化的逻辑斯蒂回归模型进行估计；第三，我们可以在教育分流（升学）概率中识别不同学业表现的潜在异质性，因为上大学的概率可以通过不同分组的升学人数比例来表示。这些优点表明，离散化方法在实际运用中可以作为 EJM 的补充。

此外，离散化方法的另一个优点是易于研究结果的展示。具体来说，对学业表现进行分组后，我们可以在列联表中分析主要效应和次要效应。

如表 1 所示,我们分别用上层群体和下层群体离散化后的学业表现和他们是否上大学这一二分变量进行交互,并算出对应的升学频数。

表 1 对图 1 的列联表分析

上层群体	不上大学	上大学	行总计
0—25	5	5	10
25—50	8	12	20
50—75	12	28	40
>75	6	24	30
列总计	31	69	100
下层群体	不上大学	上大学	行总计
0—25	28	2	30
25—50	30	10	40
50—75	14	6	20
>75	5	5	10
列总计	77	23	100

列联表的优点是可以明显简化公式(1)。在表 1 中,上层群体上大学(教育分流)的比例是 69/100。这一比例可以表示为各个学业成绩组中大学生比例的加权和,也就是个体教育分流的选择模式。每组的权重是该成绩组人数占上层群体总人数的比例。正如上文指出,这一人数占比反映了人们的学业表现。因此我们有 $\frac{69}{100} = \frac{5}{10} \times \boxed{\frac{10}{100}} + \frac{12}{20} \times \boxed{\frac{20}{100}} + \frac{28}{40} \times \boxed{\frac{40}{100}} + \frac{24}{30} \times \boxed{\frac{30}{100}}$。①

同样,对于下层群体,我们有 $\frac{23}{100} = \frac{2}{30} \times \boxed{\frac{30}{100}} + \frac{10}{40} \times \boxed{\frac{40}{100}} + \frac{6}{20} \times \boxed{\frac{20}{100}} + \frac{5}{10} \times \boxed{\frac{10}{100}}$。

为了对程序进行一般化处理,我们假定给定阶层的个体总数为 N,并划分为 K 组(K=1,2,……K),每组人数数量和升学人数分别是 n_k 和 c_k,此时公式(1)可以约等于:

$$\sum_{k=1}^{K} \frac{c_k}{n_k} * \frac{n_k}{N} \tag{2}$$

---

① 带黑框的数字表示群组的权重(即学业表现),不带黑框的数字表示上大学的几率比(即教育分流的选择模式)。

在公式（2）中，$\frac{n_k}{N}$表示第 k 组的学业表现（同时也是权重），而$\frac{c_k}{n_k}$是给定学业表现下的升学近似概率。显然，公式（2）在运算上比公式（1）简单，因为我们不需要对积分进行近似求解。

我们也可以通过公式（2）进行反事实分析。假设存在上层和下层两种群体，当上层群体的学业表现保持不变，但升学选择的模式与下层群体一致时，其教育获得为$\sum_{k=1}^{K}\frac{c_{k,lower\ class}}{n_{k,lower\ class}}*\frac{n_{k,upper\ class}}{N_{upper\ class}}$，当上层群体的升学选择的模式保持不变，但学业表现和下层群体一致时，此时的教育获得是$\sum_{k=1}^{K}\frac{c_{k,upper\ class}}{n_{k,upper\ class}}*\frac{n_{k,lower\ class}}{N_{lower\ class}}$。需要指出的是，社会群体的人数多少对 EJM 与离散化方法的计算没有影响，但离散化方法需要不同成绩水平个体相对分布在不同成绩组中，这样的分布特征才能方便随后的跨组比较。

四、实例

本节我们转向讨论离散化方法的实际表现。我们提供了三个例子予以说明。前两个例子分别使用模拟数据与经验调查数据对 EJM 和离散化方法进行了比较。第三个例子基于模拟数据表明了离散化方法在数据违反 EJM 某些参数设定时的相对优势。

（一）例 1

在接下来的模拟中，上层群体的学业表现被设定为服从均值为 0.6、标准差为 0.1 的正态分布。大众群体的学业表现则服从均值为 0.1、标准差为 0.5 的正态分布。为了方便接下来的计算，我们缩小范围差异让学业成绩减去其最小值，从而使成绩的取值范围分布在 0 到 1 之间。[①]

除了学业表现服从正态分布外，我们还为预测升学概率的逻辑斯蒂回归模型设定了参数。在公式（1）中，上层群体的 a 和 b 分别设定为 0.2 和 2.5，而下层群体的 a 和 b 分别为 0.1 和 2。这些参数表示给定学业表现下，

---

① 上层群体学业成绩的最小值和范围可以表示为m_u和 r_u，下层群体对应的最小值和范围为m_l和 r_l。上层群体学业成绩调整后分布为 N $(\frac{0.6-m_u}{r_u},\frac{0.1}{r_u})$，下层群体学业成绩调整后的分布为 N $(\frac{0.1-m_l}{r_u},\frac{0.5}{r_u})$。

来自上层群体的人拥有更高的升学概率。这也符合实际生活的逻辑，一些跟阶层身份相关的因素（例如经济困难程度）可能导致同一学业成绩下不同阶层出身的个体教育分流选择有所差别。我们构建了 500 个模拟样本，并进行了 500 次迭代，以此显示因抽样造成的变化。借此，我们可以同时评估统计的平均值与不确定性（uncertainty of a statistic）。①

在接下来的分析中，我们把学业表现分成四组，分别在 0.25、0.5 和 0.75 处进行断点。②图 2 是分别使用 EJM 和离散化方法得到的模拟结果。图 2-1 模拟了上层群体上大学的概率分布。图 2-2 模拟当上层群体的学业表现不变，升学选择模式与下层群体相同时的概率分布。图 2-3 模拟了下层群体的学业表现不变时，拥有上层群体升学选择模式下的概率分布；图 2-4 则模拟了下层群体学业表现和升学选择模式不变下上大学的概率分布。从图 2 可以看出，基于埃里克森-琼森模型的方法和离散化方法得到的结果并没有明显的差别，表明使用这两种方法具有一致性（consistency）。

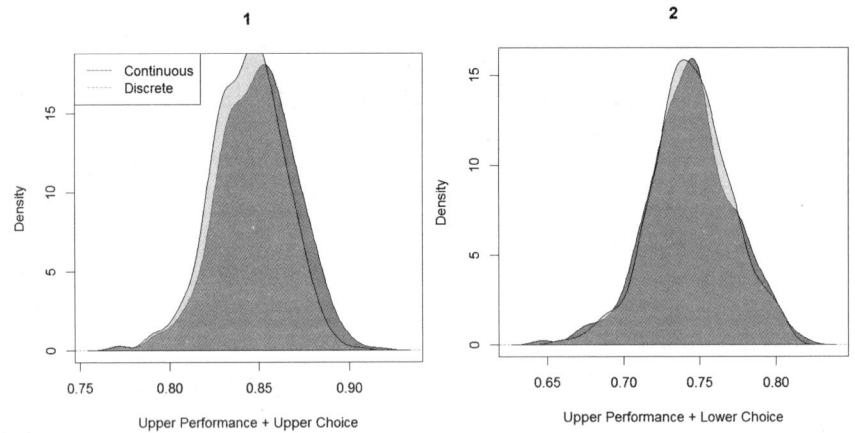

---

① Jeremy M. Taylor & Menggang Yu, "Bias and efficiency loss due to categorizing an explanatory variable," pp. 248-263.
② 我们也测试了不同的分组数量（2、3、5 和 6）。结果表明，3 组及以上的分组数量得到的结果与基于 EJM 方法得到的结果稳定近似。

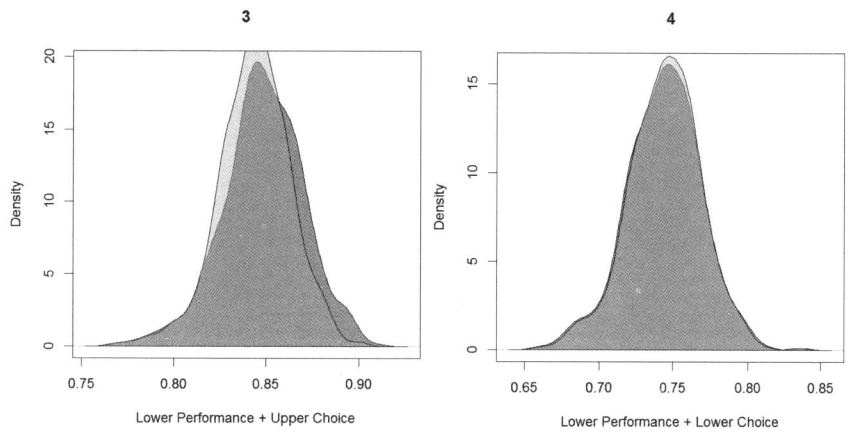

图 2 当学业表现服从正态分布的模拟结果

除此之外，我们还可以通过 QQ 图比较升学概率分布的重合程度来评估两种方法的一致性。如果两种方法的结果相似的话，QQ 图中的点应该散落在 45 度线上。图 3 的结果再次支持了图 2 所示的分布重合结论。

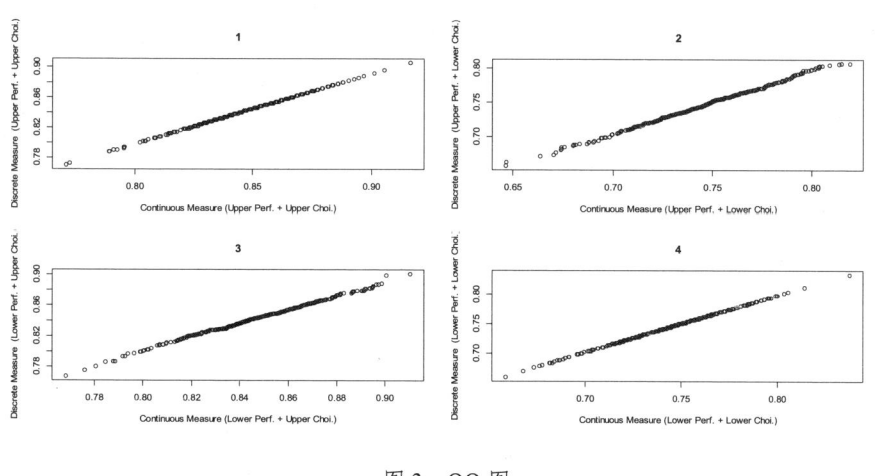

图 3 QQ 图

总而言之，以上模拟结果表明，当我们使用离散方法来估计主要和次要效应时，我们得到一个和使用埃里克森-琼森模型方法近似的结果。

（二）例 2

接下来，我们使用经验调查数据比较了离散化方法和 EJM 方法，通过 2007 年中国居民收入调查数据（CHIP 2007）来估计城乡教育机会不平等的主要和次要效应。2007 年中国居民收入调查采用多阶段分层抽样,调查了中国 9 个省级行政区域(上海市、江苏省、浙江省、湖北省、重庆省、广东省、河南省、安徽省、四川省),并对城乡家庭进行随机抽样。①我们的分析排除了一些不适合的样本(如年龄不足以参加高考的儿童群体),以及城市里的流动人口样本。②最后纳入分析的样本为 3238 人(2240 名城镇居民与 998 名农村居民)。

CHIP 2007 对受访者的高考分数进行了测量。高考分数高低在中国社会往往决定了一个人能否上大学,因此高考分数可以视为学业表现。正如上文提到的,我们区分了城镇居民和农村居民这两类人,从而探讨城乡高等教育不平等背后的机制。③

我们分别用 EJM 和离散化方法计算居民学业表现和升学选择模式的四种配对组合(即城镇学业成绩+城镇升学选择;城镇学业成绩+农村升学选择;农村学业成绩+城镇升学选择;农村学业成绩+农村升学选择)。我们用 300 分、500 分和 700 分这三条分数线对高考分数进行分组,因此总共有 4 组分数组。我们还尝试用其他分数分组并得到了相似的结果。④

表 2 中国城乡居民主次效应分解(单位:百分比)

配对组合	升学选择	
	城镇居民	农村居民
学业表现	80(80)	42(41)
	75(76)	34(34)

基于离散化方法的近似结果在括号中给出。

---

① 关于更多的介绍,参见 Sherry T. Kong, "Rural-urban migration in China: Survey design and implementation," in X. Meng, et al. (eds.), *The Great Migration*, Cheltenham: Edward Elgar Publ. Ltd, 2010.

② CHIP 2007 包括了三组样本,分别对应城镇居民、农村居民与流动人口。本文使用前两组样本来分析城乡教育获得差异。

③ 例如 Tony Tam & Jin Jiang, "Divergent urban-rural trends in college attendance: State policy bias and structural exclusion in China," *Sociology of Education*, Vol. 88, No. 2, 2015, pp. 160-180. ; Xiaogang Wu & Donald J. Treiman, "Inequality and equality under Chinese socialism: The hukou system and intergenerational occupational mobility," *American Journal of sociology*, Vol. 113, No. 2, 2007, pp. 415-445.

④ 中国的大学招生制度在不同省份与不同年份都有所差异。此外文科和理科的试卷也不同。鉴此,我们在补充分析中的回归模型中控制了居民的高考年份、居民高考时的所在省份和文理科类型。我们基于回归残差估计了主要和次要效应,EJM 方法和离散化方法之间的一致性得到了证实。在这里我们根据原始测试分数呈现结果以节省篇幅。

如表 2 所示,根据城镇居民的学业表现和对应的升学选择模式,80% 的居民会上大学。相比之下,根据农村居民学业表现和对应的升学选择模式,只有 34% 的居民上大学。对于这两类,EJM 方法和离散化方法的估计值相同。如果此时城镇居民的学业表现不变,但是升学选择的模式和农村居民一致,基于 EJM 方法的升学比例就变成 75%。而具有城镇居民升学选择模式但学习表现和农民居民一致的人大学入学率为 42%。对于这两种反事实状态,基于离散化方法的结果与 EJM 方法的结果非常接近。综上所述,基于模拟数据和经验调查数据的结果分析表明,我们能够使用离散化方法得到基于 EJM 方法的近似结果,从而为教育机会不平等研究提供适用的可能。

根据表 2 报告的结果,我们还可以如表 3 所示直接计算出主要和次要效应的相对重要性。通过使用卡特索纳基斯等人[1]提出的公式,我们估计出次要效应的相对重要性为 0.49。这意味着主要效应的相对重要性为 0.51。

表 3　主要和次要效应相对重要性的取对数几率比和估计值

对数几率比	次要效应的相对重要性			主要效应的相对重要性++
	方程 I+	方程 II+	平均	
2.05	0.83	0.14	0.49	0.51

+：方程 I 和 II 相当于卡特索纳基斯等人[2]2013 年论文里的方程（2.5）和（2.6）
++：主要效应的相对重要性＝1－次要效应的相对重要性

需要强调的是,这里对中国经验调查数据的使用聚焦于方法论而不是实质性的探讨,只是为了分析两种方法能否得出相似的结论,这是因为中国大学升学制度在实践中可能相当复杂。例如,未经处理的高考分数可能因各省政策而有所不同,教育部确定的大学录取配额也因地区和年份而有所差异。因此,对高考分数离散化处理必然会简化中国复杂的高考升学制度。因此本文这里的分析更多是方法论意义上的,不能简单套用于对中国现实的直接解释。

---

[1] C. Kartsonaki, M. Jackson, and D. R. Cox, Primary and Secondary Effects: Some Methodological Issues. pp. 34-55.

[2] 参见 C. Kartsonaki, M. Jackson, and D. R. Cox, Primary and Secondary Effects: Some Methodological Issues. pp. 34-55.

（三）例3

本文第三个例子说明了离散化方法在处理非正态分布的学业表现方面的相对优势。为此，我们模拟了一个学业表现呈指数分布的个体样本。在现实中，学业成绩服从指数分布很常见，即学习成绩分布在个人之间高度不平等：成绩越好，人数越少。

指数分布 pdf $f(x)=\lambda\exp(-\lambda x)$ 包含了一个决定分布"陡峭"程度的参数 λ。也就是说，当 λ 越大，随着我们从低分段移动到高分段，个体数量减少得越快。在我们的模拟中，上层群体的 λ 被设定为0.5，下层群体的 λ 设定为2。这样设定的意义在于潜在阶层优势可以缓解上层群体相对于下层群体在学业表现分布上的"陡峭"程度。其他设定与上节相同：逻辑斯蒂回归模型的参数 a 和 b 在上层群体中设定为0.5和2.5，下层群体中设定为0.1和2。样本量和迭代次数都是500。

为了评估EJM在学业表现呈指数分布下的表现，我们分析上层群体和下层群体的"已知"教育获得（observed educational attainment）能否被EJM准确估计。对于每次迭代，我们分别对上层群体和下层群体计算了已知结果和EJM估计结果的差距。由于学业表现不服从正态分布，我们认为基于方程（1）估计出来的EJM结果可能产生和"已知"结果不一致的偏差。

模拟结果为我们的怀疑提供了支持。图4中的左图描述了对上层群体的个体进行每次迭代（iteration），并使用EJM估计出来个体上大学比例的偏差。负值表明，如果使用EJM来处理服从指数分布的学业表现，我们会低估（underestimate）上层群体的教育获得。对于下层群体而言，500次迭代的偏差几乎都是正值，这意味EJM方法对下层群体的教育获得过度估计（overestimation）。值得注意的是，EJM对下层群体的高估程度没有上层群体的低估程度严重，因为右图中的偏差最大值为0.012，而左图中的偏差最大值（绝对值）却高达0.04。鉴于此，我们可以认为对上层群体估计产生的偏差要大于对下层群体估计产生的偏差。既然EJM对经验数据本身的拟合度很低，它的反事实分析自然会产生误导结论。

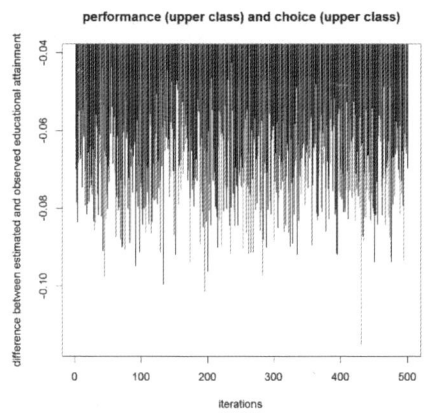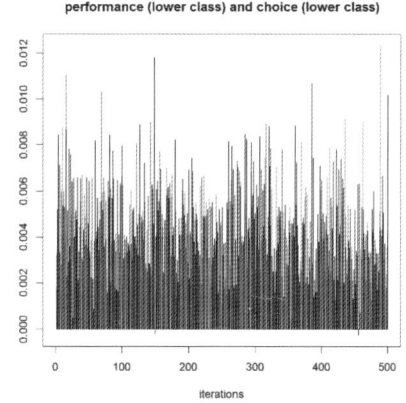

图4 当学习成绩服从指数分布时,上层和下层群体教育获得的估计值与已知值的差异

那么离散化方法表现又如何呢?如上文所述,离散化方法的非参数特性允许我们观察到上层群体和下层群体上大学人数的"已知"比例(observed proportion)。如公式(2)所示,特定群体上大学的"估计"比例与设定好的"已知"比例相一致。这是因为我们提出的方法将已知比例重新参数化(reparameterization)每组人数占比的加权和,这样一来就不受学业表现的分布影响。我们基于模拟数据的分析结果证实了这一点(所有偏差为零)。

为了阐明使用 EJM 方法可能在学业表现不服从正态分布时产生误导性结论,我们分别针对学业表现和升学选择模型组合的四种配对情况比较了 EJM 和离散化方法在估计上大学人数比例的表现。如图5结果所示,两种方法在四种配对下估计到的升学比例分布有所不同。与前文的发现一致,这种差异在图5-a中最为明显,因为 EJM 对上层群体的升学比例明显低估,两个方法得到的分布几乎没有重叠。相比之下,由于 EJM 对下层群体的高估程度相对较小,图5-d中的分布差异并不明显。图5-b和图5-c所表示两种反事实情况的分布差异程度介乎其中。

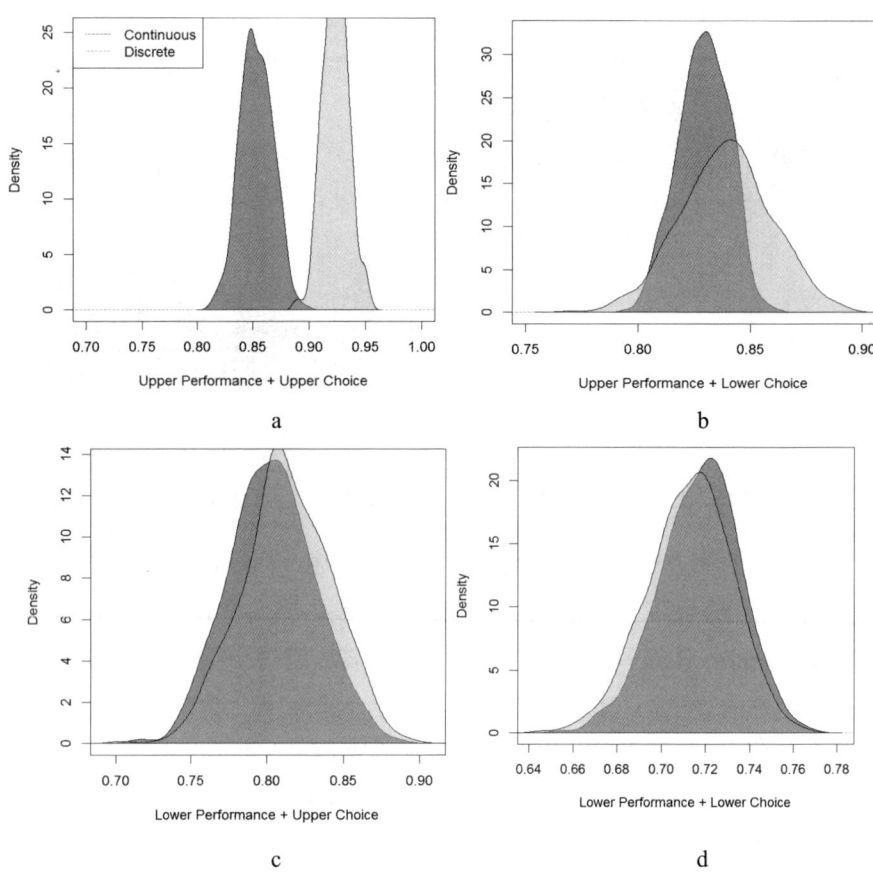

图 5　当学业表现服从指数分布的模拟结果

五、结论

本文利用离散化的学业表现测量，提出了一种估计 IEO 主要和次要效应的非参数化近似方法。相对于 EJM 方法，我们的方法不受学业表现的分布形式和预测升学选择参数模型形式的潜在约束。通过蒙特卡洛模拟数据和 CHIP 2007 调查数据，我们表明，如果学业表现服从正态分布且逻辑斯蒂回归可估计时，离散化方法能得到和基于埃里克森-琼森模型方法相一致的估计结果。通过另一个模拟数据集，我们进一步表明如果学业表现偏离正态分布，EJM 方法可能会产生有偏估计，使用离散化方法反而能实现无偏估计。

尽管我们提出的离散化方法简便并具有优势。但需要指出的是，离散化方法作为一种统计手段建立在效率损失的代价之上。鉴于此，如果基本参数设定能够得到满足，我们更建议使用对学业表现连续测量的埃里克森-琼森方法。在 EJM 的参数设定不能在实际研究中得到很好地满足时，更加简便的离散化方法可以作为改进。

我们的方法可能做出的另一个贡献是，当研究者对不同学业表现下的升学选择变化感兴趣时，如果不想使用计算非常复杂的随机效应逻辑斯蒂回归模型，离散化方法提供了一个更直观和更具吸引力的做法，通过直接分析不同成绩组的上大学人数的比例来表示学业表现的效应异质性。

此外，离散化方法可以有效地展示统计结果，将 IEO 主要和次要效应的分解问题在列联表中进行转换并呈现。这样一来，学业表现的分布、上大学的不同概率以及这两种效应如何共同作用于特定社会群体的教育获得，对于读者而言变得更加清晰与容易理解。

最后，离散化方法还可能为使用逻辑斯蒂回归模型的估计失败提供解释思路。例如，在设定上大学存在最低录取分数线下，学业表现好坏决定了一个人上大学的几率比。因此，根据最低分数线（高于或低于这一水平）对成绩 x 进行二分编码，几乎可以完美地预测升学概率情况，但也带来了 a 和 b 不可估（inestimability）问题。[1]这里我们可以使用离散化的方法来予以说明。具体来说，如果根据分数线对个体进行分组，我们会发现低于分数线的人上大学比例为 0%，而高于分数线的人的升学比例几乎为 100%，这种描述的思路可以部分解释上述的不可估问题。[2]

---

[1] 在补充分析中，我们使用模拟数据测试了这种可能性。结果表明，当高等教育可以获得且存在最低录取分数线时，对学业成绩的二分处理总是可以预测个体上大学的几率比。在这种情况下，逻辑斯蒂模型变得不可估计。

[2] 值得注意的是，在这种情况下没有必要分解主要效应和次要效应，因为主要效应决定了实现教育分流（升学）的概率。

Using a Discretized Measure of Academic Performance to Approximate Primary and Secondary Effects in Inequality of Educational Opportunity

HU Anning & Yu Jiaqing

Abstract: This study proposes an easy-to-implement approximation for primary and secondary effects in the study of inequality of educational opportunity by discretizing the measure of academic performance. Relative to the widely-used Erikson-Jonsson model, our method is not subject to the potential limitations that are associated with the parametric configurations of the normal distribution of academic performance and the model form restriction for predicting educational choice. Besides, the proposed discretization method can be used to reveal the heterogeneous effect of academic performance on the likelihood of educational transition across the spectrum of performance. Using Monte Carlo simulation and survey data collected in China, we show that our method recovers the results based on the Erikson-Jonsson approach. With another simulation, we illustrate that the Erikson-Jonsson model might produce misleading results if academic performance is not normally distributed. The discretization approach, in contrast, does not suffer from this problem.

Key Words: Primary Effect; Secondary Effect; Nonparametric; the Erikson-Jonsson model; Discretization

社区社会资本测量：共同体、社会交往与空间[①]

田丰　尤宇涵　郁思静[②]

摘　要：社区社会资本是中国社会学界的一个重要议题。梳理其测量方式的发展，可以发现其呈现出一种从"实"到"虚"的转变，再到"虚"与"实"融合的趋势。经典的社区研究将社区视为一个实体，是一个物理空间、社会交往和共同体的结合体，但在社区社会资本的量化测度时，则是将社区抽离成一个虚体，仅为认知层面的共同体。近年来，学者们又逐步把社会交往维度和空间维度重新带入社区社会资本测量中，重回"虚"与"实"的融合。尤其在近年来的研究中，社区社会资本研究与行为经济学、社会网络分析、地理学、城市规划等学科或领域相结合，呈现多学科的融合创新。

关键字：社区社会资本、共同体、社会交往、空间、定量研究方法

一、引言

社会资本是近年来社会学的热门概念，广泛应用在社会不平等、经济发展、政治生活、社会治理等研究领域中。社会资本的研究有个体性和集体性之分。个体性社会资本研究对个人的社会网络进行分析，围绕着关系强度、社会资源、结构洞等核心概念，有定名法、定位法等相对固定的测量方式。集体性社会资本研究则侧重于一个物理空间内的凝聚力及其影响。社区社会资本是集体性社会资本的代表之一，关注的是在一定居住范围内的邻里交往、凝聚力、社区归属感等情况。集体性社会资本的概念内涵相对含混，测量也存在更多的争议[③]。

[①] 本文是国家社会科学基金青年项目"城市社区的权力结构、社会资本生成机制及其对社会治理的政策影响研究"（19CSH005）的一项成果。
[②] 田丰，复旦大学社会学系副教授；尤宇涵、郁思静，复旦大学社会学系硕士生。
[③] 张文宏，2003，《社会资本：理论争辩与经验研究》，《社会学研究》第4期。

在中国社会学界,有关社区社会资本的研究与城市社会学中经典的社区研究相互交织,若即若离。社区研究强调空间、社会交往以及共同体的形成机制,偏重案例和机制分析[①];而主流的社区社会资本研究关注共同体的量化测度[②],二者逐渐偏离。近些年来,随着实验法、社会网络分析、GPS定位等研究方法的兴起,社区社会资本研究又重新测量社会交往、空间布局等社会和空间因素对共同体形成的重要性,两个研究领域出现新的融合趋势。

社区社会资本概念宽泛,一篇综述难以承载。故本文以社区社会资本的测量为主,聚焦于国内学者近二十年内对社区社会资本的量化研究,围绕以下三个议题展开:(1)视社区为实体的经典社区研究;(2)视社区为虚体的社区社会资本测量;(3)"虚"与"实"融合的最新进展。在最后,本文做简要总结和讨论,并指出未来值得关注的一些议题。

二、社区研究:共同体、社会交往与空间

在经典的社区研究中,社区是一个物理和社会空间,在这个空间里,人们与社区其他成员进行交往,形成一定的社区凝聚力,并在这个过程中对所在的社区形成归属感,积极参与社区事务。从这个意义上来说,社区是一个在物理上、交往上和认知上的统一体。在认知属性上是一个共同体,在交往属性上有人们形成强关系的可能性,而这些认知和关系属性是发生在一定的物理空间里的。

中国早期的社区研究将社区看作一个实体,一个在认知、交往和空间上的整合体。例如,吴文藻结合英国功能主义人类学和美国芝加哥学派的社会学理论,主张社区是了解社会的方法论和认识论单位[③];费孝通结合马林诺斯基功能主义的理论和方法,主张从农村社区入手,展开微观研究,以此概括中国总体国情[④]。可以看出,吴文藻与费孝通都将"社区"视为

---

① 肖林,2011,《"社区"研究"与"社区研究"——近年来我国城市社区研究述评》,《社会学研究》第4期。
② 桂勇、黄荣贵,2008,《社区社会资本测量:一项基于经验数据的研究》,《社会学研究》第3期。
③ 王铭铭,1997,《社会人类学与中国研究》,北京:生活·读书·新知三联书店。
④ 谢立中,2007,《从马林诺斯基到费孝通:一种另类的功能主义》,《南昌大学学报(人文社会科学版)》第2期。

整体的抽象"社会"的具体而微,把"社区"作为其他研究主题的一个具体而独特的"场域"。这种从"社区"来透视"社会"的研究范式,因为只有社区是一个实体,才有可能"代表"社会,也才有社区的"分类比较"之说①。

社区社会资本测量的是以社区为依托或载体而形成的集体性社会资本。尽管在测量上依然强调社区的边界性,但更多的把社区视为一个虚体。这种研究思路是源于"社区幸存论"和"社区解放论"的思路。"社区幸存论"认为工业化和城市化使城市人口的异质性增强,社区的概念不再局限于带有乡土主义和保守主义的邻里特征,人群间的凝聚越来越多地建立在有意识的互相依存之上;"社区解放论"认为面对面的与地理空间相关联的社区不存在了,社区已经从地方中解放出来,成为了"脱域的共同体"②。因此,社区社会资本测量的正是人们心中这个共同体的想象,也就是社区多大程度上在邻里的认知中存在。

三、社区社会资本:基于共同体的量化测度

主流的社区社会资本研究,将社区视为一个"虚体",从个人角度测量对共同体的认知。但考虑到概念本身的复杂性,大部分研究都是多维度综合测量,主要包括信任、归属感、凝聚力、互惠等维度③。

近年来,中国学者提出了一系列测量社区社会资本的本土化量表,因议题不同,各有侧重。例如,隋广军和盖翊中④将中国城市的社区社会资本定义为邻里在长期的内外互动中形成的互惠互利关系。项军⑤认为应该用"社区性"这一概念来描述一个社区的"共同体"特性。杨秀勇和高红⑥从治理绩效的角度提出测量的六个维度,胡荣从基层选举的角度提出测量

---

① 项飚,1998,《社区何为——对北京流动人口聚居区的研究》,《社会学研究》第6期。
② 吴晓林、覃雯,2022,《走出"滕尼斯迷思":百年来西方社区概念的建构与理论证成》,《复旦学报(社会科学版)》第1期。
③ 毕向阳,2019,《基于多水平验证性因子分析的城市社区社会资本测量——实例研究及相关方法综述》,《社会学研究》第6期。
④ 隋广军、盖翊中,2002,《城市社区社会资本及其测量》,《学术研究》第7期。
⑤ 项军,2011,《城市"社区性"量表构建研究(英文)》,《社会》第1期。
⑥ 杨秀勇、高红,2020,《社区类型、社会资本与社区治理绩效研究》,《北京社会科学》第3期。

的六个维度等[①]。

值得一提的是，中国的本土化测量不仅从概念上进行创新，也用实证数据对量表进行经验性验证和调整。例如，桂勇和黄荣贵[②]基于2006—2007年在上海市50个社区收集的数据，对所建构的测量社区社会资本的量表进行了指标检验，提出地方性社会网络、社区归属感、社区凝聚力、非地方性社交、志愿主义、互惠与一般性信任和社区信任七个测量维度。方亚琴和夏建中[③]在参考国内外已有测量工具的基础上，根据数据分析结果，最后确立五个测量维度，即社区感、非正式社会互动、互惠与支持、参与社区社会组织与社区关系网络。毕向阳[④]创造性地提出了测量社区社会资本的新方法。他认为测量社区社会资本的量表构建应置于多水平潜变量模型的框架之下，并使用多水平验证性因子分析进行建模，最后得出互动交往、志愿主义、社区信任、认同归属四个维度。

因中国独特的城乡差异，学者们也构建了更符合中国农村实际的社区社会资本测量。例如，赵延东[⑤]将中国农村社区的社会资本划分为信任与公共参与两个维度，用个人对制度、陌生人和熟人的信任来测量信任程度，用对社会组织和活动的参与情况来测量公共参与。裴志军[⑥]把社区社会资本界定在村域范围内，并把其定义为特定村落的关系网络形态和村落内信任、互惠等影响人们行动的整体准则。牛喜霞等[⑦]进一步把农村社区参与分为特殊参与和一般参与，把信任分为熟人信任、制度信任和普遍信任等。

总之，社区社会资本是一个复杂的概念，需要多维度的测量。国内学者们聚焦于测量个体对共同体的认知，从信任、凝聚力、归属感等维度进

[①] 胡荣，2006，《社会资本与中国农村居民的地域性自主参与——影响村民在村级选举中参与的各因素分析》，《社会学研究》第2期。

[②] 桂勇、黄荣贵，2008，《社区社会资本测量：一项基于经验数据的研究》，《社会学研究》第3期。

[③] 方亚琴、夏建中，2014，《城市社区社会资本测量》，《城市问题》第4期。

[④] 毕向阳，2019，《基于多水平验证性因子分析的城市社区社会资本测量——实例研究及相关方法综述》，《社会学研究》第6期。

[⑤] 赵延东，2006，《测量西部城乡居民的社会资本》，《华中师范大学学报（人文社会科学版）》第6期。

[⑥] 裴志军，2010，《村域社会资本：界定、维度及测量——基于浙江西部37个村落的实证研究》，《农村经济》第6期。

[⑦] 牛喜霞，2013，《农村社区社会资本的结构及影响因素分析》，《湖南师范大学社会科学学报》第4期。

行测量。但学者们因研究议题和研究对象的不同，侧重点各有不同。

四、最新进展

梳理社区社会资本测量的最新进展，可明显发现"虚"和"实"的融合趋势。这主要体现为三个方向。第一，不仅注重对共同体的认知，也注重共同体在行动上的体现。这主要体现为实验法在研究中的应用；第二，加强交往层面的测量，将居民的交往方式和模式视为影响共同体形成的重要因素，这主要体现为社会网络分析方法在研究中的应用；第三，重回空间层面的测量，将居民所处的小区及其周边环境视为影响居民交往模式和共同体形成的重要因素，这主要体现为将地理学和城市规划等学科中关于公共设施的空间布局的测量与社区社会资本测量结合。

（一）用实验法测量共同体

社区社会资本主要的测量方式是问卷调查。但是，问卷问题的回答受主流观念的影响，其结果与真实情境之间可能会存在差异[①]。为提高测量效度，研究社区社会资本的学者开始引入行为实验法来对共同体进行测量。

实验法可从两个方面提高社区社会资本测量的效度。第一，行为实验因结束后完全按照被访者在实验中的分配行为兑现奖励，按照社会期望行动意味着导致自身利益受损，因此更接近真实情况；第二，实验法可最大限度排除混杂因素的影响，对因果关系及其背后的机制展开研究，从而超越简单的相关性评估[②]。

采用实验法进行社区研究可以追溯到 20 世纪 90 年代。当时，美国联邦政府发起"搬向机遇"（Moving to Opportunity，后文简称 MTO）实验，随机为高贫困社区的家庭提供补贴，让他们搬到低贫困社区，从而提供研究社区环境对低收入家庭因果影响的宝贵机会。研究结果表明，在成人经济独立和身体健康方面，实验组与控制组之间无显著差异；在成年人心理健康、年轻女性的教育、青少年女性的身心健康以及年轻女性的危险行为

[①] Glaeser, E. L., D. I. Laibson, J. A. Scheinkman and C. L. Soutter. 2000. "Measuring Trust." *Quarterly Journal of Economics* 115 (3): 811-846.

[②] Baldassarri, D. and M. Abascal. 2017. "Field Experiments Across the Social Sciences." *Annual Review of Sociology* 43 (1):41-73

方面，MTO 干预能够产生显著的积极影响；但 MTO 干预对青少年男性的身体健康和犯罪产生了消极影响[①]。

近年来，学者们采用更加成熟的实验来测量被视为社区社会资本组成部分的变量，或是试图探究社区社会资本促进合作的具体机制。

独裁者博弈是最经典的实验设计之一。在独裁者博弈中，两位参与者被给予一份共同的资金。研究员随机选择一位被试作为决策者，该被试必须决定如何在自己和另一位被试（接收者）之间分配这笔钱。独裁者博弈往往用于测量被试的利他水平：如果决策者完全自私，就会把所有的资金都留给自己，此时可以推断决策者属于自利类型，利他水平低[②]。与信任博弈中研究者们使用的方法类似，通过在研究设计中控制接收者的身份，该游戏的测量内容也会发生变化。例如，巴尔达萨里（Baldassarri）[③]比较被试分配给未知身份接收者的金额以及分配给归属同一组织接收者的金额，发现后者显著更多，这证明了群体团结机制的存在。

(二) 加强交往层面的测量

集体社会网络边界较开放、连带密度低，因而集体社会资本只能衡量具体个人对于抽象群体的态度，其测量也就不得不限制在认知层面；但社区社会网络不同，成员之间都有直接或间接的关系，属于边界较封闭而内部连带密度高的网络，因此可对成员间的关系强度及网络的结构特征进行直接测量[④]。

社会网络分析继而成为测量社区社会资本的新方法。社会网络分析方法用节点代表个人、组织、社区等各种社会主体，而节点之间的连接代表

---

① Chetty, R., Hendren, N., and Katz, L. F. 2016. "The effects of exposure to better neighborhoods on children: New evidence from the Moving to Opportunity experiment." *American Economic Review* 106(4):855-902; Sampson, Robert. 2012. *Great American City: Chicago and the Enduring Neighborhood Effect.* Chicago: The University of Chicago Press.

② Camerer, Colin. 2003. *Behavioral Game Theory: Experiments in Strategic Interaction.* New York: Russell Sage Foundation.

③ Baldassarri, Delia. 2015. "Cooperative Networks: Altruism, Group Solidarity, Reciprocity, and Sanctioning in Ugandan Producer Organizations." *American Journal of Sociology* 121 (2): 355-395.

④ 罗家德、方震平，2014，《社区社会资本的衡量——一个引入社会网观点的衡量方法》，《江苏社会科学》第 1 期。

主体之间的社会连带或关系①。虽然社区社会资本对应的是整体性的全局网,但实际调查中直接测量大型社区的全局网并不现实,因而更常见的做法是先收集个人网的数据或部分的全局网数据,在此基础上对整体网的情况进行推论。

目前,社区网络分析主要有两个研究取向:其一,以个体行动者为中心的个人网分析;其二,关注完整网络结构的整体网分析。

个人网的核心问题是行动者在网络中所处的位置。研究者常采用随机抽样的调查方式,收集受访者与其他人的联系以及其他人之间的联系数据,从而对个体网络的规模、多样性等进行评估②。例如,罗家德、方震平③使用个人中心网问卷,用被访者在社区内的工具性、情感性关系数量测量关系性社区社会资本,用被访者与社区成员关系在个人中心网所有关系中的占比测量结构性社区社会资本,使研究效度得以提高。

整体网分析则应用于具有明确边界的群体,通过对群体内部不同行动者形成的网络结构进行分析,来检验网络结构与共同行动之间的关系。例如,巴尔达萨里④对50个乌干达生产者组织的理事会成员进行调研,收集这些理事会的完整网络信息,建立交谈、友谊、电话、建议四种社会网络,发现个体的网络中心性与合作可能性之间存在正相关关系,而个体的冗余联系与合作可能性之间存在负相关关系,跨越大量合作网络的个体更可能放弃搭便车机会,为公共品供给做出贡献。

目前国内的整体网研究相对较少。这因为中国社区人口规模大、异质性强、边界模糊,导致研究难度大。尽管如此,还是有学者进行了探索性研究。例如,郭圣莉⑤在对城市社区权力进行分析时,认为不能将正式职位等同于社区权力,而是需要从人际关系中确定社区中的真正掌权者。因此,她采用整体网分析法,用声望法、职位生成表和社会网自我中心分析

---

① 刘军,2004,《社会网络分析导论》,北京:社会科学文献出版社。
② 孙立新,2012,《社会网络分析法:理论与应用》,《管理学家(学术版)》第9期。
③ 罗家德、方震平,2014,《社区社会资本的衡量——一个引入社会网观点的衡量方法》,《江苏社会科学》第1期。
④ Baldassarri, Delia. 2015. "Cooperative Networks: Altruism, Group Solidarity, Reciprocity, and Sanctioning in Ugandan Producer Organizations." *American Journal of Sociology* 121(2): 355-395。
⑤ 郭圣莉,2013,《国家的社区权力结构:基于案例的比较分析》,《上海行政学院学报》第6期。

问题对调查对象进行提问，以网络位置确定社区的实际领袖。

（三）重回空间层面的测量

社区首先是一个具有边界的居住和生活空间。空间性在经典的社区研究被强调，但在社区社会资本的测量中被忽视。随着城市化进程的加快以及数字化时代的来临，对于公共服务数据和人们行为轨迹等数据获取难度的降低，学者们也开始探索将空间的测量与已有社区社会资本相结合。

不少社会学者开始探索社会资本的空间性的定量测度。方亚琴和夏建中[1]提出，一个社区的空间特征会影响居民的社区交往和社区参与特征，进而对共同体的认知产生影响。布朗宁（Browning）等[2]提出生态网络的概念，测量邻里交往与生活空间之间的联系。王艺璇[3]发现空间资本差异会使居民基于身体的空间体验形成不同居民感性认知。

城市规划学科也为社区社会资本的空间性测量提供了新的思路。刘志林和王晓梦[4]基于 POI 数据测量小区公共空间与设施的可达性，进而考察社区公共空间对居民邻里交往的影响作用和机理。李春江和张艳[5]发现，长时间通勤会减少居民在社区及周边一千米范围内开展的活动，并对社区社交网络结构、社会信任和共同价值等社区社会资本的不同维度产生负面影响。杨辰、辛蕾和田丰[6]用社会网络分析方法对公共服务设施网络和居民行为网络进行对比，探讨设施的空间特征与居民社会交往之间的相关关系。

与早期的社区研究不同，新的空间视角并不将社区看作一个有机体。空间和地理位置本身不是社区社会资本，但基于空间和地理位置而产生的居民的行动轨迹有助于培育和产生社会资本。对空间布局的关注提示我们

---

[1] 方亚琴、夏建中，2014，《城市社区社会资本测量》，《城市问题》第 4 期。

[2] Browning, C. R., Calder, C. A., Soller, B., Jackson, A. L., & Dirlam, J. 2017. "Ecological Networks and Neighborhood Social Organization." *American Journal of Sociology* 122(6): 1939-1988。

[3] 王艺璇，2020，《空间资本差异视角下的城市居住秩序和空间区隔——基于两类社区的比较研究》，《城市问题》第 3 期。

[4] 刘志林、王晓梦、马静，2020，《转型期北京社区公共空间对邻里交往的影响机理：本地居民与移民的对比分析》，《地理科学》第 1 期。

[5] 李春江、张艳、刘志林、柴彦威，2021，《通勤时间、社区活动对社区社会资本的影响：基于北京 26 个社区的调查研究》，《地理科学》第 9 期。

[6] 杨辰、辛蕾、田丰，2021，《基于社会网络理论的社区更新评估——以上海宝山区顾村大居为例》，《城市规划》第 2 期。

社区社会资本不仅仅由强关系组成，也有在日常生活过程中所形成的弱联系和非亲密性的网络[①]。这为丰富和完善社区社会资本测量指标提供了新的方向和思路，为社区研究注入了新的活力。

五、总结

社区社会资本是中国社会学界的一个重要议题。梳理其测量方式的发展，可以发现其呈现出一种从"实"到"虚"的转变再到"虚"与"实"融合的趋势。经典的社区研究将社区视为一个实体，是一个物理空间、社会交往和共同体的结合体，但在社区社会资本的量化测度时，则是将社区抽离成一个虚体，是认知层面的共同体。近年来，学者们又逐步把社会交往维度和空间维度重新带入社区社会资本测量中，重回"虚"与"实"的融合。尤其在近年来的研究中，社区社会资本研究与行为经济学、社会网络分析、地理学、城市规划等学科或领域相结合，呈现多学科的融合创新。

需要强调的是，与经典的社区研究不同，在社区社会资本新的融合趋势中，并不将社区看作是一个空间、交往和认知上的有机体，而是聚焦于检验这三个层面的因果转换机制，例如，空间布局如何影响居民之间的交往，二者又如何共同影响共同体的形成等。因此，近期的研究并不采用针对一个或几个社区的案例研究，而是将调查数据、实验数据、GPS 或 POI 数据等多种定量数据综合使用。

然而，已有的研究所提出的议题仍有待进一步深化。这里抛砖引玉，主要提三点。

第一，社区社会资本测量的统一性应进一步加强。社区社会资本概念内涵丰富，这造成其测量的复杂性。在共同体的认知这个维度上，学者们已做出了很多的尝试，也用定量数据进行了经验性检验，但学界相对公认的、相对统一的测量维度还是相对缺乏。加之近期研究加入了交往层面和空间层面的测量，使得社区社会资本的测量更为复杂。因此，之后的研究，除考虑社区社会资本的多元测量外，也应重视测量的统一性，尤其是需要用不同经验数据进行信效度检验。

[①] Browning, C. R., Calder, C. A., Soller, B., Jackson, A. L., &Dirlam, J. 2017. "Ecological Networks and Neighborhood Social Organization." *American Journal of Sociology* 122 (6): 1939-1988.

第二,社区社会资本的测量应重视与中国文化的结合。社区社会资本是个舶来品,不可否认,国内学者们对该概念做了不少本土化的尝试和检验,也因城乡差异对该测量做了区分,取得了一定的成果。然而,其测量应与中国的关系文化进一步结合。社区治理的文献多次提及关系文化在中国社区事务中的重要性[①],但在目前的测量中,对这方面的考量还相对欠缺。陈捷和卢春龙[②]所区分的共通性社会资本和特定性社会资本,是一个很好的尝试。之后研究可沿着这个思路,在现有测量上结合关系文化的相关测量,进一步丰富中国特色的社区社会资本内涵。

第三,社区社会资本测量应加强跨国比较,从中国的特殊性进一步丰富国际学术界社区社会资本的概念。中国社区有其特色,与欧美国家不同,与东亚其他国家与社会也有区别。通过跨国比较,不仅可以帮助我们更好地理解中国社区社会资本的特殊性,也可丰富学界对于社区社会资本内涵的认识[③]。

Measures of community social capital: cohesion, interaction, and space

TIAN Feng YOU Yuhan & YU Sijing

Abstract: Community social capital is an important sociological topic. Its measurement development follows a trend from seeing community as a "real" entity to a "psychological" concept, and then to an integration of ideological, behavioral and special levels. The classic community research views community as an entity, a combination of physical space, social interaction and psychological imagination. However, the quantitative measurement of community social capital considers the community exclusively at the psychological level. In recent years, scholars have gradually brought the levels of social interaction and physical space back into the measurement of

---

① 刘春荣、耿署、陈周旺,2018,《中国城市基层治理读本》,上海:复旦大学出版社。
② 陈捷、卢春龙,2009,《共通性社会资本与特定性社会资本——社会资本与中国的城市基层治理》,《社会学研究》第 6 期。
③ 边燕杰,2017,《论社会学本土知识的国际概念化》,《社会学研究》第 5 期。

community social capital. Specifically, the research on community social capital has been combined with disciplines or fields such as behavioral economics, social network analysis, geography, urban planning, showing a trend of multidisciplinary integration and innovation.

Keywords: community social capital, "community", social interaction, space, quantitative research methods

小世界现象的社会学探索

陈华珊[①] 王阳[②]

摘　要：本文对小世界现象研究的缘起进行了概述，并通过文献梳理概述了社会学领域对于小世界现象的相关研究。文章的目的在于呈现基于小世界网络模型对社会学经验研究以及相关理论探索所可能带来的贡献和启发，从而引起更多研究者思考及推进小世界现象的社会学研究。

关键词：小世界；社会网络；组织与技术

一、小世界现象

小世界现象最早由匈牙利作家卡琳迪在其 1929 年发表的短篇小说《CHAIN-LINKS》中提出，在他看来，地球上的任何两个人都可以通过不超过 5 个人（其中一个是熟人）取得联系，这一论断也开启了后世关于"六度分隔"理论研究的先河[③]。40 年后，米尔格拉姆首次以实验的方式验证了小世界现象在现实生活中的存在：他邀请实验者给居住在另一个州的给定姓名和人口学信息的目标收信人寄信，如果不直接认识目标收信人，就把信寄给他们认为最可能认识目标收信人的朋友。结果统计发现，在成功的寄信链条中，中介人的平均数量是 5.2 个，印证了人与人之间的"六度分隔"[④]。米尔格拉姆的小世界网络研究一经发表就引起了巨大的轰动，但后续的研究一直停留在小样本实验的阶段，小世界现象在性别、种族、

[①] 陈华珊，中国社会科学院社会发展战略研究院，中国社会科学院社会景气研究中心。
[②] 王阳，清华大学社会学系。
[③] Karinthy, F. 1929. "Chain-links." *Everything is different*: 21-26.
[④] Milgram, Stanley. 1967. "The Small World Problem." *Psychology Today*, 2(1): 60-67. Travers, Jeffrey, and Stanley Milgram. 1977. "An Experimental Study of the Small World Problem." In *Social Networks*, 179-97.

公司官僚化程度的比较上都得到了进一步的验证[1]，还有一些研究没有使用普通邮件而是使用电话、电子邮件传递信息[2]。

小世界现象的第一个理论检验来自普尔和科亨，他们提出了网络中两个随机选择的人经由包含着 i 个中间人的最短路径连接的可能性 p_i 在一系列局部网络结构和分层的严格假定下，他们计算了 p_i 的期望值，发现随机选定的一对顶点之间的中间人数目很少，世界很"小"[3]。直到1998年，小世界第一次从传统社会网的数理角度得到证明。为了量化小世界网络，邓肯·瓦茨和斯托加茨提出了用平均路径长度（L）和集聚系数（C）来测量网络的小世界特性[4]。其中，特征路径长度用来测量图的全局结构，指构成图中任意两个顶点之间连接的最短路径的边的平均数；集聚系数用来测量图的局部结构。较小的平均路径长度和较大的集聚系数即是一个小世界网络的典型特征。但涉及小世界网络的具体判定，则需要和同等规模的随机网络进行比较。如果一个网络的集聚系数与其同规模随机网络的比值远大于1，而它们的特征路径长度的比值大约是1，或者集聚系数的比值除以特征路径长度的比值远大于 1，那这个网络就可以判定为具有小世界特性，而后者的这个度量也被称为小世界 Q 指数[5]在随后的研究中，瓦茨（1999）又详细展示了网络数值模拟的过程，并进一步证明了小世界网络在现实世界中存在的证据（演员的合作、美国西部电力传输和线虫的神经网

---

[1] Lin, Nan, Paul Dayton, and Peter Greenwald. 1977. "The Urban Communication Network and Social Stratification: A 'Small World' Experiment." *Annals of the International Communication Association*, 1 (1): 107-19; Weimann, Gabriel. 1983. "The Not-so-Small World: Ethnicity and Acquaintance Networks in Israel." *Social Networks*, 5 (3): 289-302; Lundberg, Craig C. 1975. "Patterns of Acquaintanceship in Society and Complex Organization: A Comparative Study of the Small World Problem." *The Pacific Sociological Review*, 18 (2): 206-22.

[2] Guiot, Jean M. 1976. "A Modification of Milgram's Small World Method." *European Journal of Social Psychology*, 6 (4): 503-7; Dodds, Peter Sheridan, Roby Muhamad, and Duncan J. Watts. 2003. "An Experimental Study of Search in Global Social Networks." *Science*, 301 (5634): 827-29.

[3] de Sola Pool, Ithiel and Manfred Kochen. 1978. "Contacts and Influence." *Social Networks*, 1(1): 5-51.

[4] Watts, Duncan J, and Steven H Strogatz. 1998. "Collective Dynamics of 'Small-World' Networks" (393): 3.

[5] Davis, Gerald F., Mina Yoo, and Wayne E. Baker. 2003. "The Small World of the American Corporate Elite, 1982-2001." *Strategic Organization*, 1 (3): 301-26; Uzzi, Brian, and Jarrett Spiro. 2005. "Collaboration and Creativity: The Small World Problem." *American Journal of Sociology*, 111 (2): 447-504.

络），以及在疾病传播、信息扩散方面的优势，为后续自然科学和社会科学中的一系列小世界应用研究奠定了基础。

回顾已有的小世界研究，主要是从过程、结构、心理三个维度[①]对小世界的网络特征、算法、扩散、心理等问题进行探索，过程维度主要研究社会网络中的扩散和传染现象，结构维度主要从数学计算角度探究节点对之间的最短路径，心理维度则是研究人群中小世界联系引发的惊喜效应。本文将主要综述社会学领域中的小世界研究。

二、小世界的社会学研究

（一）组织社会学

瓦茨对小世界的研究一经发表就受到了组织社会学的强烈关注，大量研究证实了小世界网络对政治、经济和文化活动方面的影响。

在政治活动方面，特拉弗斯和米尔格拉姆研究了美国投票社交网络模型中选民之间的互动，发现小世界效应会产生巨大的投票激励效应[②]：小世界网络中一个人的投票决定可能会影响数十个"投票瀑布"中的其他选民，且具有非同质关系的人比具有同质关系的人更可能影响他人做出同样的投票决定，卡斯特拉那等研究了小世界网络的拓扑结构如何影响选民模型的动态以形成意见[③]。谭卓和富勒使用 1973 年到 2004 年所有形式的美国国会的立法数据，构建了国会议员之间的社交网络，发现该网络体现了小世界的特征，且小世界属性的差异与通过的重要法案的数量有关[④]。庄利用推特的数据探究了活跃的推特社区如何在与周边社区进行本地交互的同时无意识地形成一个小世界网络，他们发现随着时间的推移，这种本地互动带来了小世界网络的全球化，将媒体渠道与人类活动联系起来，进而

[①] Schnettler, Sebastian. 2009. "A Structured Overview of 50 Years of Small-World Research." *Social Networks*, 31 (3): 165-78.

[②] Travers, Jeffrey, and Stanley Milgram. 1977. "An Experimental Study of the Small World Problem." In *Social Networks*, 179-97.

[③] Castellano, Claudio, Daniele Vilone, and Alessandro Vespignani. 2003. "Incomplete Ordering of the Voter Model on Small-World Networks." *Europhysics Letters (EPL)*, 63 (1): 153-58.

[④] Tam Cho, Wendy K., and James H. Fowler. 2010. "Legislative Success in a Small World: Social Network Analysis and the Dynamics of Congressional Legislation." *The Journal of Politics*, 72 (1): 124-35.

影响体制变革和政策制定①。

在经济和文化活动方面,大量研究证实了小世界网络在知识扩散、创新激励等方面的重要作用。由于具有较小的平均路径长度和较大的集聚系数,小世界网络中节点之间传递知识的效率要远胜于一般网络,节点个体的创造力也更容易被激发出来,这与现实世界中一些科技创新联盟、产业集群组织等企业网络的特性高度重合②,这也促使大批研究致力于用仿真技术构建小世界网络来模拟真实的知识/技术扩散网络③,用小世界网络的特征路径长度和集聚系数来表示知识共享/企业创新网络节点间的交流频率和集中程度④。尽管有研究表明真实的企业网络并不一定完全符合小世界的特性,但总的来说,已有的大部分研究都表明加强企业集聚度与知识交流频率能促进产业集群网络内的知识转移能力和效率,进而提高其竞争优势⑤。

具体来说,孙耀吾和卫英平基于小世界网络理论构建了高技术企业联盟中的知识扩散模型,发现特征路径长度与高技术企业联盟的知识扩散、创新效率之间呈负相关关系,集聚系数、网络成员间的知识交流频率与企业联盟的知识扩散、创新效率之间呈正相关关系,揭示了联盟企业知识扩散的动力学机制⑥。此外,还有一些研究从不同规模、情境、时间探究了小世界网络中的知识扩散与创新。例如,利用仿真实验探究了环境规制下制造业企业低碳技术扩散的动力机制,发现了不同规模的小世界网络在扩

---

① Chng, Eugene. 2015. "Local Interactions and the Emergence of a Twitter Small-World Network." *Social Networks*, 4 (2): 33-40.

② 江可申,田颖杰. 动态企业联盟的小世界网络模型. 世界经济研究,2002(5):84-89;冯锋,王亮. 产学研合作创新网络培育机制分析——基于小世界网络模型. 中国软科学,2008(11):82-86.

③ 王展昭. 考虑重复购买因素的品牌竞争对新产品扩散的影响研究——基于小世界网络的仿真环境. 中国管理科学,2019,27(12):164-174.

④ 邓丹,李南,田慧敏. 加权小世界网络模型在知识共享中的应用研究. 研究与发展管理,2006(4):62-66;冯锋,张瑞青,闫威. 基于小世界网络模型的企业创新网络特征分析. 科学学与科学技术管理,2006(9):87-91.

⑤ 兰娟丽,雷宏振,宋振东. 基于"小世界"网络模型的产业集群内企业竞争优势仿真分析. 陕西师范大学学报(哲学社会科学版),2020,49(2):139-148.

⑥ 孙耀吾,卫英平. 高技术企业联盟知识扩散研究——基于小世界网络的视角. 管理科学学报,2011,14(12):17-26.

散深度和扩散速度上的差异①。通过比较50个节点、200个节点和500个节点的模拟制造业企业小世界网络，作者发现相较于小规模网络，大规模企业网络的扩散深度对碳补贴力度和碳排放权交易价格的变化更敏感，扩散速度对规制强度也较敏感，而小规模企业网络的扩散深度对碳税税率的变化较敏感。探究了单一扩散和竞争扩散情境下小世界网络中的创新扩散，发现产品技术是创新扩散深度的决定性因素，创新产品的技术绩效越高，创新扩散越彻底；而创新先驱者的比例也至关重要，创新先驱者比例越高，越有利于创新扩散，且会在社会网络结构与创新扩散规模的关系中起调节作用——创新先驱者比例越高，社会网络结构的变化引起的创新扩散规模的变化越小②。在竞争扩散情境下，网络效应越强越有利于先发产品，但在高聚集网络中，无论先发产品的用户基数多大，后进产品的技术优势多强，均无法通吃市场。

在时间维度上，王国红等发现具有小世界特性的创新孵化网络能提升知识的转移效率和配置效率，节点间的信任程度和认知距离均会影响知识的传播，且三者的正向作用均需要演化发展到一定阶段才能显现③。兰娟丽等同样从时间维度上探讨了产业集群网络内知识转移能力和效率的变化，发现在产业集群发展的初期，随着集群网络内节点间距离的增大和临近性的降低，企业的竞争优势会有所降低，随后到达一个阈值后，产业集群趋于成熟，网络规模也在扩大，这在一定程度上会减弱临近性给集群内企业带来的影响，使得其竞争优势保持稳定④。

不论是计算机仿真模拟，还是真实网络数据检验，绝大部分已有研究都肯定了小世界网络在信息扩散、技术创新方面的积极作用，然而，还有小部分研究认为小世界特性对现实的政治经济活动也存在着消极的作用。

---

① 吕希琛，徐莹莹，徐晓微. 环境规制下制造业企业低碳技术扩散的动力机制——基于小世界网络的仿真研究. 中国科技论坛，2019（7）：145-156.

② 蔡霞，宋哲，耿修林. 先发企业的崛起与后进企业的逆袭——基于小世界网络的创新扩散仿真研究. 南开管理评论，2017，20（6）：42-49；蔡霞，宋哲，耿修林. 社会网络结构和采纳者创新性对创新扩散的影响——以小世界网络为例. 软科学，2019，33（12）：60-65.

③ 王国红，周建林，唐丽艳. 小世界特性的创新孵化网络知识转移模型及仿真研究. 科学学与科学技术管理，2014，35（5）：53-63.

④ 兰娟丽，雷宏振，宋振东. 基于"小世界"网络模型的产业集群内企业竞争优势仿真分析. 陕西师范大学学报（哲学社会科学版），2020，49（2）：139-148.

在乌齐和斯佰诺关于百老汇音乐剧艺术家创造力的研究中已显示,太高和太低的小世界性均会阻碍创新的产生[1]。陈子凤和官建成用1975—2006年间16个国家的专利合作网络数据同样证实了小世界属性与专利产出之间呈倒U型关系,而特征路径长度与专利产出之间则稳定地呈现负向关系[2]。类似的,弗莱明等也质疑了小世界结构对地区内创新生产力的促进作用。他们利用超过200万发明人的专利合作历史数据建模,发现尽管特征路径长度的减少和聚合的增加促进了专利申请,但一旦考虑到区域的网络聚合,集聚系数除以特征路径长度——即小世界性——对后续的发明生产力并没有统计学上的显著影响,这说明小世界结构似乎不如一个地区内的基本联系程度重要[3]。阮邦当则分析了CEO和董事之间的社会关系对公司治理的影响,发现当CEO和多个董事会成员属于同一个"小世界"社交圈时,CEO不太可能因业绩不佳而被赶下台,而且在被迫离职后更有可能找到新的好工作,说明高层管理人员之间的社会联系是严重破坏董事会有效性的因素[4]。

总的来说,回顾小世界网络在组织社会学领域的应用,我们可以确认,小世界结构的本质是通过偶尔的桥接联系局部密集的凝聚集群,有凝聚力的集群和桥接关系之间的张力提供了小世界的创造性。在小世界网络中,由于对不受欢迎行为的集体惩罚更容易,凝聚力的多重纽带将更容易产生信任。通过产生信任,凝聚力集群会进一步促进共享、广泛的交流,以及创造力的开发。此外,通过引入新鲜的非冗余的信息,桥接关系抵消了凝聚力集群的孤立。这些新鲜信息与集群内的信任、资源共享和强大的信息流相结合,提高了小世界的开创性创造力。也就是说,小世界网络得以发挥惊人的创造力既不是单纯因为凝聚力,也不是单纯因为桥接关系,而是

---

[1] Uzzi, Brian, and Jarrett Spiro. 2005. "Collaboration and Creativity: The Small World Problem." *American Journal of Sociology*, 111 (2): 447-504.

[2] Chen, Zifeng, and Jiancheng Guan. 2010. "The Impact of Small World on Innovation: An Empirical Study of 16 Countries." *Journal of Informetrics*, 4 (1): 97-106.

[3] Fleming, Lee, and Matt Marx. 2006. "Managing Creativity in Small Worlds." *California Management Review*, 48 (4): 6-27.

[4] Nguyen, Bang Dang. 2012. "Does the Rolodex Matter? Corporate Elite's Small World and the Effectiveness of Boards of Directors." *Management Science*, 58(2): 236-252.

它们之间的相互作用①。

（二）技术社会学

除了对组织社会学相关议题的关注，还有一部分小世界研究旨在从技术角度探索小世界网络本身的特性，这主要集中在小世界结构的稳定性、中心节点的作用以及网络的演化过程上。在小世界结构的稳定性方面，科格特和沃克尔利用20世纪90年代德国公司所有权模式和重组事件的数据构建了公司集群网络，发现随着全球竞争的加剧，即使公司之间的所有权关系发生变化，小世界的属性仍保持不变②。戴维斯等使用小世界概念考察了美国20世纪80—90年代企业精英网络结构的稳定性，发现尽管董事会和董事之间的人员流动非常频繁，关系也几乎完全变更，但企业精英之间的距离几乎保持不变，这种稳定的精英结构对影响公司治理的宏观和微观变化具有弹性③。鲍姆等研究了1952—1989年之间加拿大的投资银行财团网络，发现其小世界网络特征非常稳定，几乎不受重大经济衰退或扩张等外生冲击的影响④。

在中心节点的作用上，不少研究结论表明，具有高中心性的关键网络节点是整个网络的"守门人"，在维持网络的小世界结构以及技术知识的转移中发挥着重要作用。具体来说，桑吉夫等通过研究1970—2000年间经济学家之间的合作网络，发现随着时间推移，他们之间的社会距离越来越小，而高中心性的"明星"经济学家可以将"孤立"的经济学家连结起来，是缩小网络特征路径长度的关键⑤。基尔杜夫等利用来自四个组织的数据比较了真实的友谊网络和感知的友谊网络之间的差异，发现感知网络比实际网络表现出了更大的小世界属性，这主要是由于人们对处于中心节点的人

---

① Fleming, Lee, and Matt Marx. 2006. "Managing Creativity in Small Worlds." *California Management Review*, 48 (4): 6-27.

② Kogut, Bruce, and Gordon Walker. 2001. "The Small World of Germany and the Durability of National Networks." *American Sociological Review*, 66 (3): 317.

③ Davis, Gerald F., Mina Yoo, and Wayne E. Baker. 2003. "The Small World of the American Corporate Elite, 1982-2001." *Strategic Organization*, 1 (3): 301-26.

④ Baum, Joel A.C., Timothy J. Rowley, and Andrew V. Shipilov. 2009. "The Small World of Canadian Capital Markets: Statistical Mechanics of Investment Bank Syndicate Networks, 1952-1989." *Canadian Journal of Administrative Sciences*, 21 (4): 307-25.

⑤ Sanjeev Goyal, Marco J van der Leij, and José Luis Moraga‐González. n.d. "Economics: An Emerging Small World." *Journal of Political Economy*, 10.

有着更强的集中性和中介性的感知①。鲍姆等的研究发现，一旦从稳定的加拿大投资银行财团网络中移除主要牵头的银行之间的联系，其网络结构就会被损害；相比之下，消除随机选择的银行之间的联系则不会改变网络结构②。洪秀婉和王安邦研究美国射频识别的专利引用网络发现，81%的专利引用活动与高中介中心性专利有关。少数关键专利可能会在短时间内影响许多其他专利，并主导关键技术的发展③。

在小世界的演化方面，杨波等从个体选择的角度入手，以网络中个体价值优化作为网络结构演化的动力机制设定了仿真模型，发现小世界网络结构的演化过程相当稳定④。古拉提等使用 1996 年至 2005 年全球计算机行业组织间联系形成的数据，发现小世界系统可能是一个高度动态的结构，且遵循一个倒 U 型的进化模式⑤，系统的小世界性在上升之后下降主要是由于以下三个因素：（1）演进的社会结构与行动者个体形成的架桥纽带之间的递归关系，最终将信息空间同质化，行动者形成架桥纽带的倾向降低，形成一个全球分离的网络；（2）小世界网络的自我封闭，或社会系统的不断同质化，使得小世界对新行动者的接受度和吸引力降低，从而限制了与外部集群之间桥接关系的形成；（3）小世界网络的碎片化，或者小世界系统无法保持当前集群。

（三）传播社会学

在小世界网络中，密集的局部集群通过促进通信和合作提供了网络中的信息传输能力，非冗余连接缩短了节点之间的距离，并通过开发更广泛的知识资源，使网络的影响范围更大，因此小世界网络被经常应用于传播

---

① Kilduff, Martin, Craig Crossland, Wenpin Tsai, and David Krackhardt. 2008. "Organizational Network Perceptions versus Reality: A Small World after All?" *Organizational Behavior and Human Decision Processes*, 107 (1): 15-28.

② Baum, Joel A.C., Timothy J. Rowley, and Andrew V. Shipilov. 2009. "The Small World of Canadian Capital Markets: Statistical Mechanics of Investment Bank Syndicate Networks, 1952-1989." *Canadian Journal of Administrative Sciences*, 21 (4): 307-25.

③ Hung, Shiu-Wan, and An-Pang Wang. 2010. "Examining the Small World Phenomenon in the Patent Citation Network: A Case Study of the Radio Frequency Identification (RFID) Network." *Scientometrics*, 82 (1): 121-34.

④ 杨波，王璐璐. 小世界网络视角下数字出版基地集群治理研究. 科技与出版, 2019（12）：43-48.

⑤ Gulati, Ranjay, Maxim Sytch, and Adam Tatarynowicz. 2012. "The Rise and Fall of Small Worlds: Exploring the Dynamics of Social Structure." *Organization Science*, 23 (2): 449-71.

社会学中的风险传播、观点同化以及舆情传播的建模。在风险传播方面，利用小世界网络，石娟等模拟了大学生危机行为传播，王鹏等构建了银行金融风险传播模型[①]。在观点同化方面，已有的研究主要是基于德法特（Deffaunt）模型来进行仿真模拟。为了模拟人群中观点交流、同化的过程，德法特等对具有连续意见和不确定性的群体的意见变化建模，设置网络内节点之间因对舆情事情的态度差异进行动态重连，提出了连续性观点演化模型[②]。在此基础上，有研究用小世界网络模拟真实世界的人际关系网络，考察人们观点的交互过程，发现网络规模越大，观点统一所需的收敛时间就越长，而节点度和重连概率越大，观点统一所需的收敛时间就越短，此外人际间的信任程度和极端个体的比例也能决定群体观点的收敛情况[③]。

在舆情传播方面，小世界网络为现有模型的构建提供了重要的基础。首先，不少利用真实数据进行分析的研究证实了小世界性在舆情传播网络的存在：周辉对广州市10个市辖区居民关于SARS相关流言的调查数据进行分析，发现在流言传播的过程中，每个人与外界的联系平均为六次左右、少数节点拥有大量与外界的联系、通讯手段的存在大大缩短了流言在两个人之间的传播路径等小世界网络特征，印证了小世界网络在构建流言传播模型方面的适用性[④]。姜鑫和田志伟通过滚雪球抽样对微博400万关注者以上的大V之间的关注网进行分析，发现该网络具有小世界性质[⑤]。其次，大量的研究利用计算机仿真技术模拟了舆情传播过程，均以小世界网络的结构特性为模型设定基础。其中，又以SIR模型的应用与改进为主流。

SIR模型是生物与流行病学中的经典模型，将个体在流行病传播中的状态分为三类：易感状态（S）、感染状态（I）、免疫状态（R）。通过模拟

[①] 石娟，郑鹏，徐凌峰，常丁懿. 小世界网络中的大学生危机行为传播仿真研究. 中国安全科学学报，2019，29（12）：21-27；王鹏，王小军，邵思远. 小世界银行网络、非线性效应和尾部风险：随机动态视角. 南开经济研究，2020（5）：206-225.

[②] Deffuant, Guillaume, Frédéric Amblard, Gérard Weisbuch and Thierry Faure. 2002. "How Can Extremism Prevail? A Study Based On the Relative Agreement Interaction Model." *Journal of Artificial Societies and Social Simulation* 5(4): 27.

[③] 刘锦德，刘咏梅. 基于改进Deffaunt模型和小世界网络的舆情传播模拟与仿真. 系统工程，2015，33（3）：123-129.

[④] 周辉. 流言传播的小世界网络特性研究. 武汉科技学院学报，2005（1）：108-111.

[⑤] 姜鑫，田志伟. 微博社区内信息传播的"小世界"现象及实证研究——以腾讯微博为例. 情报科学，2012，30（8）：1139-1142.

与计算,揭示流行病的传播规律,后续又扩展为 SEIR 模型[①]。后来,研究者们陆续根据不同的疾病传播过程及实际情况建立了多种流行病传播模型,而 SIR 模型也因其适用性被逐渐应用于流行病学之外的其他领域,传播学和社会学尤为突出。

事实上,新媒体中的信息传播过程与 SIR 模型里的流行病传播过程非常类似,信息传播网络中的节点状态同样可分为不知情状态(S)、知情状态(I)和免疫状态(R),通过设置不同的模型参数,舆情的传播过程可以清晰地模拟出来。具体来说,一些研究以新浪微博用户为研究对象,根据 SIR 流行病传播模型范式,基于网络舆情动态演进所体现的信息传播复杂性特点,构建了 SNO 网络舆情动态演进模型。通过运行仿真模型可以发现,网络舆情的传播符合复杂网络的无标度、小世界特点,而政府发布信息的时间越早,对网络舆情的控制越有利,发布信息的真实度、政府公信力、引导与监管力度也会对网络舆情的发展和变化产生重要影响[②]。李锋和魏莹以 SIR 模型为参照对象,采用多主体建模与仿真方法分析小世界网络的结构属性与信息扩散之间的关系,发现当小世界网络逐渐向随机网络变化,以及网络节点关系更加紧密时,信息扩散的网络覆盖率指标逐渐变大,呈现 S 型曲线特征[③]。常笑利用 SIR 模型探究了具有小世界特性的超网络中的信息传播规律,发现超网络的集聚系数与信息传播能力为负相关关系,平均路径长度与信息扩散所需时间的变化趋势几乎一致。相较于基于普通图的小世界网络,信息在基于超图的小世界超网络中的传播速度更快[④]。

在传统 SIR 模型基础上,陈园构建了考虑邻居节点权重、感染节点权重的 SIRA 改进模型,发现权威节点和邻居节点能促使代表中立态度的沉

---

① Kermack, W. O., and A. G. McKendrick. 1927. "A Contribution to the Mathematical Theory of Epidemics." *Proceedings of the Royal Society of London. Series A, Containing Papers of a Mathematical and Physical Character*, 115 (772): 700-721.
② 谢橙瞬. 小世界网络模型的优化及应用研究,学位论文,江苏大学,2018:63.
③ 李锋,魏莹. 小世界网络下病毒式信息传播的仿真分析. 系统仿真学报,2019,31(09):1790-1801.
④ 常笑. 基于超图的小世界超网络模型及传播特性分析,学位论文,青海师范大学,2022:80.

默者表达自己的意见，加快谣言传播速度[1]。王雨嘉则在经典的 SIR 传染病模型的基础上加入了辟谣者这一角色，建立了 T-SIR 谣言传播模型，随后又在此基础上增加了观望者的角色，并将移出者分为中立的移出者、相信谣言的移出者和得知真相的移出者三类，构建了 WT-SIR 模型。最后，在小世界网络和无标度网络的背景下，引入实际调研的数据进行仿真分析[2]。研究发现，在相同条件下，小世界网络中的谣言传播速度、传播规模、传播者密度、辟谣者密度、中立移出者密度、得知真相的移出者密度等指标数值均大于无标度网络的相应数值，说明网络的拓扑结构确实对谣言传播的过程存在影响。薛晓斐基于小世界网络对新冠疫情期间谣言传播的过程进行仿真建模，在经典传染病模型 SIR 框架下，结合谣言在真实社会网络中的传播情境，增加了"接触状态人群 C"这一分类来代表从社交媒体接收到谣言并依据自身判断对谣言进行识别进而决定自身行为的人群，构建出了拟合程度更高的 SCIR 模型，证实了具有小世界特征的网络人际关系会对谣言传播起到加速推动作用[3]。吕心怡和黄贤英在 SEIR 模型的基础上考虑了权威性效应、从众效应以及好友亲密度对社交网络上谣言传播的作用，提出了谣言传播模型 ACI-IESR，并通过在小世界网络、无标度网络的仿真实验和 Facebook 网络、Twitch 网络的模拟实验，发现三者均能推动谣言传播范围的扩大，权威性效应和从众效应还能加速谣言在社交网络中的扩散和消失[4]。

三、小世界研究的不足与展望

回顾已有的社会学领域的小世界研究，可以看到主要的质疑集中在两个方面。首先，一些社会学家认为小世界问题缺乏社会学意义。小世界的产生依赖于实验，这些实验虽然有趣，但都是人为的，没有进入社会生活中自然发生的网络和互动系统，对社会关系和相互作用的重要社会学性质

---

[1] 陈园. 一种基于邻居节点间相互影响的谣言传播模型. 河北北方学院学报（自然科学版），2021，37（1）：23-34.

[2] 王雨嘉. 复杂网络中考虑辟谣机制的谣言传播模型研究，学位论文，东南大学，2019：115.

[3] 薛晓斐. 基于内生动态网络的舆情传播研究，学位论文，郑州大学，2021：68.

[4] 吕心怡，黄贤英. 改进的社交网络谣言传播模型. 计算机工程与设计，2022，43（4）：986-994.

不敏①。通过把小世界问题简化为关于连接模式的数学难题，研究者们往往会忽略不平等、冲突和排斥等社会学意义上的关键问题②。其次，现有的小世界研究大部分停留在静态的单一性质的关系网络，未来的研究应从静态分析扩展到动态分析，不仅要关注参与者的异质性，还要关注参与者之间联系的异质性的作用③。总的来说，只有当小世界的研究能够超越数学计算、更好地解释现实世界的复杂问题时，它对社会学才会更有意义。

---

① Urry, John. 2004. "Small Worlds and the New 'Social Physics.'" *Global Networks*, 4 (2): 109-30.
② Crossley, Nick. 2008. "Small-World Networks, Complex Systems and Sociology." *Sociology*, 42 (2): 261-77.
③ Uzzi, Brian, Luis AN Amaral, and Felix Reed-Tsochas. 2007. "Small-World Networks and Management Science Research: A Review." *European Management Review*, 4 (2): 77-91.

大数据中的文本数据和行为数据

尉建文　李丹[①]

摘　要：大数据为社会科学研究发展提供了新的研究方法和视野，也对研究者处理和运用大数据提出了新的方法和技术要求。本文系统梳理运用大数据的社会科学研究成果，将大数据分为文本数据和行为数据，总结处理和运用两类数据的经验方法。文本数据处理和运用经验丰富，已经形成词频统计法、语义分析法、情感分析法等变量提取方法。行为数据受到社会科学研究关注，但数据处理和运用方法有待进一步丰富和发展。本文的意义在于，一方面对文本数据和行为数据的处理和运用经验做出总结，另一方面对社会科学更好地处理和运用大数据做出展望。

关键词：大数据；行为数据；文本数据

一、导言

大数据（Big Data）带来了一场生活、工作与思维的大变革，一个被称为大数据的时代已经到来。[②]数据渗透到每一个行业和领域，逐渐成为重要的生产因素。[③]大数据成为推动经济转型发展的新动力、重塑国家竞争优势的新机遇、提升政府治理能力的新途径。[④]在社会科学领域，大数据不仅为传统定量社会学研究注入新鲜血液，而且给社会科学研究带来新视野和新方法，为历时的、跨文化的宏观研究和比较研究提供可能，甚至

[①] 尉建文，北京师范大学社会学院，教授、博士生导师，从事社会治理、组织社会学、灾害社会学研究；李丹，北京师范大学社会学院博士研究生，从事社会治理研究。

[②] 维克托·迈尔-舍恩伯格、肯尼思·库克耶：《大数据时代：生活、工作与思维的大变革》，盛杨燕、周涛译，浙江人民出版社，2013年，"引言"，第1页。

[③] James Manyika, Michael Chui, Brad Brown, et al., *Big Data: The Next Frontier for Innovation, Competition, and Productivity*, McKinsey Global Institute Report, 2011, p. 3.

[④] 《促进大数据发展行动纲要》，国务院2015年8月31日印发。

推动着定量研究与定性研究的融合。①②③大数据具有数量庞大、全面性、整体性、即时性等特点。④数据形态常常是混合的,包括结构化、半结构化和非结构化的数据,且非结构化数据的占比越来越大。⑤因此,社会科学研究处理和运用大数据必然需要新的技术和方法。本文将大数据分为文本数据和行为数据,系统梳理应用大数据开展社会科学研究的相关文献,分析、提炼、总结处理和运用文本数据和行为数据的方法,一方面对社会科学处理和运用大数据取得的经验做出总结,另一方面也进一步展望社会学科如何更科学有效地处理和运用大数据,发挥大数据的优势和价值。

二、文本数据的处理和运用

文本数据通常表现为汉字、英文字母形式,以句子、段落、篇章为单位存储,具有数据维度高、非结构化、不能参与算数运算等特点⑥。谷歌图书语料库、微博、论坛发帖文本、新闻报刊文稿、法规政策等都属于文本数据。文本既能从微观层面上反映个体的心理活动、态度、观念,也能从宏观层面上反映集体文化。⑦⑧因而,文本数据在研究社会心态、价值观念、文化兴趣等方面具有优势,尤其在超越微观视角、远距离考察人类活动时空演化上具有独特价值。

文本数据处理需要利用人工智能等算法,相关技术和流程较为复杂。目前,社会科学处理和运用文本数据的路径之一是,从非结构的文本数据中提取相关变量。⑨而在提取相关变量前必不可少的一步是文本数据清理。

---

① 罗玮、罗教讲:《新计算社会学:大数据时代的社会学研究》,《社会学研究》2015年第3期。

② 陈云松:《当代社会学定量研究的宏观转向》,《中国社会科学》2022年第3期。

③ King, Gary. "Restructuring the Social Sciences: Reflections from Harvard's Institute for Quantitative Social Science." *political science & politics,* vol. 47, no. 1, 2014, pp. 165-172.

④ 唐文方:《大数据与小数据:社会科学研究方法的探讨》,《中山大学学报》(社会科学版)2015年第6期。

⑤ 罗家德、高馨、周涛等:《大数据和结构化数据整合的方法论——以中国人脉圈研究为例》,《社会学研究》2021年第2期。

⑥ 张兴会等编:《数据仓库与数据挖掘技术》,北京:清华大学出版社,2011年,第203页。

⑦ Kramsch, C. J. "Language and Culture," *AILA Review,* vol. 27, no. 1, 1998, pp. 30-55.

⑧ Samovar, Larry A., et al., *Communication Between Cultures,* Boston: Cengage, 2000.

⑨ 陈云松、吴青熹、张翼:《近三百年中国城市的国际知名度基于大数据的描述与回归》,《社会》2015年第5期。

即运用 Python、平台提供的专业软件等软件,借助各种算法工具和词库进行文本分词、主干化、剔除停用词等。例如,郑石明等学者综合运用多个停用词词库对重复次数较多且易对主题分布产生影响的停顿词进行删除,采用北京大学发布的中文分词工具 Pkuseg 对文本数据进行分词处理。[1]接下来则是运用词频统计法、语义分析法、情感分析法等方法,从文本数据中提取相关变量,将非结构化的文本数据转化为结构化的数据。转换后的文本数据已经与传统调查数据较为相似,可以运用回归分析、统计推断等传统分析方法进行数据分析。

具体而言,词频统计法强调通过检索、统计技术,得出关键词出现频率高低的指标。例如,龚为纲和罗教讲以谷歌图书语料库(Google Books)为数据来源,利用 Google Books 平台提供的 N 元模型(N-grams)词频统计器,对较长时段的茶叶、丝绸、瓷器等关键词出现频率进行统计。之后,研究者利用此"关键词-词频"时间序列数据,分析研究了 19 世纪中国"海上丝绸之路"及主要贸易产品的历时发展趋势及演变过程。[2]其他学者也运用相同的方法,检索城市名称、文化物品名称、社会学专业词汇等关键词,对城市知名度、文化知名度、社会学学科史进行分析,形成了谷歌图书系列文化研究。[3][4][5]龚为纲等学者则基于全球事件、语言和语调数据库(GDELT)分析涉华舆情。研究者通过结构化查询语言(SQL)的正则表达式,提炼 GDELT 中涉华舆情的关键词条,得到相应关键词及频次,以此分析涉华舆情的核心议题。

语义分析法无需如词频统计法一样事先设定关键词,而是强调从文本数据中提取文本主旨和与主旨对应的关键词,对文本进行分类聚类。同时,

---

[1] 郑石明、兰雨潇、黎枫:《网络公共舆论与政府回应的互动逻辑——基于新冠肺炎疫情期间"领导留言板"的数据分析》,《公共管理学报》2021 年第 3 期。

[2] 龚为纲、罗教讲:《大数据视野下的 19 世纪"海上丝绸之路"——以丝绸、瓷器与茶叶的文化影响力为中心》,2015 年第 12 期。

[3] 柳建坤、吴愈晓、刘伟峰:《中国城市国内知名度的变迁和机制——基于海量书籍和互联网搜索引擎的大数据分析》,《学术论坛》2016 年第 6 期。

[4] 孙艳、黄荣贵、洪岩璧:《大数据中的中国非物质文化遗产:300 年国际知名度分析》,《学术论坛》2016 年第 6 期。

[5] 陈云松:《大数据中的百年社会学——基于百万书籍的文化影响力研究》,《社会学研究》2015 年第 1 期。

根据语义分析法所用机器学习算法不同，可以进一步分为有监督学习语义法和无监督学习语义法，二者的区别在于有无人工编码练习库[1]。有监督学习语义法需事先对部分文本进行人工编码分类，形成编码练习库，强调文本分类。无监督学习语义法则由计算机根据模型假设和文本性质，自动将文本分配到各类别，强调文本聚类。[2]无监督学习语义法虽然更为高效便捷，但文本编码分类的正确率较低，容易混淆议题。[3]例如，孟天广和李熠基于中国裁判文书网2014年至2017年间行政诉讼一审裁判文书数据，采用有监督学习语义法提取变量，分析司法改革时代的行政诉讼。研究者首先从每个立案年度随机抽取部分审判文本为训练集进行背靠背编码，在已有基础上扩展关键词和语句列表，形成纠纷分类的编码词典，然后由计算机对剩余文本进行编码分类。同时研究者还利用正则表达式从文本中提取案件对应行政部门名称、行政相对人名称等变量。[4]常多粉和孟天广基于人民网"领导留言板"政府回应留言文本，研究网络问政政府回应的话语模式。为了提取研究的因变量，研究者首先从4.5万条留言文本中随机抽取了5000条文本进行人工编码分类，得到四种话语模式对应的编码练习库，然后由计算机根据该编码练习库完成剩余4万条文本的编码分类。并从计算机自动编码的4万条文本中随机抽取2000条进行人工编码分类，将人工分类结果与机器学习结果比较，检验机器学习分类效度。之后研究者再按照8∶2的比例把文本数据分为训练集和测试集进行模型拟合，使用K折交叉验证评估模型，最终得到"留言文本—政府回应话语模式（描述话语模式、共情话语模式、规则话语模式、混合话语模式）—关键词"的结构化数据。[5]黄荣贵基于微博博文数据，采用无监督学习语义法，分析劳

---

[1] 梁玉成、马昱堃：《对青年的计算文本"远读"——数字时代基于降维的整体认识论》，《青年探索》2022年第3期。

[2] 孟天广、李锋：《网络空间的政治互动：公民诉求与政府回应性——基于全国性网络问政平台的大数据分析》，《清华大学学报（哲学社会科学版）》2015年第3期。

[3] Grimmer, Justin, and Brandon M Stewart. "Text as Data: The Promise and Pitfalls of Automatic Content Analysis Methods for Political Texts," *Political analysis*, vol. 21, no. 3, 2013, pp. 267-297.

[4] 孟天广、李熠：《司法体制改革背景下行政诉讼制度的政治经济分析——基于司法大数据的分析》，《南京社会科学》2021年第8期。

[5] 常多粉、孟天广：《动之以情还是晓之以理？——环境治理中网络问政的政府回应话语模式》，《社会发展研究》2021年第3期。

工关注的议题。研究者先拟合一定范围（2—40个）话题数的系列模型，再通过计算和比较各话题数的混乱度和一致性确定话题数为13，然后汇报话题数为13的模型拟合结果，并对模型有效性进行人工评估。最终研究者得到"博文—主题—关键词"的时间序列数据，并计算出每个主题对应的博文数量、概率等作为研究的变量。①刘河庆和梁玉成以各年度国务院政府工作报告文本为数据来源，采用无监督学习语义法提取农村议题注意力指数变量。研究者结合混乱度等指标选取主题个数，拟合主题模型，识别文本涉及农村议题的主题，并计算各年度工作报告中涉农主题概率之和，进而以该概率衡量每年度国家对涉农议题的注意力。②此外，在通过机器学习进行文本分类聚类的基础上，研究者还可以使用可视化软件将语义分析结果展示为语义网络图，表示不同话题、话题与关键词之间的联系。例如郑雯、桂勇等使用 Wordij 软件，把词语作为网络节点、词语对子共现频数作为链接权重，展现文本数据隐含议题的结构。③

情感分析法与语义分析法较为相似，二者均是通过机器学习抽取文本的隐含信息。二者的主要差别在于，语义分析法是抽取客观议题和主要内容，情感分析法是挖掘和分析文本背后蕴含的抽象情感和情绪，并做出情感倾向分类判断。例如，龚为纲等学者基于红迪（Reddit）平台 2007 至 2015 年涉华新闻语料库，采用谷歌云数据（Googel Bigquery）分析工具，由计算机自动将新闻帖子分为积极正面和消极负面两类。④同样，情感分析法也可以采用人工编码加机器分类的方法。郑雯等学者以 2013 至 2018 年微博博文文本数据为基础，对博文进行情感分析，研究网民对改革开放的态度。研究者搜索出部分以"改革开放"为关键词的微博博文进行人工编码，判断每条博文呈现的态度，分为正面态度、负面态度和其他三类，并使用 Python 语言编写程序，完成了交互信度检验。然后由计算机基于以上人工

---

① 黄荣贵：《网络场域、文化认同与劳工关注社群基于话题模型与社群侦测的大数据分析》，《社会》2017 年第 2 期。
② 刘河庆、梁玉成：《政策内容再生产的影响机制——基于涉农政策文本的研究》，《社会学研究》2021 年第 1 期。
③ 郑雯、桂勇、黄荣贵：《论争与演进：作为一种网络社会思潮的改革开放——以 2013—2018 年 2.75 亿条微博为分析样本》，《新闻记者》2019 年第 1 期。
④ 龚为纲、张严、蔡恒进等：《海外自媒体中涉华舆情传播机制的大数据分析——基于 Reddit 平台的海量舆情信息》，《学术论坛》2017 年第 3 期。

编码练习库对剩余文本的情感倾向进行分类,并计算出正面态度指数和负面态度指数。①此外,也有学者运用了更为复杂的机器学习算法。比如,李丹等学者基于微博博文和评论数据,运用深度神经网络算法提取变量,分析"三孩"政策的情感倾向。研究者运用腾讯云自然语言处理(NLP)技术及应用程序接口(API)情绪分析工具,基于大规模互联网语料库,先从文本数据中抽取评价情感的词汇,再运用机器学习算法中的 LSTM(Long Short-Term Memory)、预训练模型(BERT)等深度神经网络分类模型计算情感强度,把情感信息分为正面、中性、负面三类。最后研究者人工对机器学习情感分类结果进行矫正,得到"评论—情感倾向(正面、中性、负面)"的结构化数据,并由此计算出各类情感倾向的概率和相应评论数。②

在具体研究中,研究者可能使用不止一种方法分析文本数据,提取研究变量。比如,在考察互联网中的政治互动时,学者同时使用了语义分析和情感分析法。③另外,经变量提取文本数据已经转化为结构化的数据,研究者还可以进一步运用传统分析方法进行数据分析。例如,陈云松基于微博大数据,用股市术语的词频生成股市"微博信心指数",然后用格兰杰因果检验和 ARDL 边限检验方法分析了上证指数与微博信心指数的关系。④此外,陈云松还基于词频分析获得的各阶级、阶层关键词词频数据,用时间序列回归方法研究了公共话语中的社会分层关注度影响机制。⑤

文本数据与计算机技术的结合大大提高了社会科学量化文本资料的效率,为社会学科研究者提供了越来越多的新研究技术和工具,丰富了社会科学文本分析的方法。但是,文本数据的代表性、模型的过拟合问题、分

---

① 郑雯、桂勇、黄荣贵:《论争与演进:作为一种网络社会思潮的改革开放——以 2013—2018 年 2.75 亿条微博为分析样本》,《新闻记者》2019 年第 1 期。

② 李丹、李丽萍、李丹:《三孩政策出台的舆情效应及启示——基于 NLP 的网络大数据分析》,《中国青年研究》2021 年第 10 期。

③ 孟天广、李锋:《网络空间的政治互动:公民诉求与政府回应性——基于全国性网络问政平台的大数据分析》,《清华大学学报(哲学社会科学版)》2015 年第 3 期。

④ 陈云松、严飞:《网络舆情是否影响股市行情?基于新浪微博大数据的 ARDL 模型边限分析》,《社会》2017 年第 2 期。

⑤ 柳建坤、陈云松:《公共话语中的社会分层关注度——基于书籍大数据的实证分析(1949—2008)》,《社会学研究》2018 年第 4 期。

析结果无法验证等问题仍然备受诟病。[①②]文本识别精准度、词语段落上下文情景信息分析等技术仍有待提升。[③]

三、行为数据的处理和运用

行为是社会科学的重要研究对象。行为数据客观记录用户行为，信息量大，客观性强，为描述人类行为特征、行为选择，分析影响行为的因素提供了有效工具。[④⑤]行为数据基于互联网、传感器等生成，通常包括用户完成规定任务用时、用户在规定时间完成任务数量、用户出错数量等变量。APP、网页平台用户行为数据、交通出行数据、手机信令数据等都属于行为数据。

行为数据的数据处理方法和过程较为复杂，需要使用正则表达式、各种算法等技术。[⑥]例如，罗家德利用社交软件 A 的用户互动行为数据研究中国人脉圈。研究者从社交软件 A 的数据中找到特定用户，获取该用户与其他人的互动行为数据。然后从互动行为数据中找出互发红包、发消息频率等变量，并用这些变量计算出关系久暂、联系频率、亲密程度等指标，进而建立模型展开分析研究。[⑦]赵金旭和孟天广基于 2018 年北京市 172.5 万余条 12345 市民来电大数据，计算诉求单位办结时间与承办单位承接时间之差得到回应时长变量，计算承办单位在办理完成公众诉求工单后公众问题解决率、满意率等变量，研究政府回应性。[⑧]李爽等基于魔灯（Moodle）平台用户学习行为数据，研究学习行为投入与学习绩效的关系。Moodle

---

① 梁玉成、马昱堃：《对青年的计算文本"远读"——数字时代基于降维的整体认识论》，《青年探索》2022 年第 3 期。
② 胡安宁：《以文本为基础的社会科学研究：从内容分析到算法模型》，《学术论坛》2022 年第 1 期。
③ 冉雅璇、李志强、刘佳яв等：《大数据时代社会科学研究方法的拓展——基于词嵌入技术的文本分析的应用》，《南开管理评论》2022 年第 2 期。
④ 陈峥：《数字痕迹：人类行为大数据的生成、算法与知识发现》，《图书馆学研究》2018 年第 22 期。
⑤ 陈峥：《虚拟与现实：电子踪迹大数据质量与知识发现》，《图书馆》2019 年第 5 期。
⑥ 罗家德、刘济帆、杨鲲昊等：《论社会学理论导引的大数据研究——大数据、理论与预测模型的三角对话》，《社会学研究》2018 年第 5 期。
⑦ 罗家德、高馨、周涛等：《大数据和结构化数据整合的方法论——以中国人脉圈研究为例》，《社会学研究》2021 年第 2 期。
⑧ 赵金旭、孟天广：《官员晋升激励会影响政府回应性么？——基于北京市"接诉即办"改革的大数据分析》，《公共行政评论》2021 年第 2 期。

平台支持学生浏览课程页面、异步讨论、实时文本交流、自测、提交作业等活动。研究者通过对课程在线活动和 Moodle 平台功能模块的分析，根据在线学习行为投入分析框架，初步设定 98 个行为投入测量指标。之后，研究者根据预设指标的意义和数据库结构，编写获取指标数据的算法，运行算法获取学生样本在 98 个指标上的数据，涉及次数、频次、时长、字数、比率等。然后研究者对数据进行清理和分析，包括剔除缺失值大于 80% 的指标、数据标准化处理、指标与课程成绩相关分析、指标间的相关分析、探索性因子分析、指标与课程成绩回归分析等。[1]

一些研究者还进一步把行为数据与地理信息系统数据相结合，进行空间分析。例如，申犁帆等获取 2015 年 9 月连续 10 个工作日北京市轨道交通站点刷卡数据，通过腾讯"宜出行"程序抓取与站点刷卡数据时间相对应的实时定位数据，获取轨道站点兴趣点（POI）及其属性数据，从北京地铁官方网站获取轨道站点信息数据。研究者结合以上行为数据和地理信息数据，将轨道站点按职住功能进行合理分类，考察轨道交通通勤行为与轨道站点周边职住状况之间的关系。具体而言，研究者选取了涉及轨道站点通勤特征、属性特征和区位特征等若干因素代入高斯混合模型（代入部分通勤特征变量）和广义自回归条件异方差模型（代入属性特征、区位特征变量以及部分通勤特征变量）进行分析。[2]高枫等学者则关注共享单车骑行行为，研究共享单车出行的时空特征，探索共享单车骑行行为的影响因素。研究者主要运用了广州市摩拜共享单车数据和影响因子数据。摩拜单车数据通过网络爬虫程序获取，包括共享单车位置数据、经纬度坐标、车辆 ID 号、获取时间等变量。并且，研究者通过阿克马普（ArcMap）平台，采用数据格网化方法将各时间共享单车骑行目的地分布数量统计到 100m×100m 格网内。影响因子数据来源于 POI 数据、道路网络数据、建筑物轮廓及高度数据、气温数据等。其中 POI 数据通过百度地图提供的 Place API 接口获取，包含经纬度坐标、所属类别、地址等；建筑物轮廓和高度

---

[1] 李爽、王增贤、喻忱等：《在线学习行为投入分析框架与测量指标研究——基于 LMS 数据的学习分析》，《开放教育研究》2016 年第 2 期。

[2] 申犁帆、张纯、李赫等：《城市轨道交通通勤与职住平衡状况的关系研究——基于大数据方法的北京实证分析》，《地理科学进展》2019 年第 6 期。

数据通过 Python 爬虫获取，包括建筑物矢量边界及楼层属性；气温数据源自气象数据网，包括时均气温、降水等信息，并采用克里金插值法对每小时的气温数据进行插值。研究者基于以上数据，计算出坡度、气温等自然环境影响因子，POI 多样性、距地铁站出口距离等建成环境影响因子，解释了共享单车骑行目的地分布的差异。[①]

行为数据是人类行为的副产品，反映了用户行为随时间推移的变化情况，记录了社会生活各个方面。行为数据为社会科学研究描述和解释人类行为提供便利，其学术价值越来越受到研究者认可。但是，无论是行为数据本身还是数据处理和运用技术都受到一定挑战。比如，行为数据是人机交互产生的，而人类行为的动机是多样复杂的，尤其是行为数据背后隐藏利益时，研究者很难从数据中分辨出真实与虚假的行为动机。[②]数据的代表性同样是行为数据的一个问题，互联网、传感器等使用群体并不能代表全部人类社会，对于具体研究对象和问题尤其需要注意这一点。此外，从技术层面而言，大多数社会科学研究者都不具备熟练运用各种算法技术的能力。

四、结语

大数据时代的到来，为社会科学的发展带来了新的机遇。但海量的数据、复杂的数据结构也对研究者处理和运用大数据提出了新的要求。本文梳理了社会科学研究运用文本数据和行为数据的相关研究成果，总结和分析了目前学界处理和运用大数据的情况。总体而言，文本数据在社会科学研究中的运用较为广泛，已经取得一定研究成果，总结出词频统计法、语义分析法、情感分析法等一些数据处理方法和经验。行为数据也越来越受到社会科学研究者的关注。但目前，运用行为数据的研究成果和经验尚不够丰富，相关研究对行为数据处理技术和流程方法的介绍不够详实细致。行为数据处理和运用方法有待研究者进一步丰富和发展。同时，无论是文本数据还是行为数据，目前的数据处理和运用技术、方法都存在一定局限，

---

① 高枫、李少英、吴志峰等：《广州市主城区共享单车骑行目的地时空特征与影响因素》，《地理研究》2019 年第 12 期。

② 陈峥：《数字痕迹：人类行为大数据的生成、算法与知识发现》，《图书馆学研究》2018 年第 22 期。

有待研究者继续完善和提升。

需要注意，大数据的运用并不等于抛弃传统的调查数据，反而两者相互结合才能优势互补。大数据总体量大、容错性强，在描述跨时空的宏观社会现象和复杂社会事实方面具有优势。传统的调查数据测量效度较高，在因果解释方面更具优势。大数据与传统调查数据的结合，不仅有利于社会学理论的检验、建构和拓展，而且有助于开展预测研究，提高社会科学研究的经济社会效益。同时，社会大环境的支持也是更好发挥大数据价值的重要因素。大数据的掌握者通常是政府部门或者商业机构，出于政治和经济利益的考虑，大数据的拥有者通常不公开或只是部分公开数据。因此，社会科学研究运用大数据需要得到更多支持。比如，政府部门要加强数据基础设施建设，把数据作为一种公共资源进行治理，既要从立法上完善大数据收集、储存、公开的相关法律法规，又要打破不同组织、平台之间的数据壁垒、数据垄断。

此外，尚有一点需要说明。本文的目标并不是对社会科学处理和运用大数据的各种方法进行百科书式的梳理。并且，随着各种具体技术和算法的发展，新技术层出不穷，已有技术不断升级，百科全书式的梳理也是不可能的。因此，与无一遗漏的梳理相比，本文更希望通过对文本数据和行为数据的分类梳理，考察一系列有代表性的数据处理和运用方法，对目前社会科学处理和运用大数据取得的经验做出总结。

Text data and behavior data of big data

WEI Jianwen & LI Dan

Abstract: Big data provides new research methods and perspectives for the development of social science research, and also puts forward new methods and technical requirements for researchers to process and apply big data. This paper systematically combines the research results of Social Sciences, dividesthe massive data into text data and behavior data, and summarizes the empirical methods of processing and using the two types of data. Rich experience in text data processing and application has formed variable extraction methods such as word frequency statistics, semantic analysis, emotion analysis, etc. Behavioral data has been concerned by social science research, but data processing and application methods need to be further enriched and developed. The significance of this paper lies in that, on the one hand, it summarizes the experience in the processing and application of text data and behavior data, and on the other hand, it makes a prospect for social sciences to better process and apply big data.

Keywords: big data; behavior data; text data

数据智能化+私域流量池助力高效降本商业洞察

朱春贵[①]

摘 要: 商业市场研究从 20 世纪 80 年代末至今在中国已经发展了 30 多个年头。随着互联网技术的发展、消费结构的变化、消费者需求的精细化,市场调研行业也发生了翻天覆地的变化。商业市场调研公司作为了解市场和消费者的前沿阵地,也在不断顺应市场的变化,不断更新迭代。

本文主要通过分析宏观市场环境,梳理中国市场研究方法和样本收集方法的发展历程,以及介绍商业市场研究领域的先进的案例,总结出智能化数据平台+私域流量运营的市场调研项目运作新模式,对于中国市场研究行业和各类市场研究甲方企业的降本增效都有一定的借鉴意义。

关键词: 市场调研;数据智能化;私域流量池;线上样本库;精细化运营

一、中国市场调研行业方法应用现状及困境

(一)市场调研行业发展概况

市场调研起源于 20 世纪初的欧美国家,英文表述有两种:Market research 和 Marketing research。前者指的是以研究市场作为主题主体的活动,而后者则是指以更好地开展营销活动或获得营销活动评价为目的的调研活动。在进入中国市场后,两者之间没有太大的差别。市场调研将终端消费者与企业联系起来,通过市场调研达到以下目的:1)发现新的营销机会以及营销活动的问题,评价和改进营销活动,增进对营销过程的理解;2)获得市场对产品的反馈,对产品创新、改进或降本提供依据,不断帮助企业做产品研发和创新。市场调研信息也包括除消费者之外的其他实体的信息。

[①] 朱春贵,1997 年 9 月入复旦大学社会学系并于 2001 年获学士学位,复旦大学 2011 届 EMBA,上海优唯市场研究咨询有限公司和上海煜寒信息技术有限公司创始人。

我国的市场研究行业伴随着市场经济一起发展，与市场经济具有相辅相成的关系，市场调研的发展需要依靠市场经济的发展注入活力，同时市场调研的发展也反映了我国经济体制逐步迈向市场化的过程，而且也折射出中国企业逐步走向科学决策和理性营销的过程。我国的市场研究行业起步较晚，发达国家已经有超过100年的历史，但我国从时间上来看也主要是在20世纪80年代末90年代初之后才出现的，并且主要集中在发达地区，尤其是北部、东部和南部沿海的地方，如北京、上海和广州。

目前国内调研行业还处于上升发展期，从近5年的行业数据看，增速维持在10%左右。从行业竞争上看，私营或民营企业在数量上占有绝对优势，但是含外资成分的调研企业却贡献了行业50%以上的份额。一方面，这与外资企业更悠久的发展历史、更成熟的执行流程和分析思路以及更优质的人才选择等原因相关。调研企业在地域上分布不均衡，与各地的经济发展水平紧密相关,北上广深四地的调研企业数量占全国调研企业的60%。市场调研企业由于发展时间短，也存在着缺乏成熟的规范和管理以及人才短缺、流动性大等现象。另一方面，由于市场调研在我国的发展时间较短，我国内地大多数民营企业对市场调研的认知不深，未认识到市场调研的重要性，没有在企业经营的过程中将市场调研作为发展的重要组成部分。整体而言，我国市场研究行业依旧处于发展期，与欧美等发达国家相比，研究手段和社会认知都还有很大的差距。但是，我国的市场调研行业在以极快的速度成长，如表1所示，市场规模在不断地扩大，尽管如此，我国的市场研究行业占我国整体GDP的比例很小。这一切都显示出我国的市场研究行业还存在着较大的发展空间。

表1 2016—2021年中国商业领域调研咨询公司规模统计及预测

年份	2016	2017	2018	2019	2020	2021
市场规模（亿元）	97.9	123.0	127.7	146.0	160.9	175.8
增长速度	/	25.6%	3.8%	14.3%	10.2%	9.3%

资料来源：信息协会市场研究业分会

（二）甲方企业选择使用市场研究服务时存在各种障碍

我国目前很多甲方企业特别是民营企业在制定公司策略、营销方案或产品方案时，还是以管理层拍脑袋或者泛泛而谈的销售数据作为判断依据，不具备十足代表性。加上目前经济全球化，民营企业不仅面对本土竞争对手，还要面对国际企业对本土品牌的冲击，而由于市场调研在国外的发展更为成熟，因此很多国际品牌在进入中国市场前期均会做本土化调研，以更好地了解消费者和市场情况，导致民营企业的生存压力更大。因此，国内企业必须通过市场调研加深对市场和消费者的理解，才能更好地发展。

1. 当国际品牌不断进入中国市场时，国内企业的发展和生存也受到不断冲击。当前市场环境多变，竞争逐渐激烈，要求企业主对市场的敏感程度更高，对竞争对手也更加了解，才能抢先一步做出市场规划或营销策略，抢占市场。而市场调研恰好成为联系企业和消费者的桥梁，不断根据市场变化来调整企业策略。目前外资企业更多地使用市场研究手段加深对市场的理解，但国内企业的重视度相对较弱。

2. 除了竞争环境变得更加激烈，人民的消费观念也发生了巨大变化。居民群体逐渐迈向小康，生活可支配收入增加，因此越来越多消费者注重品牌，追求个性消费；而最近受疫情影响，国内居民的危机和储蓄意识进一步加强，对消费持更谨慎态度。消费者的消费观念和习惯随着时代变化和社会大事件发生而变化，为了及时了解消费者的变化，企业必须开展及时的市场调研活动。

3. 当前国内企业存在的普遍问题就是缺乏对市场的理解，不大重视专业的市场研究就是其原因之一。当前企业的决策还是经验论，通过管理层自身对市场的看法，"拍脑袋"决定企业或营销策略。部分企业通过部分经销商或者终端网点的销售数据以及销售终端对产品销售的零星反馈，形成对市场的泛泛印象，开始具备市场调研的雏形。但是由于缺乏科学的调研知识以及受制于自身的调研能力，依旧无法科学地做出决策。

4. 产品策略也是企业决策的重要组成部分。市场调研对产品创新研发和产品改良都有重要作用，要保证所设计开发的新产品适销对路，让旧产品维持长久生命力，做到如同疫情期间消费者对于可口可乐的执着水平，就必须进行市场研究，了解消费者的需求，从消费者的需求出发设计开发产品，扩大产品的竞争力。同样也可以帮助企业有效降低成本，扩大利润空间。

5. 不菲的市场研究和咨询费用对很多中小企业来说确实是很大的负

担。不少企业已经开始重视市场调研，但是这样意识超前的企业仍然不多。中国市场研究协会的数据结果显示，外资企业、大型股份制企业和央企对市场调研行业的贡献约95%，民营企业则不超过5个百分点，而且这些民营企业集中在经济发达地区，中国内地的企业寥寥可数。

（三）传统调研方式的执行难度是影响市场调研成本的最重要因素

目前市面上主要的调研方式分为定性和定量，即通过文字信息或数据信息收集市场趋势、消费者偏好、竞争格局、用户行为等。

在数据收集上，商业调研主要有观察法、访谈法、问卷法以及文献法（二手资料法）。

观察法是研究者根据一定的研究目的和研究提纲，用自己的感官和辅助工具直接观察被研究对象，从而获得资料的一种方法。科学地观察具有目的性和计划性、系统性和可重复性。商业调查则更注重在自然情况下对研究对象的实际观察，能够获得直观的一手资料，主要有门店人流监测、陪同购物等形式。

文献研究法是通过调查文献来获得资料，从而全面、正确地了解掌握所要研究问题的一种方法。商业调研主要以研报、行业数据分析为主，用以了解行业现状以及发展趋势。

访谈法是指以口头交流的形式，调查者根据调查需要向访谈者提出相关问题，并根据回答收集材料；商业调查中有焦点小组访谈、1v1深访以及入户访问等形式。根据研究目的招募符合条件的被访者，以定点邀约或入户的形式进行深入访谈，得到研究对象行为背后的深层原因。传统定性招募渠道受制于信息交流的局限性，以熟人圈子为媒介寻找合适人选，招募形式有限且效率低，且被访者的代表性不强。

问卷法则以标准化的定量形式收集数据，通过定量分析法可以使人们对研究对象的认识进一步精确化，以便更加科学地揭示规律，把握本质，理清关系，预测事物的发展趋势。问卷法的传统执行形式主要有线下拦截访问以及CATI（计算机辅助电话访问）。线下拦截需要访问员提前打印好纸质版问卷，以在街头随机拦截路人进行访问的形式开展。虽然线下拦截的样本真实性高，且由于执行人员在场，答卷质量相对较高，但由于该执行方式十分依赖访问员的访问水平，同时陌生访问拒访率高，导致项目的人力成本高，存在执行周期久以及项目质量极度依赖执行人员等缺点。CATI 则以陌生电话拜访的形式联系研究对象，访问电话的来源主要有 CATI 公司随机生成以及调研方主动提供联系方式名单。虽然 CATI 突破了地理位置限制，但陌生拜访的成功率降低，人工成本急剧上升；同时访问人员手动记录被访者回答，易产生差错，项目存在具备执行周期久，成本高的问题。

以上所有方法获取数据的时候都需要付出极大的成本，包括找寻样本的费用、给访谈或者填写问卷对象的酬金，以及在项目运做过程中需要的大量人工成本。

二、数字化时代给市场调研方法变革带来的机遇与挑战

（一）互联网技术加速了市场调研行业转型迭代，但同样面临成本越来越高的困境

互联网的快速发展本质上改变了调研方法的执行媒介，加速了信息收集和数据处理的进程。互联网替代了定量问卷中执行人员的人力成本，降低了执行人员水平对数据收集的影响，减少因人工导致的误差。互联网的高渗透和线上数据的激增，使得商业研究的执行方式从线下逐渐转移到线上，体现在执行方式以及样本招募渠道上，尤其是定量问卷法。平台技术的不断发展使得问卷得以在线上进行，问卷呈现内容更加丰富，操作更加简单。同时由于网民数量的不断增加，网络用户聚集的样本库应运而生，因此从问卷设计、问卷推广到样本收集均能通过互联网实现。执行媒介的改变带来了许多优势：1. 直接面向研究对象，减少线下访谈员对数据质量的影响；2. 研究对象更易触达，极大缩短了项目周期；3. 样本更具多样性，基本覆盖除老龄及低线级城市的所有网络用户；4. 基本没有时间和空间的限制，问卷执行过程更为灵活方便。

平台的搭建和技术的不断发展使得线上调查的执行方式成为可能，问卷不仅仅只有线下推广的形式，还可以通过互联网形成电子问卷，更方便传播而且环保。同时依托即时通讯技术，线上视频/语音会议平台也在不断涌现及完善，因此访谈开展形式不局限于线下。线上开展访谈，尤其是座谈会形式，大大减少了时间和费用。

定量问卷中能呈现更多题型，增加了问卷设计的可操作性，例如根据用户的答题情况跳转题目或隐藏选项，降低了人工逻辑跳转出错的概率。并且为了照顾非问卷编程专业人士，问卷平台的编辑操作难度在不断降低，简单易懂，即使是入门级用户也可以轻松上手，操作简单。

线上调研发展至今，已经差不多 10 年的时间，目前最为主流的模式还是通过消费者样本库（Panel）提供可以参与定量问卷填写的样本，虽然单个样本的费用和传统的线下执行方式相比有很大的下浮，但是随着中国人工成本的整体不断上涨，通过样本库的方式获取定量样本的成本也在不断推高，加之消费者样本库中样本填写问卷的质量在不断下降，也从另外一个方面推高了成本，降低了效率。

（二）流量见顶的存量时代，私域是下一个机会点

1. 私域流量的构建

除了执行媒介发生改变，样本招募渠道也逐渐转移到线上。截至 2022 年，我国网民数量达到 10.3 亿，移动端网民渗透率已高达 99.6%，网民人均上网时长约为 26.9 个小时/周，互联网进入存量用户运营时代。互联网发展上升期带来的流量红利逐渐减少。对老用户的价值挖掘成为品牌销售增长点的重要来源，因此维持良好稳定的客户关系逐渐成为品牌的目标。

私域流量的概念因此出现，其概念相对于公域而产生。公域主要指代由日常生活需要或习惯而产生大流量的平台，例如电商平台（淘宝、京东等）、信息平台（今日头条等）、社交/社群平台（微博、QQ、知乎等）、短视频平台（抖音、快手等）。品牌从公域获取流量除了用户随机访问进入以外，最主要为流量购买，例如商家需要在天猫购买直通车获取流量，在店内实现转化。私域流量即通过公域引流，建立蓄水池，基于私人或熟人之间的信任关系建立链接，如私人推荐、口碑营销，其内涵是反复利用、低成本、直接触达用户的私有流量。

目前市场调研主要以两种不同渠道的私域流量为主。首先是由调研公司结合问卷网站运营的私域样本库，这和线上调研初期的消费者海量样本库不完全相同，其整体规模不是特别大，通常只有几千几万级的数量规模，而以往的海量样本库动辄就是几十万几百万。规模不大的样本库方便管理，通过一些特别的媒介如微信群能够极大地增加整个私域流量样本库会

员和调研公司的粘性，不管是反应的时间还是执行中涉及的综合成本都能够缩减和降低，而且这些私域流量样本库还能完成大量的定性样本的招募，从而从整体上大大提升商业调研的效率。这部分私域流量在市场研究领域的具体运营下一节会有详细的介绍。

其次，更为主要的是由品牌方围绕自身品牌构建的私域流量。品牌方通过一定媒介，将公域流量引入自身流量池，构建私域流量。从流量来源上看，主要有电商、内容平台以及线下三种渠道。电商主要有红包返利、电商直播等形式；而内容平台引流则主要以关键意见领袖（KOL）或关键意见消费者（KOC）的产品推荐为主；线下以门店导购推荐入群的方式导入私域流量。针对部分直销公司，购买过其产品的消费者自动成为其经销商，自动录入客户管理系统，自然地成为品牌的私域流量。

从媒介上看，主要平台有社交平台、短视频账号、直播平台、官方App以及客户管理系统等，多平台运营品牌私域流量，能够以不同形式触达消费者，增强信息传达的多样性以及用户粘性。其中微信以超12亿的强大用户基数以及较为完善的内容生态，成为构建私域流量的首选平台，微信的1v1私聊、群聊、朋友圈以及公众号等多种形式的信息推送渠道，为私域流量的运营维护提供了多种形式。但如何运营私域流量，更有效地传达信息、增强用户粘性以及提高老客户复购，则是品牌需要进一步思考的方向。

在信息爆炸的时代，消费者难免被过多的营销信息覆盖，同时又要花费大量时间在各个平台和商家中搜索、对比以及选择，最终的购买结果却不尽如人意。若运营良好，私域营销方式可为消费者提供更加个性化、完善的服务，交互也更加智能自然，因此消费者不会十分抗拒私域的信息交流。

将客户留存在自己的私域流量池中绝对不是企业的终点，引导客户继续关注品牌动向，实现复购和品牌粘性才是目的。企业的经营思维从"卖出产品"转向"维系与顾客的关系"，让顾客感到自己被需要、被重视、有参与感才能增进品牌的亲近感，提高品牌忠诚度。除了传统的红包发放、朋友圈推送、内容引流、以老带新的方式之外，私域流量还能为品牌调研提供低成本及有效的投放渠道。当市场调研的形式在中国逐渐获得消费者认知以及信赖时，借助品牌自身高粘性样本库的优势，既能获得真实的品牌用户对产品、广告或营销策略的反馈，还能为品牌节省在调研上的成本预算，并能增加与消费者的互动和交流。

当消费者更多地参与品牌活动时，与品牌的关系更为密切，有助于建立与品牌的情感联结。而参与到新品研发或者产品改进等调研内容，令消费者感知到自己作为核心用户被邀约到该项活动中，在调研活动中产出对产品的改进或创新意见，则可进一步加强消费者与品牌的亲密度。将类似的产品调研内容执行在私域流量运营中，不仅可增强消费者对品牌的亲密度以及粘性，促进老用户的复购，还将调研结果赋能给公域流量，给新用户更好的产品和服务体验。从而达到私域运营的最终结果，带来品牌的销售额增长。

2. 消费者线上样本库的私域运营化

除了品牌方的私域流量，市场调研的线上样本库同样也在逐渐私域化。从最早的线上样本库到目前，共经历了三代变革。问卷星线上样本库是最早的样本库，采用随机邀约的形式扩大样本库，随着时间沉淀，样本库资源从学生群体逐渐扩大到白领人群，但由于平台自身使用门槛低，导致样本质量比较差。第二代样本库往往采取与第三方合作的形式，如问卷网与第三方平台（今日头条和华为）合作，乐调查与京东合作，多方位获取样本资源，同时尽可能覆盖不同职业、年龄、地域的用户，尽力避免样本偏差。并且为了激发用户参与问卷调查的积极性，第二代样本库开始设置奖励机制。最新的样本库以用户自主报名形式建立，同样为有偿奖励机制，但是用户积极性更高，其中以腾讯问卷为代表。腾讯问卷背靠微信和 QQ 两大中国最大的社交平台和私域流量池，拥有十多亿活跃用户资源，样本库的推广极具优势。

从第二代样本库的奖励机制建立开始，定量数据的质量问题在不断涌现，以"薅羊毛"为目的的假消费者甚至仿生机器人不断活跃在各个样本库中，因此建立样本库后，通过一系列问卷设计或技术手段对数据进行质量监测的步骤也越来越受重视，例如问卷中设置陷阱题，根据答题时间、IP 等辅助信息筛选高质量数据样本等。数据的准确性以及高效率将是样本库的决胜点。

目前二、三代样本库大多以网站形式运营，少部分样本库平台通过建立微信群或者公众号方式运营私域流量，但是普遍存在运营方式粗放、用户活跃度不高、问卷响应效率低等情况。因此对线上样本库而言，还需要对私域流量的运营进行改善，在追求更高效和真实的同时降低样本触达费用。

目前样本库基本能对年龄、职业、收入等基本情况打标签，但对于更独特的人群则没有相应标签，例如二次元用户和母婴用户等。未来商业调研的需求更加细化时，对独特人群的标签也会显得愈发重要。因此将来对样本库的要求会更加严格，如定期更新和完善用户标签以完成问卷精准投放，或根据用户答题情况设置诚信系统来筛选诚实被访者。

（三）技术与互联网的进一步发展为市场调研提供更多工具及形式

互联网对访谈类执行方式的影响体现在技术进步带来的内容分析上，传统调研中，通常由研究员对定性内容进行分析和总结，因此存在分析内容有限，处理时间较长以及易带有主观性等劣势；而 AI 技术的不断成熟和进步则能替代研究员处理大量文字内容，输出初步结果，节省人力在文字内容处理上的时间。

电商平台进入成熟发展期后，由电商平台反馈的销售大数据一定程度反映了消费行业的发展趋势，同时电商平台巨大的活跃用户不失为一个巨大的消费行为样本库，好好利用则可以获取更真实可靠的消费数据，例如目前阿里旗下的 TMIC 平台，连接了项目需求方、供应商以及天猫平台的消费用户，在真实网购的情境下，获得相应消费数据。

三、相关创新实践（以数据智能化平台为例）

（一）私域流量+智能化

上海煜寒信息有限公司一直专注于数据洞察与调研咨询，持续不断地帮助品牌了解市场趋势，挖掘用户心智，把握市场脉搏。随着互联网的飞速发展，互联网流量红利见顶，品牌方希望摆脱公域销售平台获客成本越来越高的钳制，市场调研从过去单纯的流量思维向更为精准的私域用户潜力挖掘方向发展。煜寒利用先进的技术开发出一站式问卷系统和社区平台，结合品牌方沉淀的用户资产，帮助品牌更高效地收集用户数据，用私域小数据的结果反哺公域大规模推广，在减少投入的同时增加用户粘性。

（二）数据智能化平台

煜寒的光问卷系统是一套基于先进计算机语言开发的，结合问卷设计、数据采集、运算分析以及数据可视化功能为一体的智能在线平台。30多种标准题型和复杂题型，除了选择题（单选题、多选题、组题、哑题、下拉题、图片选择题），文本题（文本题、多行文本题、多字段题）、矩阵题（矩阵单选题、矩阵多选题、矩阵下拉题、矩阵填空题）等基础题型，更有图片热点题、排序题、打分题、级联题、文件题，信息题、页面过渡等高级题型。

每个问题都可以根据项目需求添加逻辑，如选项随机、互斥、跳转和显示等。不同于传统的问卷风格，光问卷可根据需求切换契合主题的选项和封面图，让枯燥的问卷实现外观"定制化"，让交互更加友好，增加受访者答题热情。问卷适配 H5、小程序、网页等多种不同样式，同时后台配额实时记录，第一时间追踪样本进度和交叉配额。自动化专业数据处理的智能化数据看板，提供敏捷的自助分析能力，一键导出数据分析表，丰富的数据格式满足不同的分析需求。除专业的定量数据表，系统同时兼具 NLP 文本分析，即通过 AI 自然语言处理模型不断的训练和学习，自动提炼文本关键词，实时解读消费者语言信息和情感偏好，如图 1 所示的 NLP 语义解析与热力图。同时数据看板上有多样化的图表样式，条状图、柱状图、饼状图随意切换，直接查看样本数据，数据表可复制可下载，大大节约过去手动制表和数据处理时间。

图 1　NLP 语义解析与热力图

(三) 会员社群平台

与光问卷配套的聚调研在线社区平台，帮助品牌的公域和私域流量在社区平台上进行转化，品牌方通过建立微信社群将公域引流来的消费者转化为自己的私域流量。但拉群容易，运营起来却极为困难，有效的运营和转化对品牌方是极大的挑战。当前许多品牌面临的挑战是，大量的私域流量不会使用，除了发放红包和优惠券之外，缺少良好的互动形式，品牌一旦停止发放红包，群内则失去了活跃度和粘性，而优惠券往往又有使用门槛，纯以销售为目的的用户运营并不能增加消费者对品牌的好感度和粘性。

聚调研社群平台一方面可以通过微信小程序、手机短信、邮箱、社群等各个渠道帮助品牌推送问卷，即时获取品牌用户最真实的意见，用小规模的投放验证观点，开发新品，再反哺市场。会员则可以通过作答问卷和分享裂变领取积分奖励，或使用品牌方的优惠券在平台消费提高转化率，用户粘性增加。传统需要5—7天的项目，线上推广2—3天就可以完成，大大节省项目时间。另一方面，通过消费者的回答，聚调研帮助品牌为用户进行标签分类，可根据会员个人信息、兴趣爱好以及购买行为，为受访者打上可执行的项目标签，在项目中可根据要求对样本人群精准投放和精细化运营。

(四) 案例分享

案例1：某知名国际营养品牌（案例中以品牌A代替）利用私域优势将创新之路遍布全国

品牌A在中国市场年营收已经达到300亿+人民币的规模，其在中国市场的成功离不开深耕多年的销售模式，即用庞大的人员网络代替固定的商业场所，不需要固定场所，同时销售人员也是消费者的一部分，也就是说销售人员本人在使用完产品后，将其推销给身边亲戚朋友。基于强大的辐射全国的销售网络，品牌A不仅仅将优势惠及于销售端，如今更是利用强大的私域网络惠及产品研发。

项目背景：品牌A需要开发一款适合女性的面膜，需要通过产品测试了解用户对面膜的使用体验，了解产品的优点和痛点，以便更好地优化和升级面膜；同时寻找吸引人的卖点，为下一步的产品沟通增加亮点。

面临困难：项目执行时间临近春节，如果利用传统的产品测试，从样本招募到邮寄产品往往需要2周以上的时间,成本高,且用户筛选时间长。

解决方案:品牌A通过与煜寒合作的方式,直接将目标受访者锁定在公司的销售代表(ABO)当中。他们遍布全国,有男女老少,他们既是销售渠道,同时也是产品的使用者,可以给予自己真实的意见反馈,另一方面让销售人员参与到产品的开发当中,也是建立他们对品牌的信任,树立对品牌的信心。煜寒在得到品牌A提供的ABO名单之后,通过聚调研系统将邀请短信群发给全国的ABO,在全国范围内征招参与项目的志愿者,并且在光问卷系统填写问卷,进行分析。在产品测试之后,每一位参与者除了收获大量的测试样品面膜之外,还可以额外收获一份精美的礼品。项目成本远低于过去的传统产品测试,在提高员工信任度的同时,也为未来的高复购埋下种子。

案例2:某知名租车品牌(案例中以品牌B代替)通过微信私域触达会员,精细化运营了解用户需求

我国汽车驾驶人达到3.97亿人,截至2019年,我国有驾照但没有车辆的群体上涨至1.9亿。分时租赁方便快捷,性价比高,省去了大量的维护和购买费用。大量的潜在用户群体,为我国的汽车租赁业务提供了庞大的用户市场,预计市场规模在1500亿—1600亿。互联网思维下的汽车分时租赁正迅速渗透到传统租车、专车存量市场,同时打开了一个新的增量市场。

项目背景:作为上汽集团旗下品牌,品牌B 2015年5月正式上线,并以共享、环保、经济、智能、便携的理念,引领智能出行。项目希望更好地了解消费者对分时租赁的需求以及对品牌的满意度评价,改善和提升服务。

面临困难:项目需要针对使用人群,充分了解细节和产品触点,如网点数量、布点均衡性、投放车辆的数量、租车流程体验(租车、还车步骤的简单性、APP的易用性,操作容易程度,功能完善性、设计美观性、交互设计)、计费、支付体验、导航体验、充电点数量、充电容易程度、安全性以及故障、保修处理等专业问题。垂直品类中的专业受访者往往需要通过传统的广撒网的招募方式,触达难度极大,且成本极高,项目数据收集流程极为复杂,项目的质量也较难把控。

解决方案：品牌 B 灵活运用自有资源，通过微信后台的会员库，针对不同的人群进行分类，将用户分为重度用户、轻度用户、潜在用户，在上海、重庆、成都、苏州、南通、常州、南京、丽水、衢州、海口、昆明、广州、忻州多个城市招募样本，根据细分的用户类型投放不同的问卷。最终项目定向招募到大量的用户，在除夕到大年初三这三四天以往属于调研执行的禁忌时间段收集到超过 15000 的有效样本数据，大大压缩了项目时间，同时通过调研了解到了用户找不到汽车点位，车内较脏，停车位被社会车辆占用等关键信息，为平台的下一步优化打下基础。

四、参考文献

[1]费立新. 华南国际市场研究有限公司发展战略设计[D]. 上海：上海交通大学，2005.

[2]李佳. 在线市场调研系统设计与实现[D]. 长沙：湖南大学，2011.

[3]翟趁华. 消费升级视角下私域流量竞争力构建[J]. 商业经济研究，2021（21）：123-126.

[4]杜锦铭. 基于微信生态的私域流量研究[J]. 遵义师范学院学报，2021（2）：104-108.

[5]陈焱晗. 我国市场调研行业发展研究[J]. 经济论坛，2015（6）：103-105.

[6]常兴仁. 中国市场调查行业发展现状及对策研究[J]. 产业经济，2012（13）：209-211.

[7]皮兴鄂. 基于大数据技术的市场调研方法应用——以 TN 公司为例[D]. 广州：广东财经大学，2014.

[8]康彧. 私域流量：概念辨析、运营模式与运营策略[D]. 成都：四川大学商学院，2020.

Intelligent data plus private traffic enpower agile business insight

ZHU Chungui

Abstract: Commercial market research has developed in China for more than 30 years since the late 1980s. With the development of Internet technology, the change of consumption structure and the diversification of the customer demands, the market research industry has changed dramatically.

After five years of rapid development, the Internet e-commerce industry is facing with the disappearance of public traffic benefits. The acquisition cost of new customer is increasing with the increasing sharp competition. Therefore, the brand no longer focuses on the increasingly expensive public traffic, but more focus on operating their own private traffic. On the one hand, the enterprises should continuously promote the brand value to improve brand awareness; on the other hand, they should maintain the customer relationship preciously, to convert the members into fans and improve conversion rate and re-purchase rate, which to form a sustainable and healthy business model.

As the group facing to the customers directly, the commercial market research companies are also constantly adapting to the changes of the market and constantly updating and iterating. Taking Shanghai Wiswift Information Technology Co., Ltd. as an example, by establishing a data intelligent platform and a member community platform, which to help brands to accelerate the project speed, optimize the user experience and increase the data collection and analyze efficiency.

Meanwhile, Wiswift use the small-scale private traffic of brands to empower their product development through introducing the customers to the member platform to participate in question answering interaction. The results can not only be deduced to the public traffic, but also can improve the customers' sense of belonging to the brand and increase the repeat purchase rate and conversion rate.

This paper mainly analyzes the changes of macro market, the development journey of research methods, the means of sample collection, and introduces advanced cases in the current market. Summarize a new operation mode of the market research industry, which combine the intelligent data platform with private traffic operation. The paper has certain practical value for reducing the costs and increasing the efficiency for the Chinese market research industry and Party A enterprises.

Key word: market research; private traffic; data intellectualization; online panel; preciously management.

三、调查研究方法的教学实践和研究

社会研究方法通识课程刍议

赵联飞[①]

摘　要：社会研究方法是人们认识复杂现代社会的重要工具；它成为大学生通识课是未来高校通识教育发展的必然趋势。当前的社会研究方法通识课程分为两种类型：第一类以激发兴趣、引导学生掌握社会研究方法的基本思维为重点；第二类以训练学生掌握社会调查研究实践技能为重点；理想的社会研究方法通识课程应该涵盖社会科学研究诸环节。社会研究方法通识课程的发展在当前面临教材和师资两个方面的障碍。在未来，社会研究方法通识课程将得到越来越多的强调和普及。

关键词：社会研究方法；通识课程

一、引言

大学通识教育（general education）这一话题在中国的讨论最早出现在 20 世纪 80 年代，熊明安提到了清华大学原校长梅贻琦先生主张大学实施"通识为本，专识为末"的教育。[②]不过，这一话题尽管出现较早，但一直到 2000 年前后才真正引起社会的广泛关注。从笔者搜集到的资料来看，在报刊上第一次讨论这个问题是在 2002 年，当时的《光明日报》刊登了记者对上海大学校长钱伟长的访谈，钱伟长提出，"通识教育是对任何专业的学生的长远考虑，而不是急功近利，追求'立竿见影'……所以各个专业之间要互通，理科学生不可'重理轻文'，文科学生与理、法、工都要有一点交叉"。[③]在学术会议上第一次提及这个问题则可以追溯到郑宏，[④]其论文收录于《庆

[①] 赵联飞，中国社会科学院大学社会与民族学院教授，中国社会科学院社会学研究所研究员、社会调查与方法研究室主任、社会调查与数据处理研究中心主任。

[②] 熊明安：《梅贻琦教育思想初探》，《上海高教研究》1986 年第 4 期。

[③] 夏欣：《通识教育与创新精神》，《光明日报》2002 年 3 月 12 日。

[④] 郑宏：《本科通识教育改革后教育质量管理探索——实施两阶段分流制》，《庆祝中国高等教育学会成立 20 周年大会暨 2003 年高等教育国际论坛论文集》，2003 年，第 178-182 页。

祝中国高等教育学会成立 20 周年大会暨 2003 年高等教育国际论坛论文集》。如果从硕博士论文来看，周海涛、余宇等较早地讨论了高校通识教育。[①][②]从知识扩散和研究发展的规律来说，当一个问题开始有官方主流媒体关注，则意味着这个问题在一定程度上引起了全社会的重视，这在中国的新闻管理制度背景下尤其如此；当一个问题纳入硕博士的选题范围，往往意味着这个问题在学界已经成为一个"真问题"，并且开始有一批学者对这个问题产生持续关注。基于上述粗略文献考察，大致可以判断，在 21 世纪初，大学通识教育开始引起社会和学界的广泛关注。

进一步的文献回顾表明，在 21 世纪的前 20 年，大学通识教育这一研究领域一直保持较高热度，并呈现逐年上升态势。从期刊论文发表数量来看，如果我们以"通识教育"作为关键词搜索知网数据库可以发现，在 1986 年至 1988 年间，每年发表的文章数量仅为 1 篇；在 1989 年至 1994 年期间，这一话题的讨论出现了中断；从 1995 年开始，这个话题的讨论逐渐恢复，每年发表的期刊论文数量持续增加，到 2000 年迎来了第一个小高潮，发表期刊论文数量达到了 42 篇；到 2010 年，这一数字是 782 篇；到 2019 年达到了顶峰，为 1455 篇。这一发表数量的变化过程其实和中国高等教育的扩张有着同步关系。随着高等教育的发展，如何培养人才、培养具有什么知识结构的人才成为一个重要而紧迫的问题。从主题来看，已发表论文既有介绍研究国外高校通识课程历史和现状的，[③][④][⑤]也有对国内高校通识课程建设实践进行总结分析的，[⑥][⑦][⑧][⑨][⑩]还有的则是展开了国内外高校开设通识

---

① 周海涛：《走向创新时代的大学课程发展》，博士学位论文，华东师范大学，2002 年。

② 余宇：《我国普通高校体育教育专业通识教育课程体系研究》，硕士学位论文，湖南师范大学，2003 年。

③ 万秀兰：《国外通识教育的方式及其启示》，《湖北大学学报（哲学社会科学版）》1995 年第 6 期。

④ 洪明：《台湾的通识教育》，《高等工程教育研究》1997 年第 2 期。

⑤ 李成明：《美国大学通识教育的历史发展》，《东南大学学报（哲学社会科学）》2001 年第 2 期。

⑥ 余凯：《关于我国大学通识教育的调查与分析》，《现代大学教育》2003 年第 1 期。

⑦ 王一定：《我国大学通识教育实施中存在的问题及对策》，《黑龙江教育（高教研究与评估）》2006 年第 1 期。

⑧ 苗文利：《中国大学通识教育二十年的发展现状及理性省察》，《大学教育科学》2007 年第 4 期。

⑨ 甘阳：《大学通识教育的两个中心环节》，《读书》2006 年第 4 期。

⑩ 甘阳：《大学通识教育的纲与目》，《同济大学学报（社会科学版）》2007 年第 2 期。

课程的比较研究。①②

社会研究方法作为通识课程引入高校教育的时间相对较晚，目前，在高校中作为通识课程设立的研究方法课程更多是关于社会调查方法的通识课程。肖峰认为，社会调查研究方法"是社会研究中一种最常见的研究方法，也是人们认识社会的科学活动，它是在系统、直接地收集有关社会现象的经验材料的基础上，通过对资料的分析和综合来科学地阐明社会状况及其规律的活动"，③因此，教学的目标就在于使学生系统地了解社会调查研究方法的基本内容，并使他们掌握调查的基本操作方法，培养学生观察、思考、分析和解决有关理论和实践问题的能力，能运用社会调查研究方法中所揭示的原理初步分析和解决社会中的实际问题。上述观点在于莉、钱雪飞等人的研究中有类似表述。④⑤相比之下，将社会研究方法作为通识课的大学则较少。

二、社会研究方法通识课程的定位

（一）对通识教育的理解

通识教育是高等教育领域针对专业主义教育和职业主义教育而产生的教育理念与教育模式，它起源于古希腊亚里士多德所倡导的自由教育（liberal education），自由教育从人类生命主体出发追求精神自由、心灵解放。⑥不过在中国，通识教育在很大程度上等同于"文化素质教育"，这一传统来自1995年9月国家教委举办的"高校加强文化素质教育试点工作研讨会"。这次会议强调了文化素质教育的重要性，提到当时在人才培养模式上偏重业务知识，轻视综合素质，尤其以文化素质薄弱现象较为突出；会

---

① 熊明艳，李蓓，吴敏：《中美研究型大学通识教育比较研究与建议》，《教育与现代化》2007年第4期。
② 吴坚：《中美研究型大学通识教育实施机制的比较分析》，《华南师范大学学报（社会科学版）》2015年第2期。
③ 肖峰：《〈社会调查研究方法〉实验教学的几点心得》，《中小企业管理与科技（上旬刊）》2008年第6期。
④ 于莉：《〈社会调查研究方法〉课程教学方法改革初探》，《高等职业教育（天津职业大学学报）》2004年第4期。
⑤ 钱雪飞：《高校研究性学习教学模式实施策略探索——以〈社会调查研究方法〉课程为例》，《齐齐哈尔大学学报（哲学社会科学版）》2010年第4期。
⑥ 苗文利：《中国大学通识教育二十年的发展现状及理性省察》，《大学教育科学》2007年第4期。

议还认为,高等学校不仅要向学生传授先进的科技知识,还要教学生如何做人;我国一些学校在人才培养方面,片面强调专业知识教育,忽视了基本素质的提高。这次会议听取了北京大学、清华大学等高校关于如何开展素质教育的经验报告,认为当时对文化素质内涵的理解和争论较多,各家理解并不一致;因此,各个学校不要陷于定义上的争论,而应从实际情况出发,针对自身文化素质教育方面存在的问题着手进行工作。会议提出,各校可先在专业教育中渗透有利于提高文化素质的内容,还可根据实际情况,增加一些人文选修课,创造文化素质教育的氛围。①在这次会议上定下了关于文化素质教育发展的四点原则:一是要有正确的方向引导,文化素质教育应该以马列主义、毛泽东思想和邓小平同志建设有中国特色社会主义理论为指导,服务于、服从于培养合格的社会主义建设者和接班人的需要;二是对学生的文化素质要求应该明确地写入高校教育的培养目标;三要坚持高品位,要从学生现有的水准出发,逐步提高学生的精神生活品位;四是要处理好文化素质教育和学校其他教学活动、教学改革的关系。②

从上述材料可以看出,通识教育在中国发轫之初是以素质教育的名义提出来的。这一素质教育的概念,在苗文利、王一定等研究者看来,其内涵要窄于通识教育。实际上,这种观点的主要依据是1998年教育部颁发的《关于加强大学生文化素质教育的若干意见》。这一文件指出,"我们所进行的加强文化素质教育工作,重点指人文素质教育。主要是通过对大学生加强文学、历史、哲学、艺术等人文社会科学方面的教育,同时对文科学生加强自然科学方面的教育,以提高全体大学生的文化品位、审美情趣、人文素养和科学素质"。因此在实践中,通识教育往往表现为高校开设的文化类课程,在这种情况下,所谓的通识教育就仅仅是使不同专业的学生有机会学习其他专业领域的知识,扩大知识面,满足学生的兴趣爱好,成为增强学生适应性的工具;而学生方面则认为通识课程不过是专业课程的补充和点缀而已;更有甚者,认为通识课程的学习只是为了满足学校学分管理

---

① 思华:《加强文化素质教育是时代发展的要求——高校加强文化素质教育试点工作研讨会侧记》,《中国高等教育》1995年第12期。

② 国家教委高教司:《面向21世纪加强高等学校文化素质教育——国家教委召开加强高等学校文化素质教育试点工作研讨会》,《高等农业教育》1996年第2期。

的需要，结果使得通识教育的成效大打折扣。

（二）社会研究方法作为通识课程

钱伟长先生在讲到通识课程时曾经提到，"过早专业化的结果常常是'教师教什么学生懂什么'，学生只在一个方向上发展，把这个方向上的东西学4年，别的都不懂，这不利于培养创造性思维。而社会需要能带着满脑子的问题从大学走出来的人，需要有创造性而不是模仿性的人。通识教育是对任何专业的学生的长远考虑而不是急功近利，追求'立竿见影'"。①钱伟长先生的这番话点明了通识课程的终极价值。如果我们从这一角度来反思社会调查方法作为通识课程的意义，则可以清楚地看到，社会研究方法课程的确应该作为高校学生必须修习的一门通识课程。

社会研究方法是关于社会学、政治学、心理学等社会科学学科的研究方法的课程。当代的社会科学是在19世纪实证哲学的基础上发展起来的，社会学是其中的典型代表。以孔德为鼻祖的社会学强调要像研究自然界那样来研究社会，提出了社会静力学和社会动力学，并倡导以观察、比较、实验等方法来研究社会，形成了社会科学研究中的实证主义传统。这一基本的方法主张尽管在之后的历史进程中受到质疑和批评，但经过一百多年的发展，已经形成了一套完整的社会研究方法谱系。这一谱系既包括对社会的本体论认识，也包括认识论的见解；在具体的研究方法和资料收集方面，则融合了人类学、心理学、统计学等学科的发展成果，形成了以实地研究、问卷调查、实验和文献法为核心的研究方法。数据分析方面，则得益于统计学和计算机技术的发展，形成各种统计模型，这些模型广泛应用于社会科学的各个研究领域。到目前为止，社会研究方法已经成为社会科学诸多学科的学生在本、硕、博各阶段均必须要研习的重要而基础的课程。那么，为什么要把社会研究方法作为社会科学各专业之外学生的通识课程？笔者认为，这和现代社会发展的复杂程度有根本的联系。

首先来说，在传统的农耕社会，生产活动和社会组织都相对简单，人们靠着家庭或社区内的代际知识传递机制就可以基本上满足认识社会的需求；随着进入工业社会乃至信息社会，社会劳动的分工进一步复杂，社会

---

① 夏欣：《通识教育与创新精神》，《光明日报》2002年3月12日。

组织不断分化，人们对身处其中的生活世界认识较之前工业社会来说是前所未有的丰富，要理解这些离人们的日常生活或远或近的社会现象，就必须具有一定的社会理论和方法知识背景，否则人们对世界的认识将处于一种无所适从的状态。举例来说，2012年初，北京某平面媒体曾经发布一则新闻，说北京市四分之一的家庭中的孩子可能为非婚所生，这一条新闻在当时的社会上引起了轩然大波；但实际上后来查明，该结果是记者到亲子鉴定中心调查鉴定结果后所得。如果人们具备基本的抽样知识，就会明白到亲子鉴定中心申请DNA鉴定的家庭并不能很好地代表整个社会中的家庭，以亲子鉴定中心数据得到的子女非婚所生比例来推断全社会的情况或者推测全社会的情况显然是没有道理的。

其次，人类的所有活动均嵌入在一定的社会结构之中。人们要理解、研究自身的活动，就不能不对社会有所认识和了解，而要了解和认识社会，就需要具备基本的社会科学知识。举例来说，互联网自诞生以来，对人类社会的发展进程产生了重要影响。但美国社会学家迪马奇奥等人指出，"互联网对社会的影响取决于社会要互联网变成什么样子"，对互联网的研究应该充分重视各种政策和组织的作用，互联网的未来以及它可能带来的社会影响，都会受到人们对现有政策和制度安排的影响。[①]迪马奇奥等人的这一论述指明了社会环境对互联网这一现代技术的制约和影响作用，从而为人们理解类似"彩铃（colored ring back tone, CRBT）在东亚地区得到广泛引用但在欧洲遇冷"这类和社会文化高度相关的现象提供了理解的路径。

最后，各种专业知识在社会上的应用离不开社会研究方法。例如，经济活动中的市场调研、社会治理中的民意测验、质量管理中的合格率检测，这些都会涉及社会研究方法中的抽样调查；又如，心理学上各类人格量表的制订、人才测评中的测验，均会涉及测量理论，而无论是抽样还是测量，都是社会研究方法中的重要内容。

三、社会研究方法通识课程的两种类型

当前的社会研究方法通识课程中存在着不同的实践。有的课程侧重于

[①] Dimaggio, P., et al., Social Implications of the Internet, *Annual Review of Sociology*, 2001，p. 307-336.

对社会研究方法的整体性介绍，有的侧重于社会调查技能的了解，还有是理论和实践并重，要求学生通过学习掌握一定的调查研究技能。不过，如果我们考虑到一位社会学专业本科生至少要修习《社会研究方法》《社会统计学》《统计软件》《质性研究》等课程且这些课程加起来通常在160课时以上，那么以一门课的时间（不管是48学时还是64学时，更不用说那些32学时的）讲授完整的社会研究方法通识课程显然是不够的。因此，课程内容如何设计、如何取舍就成为一个值得考虑的重要问题。从既有实践看，社会研究方法通识课程大致可以分为两种类型。

（一）侧重于社会科学研究思维

通过研习社会研究方法课程，高校学生得以掌握研究社会现象的基本思维，增强研究社会的自觉性，提升对社会问题的敏感性和反思水平，使其在毕业后的工作和学习中增强主动研究、分析社会的意识，这无疑是社会研究方法通识课程的初衷，也是设立该课程的重要目标。第一种类型的社会研究方法课程正是从这一角度切入社会研究方法通识课程，北京大学社会学系开设的《社会科学方法导论》这一门核心通识课程可以被看作是这一类型典型代表。

该课程由北京大学社会学系邱泽奇教授领衔主讲，该课程的简介明确提出，"课程旨在激发大学低年级学生对社会现象进行科学探索的好奇心和激情，缓解学生从幼儿园到高中逐步养成的寻找'正确答案'的学习和解题思维，引导学生了解并熟悉对社会现象进行科学探索的多种思维，让学生获得对文献进行批判性阅读，对社会现象进行探索的基本能力，如研究设计、概念化、操作化、统计检验和计算检验等能力"，同时"课程采用知识蜂巢结构而非通常的知识树结构，共有四个模块：实验思维、测量思维、检验思维、计算思维。每个模块从案例入手，进一步引出社会科学研究的方法内容，模块之间在知识上既相互独立又逻辑相连。在每个模块内，每周的内容之间亦如是"。从上述介绍文字中不难看出，这一通识课程并不要求学生掌握系统化的社会研究方法，其重点在于将若干重要的知识点传授给学生，从而启发学生去思考并建立知识脉络。该课程仅有32个学时，从大纲中可以看出，该课程并未将针对社会学专业学生的社会研究方法全部内容纳入进去，而是在每一个模块之下均选择一部分要点进行讲授；[①]并且更重要的是，这一课程既不强调专门讲授数据的收集方法，也不强调系统讲授社会研究的方法问题，正如课程简介所说，这门课程是致力于告诉选课学生，社会研究的基本思维是什么样的，启发大家的研究热情，至于说具体的操作和实施，则需要学生在课下自行学习。

（二）侧重于社会调查研究实务

和上面提到的第一种类型不同，第二种类型的课程则将重心置于社会调查实践技能。这一类通识课程的目标在于培养学生的实际动手能力。研究者指出，《社会调查研究方法》在本专科院校的人文社会科学专业普遍开设，是一门实践性极强的课程；[②]还有的提出，"《调查研究理论与方法》作为一门'方法性'课程，不仅要注重基础性理论教学，更要培养学员认识社会能力、调查方案设计能力、信息搜集能力、资料整理与分析能力、撰写调查报告能力等"。[③]而从众多的研究文献提及的问题来看，对于这门课程，研究者讨论的焦点是如何处理理论与实践的关系。[④][⑤]

第二种类型的课程更多地偏重于社会调查研究实务，也就是说更注重设计出一个可以实际操作的研究方案并加以实施，对每一个研究环节背后的原理性问题往往不加讨论，实际上，由于课时有限，这样的讨论的确无法安排。例如，学生在问卷设计学习过程中，往往学习的是模仿既有的相关研究设计出一个可以使用的问卷，但是对于为什么要设计这样的问题、为什么将问卷长度定在 8 面而不是 12 面这样的问题较少去进行探讨。又例如，在设计调查样本量时，往往只是了解最基本的样本量确立原则，但是对于抽样原理的探究、对抽样误差的来源的讨论就不再是一个重点。

---

① 参见 https://mp.weixin.qq.com/s/_qvvaCOrPoVWMUoBqEduTw, 最后访问：2022 年 6 月 14 日。
② 马光川，夏民光：《课程改革背景〈社会调查研究方法〉教学的困境与突破》，《科技视界》2016 年第 22 期。
③ 高普照：《在全程互动中提高学员调查研究能力——〈调查研究理论与方法〉课教学的几点做法》，《高等教育研究学报》2011 年第 4 期。
④ 于莉：《〈社会调查研究方法〉课程教学方法改革初探》，《高等职业教育（天津职业大学学报）》2004 年第 4 期。
⑤ 牛喜霞，陈胜，张向君：《基于 MOOC 的混合式教学设计与探索——以〈社会调查研究方法〉为例》，《产业与科技论坛》2020 年第 17 期。

(三) 两种课程体系的优劣

上述两种课程类型展示了对通识教育的不同理解。当前，高校中较为常见的是将社会调查课程作为通识课程开设，且高职院校开设此类通识课程的比例较高。对于这一现象，笔者初步判断有三方面原因。首先是跟社会研究方法本身在中国的发展历程有关系。众所周知，社会学、法学、政治学等学科在20世纪70年代末才迎来了恢复重建或发展的机遇，就社会学研究方法自身的建设来说，在教材、师资队伍等方面经历了恢复重建的路程，当前，即使是社会科学专业学生，自身的方法教学都还面临不少的问题；在这种情况下，将社会研究方法作为通识课程进行扩展存在客观上的制约；其次是跟人们对通识教育的理解有关，在很长时间内，通识教育被理解为素质教育，而从素质教育的角度来看，高校学生（尤其是理工科学生）需要掌握的就是关于人文社会科学的学科知识，社会调查方法课程作为当代社会科学中广泛应用的一类知识，被选作"通识课程"在情理之中。最后则是在于社会调查方法本身的实用性，掌握这样一项技能对学生拓宽就业门路有很好的帮助，笔者认为这是中国高职院校开设该课程的重要原因。

上述两种课程设计各有优劣。就第一种类型来说，学生能够从比较高的层次去理解社会科学研究的一些关键之处，如测量的理念、实验控制的理念，但由于课时等方面的原因，学生在社会科学方法的系统性把握上会遇到较大的挑战，不利于学生从整体上掌握社会研究方法的概貌。第二种方法则偏重于技能操作，学生在学习过程中容易出现"只见树林不见森林""知其然不知其所以然"的情况。同时，这两种类型的通识课程所适宜的教学对象也有一定的差异。第一种类型对自学能力较强、钻研精神较好的同学来说更为合适，而第二种类型则较为适宜于"手把手"教授学生。

相比之下，北京大学邱泽奇教授在中国慕课系统上讲授的社会调查与方法课程比较接近笔者心中的期望。[①] 笔者认为，作为通识课程的社会研究方法，至少应该涉猎如下这些方面的问题：（1）社会研究与自然科学研究的不同；（2）社会研究方法的谱系；（3）社会科学研究中理论的建构过

---

① 参见 https://www.icourse163.org/course/PKU-1002531002?from=searchPage，最后访问：2022年6月14日。

程；（4）测量原理；（5）抽样原理；（6）研究设计；（7）主要的资料收集方法；（8）资料的整理和管理；（9）定量和定性资料分析的基本逻辑；（11）统计学在社会研究方法中的应用；（12）社会研究论文写作；（13）社会科学研究中的伦理问题。上述这些方面涉及社会科学研究的各个环节，学生有必要对这些环节每一个部分涉及哪些知识有明确的了解，从而为进一步学习和研究奠定基础。当然，如果是在一门课之内讲这些问题，每一个问题基本上是无法完全展开讨论的，但是至少可以让学生建立起关于社会科学研究的基本概念和框架，了解哪些是社会科学研究的要害问题，从而在需要开展社会科学研究时，能够找到一个思考相关问题的基本知识框架。

四、社会研究方法通识课程建设面临的问题

（一）教材问题

教材问题是社会研究方法通识课程建设中的一个突出问题。由于中国社会学这一学科在20世纪50年代以后经历了二十多年的中断，而这二十多年又恰好是该学科在全球蓬勃发展的阶段，因此社会学在恢复重建之后一直处于追赶状态。就社会研究方法来说，尽管在恢复重建以来快速发展，但从整体上来说，方法的应用和普及都还有很大的提升空间。就专业的社会科学研究方法教程来讲，当前广泛使用的中文教材主要有北京大学袁方先生主编的《社会研究方法教程》、南京大学风笑天教授撰写的《社会调查方法》，这两本教材经过多年的实践应用和修订，内容相对成熟。但需要注意的是，这两本教材均较为注重知识的体系性，基本上是面向社会科学专业类的学生，其目标在于培养专业的社会科学研究人才。此外，这两本教材均成稿较早，对于大数据兴起之后出现的研究方法均没有涉及，这不能不说是一个遗憾。

除了上述两本教材,关于社会研究方法还有不少外文教材以及其译本，但大部分外文教材均篇幅较长，在目前中国高校学分总数要求较多、学生每学期选课较多的情况下，也很不实用。相对来说，华夏出版社出版的《社会研究方法基础》（艾尔·巴比著，邱泽奇编译）的篇幅较为合宜；不过，这本书和前面提到的北京大学版《社会研究方法教程》以及华中科技大学版《社会调查方法》同样存在成稿较早、未能有效涵盖近几十年方法发展

最新动向的问题。此外，由于该教材由英文原版教材翻译而来，其中的案例几乎均来自外国，这对学生深刻理解有关问题也造成一定的障碍。

笔者认为，如果将"社会研究方法"作为一门重要的通识课在全国大学中普遍开设，那么有必要尽快出版一本合宜的教材。该教材首先应该从非社会科学专业学生的需求出发，通盘考虑教材涵盖的知识范围和难度；其次应在充分吸纳此前优秀教材的基础上，将社会学研究方法在20世纪90年代以后的发展情况纳入进来；最后在选用既有教材部分经典案例的同时，更多地选取中国本土的案例来对相关问题进行分析，从而使最后它成为一本能够帮助中国大学生深刻领会研究方法实质、掌握社会研究方法规范的教科书。

（二）师资问题

师资问题是开设社会研究方法通识课的第二个问题。笔者历来认为，本科生的课比研究生难讲，选修课比必修课难讲。原因在于，本科生比研究生的学术积累总的来说要少一些，非社会科学专业学生的理论和方法积累较之社会科学专业学生也要少一些。在课程讲授的对象仅具备有限基础的情况下，要使得他们很好地掌握课程内容，难度其实很大。当前，由于众所周知的原因，中国高等教育规模在最近二十多年快速扩张，教师的培养速度其实赶不上高校扩张的速度，现有教师满足专业学生的需求都还有很大的缺口，课堂教学的质量在整体上还存在很大的提升空间。在这种情况下，要提高通识课程的讲授质量就面临更大的师资挑战。

笔者认为，要讲好通识课程，首先需要授课老师具有扎实的专业基础，不能因为通识课程名为"导论"或"概论"，就认为教学经验很少或者没有经过专业学习训练的教师也能够胜任。恰恰相反，讲授社会研究方法通识课程的老师其实不仅要对方法精通，最好还了解多个学科的历史和现状，并对不同学科的经典著作和理论有必要的了解。只有这样，在讲授通识课程的时候，才能够结合不同学科的理论和现实问题，深入浅出地讲授相关方法问题，从而最大程度地引起学生的共鸣和兴趣。如果做不到这一点，那么很可能出现的情况就是，授课老师对非社会科学类的学生讲授"简化版"或"缩略版"或"浅显版"的社会科学研究方法专业课程，学生则将其作为获得学分的一种无奈选择，从而使得通识课的效果大打折扣。

因此，一旦高校将社会研究方法作为通识课程在学校中推广，那么培训一支高水平的社会研究方法通识课教师队伍，就成为一项重要而紧迫的任务。关于通识课教师队伍建设，笔者有如下建议：一是加强学习交流和教学观摩，组织通识课教师通过慕课、校内公开课等各种方式学习优秀通识课教师的授课方法和内容；二是鼓励非社会科学研究方法的专业老师进修学习社会研究方法，并加入通识课教师行列中；三是加强通识课教学的内部研讨，通过集体备课、集体讨论等方式，提升课件质量和讲授效果。

五、结语

对现代的大学生来说，社会研究方法通识课程十分重要。当前，社会研究方法作为通识课程进入大学课程设置的比例正在逐步提高，但也面临着种种的挑战，除了前面提到的教材和师资问题，学校对通识课的管理体制也是不可忽视的问题。目前的通识课程体系能否改变"大而杂"的现状？通识课程如何能够不被当作一个主课程之外的"甜点"？社会研究方法能否从一门单独的核心通识课程发展成为有内在结构的通识课程模块，从而在通识课程体系中占据更大的比例？等等。这些问题都有待于在实践中不断探索和总结。笔者相信，只要社会研究方法通识课程能够紧跟人类实践活动的发展步伐，能够紧扣现代知识生产机制，它就能够在帮助学生更好地掌握知识、理解世界、解决问题等方面发挥更大的作用，它的价值也将得到越来越多的认可。

Issues on General Education on Social Research Methods

ZHAO Lianfei

Abstract: As important tools for people to understand complex modern society, Social Research Methods have become a general course for college students, which seems to be an inevitable trend in the development of general education in colleges and universities in the future. The current elective courses on Social Research Methods are divided into two categories. The first focuses on stimulating interest and guiding students to grasp the basic thinking of social research methods while the second focuses on training students to master practical skills in social investigation and research. The ideal elective course on social research methods should cover most aspects of social science research. The development of the general studies curriculum in social research methods currently faces obstacles in both teaching materials and faculty providing. In the future, the general studies course on social research methods will be more and more emphasized and popularized.

Keywords: social research methods;general education course

显著性检验的置换模型
——兼论对社会科学统计类课程建设的改进意见

吕小康[①]

摘　要：基于随机抽样产生与基于随机实验产生的数据对应"总体模型"和"置换模型"这两种统计推论模式。前者通常有直觉上易理解、操作上易界定的真实总体，后者的总体在真实中很难存在，只是一种假想总体。前者可通过构造样本统计量的抽样分布或其近似分布，以计算原假设为真时出现特定观测值的概率；后者则主要通过对样本数据的重排列或再抽样构造置换分布而进行统计推断。置换模型的历史产生稍早，但囿于计算工具的欠缺而未能流行。随着电脑及软件性能的提升，可考虑在"社会统计学"及相关课程中同时介绍并实践两类模型，以提供更为宽广的统计视野，并提供与随机实验更为契合的统计推论框架。

关键词：总体模型；置换模型；统计推论；抽样分布；显著性检验

一、引言：超越零假设显著性检验（NHST）模式理解统计推断

统计推论的目的在于从样本特征推断总体特征。这是因为通常而言，研究者只能观测到样本特征，而总体信息则隐藏于其后，需要使用一定的方法加以概率性地把握。以样本推断总体的方法本身很多元，自20世纪初以来，假设检验（Hypothesis Testing）尤其是其中的零假设显著性检验（Null Hypothesis Significance Testing, NHST），逐渐成为统计推断的主流模式。尽管 NHST 与假设检验的初创者费希尔（Ronald Fisher）的显著性检验，以及通过引入统计上的两类错误、并提出优先控制一类错误（type I error, α）的前提下追求二类错误（type II error, β）最小化——即统计功效（power, $1-\beta$）最大化——的奈曼（Jerzy Neyman）与皮尔逊（Egon Pearson）的奈

[①] 吕小康，南开大学周恩来政府管理学院教授、博士生导师，研究方向为社会心理学、健康社会学和统计软件应用。

曼—皮尔逊检验均不完全相同，但它在实际应用中成为了假设检验、从而也成为统计推断的主流模式，并存在成为一种"统计仪式"[①]而被滥用的倾向。只介绍和使用 NHST 进行统计推断造成的不利后果至少包括以下三个方面。

一是忽视了显著性检验开创者们之间关于两类错误、尤其是关于二类错误是否有必要引入的争议。在 NHST 模式下，费希尔与奈曼—皮尔逊之间旷日持久达数十年的方法论争论已经隐而不见。关于这一学界公案及他们在显著性检验上的细微差别，国内外文献已多有涉及，感兴趣者可自行参阅相关文献[②]，此处不再赘述。

二是未考虑费希尔与奈曼—皮尔逊均未涉及的贝叶斯学派观点。不论费希尔还是奈曼—皮尔逊，都属于统计学中的频率学派。两个学派之间涉及对概率的本质是一种客观属性还是主观认知的哲学信念上的严重分歧，其统计决策的法则也迥然不同。频率学派的主要决策依据是 p 值，即零假设为真时出现当前结果或更加极端值的概率，当 $p<0.05$ 或其他预设值时即拒绝零假设。贝叶斯学派的主要决策依据则是贝叶斯因子（Bayesian Factor），即当前数据对零假设与备择假设所支持强度之间的比率。近年来，面向非统计专业学习者的贝叶斯统计应用统计教材、计算软件（如专业的贝叶斯统计软件 WinBUGS 和 Stan，以及通用的统计软件 JASP 或计算软件 R 和 Python 等）、软件包（如基于 R 语言的各类贝叶斯程序包）和操作指南类文献已较为丰富，相关成果已在国内出版或引介，很大程度上丰富了研究者的统计工具选择，也使得贝叶斯学派的统计推断初步形成与 NHST 推断分庭抗礼、良性竞争的局面。

三是忽略了基于随机抽样与基于随机实验的研究数据的推断模式的区别。相较于前两点，这一缺陷还较少为学界尤其是国内社会科学界所关注。从现有教材的内容上看，主导性的推断模式都是以随机抽样的理论为基础

[①] Gigerenzer, G. (2018). Statistical rituals: The replication delusion and how we got there. *Advances in Methods and Practices in Psychological Science,* 1 (2), 198-218.

[②] 参见吕小康：《Fisher 与 Neyman-Pearson 的分歧与心理统计中的假设检验争议》，《心理科学》2012 年第 6 期；吕小康：《从工具到范式：假设检验争议的知识社会学反思》，《社会》2014 年第 6 期；仲晓波：《关于假设检验的争议：问题的澄清与解决》，《心理科学进展》2016 年第 10 期；Amrhein, V., Greenland, S., & McShane, B. (2019). Scientists rise up against statistical significance. *Nature,* 567, 305-307.

介绍统计推断模型，其中关键的基础概念包括总体与总体参数、随机样本与样本统计量、抽样分布等，其统计推断内容主要涉及总体参数值的推断，其具体方法主要包括假设检验和置信区间这两种。这一模型的方法论核心，在于假定存在一个有着明显界定的统计总体的重复无限次抽样过程，虽然这一抽样过程并不一定要在真实意义上实现，但在理论上总要先假定这一过程的存在，从而得到某个样本统计量的抽样分布，进而根据当前随机样本的观测值计算出当前结果或更极端结果的概率值（即 p 值），或是根据临界值而划定拒绝阈，进而统计推断。这一模型通常称为总体模型（population model），对于社会学、政治学、人口学专业研究者和学习者而言显得较为亲切和适用，因为他们的实际调查研究中经常采用基于随机抽样技术而获得的观测数据，据此进行统计推断自然具有从理论到实践的一致性。

但是，真正基于随机抽样而获得的数据其实是罕见的。与问卷调查共同构成当代社会科学主要研究方法之一的实验法，就很少基于随机抽样获得样本。其样本通常是出于获得实验报酬、完成课程学分等目的而参加研究的招募样本或志愿样本，其本质是一种便利样本（convenience sample）。而且，在这些实验研究中，统计推断的本质目标在于确定某一预期的处理效应（treatment effect）是否存在，并确定其效应量的大小，从而确证自变量与因变量之间的因果关联。此时已经不存在随机抽样的过程，也欠缺直觉上可理解的总体。但很多研究者依然基于从随机抽样模式下介绍的统计推断方法来确定实验效应，这难免不让人产生认知上的困惑。

例如，某精神卫生中心要比较某种心理干预模式对抑郁症状的缓解效应，对干预组和对照组在 0、4、8、12 周进行 4 次抑郁水平的测量，以确定该干预能否取得优于对照组的康复效果。干预组与控制组的对应总体究竟是什么？此时并不存在一个可以穷尽的"抑郁症患者"的精确总体并制作抽样框，患者是以无特定规律的顺序①前来就诊，并在征得知情同意后被强迫地随机分配至处理组与控制组中，其随机化发生在分组过程而非求诊过程，且每个个体进入干预组或控制组的时间并不完全一致，本质上就欠缺在某一静态时刻点上进行随机抽样的条件。那么，这时对两组人群在

---

① 但并不一定满足严格意义上的独立，如患者 A 对就诊大夫的服务态度表示满意，很有可能会推荐患者 B 在近期前往同一机构同一大夫就诊，两者之间就存在高度的相关性。

4个时刻点上的抑郁水平进行重复测量方差分析,能否满足数据来自独立、正态和同方差的两个总体?

又如,某些特定领域的研究只能依赖极少数的被试,如在发展心理学和社会工作领域经常要展开对自闭症儿童的特定功能康复培训,此时经常采用单被试设计的干预方案,针对某一或少数几个个体设定一套干预程序,并测量基线期和干预期的若干指标,再对干预效应即康复效果做出推断。此时实验的样本容量 $n=1$, 2, 3, 4 等极小样本,其样本的来源也并非来自随机抽样,而是基于研究者的便利而可实际获得的既有样本。此时显然已无法满足随机抽样的前提要求,相关统计量也很难满足来自正态分布总体的预设,直接套用基于这些前提而开发的统计推断方法,难免不产生误差。

当然,造成这种困惑或疏忽的首要原因,首先应当归因于当下的统计教育模式的视野过于狭窄,未能充分覆盖统计推断的丰富模式。为此,本文拟在介绍统计推断中与总体模型并行的置换模型的基本逻辑,并在此基础上就社会科学类尤其是社会学类的统计方法课程提出相应的改进建议,以供学界同行批评指正。更详细的技术细节可参阅相关的教程、专著和论文[①]。

二、置换模型的基本思想与发展历史

历史上看,置换模型(permutation model,其中 permutation 即数学意义上的排列组合的"排列"之义)检验思想的提出在 20 世纪 20 年代初,甚至要稍早于总体模型。关于置换模型的发展史,目前最好的文献莫过于贝瑞(Kenneth J. Berry)等人的《置换统计方法编年史:1920—2000 及之后》一书[②]。值得一提的是,贝瑞本人也是一位社会学家,是美国科罗拉

---

① 参见:Berry, K. J., Johnston, J. E., & Mielke, P. W. (2019). *A primer of permutation statistical methods.* Cham, Switzerland: Springer International Publishing; Berry, K. J., Kvamme, K. L., Johnston, J. E., & Mielke, Jr, P. E. (2021). *Permutation Statistical Methods with R.* Cham, Switzerland: Springer International Publishing; Chihara, L. M., & Hesterberg, T. C. (2018). *Mathematical statistics with resampling and R.* Hoboken, NJ: John Wiley & Sons.

② Berry, K. J., Johnston, J. E., & Mielke Jr, P. W. (2014). *A Chronicle of Permutation Statistical Methods: 1920-2000, and Beyond.* Cham, Switzerland: Springer International Publishing.

多州立大学社会学系的荣休教授,且本科与博士学位均为社会学学位,其研究领域正是社会统计学。本文主要依据该书中的梳理,并结合相关的重要历史文献对置换模型的发展史做一简介。

尽管奈曼本人也曾发表关于置换模型的相关论文,但一般认为最早明确运用置换模型的思想进行统计推断的仍是费希尔本人。他在自己的两本代表作《写给研究者的统计方法》和《实验设计》及诸多相关论文中均充分说明了如何使用排列组合方法计算出的概率进行显著性检验。他用于说明这一思想的最著名例子——"女士品茶"也已为世人所熟知。这里采用本人此前文章的介绍,再将其过程介绍如下[①]:

> 一名女士声称自己可以辨别奶茶里面先放的奶还是先放的茶,Fisher 想通过实验验证这一点。故选取 8 杯奶茶,随机选取其中 4 杯先放奶,另外 4 杯先放茶,其他条件保持一致。以随机顺序让女士品尝后辨别出哪 4 杯先放了奶,哪 4 杯先放了茶。结果如表 1。

表 1 女士品茶的实验结果

顺序	实际为先奶后茶	实际为先茶后奶	行总和
判断为先奶后茶	3	1	4
判断为先茶后奶	1	3	4
列总和	4	4	8

> 该女士正确辨别出了先加奶的 4 杯中的 3 杯,能否据此说明该女士具有辨别能力?Fisher 的推论模式如下:假设该女士没有辨别能力,那么其判断是完全随机的,此时的辨别结果共有 $\binom{8}{4}=70$ 种。其中(从判断先加奶的 4 杯来说),0 对 4 错有 1 种;1 对 3 错有 16 种;2 对 2 错有 36 种;3 对 1 错有 16 种;4 对 0 错有 1 种。则得出此结果的概率为 $p=16/70=0.23$。从双侧检验的角度看,此结果的 $p=34/70=0.486$。故以 0.05 的显著性水平看,不能由此认为该女士具有辨别能力;在这

[①] 吕小康、付英涛:《实验数据的随机化检验及 R 语言实现》,《心理技术与应用》2019 年第 5 期。关于女士品茶的科普性介绍,还可参见戴维·萨尔斯伯格:《女士品茶:统计学如何变革了科学和生活》,刘清山译,南昌:江西人民出版社,2016。原始叙述可参见 Fisher, R. A. (1934). *The design of experiments*. Edingburh: Oliver & Boyd, pp. 16-20.

个实验设计中，此显著性水平下只有该女士全部辨别正确，才可以认为她具有辨别能力。

从这个例子中已能看到将此种统计推断模型称为"置换模型"的原因：其所采用的概率框架基于对产生所有可能结果的穷尽，即全排列，而把 permutation 译成"置换"而未译成"排列"，可能只是一种约定俗成的译法。这里也可看出，费希尔所建立的概率推理框架并非基于重复随机抽样形成的抽样分布，而是置换分布（permutation distribution），也即前述基于将所有可能结果进行排列而构成的假想分布。这种显著性检验也称为置换检验（permutation test）。

此类置换检验的使用条件均不限于随机化实验，而可普遍运用于观测数据。此时的置换检验更多地应用于各类小样本的观测研究中，并经常作为对 t 检验、F 检验等检验的验证方法而使用。而从前述的"女士品茶"例子中，也不难发现置换检验难以在实践中普遍应用的原因：作为一种计算密集型的通过排列组合的方式创造样本空间进而进行概率计算，很容易因为样本容量的增加而超出一般研究者的计算能力。例如，倘若前述假想中的女士需要品尝 20 杯和 30 杯"先放奶/茶"的"奶茶"，假设她没有辨别能力而纯赖随机判定，此时的辨别结果分别当有 $\binom{20}{10}=184,756$ 种和 $\binom{30}{15}=155,117,520$ 种，而这还仅只是涉及最简单的二项分布一种情形。

在同一时期发展置换检验模式的还包括统计学家吉尔里（Robert Charles Geary）、耶茨（Frank Yates）、皮特曼（Edwin James George Pitman）等人。其中，皮特曼的贡献尤为突出，发展了双样本 t 检验、线性相关系数 r 的检验，以及方差分析的 F 检验的置换检验模式[①]。在关于方差分析的置换检验形式论文中，皮特曼开宗明义地指出："方差分析时各处理组中的观测数不应视为某一较大总体中产生的随机样本，由'处理'形成的分类只是

[①] Pitman, E. J. (1937). Significance tests which may be applied to samples from any populations. *Supplement to the Journal of the Royal Statistical Society*, 4 (1), 119-130; Pitman, E. J. G. (1937). Significance tests which may be applied to samples from any populations. II. The correlation coefficient test. *Supplement to the Journal of the Royal Statistical Society*, 4 (2), 225-232; Pitman, E. J. G. (1938). Significance tests which may be applied to samples from any populations: III. The analysis of variance test. *Biometrika*, 29 (3/4), 322-335.

若干可能分类中的一种而已。其要义在于，它无须对总体（分布）形态做出任何假定。"尽管他只涉及了最简单的方差分析形式，但这依然"可能是对使用置换统计方法无须从有着明确界定无限总体（well-defined infinite population）中进行随机抽样的首次声明"[①]，在置换模型的发展中起到了重要的基础性作用。

此后，置换模型在非参数检验方面得到了持续发展，其代表性人物包括肯德尔（Maurice George Kendall）、威尔科克森（Frank Wilcoxon）、曼恩（Henry Berthold Mann）与惠特尼（Donald Ransom Whitney）等，他们的贡献主要集中在非参数检验方面，其基本思路是通过考虑变量取值的正负（即方向）或等级排序而非具体取值，从而简化变量的信息，以降低置换模型的计算量要求。这也构成了 1940 至 1960 这 20 年间置换模型的主要发展方向。

与此同时，虽然以 NHST 为代表的总体模型已成为统计教科书的标准内容和假设检验的主导性应用形态，但置换模型仍然获得了长足的进展。曾与费希尔共事于"现代农业科学发源地"、世界上历史最悠久的农业研究所——英国洛桑试验站（Rothamsted Experimental Station）的统计学家肯普索恩（Oscar Kempthorne）从 20 世纪 50 年代开始，逐渐着手尝试置换模型的一般性框架，并将之称为随机化检验（randomization test）[②]。实验设计中重要的一步是给被试分配实验处理，实验的随机化要求这一过程在实验的约束条件下（比如区组内）是完全随机的，即在有限的所有可能的分配方式中随机选取一种，且每种方式被选中的概率相等。选定一个统计量，计算零假设条件下所有可能的分配方式下该统计量的值，即得到该统计量的随机化分布（randomization distribution），这可视为是置换模型的一种特殊形式。根据实验结果得出的统计量在随机化分布中的相对位置和设定的显著性水平，即可得出相应 p 值并判断是否拒绝零假设。

在零假设条件下，只需对实验结果进行随机化排列即可得到所有可能

---

① Berry, K. J., Johnston, J. E., & Mielke, P. W. (2019). *A primer of permutation statistical methods*. Cham, Switzerland: Springer International Publishing, p. 22.

② Kempthorne, O. (1952). *The Design and Analysis of Experiments*. New York: Wiley, pp. 120-132。置换检验与随机化检验在很多早期文献中常被无区别地交替使用，一般可将随机化检验视为随机化实验设计中所采用的置换检验形式。

的结果，进而选择某个适合统计量并计算它在每种分配方式下的取值，即可得到该统计量对应的随机化分布。再通过计算该分布中如此次样本观测值这么极端、更为极端值（所谓"极端"即指偏离零假设的设定）占整个分布中所有可能取值的比例，即可得到相应 p 值。这构成了利用置换分布进行显著性检验的基本模式。

1969 年，肯普索恩和德夫勒（Thomas Doerfler）另外发表了一篇有影响力的论文[①]。在他们看来，如果样本数据源自对某一明确总体的随机抽样，置换检验依然有效，但这并不是应用置换检验的充分理由。它得以运用的真正原因在于，实际的实验中，研究者根本无法设想数据是从某一总体中基于随机抽样产生的，因为实际的处理无法得到真正意义上的重复，也无法知道其可能重复的次数。相反，置换检验需要跳出总体模型的桎梏，摆脱"对某一总体进行重复抽样以形成抽样分布进而进行统计推断"的思维模式，转而关注"实验本身告诉了我们什么？"（What does this experiment, on its own, tell us？）这一问题。换言之，对实验结果进行统计推断，首要目的在于验证内在效度（自变量的作用对因变量变化的影响程度），而非外在效度（实验结果可从实验的真实被试推论至可囊括这些被试的某一总体的可靠程度）；实验结果的统计推断只在于确证处理效应，而非这一效应在研究对象上的可推论性。这其实是明确地提出了应当基于实验研究自身的框架而非重复抽样的框架发展统计推断理论的主张。

在 20 世纪 60 年代，置换模型的另一重要人物、心理学家爱丁顿（Eugene Edgington）也发表了不少成果。作为心理学系的研究者和教师，他对于心理学实验中极少采用随机抽样但又频繁使用总体模型进行统计推断的悖论性现状感到不满，并呼吁在随机化实验设计中应采用与之相匹配的统计检验方法，即随机化检验。这与肯普索恩等人的观点完全一致。尤其值得注意的是，爱丁顿发展了样本容量为 1 时的随机化检验模式，以及更具影响力的近似随机化检验模式[②]，后者开启了采用蒙特卡洛模拟

[①] Kempthorne, O., & Doerfler, T. E. (1969). The behaviour of some significance tests under experimental randomization. *Biometrika,* 56 (2), 231-248.

[②] Edgington, E.S. (1969). *Statistical Inference: The Distribution-free Approach.* New York: McGraw-Hill.

（Monte Carlo simulation）进行随机化检验的潮流。其基本思想是：由于所有可能结果的排列数过大，可对这一结果进行某一相对较小样本容量（如999）的有放回随机抽样，并基于此构造近似的随机化分布并进行统计推断。蒙特卡洛模拟本身并不是爱丁顿的创造，在之前就已有这种方法应用于随机化检验的理论探索[①]，但限于计算工具的欠缺而未能普遍应用。

至此，置换模型的两种基本检验形式已经成型：一是费希尔式的精确检验模式，用于较小样本容量和排列数时的精确检验；二是爱丁顿式的重抽样模式，用于较大样本容量和排列数时的近似检验。这构成了置换模型的主体形态。

自 20 世纪 70 年代以来，置换模型的基本检验思想没有发生重要的变化，但在置换检验的理论性质、实际方式、应用范围、局限条件方面有了更成熟的探索，而更重要的进展则是随着计算软件的性能提升而真正具备了实际应用的条件。此后，费恩斯坦（Alvan Feinstein）、阿格雷斯特（Alan Agresti）和前面提及的贝瑞及其同事米尔克（Paul W. Mielke）和约翰逊（Janis E. Johnston）等人进一步拓展了置换检验的应用情景，使置换检验从 1980 至 1999 年的"成熟期"达到了 21 世纪以来的"井喷期"[②]，其应用范围已包含多组均值比较、列联表检验、线性回归模型、分类数据模型、统计效应量计算等多方面的内容，专门讲授置换检验的教材与课程逐步出现或是被吸收到主流统计教材中[③]，计算软件也逐步过渡到 R 和 Python 等面向普通科研人员、简便易学且功能强大的软件。这都进一步扩大了置换模型的影响力。

[①] 一般认为最早使用这种方法的文献是：Dwass, M. (1957). Modified randomization tests for nonparametric hypotheses. *The Annals of Mathematical Statistics, 28*, 181-187.

[②] Berry, K. J., et al. (2019). *A primer of permutation statistical methods*. Cham, Switzerland: Springer International Publishing, p. 43.

[③] 参见：Edgington, E., & Onghena, P. (2007). *Randomization tests*. Boca Raton, Florida: Chapman and Hall/CRC; Good, P. (2013). *Permutation tests: a practical guide to resampling methods for testing hypotheses*. New York: Springer Science & Business Media; Moore, D. S., McCabe, G. P., Alwan, L. C., Craig, B. A., & Duckworth, W. M. (2016). *The practice of statistics for business and economics*. New York: WH Freeman; Mielke, P. W., & Berry, K. J. (2007). *Permutation methods: a distance function approach*. New York: Springer; Higgins, J. J. (2004). *An introduction to modern nonparametric statistics*. Pacific Grove, CA: Brooks/Cole; Chihara, L. M., & Hesterberg, T. C. (2018). *Mathematical statistics with resampling and R*. New York: John Wiley & Sons.

三、置换模型与总体模型的比较

在简要介绍置换模型的基本思路与演变史后,结合一般入门统计教材与应用实践中的总体模型,可对两者之间的区别做出更好的归纳,以便了解各自的适用情境。

(一)适用情境与推断目的不同

总体模型主要适用于存在明确总体、样本数据确实源自随机抽样的研究情形;置换模型则主要适用于随机化实验,或是一些无法明确界定真实总体的观测数据。

总体模型的推断目的是根据样本特征值对总体参数进行估计并评估其误差,同时据此进行假设检验,其实质是一种以参数估计为中心的决断模式。从研究方法论的角度看,这是一种天然追求外部效度,即研究结果可推论至样本以外群体的推断方式。置换模型最常见的推断目的通常在于估算实验的处理效应,其零假设通常是各处理组之间不存在效应的差别。虽然形式上一般使用与总体模型相同的统计量作为检验的指标,但它在本质上不需要涉及任何参数估计的过程,只是基于对样本数据的重新排列而计算当前结果及更极端结果的出现可能,以此作为实验效应是否显著的量化指标。它只能告知研究者根据当前实验结果在多大程度上能够推断处理效应真实存在的信息(内部效度),而不能告知研究者在多大程度上可将此实验结果推广至样本之外的其他人群(外部效度)。

(二)统计总体与概率分布的概念化方式不同

总体模型中的"总体"至少在理论上是明确的、可界定的,而基于这一总体的"重复抽样"也至少在理论上是可以重复进行的——如关于人口状况的抽样调查,虽然实际上只进行一次随机抽样就做出了相关统计推断,但理论上仍可考虑对某一时刻点上的物理疆域内的实际人口进行随机抽样,从而确保抽样过程在理论上的可重复性。此时样本统计量的分布,即所谓的抽样分布,正是基于对该总体的假想无限次重复抽样而形成的取值分布。

由于总体是明确已知的,且经典的频率学派统计学总基于统计上性质已知的分布(如正态分布、二项分布等)通过数学推导而形成抽样分布的理论形态，如 t 分布、F 分布、χ^2 分布这三大抽样分布均是如此，对一些难以推导的抽样分布形态，则往往通过近似分布的形式加以替代，而许多大样本问题则可通过中心极限定理转化为近似的正态分布问题。这也是总体模型有时也称为"模型依赖型统计推断"（model-based inference）的原因。在总体模型中，总体虽然未知（因此才需要进行统计推断）处于理论上的优势地位，而研究者真正可观测到的样本却处于从属地位，有赖于对总体分布的已有知识或合理假定才能进行统计推断。

置换模型中的总体则通常是一种理论上的假想总体，并不存在真实的对应物，有些统计学家为此称之为"超总体"（superpopulation）。一般而言，随机化实验都不存在真实的总体，而只存在假想总体；只有样本是真实的，而总体则只是为了满足统计推断的需要而人为创造出来的一种概念建构。这与一般社会调查中先界定总体再确定抽样框再执行随机抽样的研究过程正好相反。置换模型中构想出来的分布虽然习惯上仍叫作"抽样分布"，但只取其名而已经没有了"抽样"的实质。这种推断模式通常也称为"设计依赖型统计推断（designed-based inference）"，着重对研究设计所确定的潜在因果关系做出决断。当然，置换模型本身并不仅局限于随机实验设计，对于许多观测数据如列联表数据也可进行统计推断，此时它所注重的也是变量之间的可能因果关联，而非从样本统计量推断总体参数。

（三）检验所需前提假设的类型与强度不同

总体模型的相关统计推断方法均依赖总体的分布形式推导得出，而现实中的总体能否完全或近似满足这些条件，通常是未知的。因此，基于总体模型的统计推断往往首先需要检视相关前提假设能否得到较好的满足。这些假定通常包括以下几种：（1）样本需要从某一或某些界定良好的总体中随机抽样产生，其要点一是在于需要有总体的明确界定（通常体现为存在一个明确的抽样框），二是要严格地遵循随机抽样的程序，而且最好是简单随机抽样以简化抽样分布的形态；（2）总体的分布形态已知，其中最常见的是正态性假定，即总体服从特定的正态分布，而总体方差是否已知又会决定抽样分布的具体形态不同，同时也可能要求样本容量达到一定规模（如 $n>30$）以适用中心极限定理近似满足正态分布的预设要求；（3）独立性假定，即每个个体的取值之间相互独立，这一般通过抽样过程要求进行有放回的抽样，或者是总体容量远大于样本容量的无放回抽样（一般在前者充分大而后者相对地小，操作性的原则如前者是后者的 10 倍以上时可将无放回抽样近似视为有放回抽样）从而满足独立性要求，或者是根据数据观测的实际发生条件进行逻辑上的判定；(4) 某些特定统计推断方法下的同方差假定，如方差分析、普通线性回归等线性模型的基础形式中往往做此要求，当这一假定未满足时需要采用特定的、经过校正的检验形式。由于这些假定很难同时得到满足，因此总体模型下的检验往往需要进行多个附加检验，如先检验总体是否正态、是否同方差等，然后再对研究中的关键假设进行检验。这其实还隐藏着各类检验的叠加而导致两类错误的风险累积问题，但在实践中却往往被忽视。

相对而言，置换模型在纯统计形式上的假定较为简单，它主要基于研究设计本身来保证方法的适用性，只需假设不同处理组间不存在效应差异以及每个个体上的处理效应相等等少量假定（但这仍然是一种假定，如某种药物很难在每个个体上取得完全相同的治疗效果）。如果实验本身已得到良好的随机化操纵，则无论样本容量大小、总体是否偏离正态分布、比较不同总体均值时其方差是否相同等，均可运用置换检验。在这种意义上，置换模型的适用范围要更广，且在样本容量较小、分布存在偏态时具有一定的优势，也可省去各种前提检验的麻烦，在理解和运用上具有一定的便利性。当然，关于两类模型在具体情境下的检验效率与检验力优劣，还需结合问题的实际意义及相关技术文献做出更合理的选择。

四、改进社会科学统计类课程的可行建议

有效的统计类课程建设是提升社会科学研究者尤其是青年研究者的数据分析能力和科研水平的重要保障。课程建设至少应包括两方面的有机统一：一是主要教师和研究者个人或少数几个合作者之间小范围合作的教材建设；二是体现在教师带领学生在课堂或各种应用场合的实践操练。以下结合本人 10 多年来面向社会学、心理学、政治学、行政管理等跨专业的统计类课程的教学和科研体会，拟从这两方面各提一些建设性主张，以期探索国内各社会科学学科尤其是以社会调查和基于社会调查的数据统计分析为支柱性研究方法的社会学学科的更有效统计教育模式。

（一）拓展并平衡不同类型统计方法在入门教材中的篇幅

目前，不同社会科学学科的通行统计教学模式如下：先进行一定程度的概率论与数理统计知识的培训，再进入专业统计学知识与技能（如"社会统计学""统计软件应用"等课程）的培训。但目前，无论是通用的数理统计课程还是专业统计课程，绝大多数的篇幅都在于介绍与总体模型相关的NHST模式的统计推断模式，只在非参数检验的部分形式中可能简单介绍置换模型的相关方法，较少有全面和深入的介绍。同时，前述关于贝叶斯统计学的基本论点，也几乎未曾提到。这种教材体系可能会使学生产生"只有一种统计推断模式"或"只有一种统计学"的"锚定效应"，限制其对多元统计方法的欣赏和比较视野，从而人为地延续NHST统计模式的某些不恰当使用。

尤其是对于社会学专业而言，由于存在"社会调查方法"之类尤其强调问卷调查和抽样设计的课程，使得师生一般都较认可总体模型，习惯仅从抽样误差的视角理解统计推断的误差，而对于以实验设计为基本范式的设计依赖型统计推断存在认知上的不足。近些年来，采用现场实验法进行的社会科学研究已愈发普遍[①]，有必要结合社会调查方法中对实验法的基础原理介绍，在相关统计教材中引入与之匹配的统计检验思想与技术。此外，教材还应以适当的篇幅介绍贝叶斯统计学的基本观点与检验方式，进一步丰富师生的统计工具选择。

（二）在教材和教学过程中强调计算软件与统计知识的有机结合

近些年来，以R和Python为代表的新一代统计软件和编程软件的兴起，以及人工智能及相关编程技能教育在全球的兴起，为各社会科学学科更好地把相关软件引入统计课程的教学实践做好了必要的铺垫，极大地降低了初学者的学习门槛。

为此，可在教材内容和教学实践中普及基于计算软件的教学方式。传统的统计知识学习主要是数学式的学习，即在掌握相关概率知识的基础上通过公式推导和习题演练熟悉相关内容。这自然是习得统计知识的必经之路，但也存在改进空间。例如，许多统计教材至今依然提供正态分布、t

---

① 参见任莉颖：《用问卷做实验：调查——实验法的概论与操作》，重庆：重庆大学出版社，2018年。

分布、F 分布的概率分布表，并要求学生查表。但在统计软件和计算机已基本普及的条件下，仍要求学生查表已无实际益处，可考虑淘汰此类教学示例和内容，转成相关软件的习题示例和课堂演示。

又如，关于抽样分布的概念，现行教材仍多进行抽象讲解和静态示例。实际上，对于此类关键性的概念，结合统计软件和具体案例，采用基础的 for 循环执行重复抽样并计算相关样本统计量并绘制其分布图示，从而动态演示某一特定样本统计量的抽样分布，对于初学者建立抽样分布的感性认识是至关重要的，可以加深其对基于数学推导而形成的抽样分布的公式化理解。对于某些难以推导的抽样分布（如中位数、四分位数、特定的百分位数等），还可起到简化甚至替代数学推导的功能。对于置换分布更是如此，它无须数学推导，而只依靠零假设下的观测结果的全部或部分重新排列而得到计算显著性所需要的样本空间，利用小样本的数据很容易通过 for 循环等方式进行动态展示。在这些方面，国内外都已有一些教材进行了尝试并有了一定的教学经验积累[①]。

当然，无论教材内容的更新还是教学模式的演进，都需要长时间的经验积累和实践检验。限于学识、精力、篇幅等因素，本文对置换模型的介绍仍较为简单和粗放，未能涉及所有类型及最新进展，相关建议的不当之处还望学界同仁不吝批评指正。

Permutation Model of Significance Testing and Suggestions on the Statistical Courses for Social Sciences

Lv Xiaokang

Abstract: The two statistical inference modes of population model and permutation model are corresponding to the observation data generated based on random sampling and random experiment. The former usually has a real

---

① 前面列出的关于置换检验的国外教材基本已实现了软件教学与课堂教学的无缝衔接，国内相关的教材可参见：吴喜之：《统计学：基于 R 的应用》，北京：中国人民大学出版社，2014 年；吕小康：《R 语言统计学基础》，北京：清华大学出版社，2017 年；贾俊平：《统计学——基于R》，北京：中国人民大学出版社，2021 年。

population that is easy to understand intuitively and easy to define in operation, while the population of the latter hardly exists in reality and is just an imaginary construct. Under population model we calculate the p value by constructing the sampling distribution or approximate sampling distribution of a sample statistic, while under the permutation model we constructs a permutation distribution by rearranging or resampling the sample data for statistical inference. The formation of the permutation model little earlier than the population, but it was not popular due to the lack of possible calculation tools since it is highly computation-intensive, and was even ignored in textbooks for a long time. With the improvement of computer utility and software performance, it has regained attention in recent decades. It is necessary to introducing both types of models in Social Statistics courses and other related statistical courses to provide a broader statistical vision, and thus enrich the statistical inference framework that is more suitable for randomized experimental design.

Key words: population model; permutation model; statistical inference; sampling distribution; significance testing

云南省易地扶贫搬迁后续发展力调研思考

尤伟琼[①]

摘　要："易地扶贫搬迁"是脱贫攻坚"五个一批"中难度最大、政策性最强、扶贫效果最为突出的重要举措。云南省通过以集中安置为主、完善公共服务、抓实就业服务、加强产业扶贫、增加资产收益、强化社会保障的手段，完成了150万群众的易地扶贫搬迁工作，实现了云南历史上最大的"挪穷窝、斩穷根"行动。但如何与乡村振兴战略有效衔接，在解决"搬得出"问题的同时，面临着搬迁群众社会融入慢、就业兴业难、收入渠道少、帮扶政策待完善等方面的挑战。因此，应加强易地扶贫搬迁后续帮扶，巩固脱贫攻坚成果，有效实现乡村振兴战略目标，围绕"完善政策、城乡统筹、就业优先、盘活资产"持续用力，确保搬迁群众搬得出、稳得住、可融入，逐步走向致富之路，实现搬迁群众高质量的跨越式发展。

关键词：云南省；易地扶贫搬迁；后续发展力

为深入贯彻习近平总书记"要做到易地扶贫搬迁后续帮扶，要加强扶贫同扶志、扶智相结合，让脱贫具有可持续的内生动力"的重要论述，巩固脱贫攻坚成果，探索建立解决相对贫困长效机制，推动脱贫攻坚和乡村振兴有效衔接。课题组对云南16个州（市）开展"易地扶贫搬迁后续扶持力度"专题调研，重点调查4个集中连片特困地区的重点区域，包括怒江州泸水市、福贡县，昭通市鲁甸县、巧家县、彝良县，曲靖市富源县、会泽县，文山州广南县共22个乡镇（街道）43个安置点。采取抽象调查，入户走访、座谈交流等方式，深入安置点及迁出地、扶贫车间、企业、合作社等了解情况，广泛征求搬迁群众、扶贫企业、政府部门等各方意见，对加大云南省易地搬迁后续扶持力度进行了思考。

[①] 尤伟琼，云南师范大学法学与社会学学院教授，博士生导师，研究方向为边疆社会管理。目前承担国家社科项目（18BM2148）西南边境少数民族边民抵边居住生产困境及对策研究。

一、云南省易地扶贫搬迁工作基本形势和总体情况

云南省作为集边疆、民族、山区、贫困为一体的省份,贫困程度深、贫困面积广、扶贫成本高、脱贫难度大。在全国14个集中连片特殊困难地区中,云南省占据了4个,分别是滇西边境山区、迪庆藏区、乌蒙山区、石漠化地区,占全国总量的28.5%(如表1所示)。云南省129个县中,国家级贫困县占据了88个,其中有27个深度贫困县。

表1 云南省四个集中连片贫困地区涵盖州市及其区域要素特征

集中连片特困地区名称	涵盖地州(市)名称	区域要素特征
滇西边境地区	保山市、临沧市、普洱市、德宏州、怒江州	生态保护区、地质灾害频发、少数民族聚集区
乌蒙山区	曲靖市、昭通市	生态保护区、革命老区、民族地区、基础设施薄弱
滇西北石漠化区	文山州、红河州	地形复杂、生态环境脆弱、地质灾害频发、基础设施落后、土层瘠薄
迪庆藏区	迪庆州	高山峡谷、地质灾害频发、基础设施落后

2015年中央扶贫开发工作会议召开之初,云南省贫困发生率为17.09%,深度贫困地区贫困发生率为24.13%;贫困人口数量最多的昭通市贫困发生率为34.80%,三区三州的怒江州贫困发生率达到56.24%,怒江州福贡县贫困发生率超过70%。

易地扶贫搬迁作为脱贫攻坚"五个一批"中最难啃的硬骨头,也是解决"一方水土养不好一方人,实现贫困群众跨越式发展的根本途径,更是打赢脱贫攻坚战的重要途径"。云南省作为全国跨县区搬迁体量最大、年度搬迁任务最重、万人以上集中安置点最多、州市级搬迁最集中的省份,易地扶贫搬迁工作涉及全省16个州市121个县市区,共建设集中安置点2832个,安置搬迁群众数量150万人,其中99.6117万人为建档立卡户,50.3883万人为随迁人口。

从2016年开始,易地扶贫搬迁建房方式由"统规自建和统规联建"转向"统规统建为主",统规统建比例由20.8%提高到99.7%;安置点由"点

多散小"转向"适度集中",集中安置比例由 80.6% 提高到 100%;安置方式由"农村安置"转向"城镇集中安置",城镇安置比例由 21.6% 提高到 90.6%,其中曲靖市 509 个占 17.97%、普洱市 386 个占 10.09%、红河州 344 个占 12.15%、保山市 223 个占 7.87%。

集中连片特殊困难地区中,怒江州共建成 84 个安置点,其中集中安置点 75 个,涉及户数 26921 户,人数 101211 人,搬迁建档立卡贫困人口 95859 人,同步搬迁 6253 人,集中安置搬迁人口占总搬迁人口的 75% 以上。文山州建成 142 个集中安置点,搬迁 12818 户 53542 人,其中建档卡户 8847 户 37005 人,同步搬迁 16537 人。昭通市规划建设集中安置区 28 个,其中万人以上规模 8 个,4 万人左右规模 2 个,易地扶贫搬迁人口达 36.24 万人,跨县安置人数达 7.69 万人。曲靖市共建设 509 个集中安置点,累计搬迁 193933 人,其中建档立卡贫困人口 156823 人,随迁人数 37110 人;会泽建设集中安置点 125 个,搬迁安置 105068 人,其中建档立卡贫困人口 83627 人,同步搬迁人口 21441 人。

随着云南易地扶贫搬迁政策在实践中的不断创新完善,搬迁群众在搬迁之后的就业形式也不断增加和完善。从最初的以农业安置为主到农工结合,再到东西部劳务协作,最终到如今的精准施策,在实践探索中逐渐形成了适合中国国情和地方特点的搬迁移民就业帮扶政策体系,实施主体越来越多元,举措越来越丰富,对象越来越精准,效果越来越明显。

二、云南省易地扶贫搬迁后续发展"精准帮扶,多元协同"的实践与成效

经过长期的发展完善,易地扶贫搬迁政策具有"目标多元化、识别精准化、措施协同化"的特点,易地扶贫搬迁和后续帮扶工作呈现出三个特征:安置方式以集中安置和城镇化安置为基础,以就业基础条件提升引导贫困人口实现搬迁安置的合理化;通过就业培训塑造和培育搬迁人口的就业能力和后发优势,提升其内在发展能力和脱贫的主动意识;利用产业结构布局和区域经济发展战略,形成产业带动就业的良性循环机制,提高搬迁群体的可持续发展和生计能力。在时间短和搬迁人数巨大的双重压力下,基层政府统筹组织各方力量,顺利完成了搬得出、稳得住、逐步能致

富的目标。

（一）推进易地扶贫搬迁安置点建设，确保贫困群众"搬得出"

易地扶贫搬迁安置点建设质量和安置方式直接关系脱贫攻坚工作的成效巩固和质量后续发展。云南省易地扶贫搬迁工作坚持以集中安置搬迁群众为主，省、州（市）、县（市、区）、安置点四级联动工作措施。按照中央政策人均约 5.8 万元的标准，安排了 575.8 亿元用于支持易地扶贫搬迁建档立卡贫困人口建房、基础设施建设等方面需求。规划建设的 24.4739 万套安置房全部建成，150 余万搬迁人员搬迁入住。全省共建设万人以上安置点 19 个，占全国的 27%。仅会泽县城就建设万人以上安置点 4 个，搬迁 81257 万人。昭通市作为云南省贫困人数最多的地区，靖安新区和卯家湾片区两个安置点安置贫困家庭 16826 万户，涉及贫困人口 72896 万人，成为全国前两位的大型跨县区安置区。怒江州作为云南省贫困发生率最高的州市，在可有效利用土地非常有限的情况下，规划易地扶贫搬迁 10.2 万人，占全州总人口的五分之一，占建档立卡户的 60% 以上。150 万生活在生态环境脆弱地区、不具备发展条件的贫困群众搬出大山，住进美丽新家园，为彻底告别贫困、斩断穷根创造了有利条件。

（二）完善基础服务设施，保障搬迁群众"稳得住"

配套基础设施的完善程度直接关系搬迁群众的生活质量和居留信心。针对搬迁群众的公共服务配套需求，按照搬迁规模，统筹配置教育、卫生、就业等公共服务资源，切实保障搬迁农户就学、就医、就业等需求，享有与迁入区原住户同等待遇。云南省完成了 2832 个集中安置点通水、通电、通路、通讯等工作。新建便民服务中心 109 个、中小学幼儿园 274 所、卫生院（室）315 个、活动室 2361 个、公厕 3041 个、配套建成了一大批污水和垃圾处理设施、文体设施、群众活动场所。为解决易地搬迁群众的子女教育问题，会泽县筹集资金 6.36 亿元，在集中安置点新建 2 所初中、4 所小学、4 所幼儿园，改扩建 3 所中学、1 所小学，新增学位 16302 个，新建校舍面积 14.79 万平方米，满足了全县 15705 名易地扶贫搬迁家庭子女的就学需求。省政府出台《云南易地扶贫搬迁稳得住工作方案》，规定在未来 5 年过渡期内，下拨 1.26 亿元对搬迁群众的物业费、水电费、电视收视费等实施减免补贴，有效缓解了搬迁贫困群众的生活压力，增强了搬迁群众在安置点生产生活"稳得住"的信心。

（三）坚持以党建为基础，引领搬迁群众"可融入"

落实易地扶贫搬迁和就业帮扶过程中，各项工作的核心和关键点就在于坚持党的领导。为帮助搬迁群众尽快适应安置点的生产生活环境，在2832个集中安置点共组建基层党组织2911个，推动社会治理重心下移，积极吸纳社会力量参与社区治理，创建基层自治组织、群团组织和群众互助组织等各类社会组织11922个，成立村（社区）107个，建立就业服务站650个。

为有效解决搬迁群众的各类问题，会泽县建立了13个街道社区党群服务中心，规划设置了10个为民服务窗口，力争实现服务联络"一个窗口"受理、便民服务事项"一站式"办结，让搬迁群众办事"最多跑5分钟"。广南县在全县15个集中安置点建立了14个基层党组织，并全部成立了基层自治组织。围绕人居环境治理、改变传统思想观念、转变生产生活方式、推动移风易俗等方面对搬迁群众开展"手把手"的帮带服务，实现党的领导、政府管理、社会调节、基层自治良性互动，及时解决困扰搬迁群众的烦心事、糟心事、揪心事，帮助搬迁群众积极融入新环境，适应新生活，创造新发展。

（四）盘活土地和推动就业并举，推动搬迁群众"逐步能致富"

群众生活水平的提升和收入渠道的增加是检验易地扶贫搬迁质量和成色的重要节点。易地扶贫搬迁拉动云南投资789亿元，净增城镇常住人口66.4万人，云南城镇化率从2015年底的43.33%提升到2021年底的50.05%，提高6.72个百分点，共拆除旧房17.1万套，复垦复绿15.07万套，迁出生态脆弱区群众34.8万人，350个国家限制开发、禁止开发区，5782个地质灾害频发区生态压力得到有效缓解。全省易地扶贫搬迁安置点开展农业产业扶贫项目2559个，建成扶贫车间1260个，开展搬迁劳动力培训54.43万人，实现转移就业46.01万人。安置点主导产业覆盖率71%，搬迁劳动力培训率83.6%，转移就业率79.43%，实现户均就业1.24人。

全省搬迁安置区用于贫困搬迁群众资产性收益分红的产权面积达到36万平方米，在集中安置点配套建设的农贸市场、商铺、停车场等资产，明确规定为搬迁群众集体所有，经营所得以分红、股息等形式分配，增加了搬迁群众的资产性收益，有效拓宽了搬迁群众就业渠道和收入来源，为实现搬迁群众逐步能致富，可持续发展打下了坚实基础。

三、云南省易地扶贫搬迁后续发展面临的困境与问题

易地扶贫搬迁解决了"一方水土养不好一方人"的根本问题，通过完善安置区配套设施、加强产业培育、开展就业帮扶专项行动、强化社区管理等，形成了较为完善的易地扶贫搬迁后续扶持政策体系，但在激发搬迁群众内生动力、推动其走上可持续性发展道路上仍存在以下问题。

（一）就地就业门路少，外出就业压力大

在集中安置点虽然配套建设了一些产业设施，但由于缺乏切实可行的产业发展方案，未形成立体产业体系，导致吸纳搬迁群众就业的能力不足。同时，多数搬迁群众由于文化素质不高、缺少劳动技能、语言不通等原因，外出就业择岗范围较小，受市场环境影响大，存在一定的失业风险。一是迁入地产业基础薄弱，一二三产业融合度不高，特别是二三产业发展不足，吸纳就业能力弱，提供的就业岗位有限，有劳动能力的搬迁群众就业率不高。很多配套建设的产业规模较小、抗风险能力差、市场竞争力不足，随时面临倒闭的风险。二是安置点集体经济薄弱。由于较大规模的集中安置点通常涉及几个县或者几个村的搬迁群众，导致集体资产产权界定不清晰。且多数产业处于起步阶段，商铺、停车场等固定资产收益短期内难以见效，城镇公共服务岗位拓展空间有限，生态护林员、护河员等公益岗位管理亟待完善。三是大多数安置点都建有以代工为主的扶贫车间，由于"两头在外"，产业链、供应链不稳定，市场竞争力弱、抗风险能力弱，除去政府补贴和用地优惠，企业还面临亏损的危险；部分扶贫车间务工人员寥寥无几，活力不足，有的扶贫车间的产业配套能力、自主经营能力、规模效益、环保及劳动条件有待提升。四是外出就业压力大，受疫情影响，省内外劳动密集型企业复工延后，出现开工不足甚至倒闭情况，一些外向型企业如广南鞋服城自新冠肺炎疫情暴发以来就没有接到订单，用工减少甚至经营难以为继，已经转移外出的劳动力面临就业难、稳岗难；很多60岁以上身体健康的留守老年人就地就业愿望强烈但无岗可安，部分家庭虽有在外就业人员但并未定期回补，留守老人生计得不到稳定保障，存在返贫的风险。

（二）迁出区"三块地"盘活慢，迁入区形成稳定收益难

云南省易地扶贫搬迁除少数就近分散安置外，大多数集中安置到离迁出地较远的县城和集镇，搬迁群众失去了传统的生产资料和劳动对象，自身生计能力不足，面临着较大的经济风险和生活压力。一是受制于县域经济基础弱、缺乏龙头企业和大户带动、搬出区自然条件差、交通不便等原因，"三块地"盘活整体推进缓慢。一些由原集体经济组织挂牌成立专业合作社的安置点，组织结构松散，与群众利益联结机制关系不够紧密，带动群众增收能力不足。二是为数不少的迁出区"三块地"流转率、利用率低，盘活难度大。由于承包地一时流转不出去，少数搬迁距离短的群众牵挂原住地土地及产业而不愿拆除旧房，来回"两头跑"，甚至一户两地居住；搬迁距离较远的出现耕地撂荒现象；搬迁群众进城后生产组织方式的转变短期内还难以完全有效解决，搬迁群众"三块地"资产收益难变现，农业经营性收入锐减。三是各县在实施易地扶贫搬迁时，主要通过平台公司承接国家建设用地增减挂和产业扶贫等资金投入，开展投融资、实施搬迁点建设管理等职能。一些安置点建设过程中用盈余出的面积建设的商铺、扶贫车间等形成的经营性资产产权大多在平台公司，投资决策、经营风险防范及收益分配机制尚未建立，资产收益主要用于物业补贴等管理运行费用，集体资产收益分配使用有待于进一步规范，监管有待进一步完善。

（三）搬迁群众适应新环境、融入新生活存在困难

易地扶贫搬迁是百万农民变市民的超常规举措，不仅是生活环境的改变，更是生产方式、生活方式、思维方式的根本性变革。告别深山，一步入城，如何尽快适应融入新环境是迁入群众普遍面临的问题，也是最迫切需要解决的难题。一是城乡差别、心存焦虑。不少搬迁入城群众面对城市"新生事物"既感新奇兴奋又存在焦虑，包括不适应高楼住宅、原积存随迁带来的粮物等用完后要靠购买的生活方式，不适应社区文化活动，存在邻里之间的矛盾等，住进了新房，但生活上却没有展现出新风貌。二是人住城里、心在山上。较为突出的是老年人，留恋山上的老房老宅、山林山地，习惯了长期从事的传统农业，进城失去了原有的劳动对象和生活依附，就失去了精神寄托。虽然居住空间和居住环境有了明显的好转，但对于"安住城镇"还没有真正定下心。三是搬迁群众普遍文化水平较低，自我发展

能力不足。一些少数民族搬迁群众尤其是中老年人听不懂汉语，对新事物、新技术、新观念接受程度不高。社区也没有对此展开专门的培训和引导，安置点内甚至出现了老人不会使用煤气导致自己被烧伤的悲剧。四是搬迁贫困群众与原城镇居民存在心理距离。由于生活方式、生产观念上存在差异，二者在日常相处上存在着一定的鸿沟，帮助搬迁群众进行心理调适使其尽快融入新环境、适应新生活是面临的最大现实问题。

（四）政策配套有待完善，工作落实落细还有差距

为实现搬迁后续发展，从国家到地方都出台了相应政策。国家发展改革委等13部委出台了《2020年易地扶贫搬迁后续扶持若干政策措施的通知》，云南省制定了"稳得住"40条措施，发放了《易地扶贫搬迁居民手册》。但政策具体实施效果上出现了不尽如人意的情况，主要有以下几点原因：一是政策宣传与政策落实力度不足，群众对政策的知晓度不够高，在发挥东西部扶贫协作，对口援建劳动密集型、生态友好型扶贫车间方面力度不大，导致部分安置点的产业建设只停留在形式上的帮扶，对吸纳搬迁群众就业没有实质上的帮助。另外省级层面尚未研究出台旧房拆除和旧宅基地复垦工作实施方案，一些地方建新未拆旧。二是工作体系和政策体系衔接性不强。易地扶贫搬迁的工作重心从建设搬迁转向以后续扶持为主的新阶段，工作体系、工作机制、政策保障有待配套完善。根据新情况新问题调整政策措施在一些地方还显得滞后，产业规划发展、搬迁群众蔬菜生产基地配套、迁出地预留安全生产用房等方面问题突出。三是公共管理和社会服务体系存在一定的缺陷。易地扶贫搬迁的集中安置地大多采取县级领导挂帅+部门派出+聘用人员的管理体制，系统之间信息采集、信息共享没有形成规范统一机制，搬迁群众户籍转移、医保、养老保险对接等工作协同性不强，安置地社区工作者多为新招聘的毕业生或志愿者，基层工作经验不足，干部素质能力与职责任务之间不相匹配。

四、加大易地扶贫搬迁后续扶持力度的思考建议

搬迁只是手段，实现搬迁群众可持续性发展才是目标。加强易地扶贫搬迁后续扶持工作，既是巩固脱贫攻坚成果的重要举措，又是促进搬迁群众更好地融入迁入地，实现逐步能致富的关键手段。

（一）完善政策，做好脱贫攻坚与乡村振兴有效衔接

易地扶贫搬迁实现了贫困群众在居住空间上"下山进城"的跨越式转变，但在权益保障和利益表达方面还存在着很大的不确定性。因此，要加强党的领导，完善政策保障，围绕搬迁群众的实际需求开展工作。一是合理调整行政区划，健全完善基层组织。加强安置点党的建设，注重抽调城镇社区工作和农村工作经验丰富的干部到安置点工作，建立结构优化的干部队伍。创新社会治理体系，建立居民公约、居务公开、民主理财、民主监督等制度，实行自我管理、自我约束、自我教育、自我服务。及时排查、调处、化解群众矛盾纠纷，做好社会风险防范，维护社会稳定，着力构建平安和谐文明社区。二是将易地扶贫搬迁后续扶持纳入统筹规划。整合国家13部委易地扶贫搬迁后续扶持若干政策措施和云南"稳得住40条"、西部大开发和乡村振兴政策，统筹实施乡村振兴战略，推动政策落地、责任落实，实现搬迁群众稳得住、可融入、逐步能致富。三是建立跟踪监测和预警机制。探索运用大数据技术，开展搬迁群众后续发展跟踪监测，建立跟踪监测、预警研判机制，严格执行挂钩帮扶"四不摘"政策，实现持续稳定帮扶到户到人。四是落实落细各项优惠政策措施，加快办理房屋产权登记，核发不动产权证书，解除搬迁群众后顾之忧，真正实现"安居"，为"乐业"奠定基础。

（二）统筹城乡，确保搬迁群众有序融入

"能融入"既是搬迁人口"稳得住"的关键，又是其实现"逐步能致富"的保障，既要在迁入地营造公平有序的社会环境，又要着力于激发其实现自我发展、家庭发展的内生动力。一是稳妥有序推进搬迁群众户口迁移。落实城乡统一的户口登记制度，有序推进农业转移人口市民化。推进基本公共服务常住人口全覆盖，加强普惠性幼儿园建设，优化中小学教育资源配置，保障师资力量供给。加快社区医疗卫生机构标准化建设，统筹做好城乡居民医疗保险的参保登记、转移接续工作，保持政策连续性，确保基本医保、大病保险、医疗救助等实现搬迁群众全覆盖。二是全面落实社会保障政策。建立与户籍制度改革、居住证制度改革相适应的动态调整机制，研究制定与迁入地保障标准相衔接的具体办法。重点关注完全或部分丧失劳动能力的特殊贫困人口、无法务工的老年人群体，稳步提高养老标准、

最低社会保障标准、救助供养标准，综合实施托底性的保障措施，确保特殊群体有稳定的社会保障收入，确保脱贫致富路上一个不掉队。三是不断提高搬迁群众文明素质。将扶志与扶智结合，广泛开展文化知识培训和劳动技能培训，激发搬迁群众内生动力；引导良好文明生活习惯，开展文明社区、文明楼栋、文明家庭、文明居民等评选表彰活动，推广富源、会泽、广南等地建立的"爱心超市"积分制管理等做法；通过村史馆展示平台，突出新旧对比、展示时代变迁，让搬迁群众搬得进新居、记得住乡愁，饮水思源、感谢党恩；引导搬迁群众自觉遵守社区公约，激发群众主人翁意识和参与社区管理热情，营造共建共享的良好氛围。

（三）就业优先，拓宽搬迁群众工资性收入来源

习近平总书记在陕西考察时强调，搬得出的问题基本解决后，后续扶持最关键的是就业服务，乐业才能安居。当前，外出务工和公益性岗位成为云南省易地扶贫搬迁群众工资性收入的主要来源。一要坚持市场导向、区域统筹、突出特色、就业优先原则，将集中安置区纳入区域特色优势产业，进行全产业链规划布局，建设一批一二三产业深度融合的现代农业产业园区。城镇集中安置区引进龙头企业，发展生态集约高效、用地规范的设施农业，提高单位土地承载劳动力能力。充分发挥生态、民族民俗、边境风光等优势，深化旅游资源开放开发，提升旅游服务水平，将更多搬迁群众纳入旅游产业，开展适合的经营服务，使之成为就近就业的产业支撑。二要全面掌握易地扶贫搬迁群众劳动力底数，建立就业动态信息台账，建立劳动力资源输出与市场双向对接、信息共享机制。落实完善就业扶持和稳岗政策，加强劳动力技术技能培训，提高培训的针对性和实用性，全程做好精准就业服务。三要积极推动东西合作，承接技术先进、劳动密集、生态环保的产业，拓展就业渠道。引入投资主体，建立与易地扶贫搬迁劳动力就业相适应的扶贫车间，对有条件向上下游延伸和横向整合的扶贫车间，要提高其自主经营和产品市场竞争力，逐步从政府扶持为主向市场引导和政府扶持相结合转变，发挥扶贫车间技能培训、观念转变、专业生产示范的作用，引导搬迁群众向非农产业转移。四要鼓励搬迁群众创业兴业，创造良好的创业兴业环境，加强对有创业意愿的个人扶持鼓励引导，唤醒搬迁群众减贫脱贫的主体意识，树立致富典型人物，充分发挥示范带动效

应。五要对迁出地生态护林员等公益岗位进行动态管理，梯次递补有劳动能力又能到岗的边缘户。大力发展集体经济，面向零就业家庭和返贫家庭合理开发公共服务岗位，实现兜底就业。

（四）盘活资产，夯实搬迁群众财产性收入基础

作为"脱贫攻坚战"的标志性工程，完成搬迁建设任务只是第一步，如何促进搬迁群众创收、增收，是帮助搬迁群众在迁入区稳得住的关键点。一要加快拆旧复垦整理，抓紧盘活"三块地"。盘活群众资产，实现其原有财产"三块地"合理通过招商和代耕托管等方式加大经营权流转力度，有条件地引入龙头企业建立全产业链、价值链的农业产业体系。依靠种、养大户和生产能手组建利益联结紧密的专业合作社。利用有序转化，大力发展经济林果和林下经济，确保"三块地"资源成为群众资产性收入的稳定来源。完善"三块地"农业直接补贴等普惠性政策，确保搬迁群众继续享受各项强农惠农政策。二要健全完善建设用地增减挂资金、产业扶贫资金和财政贴息贷款的项目管理、绩效考核和使用监督。对投入易地扶贫搬迁形成的各类资产，应明确出资人和权益主体，健全完善经营者责任，确保资金使用安全有效益，确保易地扶贫搬迁群众有资产收益权。总结各地采取的产业扶贫资金折股量化到产业园区和产业基地，让群众享受一定比例的保底分红+收益分成等成功做法和经验，探索"联股联业，联股联责，联股联心"新机制，推动群众的资产性收入达到"细水长流"的状态。三要整合"搬出地"村级集体资产，通过出售、转让、拆分等形式处理原住地集体资产，实现村集体经济妥善处理和搬迁群众稳定增收"双赢"；盘活安置点的商铺、公有房、停车场、闲置土地等经营性资产，将解决搬迁群众就业与盘活集体资产结合起来，反哺受益主体和易地搬迁安置点的管理运行。

疫情管控时期社会调查的机遇与挑战[①]

顾金土　王苏雨涵[②]

摘　要：新冠肺炎疫情是深刻影响当代社会的大事件。在新冠疫情期间，一个城市如果遭遇多点并发的感染状况，很可能会采取限制人口流动、暂停非疫情相关公共服务的静态管理措施。疫情管控是自然干预式社会调查的窗口期。真实了解、及时反映居民的生活状态、思想动态、心理情绪，对管控非常重要，这也是社会科学家对"时代大事件"应尽的社会责任。疫情期间的社会情境具有管控的突发性、限制人口流动、经常性的全员检测、非疫情公共服务的停滞等特点。管控时期，社会迫切需要了解"居民对政府行动的认可度、群众志愿服务需求和供给、居民社会心理特点、居民的基本需求"等信息，给社会调查带来机遇。同时，疫情期间的社会调查也面临挑战：寻找有效调查方式；建立与调查对象的信任关系；调查内容的稳定性和调整；调查对象的稳定性和调整。

关键词：疫情管控；社会调查；机遇与挑战

一、引言

新型冠状肺炎（Covid-19）疫情是深刻影响全球经济与社会生活正常秩序的重大流行疾病。笔者以新冠肺炎作为关键词在中国知网上进行搜索，至2020年12月，共找到18400篇相关文献，自2019年10月以来，相关的研究更是呈井喷趋势（见图1）。这些研究既有以实验室为基础的病理、化学、治疗、药物研发类研究，也有以大数据为基础的政策、流程、评估、流调等公共治理类研究，还有以面向公众的实地调查研究[1-4]。各类研究

[①] 本文是国家社会科学基金一般项目"生态文明视域下乡村人居环境建设的社会机制研究"（19BSH078）阶段性研究成果。

[②] 顾金土，博士，河海大学社会学系教授/主任，江苏长江保护与高质量发展研究基地/河海大学环境与社会研究中心研究员；王苏雨涵，2022级博士生，河海大学公共管理学院社会学系。

各有千秋，前者以精准、可控、严密而见长；中者以全覆盖、及时、海量信息见长，有利于制定统一、关键性、纲要性的宏观政策，但缺乏考虑地方特殊情况、特殊人群的政策调适；后者以微观个体的真情实感见长，可以看到人们的主观评价、实际困难、心理波动和诉求，可以收集政策实施中必须做出的调整和适应的相关信息，让宏观政策人性化地落地等。

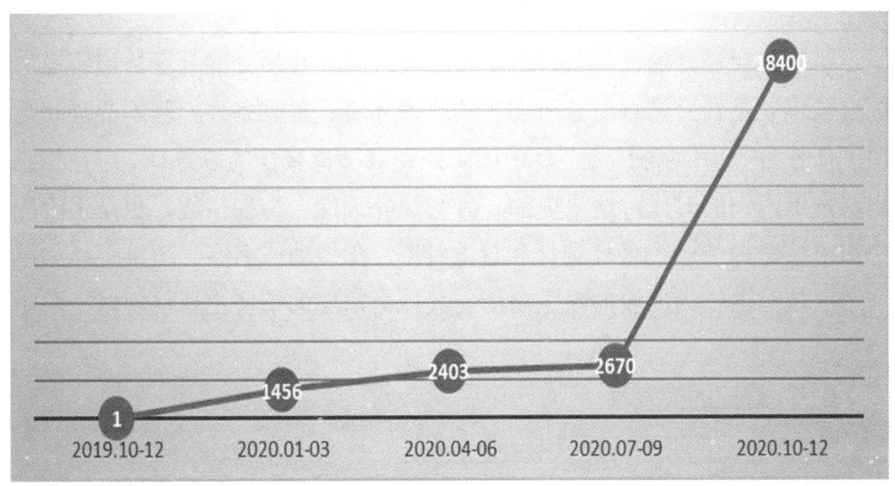

图1　2019年10月—2020年12月CNKI新冠肺炎中文相关文献累计发文量

中国的疫情防控走过了一段不平凡的道路。面对来势汹汹的新病毒，中国并没有现成经验可资借鉴。事实上，中国当前"外防输入、内防反弹"总策略、"动态清零"总方针是在历经多场硬仗，在与病毒的阻击战、持久战中不断探索出来的符合我国国情的科学道路。从成立中央应对疫情工作领导小组，建立国务院联防联控机制、疫情信息发布机制，到提出"早发现、早报告、早隔离、早治疗"的防控要求；从创造性地改建方舱医院、多条技术路线研发疫苗、开展大规模核酸检测，到分区分级差异化防控、有序推进复工复产、扎实做好"六稳""六保"，统筹疫情防控和经济社会发展……回望两年多来的中国抗疫历程，从突发疫情的应急围堵阶段，到常态化防控的探索阶段，再到目前的全链条防控"动态清零"阶段，我们党团结带领全国人民走出了一条科学精准、动态阻击病毒的中国抗疫之路，"为各国防疫工作设立了新的标杆"[5]。众所周知，全球大流行病不仅会给全球经济带来重创，也会深刻影响与改变人们已有的社会生活习惯与秩序。

封城、静默、封控及管控等防疫措施，都会影响人们的正常生活及心理状况。本文以中国"动态清零"政策背景下的社会调查为主题，探讨疫情管控时期社会调查的机遇与挑战，可以让人们更好地了解应急时期的社会运作特点，也可为地方疫情防控工作提供决策支撑。

二、"动态清零"政策下疫情管控期的社会情境特点

执行社会调查的前提条件就是要深刻理解调查所处的社会情境特点。社会情境就是社会调查对象所面对的政治环境、基础条件、基本心理和重要工作任务等。"动态清零"是中国防控新冠肺炎疫情的总方针。它是指当出现本土病例的时候，所采取的一种快速扑灭综合防控措施，也是现阶段中国疫情防控的一个最佳选择和总方针[6]。在"动态清零"政策下，如果一个区域遭遇较为严峻的新冠疫情，其社会治理的情境主要呈现以下四个特点。

（一）管控的突发性

"动态清零"政策目标清晰，要求极高。伴之而生的社会管控也具有突发性和刚性。新型冠状病毒变异株具有极强的隐匿传播性。在发现阳性感染病例及无症状感染者时，流调溯源小组就会迅速对他们进行流行病学溯源调查。他们所到过的地方就会被列为风险点位，与他们有同时空接触的人员就会被定义为密接者与次密接者。这些人员所居住的地方及涉及的风险点位就会被当地防疫管理部门进行封控处理。因此，对于密接者或者次密接者来说，在被流调之前，他/她不清楚是否与感染者有过接触；密接者和次密接者的不同定义也会对管控措施产生巨大的影响；在确诊之前，密接者和次密接者也不知道会面临怎样的管控安排。这里都有大量的不确定性及管控的突发性。以上海的红玫瑰美容院为例，排查到在沪密接者 598 人、次密接 782 人、相关人员 474296 人，这些涉疫风险点位、密切接触者、次密接及相关人员所居住的地方都会被纳入管控范围[7]。显然，对这 47 万多人的"相关人员"来说，"管控"是一种突然来临的措施。

（二）限制人口流动

传染病的蔓延扩散与人员的流动关系密切。人员的流动量越大、流动的速度越快，传染病传播扩散的速度就越快；人员的流动距离越远，疫情

传播的地域范围就越大。从 2020 年初疫情开始的武汉到今年以来疫情严重的长春、深圳、上海、北京，都呈现一个共同的规律：规模越大、人口越多、跨省流动越频繁的大城市，疫情发生的概率和数量就越大。以上海为例，在出现本土病例时，为防止人员聚集带来的疫情交叉感染及更大范围的传播，封控区群众开始执行足不出户、服务上门处理；管控区群众实行足不出区的政策；各级学校实行暂缓返校、暂停线下教学，改为居家线上教学为主；医院实行网上门诊、线上预约为主；一些人员密集场所，例如公园、景点、健身场所直接关停处理；对于餐饮行业，进行暂停堂食处理；对于跨省的团体旅游业务进行暂停处理；国内其他非疫情风险地区，则对于从疫情发生地的外来人员实施集中隔离处理或者居家健康监测等限制措施。

（三）经常性的全员检测

在疫情防控各项措施中，核酸检测是迅速发现传染源、锁定管控目标，进而采取隔离等措施切断传播途径的关键手段。特别是奥密克戎变异株，它的传播力更强、传播速度更快、潜伏期更短、隐匿性更强，这些特点导致一些早期的感染者不易被发现，且能够在短时间内快速传播。在这一情况下，只有以快制快，尽早通过核酸检测筛查出阳性感染者并采取管控措施，才能有效阻断病毒传播链，避免更大范围的传播，用最小的成本实现最大的防控效果。可是，病毒从进入人体内到最终通过实验室检测查出阳性需要一定的时间，一般要 2 到 4 天才能够检出。这是因为感染奥密克戎毒株在人体内的病毒数量是动态变化的。在一些情况下，病毒在体内的复制没有达到一定浓度，病毒载量偏低，甚至还没侵蚀到采样部位，则无法检出阳性。随着病毒在体内不断增殖，后期再次采样检测才能呈阳性，因此更需要短期内反复进行全员检测。

（四）非疫情服务行业的停滞

为了应对来势汹汹的新型冠状肺炎疫情，尽最大限度减少人员流动，疫情发生地的非疫情服务机构往往陷入停滞。以今年上海采取的全域静默管理为例，主要采取的疫情管控措施有四大类。一是暂停学校教育和公共交通。各级学校实行"学生暂停返校，以居家线上教学为主"的政策；全市公共交通停止运行，包括公交、地铁、出租车、网约车等。二是党政机关、企事业单位、相关服务行业居家办公。医疗卫生业虽然增加了网上问诊医疗服务的供给，但医院门诊就诊人数大幅下降，行业收入受损。三是疫情阻止了生产性服务行业的正常运行。生产性服务业包括科学技术研究、情报信息咨询、生产资料修理业、大型设备安装业、设备租赁业、技术检测业、货运业等。对生产性服务业而言，人力资本是最重要的投入品，禁止人员自由流动和聚集，会迫使生产性服务企业停工或延迟开工，导致上下游的服务供应短缺，服务生产网络受损。四是疫情阻碍了营销服务业的正常运行。营销服务业的范围包括零售商业、批发商业、推销业、广告业、会展业、市场调研与咨询业、企业形象服务业、仓储及运输业，等等。由于受疫情影响，部分线下门店不能正常营业，或者即便营业也要控制人流，去门店购买的消费者骤减，所以零售行业也是受疫情打击的重灾区，零售终端大幅萎缩。运输业是劳动密集型企业，生产过程通过流通过程维系，而疫情防控限制了人员和物资的地域流动，导致运输业陷入停滞。

三、疫情管控期社会调查的机遇

疫情管控期是社会运行的非常时期，也是遭受疫情冲击而被动应对的社会特殊阶段。在此期间，政府和社会均会面对与平时不同的问题并拿出不同的应对手段。既有人们之间的互助互爱，也有社会阴暗面的放大或发酵。一些平时不曾注意的微小缺陷，可能会成为关乎生存的重大风险。一些平时不曾注意的职业阶层，可能会成为重要的抗疫力量。人们要共同服从政府颁布的命令，但也会因政策实施过程的不当行为而引起公众的强烈质疑。凡此种种社会现象、矛盾和困难、风险，均需要掌握多层面的真实信息，才能科学制定有效的政策。大数据固然是重要的、及时的、方便的信息来源，但其缺陷是缺少公众的情绪反应，也无法描述特殊群体的特殊困难，因此，面对疫情管控的社会状态，开展微观的社会调查成为十分必要的举措。疫情管控期的社会调查主题很多。下面从四个方面来叙述分析。

（一）居民对政府行动的认可度

疫情管控的成败取决于居民是否认可政府行动。俗语说，"人不信不立……国无信则衰"。因此，公信力是政府执政的生命之源。来势汹汹且不断零星散发的新冠肺炎疫情是近年来我国遭遇的最大"黑天鹅"事件。它对社会的方方面面产生了巨大冲击。在疫情中，一方面政府展现出了应对危机的强大组织动员能力，增强了民众对政府的认可度和信任度，另一方面也暴露出政府公信力建设在危机预警、公务人员行为规范、公共危机管理能力和公共服务质量等方面存在欠缺，对政府公信力产生了冲击[8]。适时的社会调查可以准确把握居民对于政府行动的认知、态度、应对策略，为后续的政策调整提供决策依据。

（二）群众的志愿服务调查及调配

疫情期间，除了忙碌的医务工作者、民警、解放军、社工等之外，还有最常见的志愿者。在疫情防控工作中，群众的志愿服务热情高涨，积极投身到各类疫情防控服务活动中，在社区、机场、道口及火车站值班值守，大力宣传抗疫科普知识，关爱居家隔离人员，为广大市民提供线上线下心理疏导等服务，为封控区的居民提供物资配送服务。志愿者为战胜疫情贡献出自己的一份力量，得到了群众的一致认同与高度评价[9]。因此，掌握群众的志愿供给信息是十分重要的。虽然群众的志愿服务意愿高涨，但也需要有效组织、引导，并与志愿服务需求进行有效匹配。这同样需要通过社会调查提供真实可靠的信息。

（三）管控期间居民的社会心理调查

疫情下的心理健康问题，犹如水面下的暗礁。比起疫情带来的直接影响，心理健康层面的影响是一场更为隐蔽、也更加持久的"次生灾害"。临床心理学博士、精神科医师徐凯文认为：没有任何一场灾难，像今天的新冠疫情这么复杂，席卷全球，造成持久和严重的影响[10]。调查也表明，疫情中的民众焦虑、抑郁情绪水平增高，相应地，躯体应激反应也显著提高[11]。

日积月累的慢性压力会显著影响人们的心理健康和日常生活。在国内，心理上的问题往往被忽视。疫情并没有阻挡生活中的负面事件，比如患病、家人去世、失业、网暴、问责等。诸多压力重叠起来会给当事人带来明显的应激反应，比如自我封闭、吃不下饭、睡不着觉、不跟人来往。有的则会陷入兴奋状态，变得爱说话、容易发脾气。最严重的，还会出现自杀的倾向。一线抗疫人员也面临压力过大的问题。很多一线抗疫人员都是本地居民，本身也是疫情的受害者，又需要长时间在高压下超负荷工作，也会面临情绪崩溃和能量耗竭，自身的状态岌岌可危。笔者调查表明，大部分受访群体反映他们整天被与疫情有关的负面信息包围，同时小区里不断冒出阳性感染者，让他们每天生活在惶恐之中，久而久之，导致他们出现神经衰弱的症状，对负面消息更加敏感，更容易产生抑郁、焦虑、易怒的情绪，更倾向于使用极端方式来宣泄情绪及采用暴力行为来解决问题；更有甚者，产生明确的自杀倾向及实施了自伤自残行为；部分阳性感染者更因为个人信息泄露而遭遇人身攻击及周围群体的排挤，疾病加上精神上的压力，让人无法坦然面对。因此，疫情管控期间，亟须对公众进行社会心理状态调查，寻找有效缓解公众抑郁、焦虑的现实办法。

（四）管控期间居民基本需求应得到重视

在管控期间，人们的正常生活受到影响，各种需求却在不断增加。最基本的要求有两个。一是生活物资需求。在居家期间，人们需要得到正常的食品和生活用品保障。由于现代超大城市的社会分工异常复杂，强力的疫情管控措施掐断了既有的物资供应保障体系，造成居民现实的"买菜难、买菜贵"问题。缺少基本的民生保障，民众面对的就是生存危机的根本问题。笔者的疫情调查表明，由于管控引起店铺关门，基本物资供应普遍不足，引起家中粮食短缺，忍饥挨饿；即使可以通过团购渠道购买部分食品、用品，但大幅上涨的物价让工薪阶层因为生活支出巨大而倍感压力。二是医疗需求。人们在居家期间，由于作息时间和生活空间条件发生改变，有的人找不到适合自己的生活、娱乐方式而导致身体抵抗力下降，容易诱发一系列疾病。在封控期间，医疗系统也进行了系统性的重构，人们既不能获得正常、便利的医疗服务，也面临有限医疗资源被严重挤兑的困境，导致人们的正常医疗需求不能得到满足。这需要通过专业的社会调查，在现实的条件下，平衡各方的需求，寻找问题的症结，解决实际问题。

四、疫情管控期间社会调查的挑战

疫情管控期间，公众对社会调查存在大量的需求，但做到客观、真实、及时的专业调查也存在不小的挑战。这些挑战主要有调查方式、与调查对象的信任关系、调查内容的稳定性和调查对象的稳定性等方面。

（一）寻找有效调查方式的挑战

调查渠道是社会调查的首要问题。疫情期间由于人员流动受到极大限制，因此，居民调查往往采用在线问卷调查方法。在线问卷调查方法可以通过问卷星、问卷网、金数据等网络调研平台进行。

（二）建立与调查对象信任关系的挑战

问卷调查的质量取决于调查对象对调查者是否信任。如果调查对象怀疑调查者的身份、调查目的、调查意义，那么，她/他要么就不配合完成问卷，要么就会提供虚假信息或者胡乱作答。疫情管控时期的社会调查对象主要是处于疫情地区的群体以及参与疫情防控的工作人员，如何获取有代表性的研究对象，以及与研究对象建立信任关系，在人们的心理健康状况受损及社会负面舆论管控的背景下，让他们敢于参与社会调查并表露内心的真实状态及反映社会现实状况，是一项艰巨的挑战。有的调查对象因为工作繁忙，而不想继续添乱；有的调查对象担心调查者动机不纯，如制造负面舆情、商业用途等；有的调查对象不屑于所谓"专业"的社会调查结果；也有社会调查对象仅仅是一种无针对性的负面情绪的常态反应。有的调查对象因面临种种顾虑而委婉拒绝访谈。

（三）追踪研究要求调查内容稳定性的挑战

由于疫情是动态变化的，因此，高质量的疫情研究必须随着疫情变化、治理手段变化而进行追踪调查。疫情存在发生、发展与结束等主要发展阶段。人们的思想状态也在不断变化中，社会面上爆发的舆论事件也层出不穷，关注的焦点也各不相同，疫情防控的手段及力度也随着疫情的变化而变化。现实的变化要求社会调查的内容要随着疫情发展状况、管控措施状况及不同的舆论事件而发生变化，但是追踪社会调查要求调查内容相对稳定，这就造成一定程度的挑战。例如，在封控期，居民防疫态度调查可以针对居民的物资需求及心理健康状况进行调查；在解封后，重点可以针对公众复工复产存在的困难及后疫情时代的心理康复进行调查。

（四）追踪研究要求调查对象稳定性的挑战

从方法上来说，追踪研究要求调查对象尽量保持稳定。在疫情期间，保持调查对象稳定异常困难。调查对象流失的主要原因是：有的调查对象有顾虑；有的调查对象心理极度烦躁，不愿意参与看起来"无关"的事情；

有的调查对象离开当地,不再符合身处疫情的条件,等等。及时补充新的调查对象也存在挑战,例如新样本是否具备代表性,需要重新与新样本建立信任关系,以及新样本的稳定性问题。笔者进行的疫情调查陆续尝试在不同的问卷发布平台发布调查问卷,并尝试对受访群体开展3轮的追踪调查。在调查过程中发现,受访群体不愿提供个人真实的身份信息,导致后期的追踪调查无法匹配个人数据;有的调查对象在追踪过程中由于产生厌倦情绪,不愿意继续参与后续的调查,导致后续的纵向研究不能正常开展或造成研究结果的可信度下降。

五、结论与讨论

疫情是自然事件,管控是政府积极的应对策略。疫情管控是自然情境下的干预事件,因此,疫情管控阶段是自然干预式社会调查的窗口期。真实了解、及时反映居民的生活状态、思想动态、心理情绪,对政府制定科学、有效的疫情管控措施非常重要,这是社会科学家对"时代大事件"应尽的社会责任。疫情管控期间的社会调查也充满挑战:调查方式应该灵活多样;调查对象应该通过既有的熟人关系并延伸到地方社区的志愿者,保证样本的代表性和广泛性;与调查对象的信任关系需要以"滚雪球"方式拓展;追踪研究要求调查内容的稳定性,因此调查主题应以实质问题为主,不宜过于具体,选项尽可能覆盖从最低级状态到最高级状态的全距变化;最后还需要保证调查对象的稳定性,保持调查渠道的稳定性,保持熟人关系的稳定性,掌握调查对象的情绪特点,适当增加激励。

当社会处于艰难时期时,没有哪一件公共事务是容易的、便捷的。面对艰巨的挑战,社会调查的使命就是要从人民的需求出发,将最真实、最重要的信息反馈出来。正如费孝通所述"这门学科(社会学)的目的应当是使广大人民对自己的社会具有充分的知识,能按照客观存在的社会规律来安排他们的集体生活,去实现他们不断发展的主观愿望。这涉及三个方面:一是我们怎样决定我们调查研究的问题?二是我们这些调查者与被调查者的关系是怎样的?三是调查者对自己调查的后果采取什么态度?"[12]其实,在1938年的《江村经济》中,费孝通就表达了社会学研究的根本目的是"满足每个中国人共同的基本需要。对人民实际情况的系统反映将有助于使这个国家相信,为了恢复广大群众的正常生活。真正需要的是一种以可靠的情况为依据的常识性的判断"。因此,基于疫情期间社会的迫切需求,社会调查者应该勇于承担专业性的社会建设义务,积极寻找社会调查主题,联系接触处于疫情中的人们,将他们的生活遭遇、情绪、生活需求信息及时收集、汇总、分析和反馈。这既是社会大分工下的理性选择,也是社会科学专家只是作为普通居民的自觉选择。

六、参考文献

[1]孙秋雨,李婉莹,王姜慧,徐佳爽,张黎澄,刘喆文.新型冠状病毒肺炎临床病理研究和护理进展[J].名医,2020(16):146-147.

[2]孟海峰.一项随机对照试验研究槲皮素联合抗病毒药物治疗新冠肺炎患者的效果评价[J].中国临床药理学杂志,2022,38(04):364.

[3]张鸣春.风险社会重大突发公共卫生事件全周期管理研究——以新冠肺炎疫情防控为例[J].中国公共卫生管理,2022,38(02).

[4]肖纯,李连利,闫兴录,王鑫,王雪莹,邹纯金,瞿晓墨,刘冠楠,刘德洋.新冠肺炎疫情下黑龙江省一线防疫人员心理健康状况及影响因素研究[J].中国初级卫生保健,2022,36(05):62-65.

[5]黄月,王诗雨.坚定走好中国抗疫之路[J].中国纪检监察,2022(07):40-41.

[6]柴雅欣,管筱璞.动态清零,中国控制疫情的法宝[N].中国纪检监察报,2021-12-08(004).

[7]上海市静安区融媒体中心.关于苏宁易购和红玫瑰美容院2起聚集性疫情的排查情况[EB/OL].[2022-06-18].https://baijiahao.baidu.com/s?id=1735924076158745368.

[8]李晓春.论新冠肺炎疫情下政府公信力的提升[J].现代商贸工业,2021,42(07).

[9]兰天鸣.战疫需要更多志愿精神[N].新华每日电讯,2022-04-29(007).

[10]北京青年报北青网.疫情下的社会心理健康:我们该如何对待自己的焦虑和抑郁?[EB/OL].[2022-06-04].https://baijiahao.baidu.com/s?i

d=1734687800301013568.

[11]邓维婷，刘艳莉，程淑英．新型冠状病毒肺炎疫情背景下民众心理状况调查[J]．华北理工大学学报（医学版），2020，22（06）．

[12]费孝通：《迈向人民的人类学》，1980年3月在美国丹佛接受应用人类学学会马林诺斯基奖的大会上的讲话。

试析"社会"与"society"概念区别的必然性
——基于调查与文化语境的研究

吴垠[①]

摘 要：目前，对于"社会"概念的理解处在一种混沌状态。为提升社会治理效能解明"社会"概念、逻辑是基础且核心的问题。本研究的实证调查结果显示六成以上的被访者不认同"社会"与"society"是可以等同理解翻译的。对于这两者各自的文化-语境进行的比较研究结果表明"大异小同"。运用概念分析法研究国家-社会二元理论问题提出了"社会"新解释以及中英文的表现形式，最后导出了"社会-群（society）"二维概念的逻辑框架及应用建议。

关键词：社会；society；文化语境；二维分析框架

一、问题提出与文献综述

通常的汉英或英汉词典中，社会与 society 是可以完全互译的。然而，考虑近几十年来中国特色社会的日益繁荣和以往居民分群（China Vals 模型）[②]及价值观研究[③]，比较中国与欧美民众的防疫态度和效果，就会思考等同理解"society"与"社会"一词的适当性以及相关社会治理的合理性[④]。

从文献研究来看成果相当丰富，西语的"社会"一词的含义是在不断缩小，并且越来越实体化了，社会（society）是什么？这仍是一个说不清、

[①] 吴垠，日本九州大学博士、立信数据研究院院长。主要涉及研究方向：消费社会学、环境社会学、福利社会学、医学社会学等，发表论文、文章近 150 篇。
[②] 吴垠：《关于中国消费者分群范式（China-Vals）的研究》，《南开管理评论》，2005 年第 2 期，p.9。
[③] 吴垠，付艳华，赵雨：《试构价值观年谱及实证分析》，《统计研究》，2007 年第 6 期，pp.17-18。
[④] 邓纯东：《防疫抗疫：中国与欧美国家的应对理念、制度、举措与精神比较》，《中共杭州市委党校学报》，2020 年第 6 期，pp.31-35。

道不明的问题①。日语中新近生成的近代"社会（Shakai）"概念在 19 世纪末 20 世纪初传入中国以后，却与中文里原有的旧式"社会"一词及其关联的经验、体验相互混杂②。"society"在近代中国经历了术语生成和观念再造的三次转变③。目前人们对"社会"的定义多达上百个，可以说对社会的理解处在一种混沌状态④。

值得注意的是，其一，冯仕政在《社会治理与公共生活：从连结到团结》提出了"等同说"的表述；不管是英文"society"，还是中文"社会"，本义都是指人们通过自由交往、自愿结合而形成的群体⑤。其二，日本学者木村直惠提出了"属地说"；"社会"一词向中国、朝鲜半岛、越南等东亚地区扩散，但其发展轨迹各不相同。而对于一种语言来说，即使某种概念是从其他语言翻译过来的，其意义组织过程并不是输入的，必然应遵循属地的语境⑥。显然，其二的立场与其一的正好相反。

本文以实证调查-和制汉语-词义探讨-策略建议的顺序展开，其中，实证调查采用量化与质化相结合的方法，"和制汉语"吸收了日本木村直惠有关"社会（Shakai）"与"society"的专题成果、"词义探讨"部分重点关注历史学专业文献并结合探讨"社会"与"society"属性以及法律相关研究成果，等等，策略建议部分涉及"社会"概念的新注解与表述方式，并试图以这些概念为基础建构便于社会治理和相关工作展开的逻辑框架。

---

① 白小瑜：《社会（society）还是社会性（thesocial）？——社会学学科的再定位》，《重庆邮电大学学报（社会科学版）》，2011 年 5 月第 3 期，pp.117-121。

② 崔应令：《近代西方"society"观念的生成》，《武汉大学学报（人文科学版）》2001 第 64 卷第 6 期，pp.39-43。

③ 李恭忠：《society 与"社会"的早期相遇：一项概念史的考察》，《近代史研究》2020 年第 3 期，pp.4-18。

④ 丁元竹：《构建中国特色基层社会治理新格局：实践、理论和政策逻辑》，《行政管理改革》，2021 年第 8 期，pp.29-43。

⑤ 该文系教育部人文社会科学重点研究基地重大项目"当代中国的国家治理与社会整合研究"（19JJD840002）的阶段性成果。

⑥ [日]木村直惠：《「社会」以前と「社会」以後——明治期日本における「社会」概念と社会的想像の編成》，《東アジアにおける知的交流——キイ・コンセプトの再検討》，2013 年 44 卷，pp.267-283

二、量化与质化相结合的实证调查与结果讨论

（一）调查问题

您对这个定义或表述怎么看？不管是英文"society"，还是中文"社会"，本义都是指人们通过自由交往、自愿结合而形成的群体，或换个角度请问：政策文件中"社会"可以等同 society 理解吗？问题表述来源于《社会治理与公共生活：从连结到团结》(《社会学研究》2021 年第 1 期)。

（二）调查方法

其一，通过学界与实务管理人员的朋友圈、微信群等发送问卷，其二，对部分回答者进行微信访问，了解其理由等。实施时间为 2021 年 7 月 16 日至 2021 年 8 月 5 日。

（三）调查结果

1. 量化部分：如表 1 所示，回答"不可以"为 61.67%、"可以"为 25.26%、"问题无解"为 10.92%、"其他"为 2.14%，共计 467 份。调查期间这四项回答的数据分布自始至终保持稳定，大体上回答"不可以"为六成多、"可以"为两成多、"问题无解"为一成多点。

表 1　四个选项的频数和比例

选项	小计	比例
不可以	288	61.67%
可以	118	25.26%
问题无解	51	10.92%
其他	10	2.14%
本题有效填写人次	467	

2. 微信访问部分：

（1）Y 先生解释回答"不可以"

——社会学或在西方语境中社会是指其中不受行政干预和原发的那个部分，按照它的自在的状态存在的，人的互动关系和相处的状态。但是，我们国家政策文件里所说社会的时候呢，是指一个整体性的，涉及人际关系和人际中间，既包括相对自由的状态，也包括他受到干预，或者监管的

状态。总之，他是指那个整体的这个方面。

（2）T 先生解释回答"问题无解"

——翻译是找词语表达意思中的共性，近似意思只可意会，言传的能力是有限的。一个词有多种意涵，翻译时按上下文和语境取中间的一个意思，就是最好的表达，要找意思完全对等词，基本上劳而无功。只有一种可能，中文中的马赛克、约翰、英文中的 kongfu（功夫），toufu（豆腐）。时间长了也保不住变味道，如英文中的 modern（现代），到了中国不是要赋予它"中国特色现代化"吗。

（四）结果讨论

一方面，"不可以"把"社会"与 society 等同理解的回答者有六成以上，不仅数量占大多数且理由较明确。

另一方面，认为两词"可以"等同理解者占了总体的四分之一。通过微访发现多数被访者凭借感觉回答，也有解释如"我的出发点是社会主义这个词根的来源。目前中国话语体系有关社会基本来自这个词根，无论是否从日语再转翻译过来的"等。即使将这有一成多的"问题无解"与两成五多点的"可以"回答者合计起来也不够四成，但反映了理解的复杂性、模糊性比较突出。

实际上，就上述微访 T 先生提及的社会"治理"中有没有中心的说法，若把"社会"等同理解为"society"，所谓"治理"就是"无中心"的，而当理解"社会"不可以等同"society"的话就是"有中心"的。换言之，如果区别两者的话，政府与学界之间的社会治理的"治理"并不矛盾。重要的是必须基于文化语境理解"社会"与"society"含义。把握社会治理的关键，从"治理"入手去理解社会治理是一个失焦的选择[①]。

整体上可以得到的调查结果，即目前，不接受"society"可以等同"社会"理解的人士占总体的大多数，近四成人士认为"society"可以等同"社会"理解。有意思的问题是，为何一般英汉或汉英词典均可互译"society"与"社会"的概念，仍然有大多数人士并不认同？显然，说明了他们是不认同"society"与"社会"的文化语境是互通的。而原始翻译的日语的"社

[①] 冯仕政：《社会治理与公共生活：从连结到团结》，《社会学研究》，2021 年第 1 期，pp.1-20

会（Shakai）"是什么情况？在以下日本学者木村直惠的《"社会"以前与"社会"以后——明治时期日本的"社会"概念与社会想象的编制》摘译中可以得到一定启示。

三、和制汉语[①]"社会（Shakai）"源流与"无视"态度

（一）"社会（Shakai）"的之前窘境与时运转用

日本自 1770 年开始翻译 society，到 1870 年代定型为"社会（Shakai）"之前一百年间，抽象性地翻译"society"是非常困难的。

1873 年成立包含西周、福泽谕吉的明六社也是日本在自觉意识下组成的第一个团体。这时日本并没有完全接受抽象意义上的"society"概念。在 1875 年 1 月 14 日《东京日日新闻》主笔福地樱痴[②]的有关报道中最早出现了"社会（Shakai）"一词。

其实之前的"社会（Shakai）"一词被译为"class"。之后随着公共领域不断向市民扩大，"社会（Shakai）"仅用 2 年多时间就成为了压倒性的主导词。

（二）符号化的"社会（Shakai）"与必然的无视态度

日本学者木村认为"society"之前翻译的词具有一定程度的思想厚度，带有着强烈的语义，而"社会（Shakai）"则淡薄一般化并脱离了与具体性概念的紧密联系。不仅限于日语，探索各自语言-文化语境的"society"概念时，有必要在某种程度上有意识地采取无视西方文化语境的态度。

（三）外来语的"社会"词义必须基于属地文化语境重生

从日本"社会（Shakai）"一词产生的语境来看，实际上脱离了单个汉字的字义。19 世纪末 20 世纪初引入中国，必然与汉语语义发生文化冲突，造成理解混乱。21 世纪的今天，调查数据显示大多数人士仍然不可接受"社会"等同于"society"的理解。值得特别强调的是，"社会"一词必然需要采用我们的文化语境立场和汉语词汇特点重新编制词义。

[①] 和制汉语是指现代汉语中从日语借用的新词。
[②] [日]福地樱痴：1841—1906，日本政治评论家、剧作家、小说家，《东京日日新闻》主笔、社长。

四、"社会"及"society"文化语境的词义探讨

众所周知,东西方的底蕴分别属于农耕文明和海洋文明。马克思认为,对于文明的理解,必须把它同人类的物质生产和精神生产联系起来,把文明看作是一个反映物质生产成果和精神生产成果的总和①。

基于生产方式决定论以及思想意识的视角,农耕文明呈现"静态"属性,注重集体主义、提倡团结、个人服从集体、重农抑商及求同存异,崇权威、重家庭,人际关系差序格局,公共意识弱,思想性上相对趋于保守,等等②。"社会"其实是中国传统的语汇,大约在唐代以后就存在了③。现代对于体制外也有非正式"社会"说法,其实这也是传统上的官社之外私社及私会的意思,文化语境的本质上也不同于Society。具体上可以说"社"字是体现农耕文明的典型代表之一。

海洋文明呈现"动态"属性,更注重个人主义、个人利益高于集体利益,公共意识弱,主张自由平等、重商主义及求异存同,崇尚法治、契约及冒险精神,比较有助于创新发展。近现代200年以来更加强调"自由、平等"。然而,托克维尔④认为个人主义思潮日益沾染上利己主义色彩,致使个人与亲属及朋友相疏远,导致社会公德日益衰弱。个人主义是一种只顾自己又心安理得的情感,最终将与利己主义合流⑤。

(一)比较"社会"与"society"语境大异小同

"社会"两字的"社"和"会"都有集体的意义,换言之,"社会"的最小单位不是个体的人而是集体的"社"和"会",或者是家、国。"society"在 Bing 词典解释是"以群体形式生活在一起的人的总称",其实,society的词根 soci- 来自拉丁语,意思是"交往、联系",也就是人和人之间的交往,彼此联系组成一个群体。严复采用直译方法将 society 翻译为"群",

---

① 吴克明:《马克思恩格斯的文明视野》,《当代世界与社会主义》,2006年第6期,pp.44-47。
② 彭永捷:《儒家天道政治哲学发微——兼论儒学的科学性》,《探索与争鸣》2018年第5期,pp.117-118。
③ 黄克武:《晚清社会学翻译中的思想分途:严复、梁启超与章太炎所译社会学之研究》,《文汇报》2012年6月30日。
④ 阿历克西·德·托克维尔(1805-1859),法国历史学家、政治家,政治社会学的奠基人。
⑤ 胡天娇:《托克维尔与马克思:对个人主义思潮的两种回应》,《中国社会科学报》,2021年1月19日,第2版。

也有译为"会",反映出 society 最小单位都是个体性的人。不难看出它与"群"彼此具有互译性。

1. 最大的不同在于文化语境是集体主义还是个人主义

为了更好地理解"社会"与"society（群）"的主要特性与区别,我们从 7 个倾向性视角,即整体性、群体性、个体性,历史性、文化性、规制性及秩序性等进行含义辩析。如表 2 所示,社会概念显著倾向于整体和群体主义兼顾横向（平等）的个人主义。society（群）概念强调个人主义次之群体主义,一定程度上兼顾整体主义。换言之,两词的最大差别在于文化语境属性是社会主义还是资本主义的,或者主要内涵是整体主义倾向还是自由主义倾向。

表 2 "社会"与"society（群）"的主要差异性

属性	社会（shehui）			society（群）		
整体性	天下、天人合一、国家（一元论***）			系统、有机体、进化		
群体性	群论（荀子）、相生养（韩愈）			群唯实论*（涂尔干）、群（团体）		
个体性	社（单位）、国、家（人）			人、群唯名论*（韦伯）		
历史性	二千多年	农耕文明	东方	二百年前后	海洋文明	西方
秩序性	纵向	差序**	关系	横向	平等	价值
文化性	客我（集体）	安定（阿波罗式）**		自我（自由）	创新（浮士德式）**	
规制性	身份	礼治	规矩	契约	法治	律法

注释*：基于本文视角将原"社会唯名论"和"社会唯实论"的"社会"均改为"群"。
**：来源于费孝通《乡土中国》。
***：马克思的社会主义是纯粹的社会一元论

在比较明显的不同中,也有彼此相似的内容,如"历史性"上社会相对欧洲比较明显的是东方的农耕文明,体现在秩序性上就是差序格局。但是,西汉也出现了"私社"组织等 society（群）的横向特征,现代的社会主义核心价值观中也有自由、平等的导向,倡导创新、共享、协商、开放等发展理念。应该强调的是,在全球化思潮交流空前便捷的当下,"社会"与 society（群）重要的区别意义在于主要矛盾和实际应用方面。

2. 需要注意理解"society"与"社会"的不同文化语境

文化语境是不断变化和多样的,"society"由于人们对它的看法难以达成一致，也曾有西方学者（如曼、拉图尔、图海纳）等提议废弃这一概念①。

强调以"society"语境为背景与"社会"等同理解的结果，一定会放大小部分的词义交集部分，社会概念的语境也会被"虚无"化。相反情况，19世纪日语"社会（Shakai）"的汉字符号变成中文社会含义，必然会结合本土文化语境和汉字本义而发生变化，导致翻译的不可逆性②。不然，就会构成跨文化"混沌"理解困难。

我们经常可以看到应用"国家-社会（society）"模式研究我国现状，如认为"村民小组（包括之前的生产队）是国家和乡村社会力量长期博弈的一个均衡点"③。其中"博弈-均衡"说法十分值得商榷。因为"我国曾经在很长一段时期内实行国家与社会的一元化"④。此说的错误原因即是等同理解了"society"与"社会"的文化语境。

五、概念、逻辑、分析框架的建议

（一）新西词：对外宣传推广使用具有整体性的 Shehui（社会）

世界或历史的文化语境多样性中"society"与社会就是集体与个体形态的代表性表述。近200年来"society"与社会的文化语境区别已经相当固化下来。但是，由于西语的强势导致"社会"失去了本有整体性的语义，当跨文化交流时不得不在"社会"前面加"中国特色"修饰以示区别。

为此，建议相关对外宣传机构推广应用含有整体性含义的 shehui（社会），如同 Kongfu（功夫）、Beijing（北京）等。同样，也应该推出能够代表社会主义价值观等文化语境的 Shehuilism（社会主义）。

（二）新认知：认清国家-社会（society）二元结构与一元化论概念

马克思主义认为，正是社会而不是国家构成了人类政治实践的本体⑤。所谓国家-社会二元结构的"社会"，其实语境是"society"。经典马克思主

---

① 白小瑜：《社会（society）还是社会性（thesocial）？——社会学学科的再定位》，《重庆邮电大学学报（社会科学版）》，2011年5月第3期，pp.117-121。
② 张晶，单兴缘：《翻译中的可译性与不可逆性》，《黑龙江教育学院学报》，2006年第1期，p.83。
③ 吴理财：《村民小组的历史变迁及其基本逻辑》，《社会学评论》，2021年第4期，p.60。
④ 张文显：《推进自治法德治融合建设创新基层社会治理》，《治理研究》，2018年第6期，p.6。
⑤ 连朝毅：《论政治发展进程中的"国家—社会"二元架构——对马克思政治发展理论的历史诠释》，《科学社会主义》（双月刊），2012年第5期，p.57。

义的"国家-社会"关系理论的逻辑机理可归结为：社会之于国家具有本源意义；国家之于社会具有实现意义①。马克思主义的整体性语境"社会"是与社会相一致的。因此，社会主义初级阶段两者也是一体的，国家与社会之间不是具有控制与对抗的二元结构。改革开放后国家-社会关系一元化结构开始分化，并构成以下二维框架的基础。

（三）新方法：社会与群（society）的二维分析框架

如果说传统"社会"创造出一种纵向型的文明形态，那么现代性的由纵向整体性强的社会和横向的"群"（society）构成的二维体系框架（图1），可以揭示纵向（整体差序）与横向（自由平等）协调产生的创新型社会状态，其坐标系的四个象限均可导出典型的概念，如第一象限"协同"，其核心内容是调整社会性与公共性的关系。如党建引领、多元协商、共治共享的"基层社会治理"的逻辑，基于社会的社会性和群（society）的公共性概念，就可以很容易理解或得到理论支持。

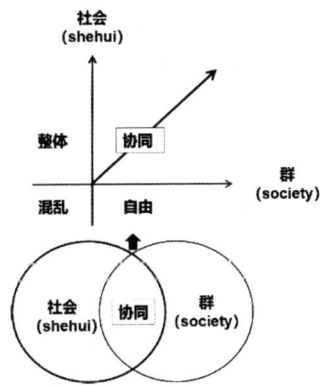

图1　社会与群（society）关系的二维分析框架图

六、小结

1. 目前英文的"society"与中文的"社会"翻译之间存在"模糊说""等同说"和"属地说"。

2. 概念调查显示，不接受"等同说"的人士占总体的六成以上，认为

---

① 张明霞，范鑫涛：《经典马克思主义的"国家—社会"关系理论要义》，《人文杂志》2015年第6期，pp.22-25。

"可以"的为两成多。

3. 语境分析的"社会"概念具有整体性特征，而"society"主要为个体主义倾向。因此，"社会"与"society"概念不能等同理解。

4. 为避免跨文化交流误会，对外宣传应推出英文 shehui（社会）和"socialism（社会主义）"。

5. 建立于 society 翻译为社会的"等同说"，以往所谓"国家-社会二元理论模式"基本不适用我国社会现状研究。

6. 新建构的社会与 society（群）的二维分析框架，纵向坐标为自上而下"社会"、横向坐标为"society（群）"，纵横向之间的区域为不同程度的"协同"状态，具体分群实证模型，如 China Vals 模型。

Analyze the necessity of distinguishing the concepts of "society" and "Shehui" —Research based on investigation and cultural context

WU Yin

Abstract: At present, the understanding of the concept of "shehui" is in a state of chaos. In order to improve the efficiency of sheui governance, it is the basic and core problem to explain the concept and logic of "sehui". The empirical results of this study show that more than 60% of the respondents do not agree that "shehui" and "society" can be understood equally. A comparative study on the culture-context of the two shows that "there are great differences but little similarities". This paper uses conceptual analysis method to study the dual theory of state-society and puts forward a new interpretation of "society" and its expression forms in Chinese and English. Finally, the logical framework and application suggestions of the two-dimensional concept of "shehui-society" are derived.

Keywords: Shehui; society; cultural context; Two dimensional analysis framework

混合研究：民族地区社会调查的方法论反思[①]

许庆红 王德文[②]

摘　要：本文首先通过对中华人民共和国成立以来几次大型民族地区社会调查的回顾与反思发现，民族地区社会调查具有如下几个发展趋势：在调查对象的选取上，从微观的社区研究到宏观的民族地区研究发展；在研究方法上，从以定性为主到引入定量调查，向混合研究发展。但混合方法的运用仅仅在资料收集阶段，未能在社会调查的各个环节进行整合。其次，本文对混合研究的发展历程、优势、设计类型进行梳理。最后结合民族地区社会现象和社会问题的特殊性，对不同研究维度中如何运用混合研究进行探讨，为民族地区社会调查运用混合研究提供方法论基础。

关键词：混合研究；民族地区；社会调查

一、历史上的几次民族地区社会调查

（一）1956年全国少数民族社会历史调查

1. 设计理念

1956年全国少数民族社会历史调查主要以马克思主义社会形态理论为研究视角，将少数民族社会形态、性质、阶级关系、经济结构作为研究内容，通过调查提纲收集少数民族社会历史及发展状况等数据资料，从而为贯彻落实党和国家的民族政策提供经验基础。在该设计理念下，调查分两个阶段进行。

[①] 本文是云南大学研究生课程思政示范课程（XJKCSZ202119）、云南大学2021年度本科校级教学成果奖培育项目、云南大学2022年度研究生校级优质课程的阶段性成果，获中国乡村社会大调查（云南）的资助。

[②] 许庆红，云南大学民族学与社会学学院副研究员；王德文，云南大学民族学与社会学学院社会学硕士生。

第一阶段为 1956—1958 年，调查内容是少数民族社会形态和性质。①第二阶段为 1958 年以后，受到"大跃进"的影响，调查内容为少数民族的阶级关系和经济结构，以反映少数民族群众的生活全貌。所以，1958 年底中国科学院民族研究所颁发了《关于编写各民族简史、简志与调查提纲的补充意见》，建议增补"大跃进"以来在各民族地区产生的新问题、新情况。调查坚持马克思主义理论，尊今卑古，推崇经济基础，重点突出总路线、"大跃进"、人民公社三面红旗，反映人民群众的生活面貌。②

2. 调查实施

调查提纲以马克思主义社会形态理论关于社会发展规律的论述为指导起草，分为原始社会、封建社会、一般情况、奴隶社会、人类共同体提纲等 5 个部分。③整个调查分为内蒙古、新疆、四川、西藏、云南、贵州、广西和广东 8 个组，历时 8 年的调查工作从此拉开了序幕。④随着调查任务的扩大，又增加了甘肃、青海、宁夏、辽宁、吉林、黑龙江、福建、湖南 8 个组。⑤后期为 20 世纪 80 年代将所得资料编写成民族问题五种丛书并全部出版，供相关单位和学者阅读。

3. 内容特色

正如郑其栋先生在接受访谈时所说，1956 年全国少数民族社会历史调查包含了少数民族地区历史概况，解放前的社会面貌、宗教信仰、文化艺术、婚姻家庭、风俗习惯、教育、卫生、衣食住行等情况，农牧民的反抗斗争、各民族地区的解放、民族区域自治制度的实现、解放后农牧业生产的恢复和发展，解放后文化、教育、卫生事业的建立和发展、民族改革和

---

① 李绍明、彭文斌：《西南少数民族社会历史调查——李绍明美国西雅图华盛顿大学讲座（二）》，《西南民族大学学报（人文社科版）》2010 年第 1 期。
② 张海洋、王建民、胡鸿保：《中国民族学史（下卷）》，昆明：云南教育出版社，1998 年，第 159 页。
③ 朱玉萍：《二十世纪五六十年代西藏藏族社会历史大调查》，陕西师范大学硕士学位论文，2019 年，第 13 页。
④ 朱玉萍：《二十世纪五六十年代西藏藏族社会历史大调查》，陕西师范大学硕士学位论文，2019 年，第 13 页。
⑤ 崔鸿飞、魏志龙、任福佳、孟洁、郑其栋：《我参加的中国少数民族社会历史调查——郑其栋先生访谈录（节选）》，《共识》2010 年第 3 期。

社会主义改造以及各民族语言文字情况。①此次调查完整反映了少数民族地区社会历史发展全貌。

4. 成果产出及其影响

该调查最直接的成果是三套丛书。20世纪80年代又在此基础上编写了民族问题五套丛书。相较于"三丛","五丛"作为专门介绍和论述我国民族问题的百科全书,是当今世界上多民族国家中唯一一部由政府组织、社会力量广泛参与、全面反映国内各民族情况的大型综合文献,其内容涉及各民族众多领域,为了解各民族社会发展情况以及制定民族政策提供了基础。②

1956年全国少数民族社会历史调查历经8年,先后有千余名学者和工作人员投身此项艰苦繁重的调查工作。此项工作也因为持续时间长、涉及民族成分多、科研成果丰硕等多项纪录而永载民族工作的史册。③当然,此次调查受到当时政治思想的影响,使得调查结果有偏实际情况。但总体来说,此次调查开创了大规模民族调查的先河,为之后对民族地区的综合性社会调查提供了丰富的经验。

(二) 21世纪初中国少数民族村寨调查

1. 设计理念

21世纪初,中国少数民族村寨调查基于民族社会多元系统性与整体性视角,将民族村寨作为调查对象,用以定性为主的资料收集方法对民族村寨的各个系统做具体详细的调查,以期反映各少数民族在改革开放之后的社会发展情况,为党和政府制定相应的民族政策提供科学依据。

中国少数民族村寨调查采取一个"深入"、两个"综合"的方式。一个"深入"即不对每个民族做广泛的调查,而是每个民族选取一个有代表性的典型村寨,在这一个点上进行深入的调查。两个"综合",一是调查内容的综合,即每个民族村寨都进行人口、经济、政治、文化、法律、婚姻家庭、宗教、科技、卫生、教育、生态等方面的综合调查;二是调查人员的学科

---

① 崔鸿飞、魏志龙、任福佳、孟洁、郑其栋:《我参加的中国少数民族社会历史调查——郑其栋先生访谈录(节选)》,《共识》2010年第3期。
② 徐姗姗:《对"民族大调查"与"社会历史调查丛刊"的再解读》,《广西民族研究》2007年第2期。
③ 陈鼎波:《梦回民族大调查的难忘岁月〈伟大的起点〉——新中国民族大调查纪念文集》,《中国民族》2007年第10期。

综合。

2. 调查实施

该调查以人类学田野调查为主,将查阅档案资料、访谈、问卷调查及参与观察紧密结合起来。此外,还单独组建两个小组,分别负责建设云南少数民族遗传信息资源库和有些濒于消亡的少数民族文化的抢救拍摄。① 整个调查分为两个时间段进行。2000 年 1 月中旬至 2 月底组织对云南省人口在 5000 人以上的 25 个少数民族村寨进行调查后;2003 年 7 月至 8 月又组织了对全国 32 个少数民族村寨的调查。

3. 内容特色

该调查在方法上继承了微型村庄研究传统。早在 20 世纪 20 至 30 年代,吴文藻先生将西方微型村庄研究方法引入中国,并带领燕京大学师生将其改造为社区研究方法,后经费孝通、许烺光、田汝康等学者实践并本土化为"魁阁精神"之后,微型村庄研究就基本上成了中国人类学、民族学研究的标准范式。② 微型村庄研究不满足于发几张表格去填写,而是要求研究者亲身到要研究的社会中去观察和体验他们的生活。段雁、谷家荣认为,由于课题小组对这些村庄进行了长期调查,在文本的叙事论述中充分赋予被研究对象主体性,力求保持被调查者的话语风格,全面真实地再现云南少数民族的社会文化生活。所以,中国民族村寨调查的最大特点就是文本叙事的"原生态"味道较为浓厚。③

4. 成果产出及其影响

该调查一是完成了 55 本中国少数民族村寨调查报告,每本调查报告涉及一个民族的生态、人口、经济、社会、政治、法律、婚姻家庭、文化、教育、科技、卫生、宗教等 12 个专题研究。二是形成了一批音像资料,内容包括生态环境、生产工具、生活场景、文化习俗、宗教活动等各个方面。三是采集云南少数民族 1200 名人的血样,并以此为基础建立了云南大学少

---

① 高发元:《云南民族村寨调查》,昆明:云南大学出版社,2001 年,"序言",第 1 页。
② 段雁、谷家荣:《范式、超越与对话——〈云南民族村寨调查〉〈中国民族村寨调查〉丛书评价》,《云南社会主义学院学报》2014 年第 4 期。
③ 段雁、谷家荣:《范式、超越与对话——〈云南民族村寨调查〉〈中国民族村寨调查〉丛书评价》,《云南社会主义学院学报》2014 年第 4 期。

数民族基因库。^①对了解和研究各少数民族社会生活有重要的参考价值与现实意义。但此次调查也存在着一定的局限性。一是选取具有代表性的民族村寨作为研究对象，不一定能够反映整个民族的情况；二是在研究方法上主要采用定性研究，虽然设计了问卷，但没有开展问卷调查。

（三）2013—2021年中国少数民族地区经济社会发展综合调查

1. 设计理念

中国少数民族地区经济社会发展综合调查的设计理念是运用多学科交叉多方法结合的手段，多层次、多维度地对少数民族地区经济社会发展情况进行综合调查，以期客观反映改革开放以来中国少数民族地区在政治、经济、文化、教育、科技、卫生、语言、生态保护等方面的发展成就，以准确反映少数民族地区经济社会发展中存在的问题和挑战，为促进民族地区经济发展与社会稳定，进行前瞻性的理论探讨提供基础。[2]王延中指出，该调查组织开展多种类型的问卷调查是区别于以往民族地区社会调查的一个重要体现。[3]

2. 调查实施

该调查于2013年开始，一直延续到2016年，深入调查50—70个县级民族自治地区。该调查综合运用田野调查、问卷调查、国情调研、社会调查等多种调查方法，借鉴民族学、人类学、社会学、经济学、管理学等多学科研究方法，采用混合研究方法进行数据搜集。包括设计了城乡居民入户调查问卷、政府部门座谈会参会人员调查问卷、社区（村委会）基本情况调查问卷等多种类型问卷。同时，各子课题组通常要和相关政府部门召开多次座谈会；对当地的史志资料和档案文献等进行查阅；对具有代表性的学校、医院、寺庙以及经营主体进行走访调查；对具有典型性的行政村、街道的居民进行深入的访谈和家计调查，属于多层次的调查方式。

---

① 高发元：《做好跨世纪的云南民族调查——在云南大学跨世纪云南民族调查人员培训会上的讲话》，《思想战线》2000年第1期。

② 扎洛、孙懿：《"21世纪初中国少数民族地区经济社会发展综合调查"项目启动》，《民族研究》2013年第2期。

③ 王延中：《"21世纪初中国少数民族地区经济社会发展综合调查"进展与展望》，《民族研究》2015年第5期。

3. 内容特色

马戎认为，在开展大型研究项目时，如果把大规模的抽样调查与比较深入的社区调查和个案调查相结合，就可以实现"面"与"点"的结合、定量分析与定性分析的结合，以及宏观研究与微观研究的结合。[①]该调查扩大了研究的"面"，同时对具有代表性的行政村、街道等"点"进行深入的田野调查，从而实现了"面"与"点"的结合。

4. 成果产出及其影响

项目研究成果主要包括四类，即"中国民族地区经济社会调查报告系列丛书"、中国民族地区经济社会调查重要学术论文、中国民族地区经济社会调查报告类成果和中国少数民族经济社会发展影像志系列成果。

（四）三次民族地区社会调查的方法论总结与反思

通过对上述三次民族地区社会调查的回顾，可以看出民族地区社会调查有下列趋势。首先，在调查对象的选取上，从微观的民族社区研究到区域性民族地区研究发展；其次，在调查方法上，从以定性为主到定量为主，从单一方法到混合方法的扩展。

然而，仅仅在调查中同时使用定性和定量研究方法搜集资料，并不是真正意义上的混合研究。在民族地区社会调查中，定性和定量研究在文献综述、研究设计、抽样、数据收集、数据分析以及结果解释等维度往往相互分离，这容易造成量化结果的定性（将定量结果的数量翻译成定性研究的叙述语言）和定性结果的定量（将定性结果的叙述报告翻译成数字）。[②]民族地区社会调查要想真正融合定性和定量研究，需要了解混合研究的发展历程、优势、设计类型以及如何在社会调查的各个环节整合定性和定量研究。

二、混合研究的发展与设计类型

（一）混合研究的发展

1. 混合研究的发展历程

混合研究作为调和量化研究与质性研究矛盾的"第三条道路"，肇始于

[①] 马戎：《不同学科研究方法的相互借鉴与结合》，《民族研究》2002 年第 5 期。

[②] Wiggins Bradford J. (2011). Confronting the dilemma of mixed methods. Journal of Theoretical and Philosophical Psychology, 31 (1), 44-60.

20 世纪 50 年代实证主义与建构主义之争，20 世纪 60 年代后实用主义哲学基础确立奠定其理论根基，至 20 世纪 80 年代后研究步骤与策略的突破，迎来第三次方法论运动。[1]目前混合研究已成为学术界公认的实证研究三大范式之一。[2]混合研究认为研究问题应该是头等重要的，可能比方法或哲学世界观更为重要，并且应该放弃在后实证主义与建构主义之间进行选择的强迫二分法以及放弃使用"真理"和"现实"等形而上学概念，而用一种实用的、应用的研究哲学来指导方法论选择。[3]

经历了 70 多年的发展历程，混合研究在国外已得到广泛的应用。在国内的研究中，也涌现出越来越多的应用混合研究的案例，如韩贝宁、鲁长芬、马婧宇运用混合研究中的探究型设计探讨我国城镇居民体育消费行为的影响因素及机制。[4]李利文运用顺序解说型设计对城市基层公共服务供给碎片化形成的组织逻辑进行研究。[5]黄欢、任胜洪采用三角互证设计对乡村小规模学校教师专业发展困境进行研究。[6]但这些研究仅仅在资料的收集和分析中运用了混合研究方法，但在研究中存在着质性方法和量化方法简单叠加使用的情形，未能充分发挥这种研究范式的效用[7]。

2. 混合研究的优势

20 世纪 80 年代以后，一个完整的混合方法研究程序基本被确立，主要包括确定研究问题、确定研究目的、选择研究策略、收集资料、分析资料、解释资料、使数据合法化、得出结论并写出最终报告等 8 个步骤。[8]同时根据奥威格布兹（Onwuegbuzie）等人的观点，使用混合方法可以把定

---

[1] 尤莉：《第三次方法论运动——混合方法研究 60 年演变历程探析》，《教育学报》2010 年第 6 期。

[2] Johnson R. B. & Onwuegbuzie A. J. & Turner L. A. (2007). Toward a Definition of Mixed Methods Research. Journal of Mixed Methods Research, 2 (1), 112-133.

[3] Johnson R. B. & Onwuegbuzie A. J. & Turner L. A. (2007). Toward a Definition of Mixed Methods Research. Journal of Mixed Methods Research, 2 (1), 112-133.

[4] 韩贝宁、鲁长芬、马婧宇：《基于混合研究方法的城镇居民体育消费行为影响因素与机制研究》，第十二届全国体育科学大会论文摘要汇编——专题报告（体育产业分会），山东，2022 年，第 509-511 页。

[5] 李利文：《城市基层公共服务供给碎片化形成的组织逻辑——基于混合研究方法的实证分析》，《中国研究》，2020 年第 2 期。

[6] 黄欢、任胜洪：《外援抑或内生：乡村小规模学校教师专业发展的困境之思——基于混合研究方法的实证分析》，《荆楚学刊》2020 第 21 期。

[7] 徐建平、张雪岩、胡潼：《量化和质性研究的超越：混合方法研究类型及应用》，《苏州大学学报（教育科学版）》2019 年第 7 期。

[8] Johnson R. B. & Onwuegbuzie A. J. (2004). Mixed Methods research: a research paradigm whose time has come. Educational Researcher, 33 (7), 14-26.

量数据的结果与定性数据进行比较，并在比较中寻求解释、例证、改进、澄清、丰富、发展结果和结论。①布莱曼（Bryman）指出，采用混合方法研究具有下列优势：（1）资料的完整性；（2）结果的互补性和互证性；（3）假设形成与检验；（4）研究工具开发。②可以看到，混合研究方法在于确证和扩展，即评估从一种方法获得的结果的可信度以及扩展调查的广度和范围。

（二）混合研究在不同研究维度的整合

一项完整的社会调查应该包括文献综述、研究设计、抽样、数据收集、数据分析、结果解释等部分。费特斯和莫利纳-阿索林（Fetters & Molina-Azorin）提出 15 个整合定量与定性研究的维度，从而实现定量与定性在哲学、方法论和方法三部曲的整合。③

1. 文献综述

文献搜索应该证明需要进行定性数据收集，以回答需要深入描述、理解现象的"如何"或"为什么"等问题。此外，应该有理由收集定量数据，以回答不同现象之间的因果关系，从而整合定性与定量文献，以发展对感兴趣现象的全面理解。

2. 研究设计

克雷斯韦尔和克拉克（Creswell & Clark）描述和讨论了混合研究的设计类型，包括三角互证设计、嵌套设计、顺序解说型设计、顺序探究型设计。④具体设计过程是互动和迭代的，要考虑目的、概念模型、研究问题、方法和有效性。

3. 抽样

定量研究倾向于选择有代表性的样本，定性研究则倾向于选择能够产

---

① Onwuegbuzie A. & Sutton I. L. (2006). A model incorporating the rational and propose for conducting mixed methods research in special education and beyond. Learning Disabilities A Contemporary Journal, 4 (1), 43-56.

② Bryman A. (2007). Barriers to integrating quantitative and qualitative research. Journal of Mixed Methods Research, 1 (1). 8-22.

③ Fetters M. D. & Molina-Azorin J. F. (2017). The Journal of Mixed Methods Research starts a new decade: The mixed methods research integration trilogy and its dimensions. Journal of Mixed Methods Research, 11 (3), 291-307.

④ Creswell J. W. & Clark V. L. P. (2007). Designing and conducting mixed methods research. California: Sage Publications, 237.

生丰富信息的个案,而混合研究一般会综合运用这两种抽样技术,从而获得关于研究问题的既有广度又有深度且具有互补性的数据信息。[①]所以,可以将混合方法抽样定义为既使用概率抽样策略又使用目的抽样策略来选择样本。抽样策略的创造性和可行性是混合研究成功的关键。在很大程度上,混合方法设计能否成功地解决研究问题与所使用的抽样策略有关。

4. 数据收集

Fetters & Molina-Azorin 认为,数据收集维度通常但不完全与设计相关,也就是说,数据收集方法具有多样性和可调整性,不是固定的。定性资料也可以对定量资料的因果推断进行检验、完善或者支撑。[②]

5. 数据分析

数据分析维度的整合涉及混合方法研究中两种类型数据的分析如何相互关联。Creswell & Clark 认为,通过结合封闭式和开放式问题的调查工具,或者当问卷或其他定量来源与访谈、视觉、文献、网络或观察数据或这些数据的任何组合相结合时,将不同的数据组件组合在一起的实际策略因研究的目以及所使用方法的时间和顺序而异。[③]混合研究的设计类型、抽样原则、数据集成以及数据分析应该是相辅相成的。

6. 结果解释

在混合研究中,对定量和定性数据的整合分析可能会出现结果的一致性、互补性、拓展性以及不一致性。前三种情况是我们希望看到的,但当出现结果的不一致性时,需要我们重新分析两种类型的数据,进一步挖掘、收集更多的数据来和解或者排除这种不一致性。当然,当进一步的数据分析之后,仍然出现结果不一致性时,应该承认、保留这种差异,并对结果的不一致性进行解释说明。

---

① 安黎黎:《混合方法研究的理论与应用》,华东师范大学硕士学位论文,2010年,第40页。

② Fetters M. D. & Molina-Azorin J. F. (2017). The Journal of Mixed Methods Research starts a new decade: The mixed methods research integration trilogy and its dimensions. Journal of Mixed Methods Research, 11 (3), 291-307.

③ Creswell J. W. & Clark V. L. P. (2007). Designing and conducting mixed methods research. California: Sage Publications, 237.

三、混合研究在民族地区社会调查研究中的应用

（一）混合研究在民族地区社会调查中的重要性

民族地区社会现象和社会问题具有特殊性和多样性，定性和定量研究相结合在民族地区社会调查中具有非常重要的意义。

一方面，民族地区定性研究的优势包括三点。一是相较于健康、抑郁、认知能力等已有成熟量表的概念来说，民族相关的学术概念如民族互嵌、民族认同、国家认同、族际距离、族际信任的界定在学界没有达成共识，并且这些概念具有本土的特殊性，尚未形成国际通用的固定量表。这就需要运用定性研究方法扎根某一民族地区对上述概念加以理解、诠释。二是民族地区社会现象和社会问题的多样性决定了定性研究的价值。民族地区各民族在社会经济发展、宗教信仰、文化习俗等方面具有多样性，问卷的统一性会造成不同类型的社会现象和社会问题的缺失，定性研究则可以深入探索这种多样性。三是民族文化表现在语言、文字、艺术、医药、服饰、饮食、居住、礼仪、节日、宗教等各方面，由此对各民族文化的诠释不能简单地通过问卷进行调查，需要调研人员通过参与观察等方式去观察、记录以及体验他们的生活，最终形成对民族文化的理解和诠释。

另一方面，民族地区定量研究的优势在于，一是在"铸牢中华民族共同体"政策背景下，民族交往交流交融等领域的研究和传统民族学的微观社区研究范式不同，需要在大规模的抽样调查基础上进行研究，由"点"到"面"，实现地区之间、民族之间的比较研究。二是在新型城镇化导致人口快速流动背景下和民族地区易地扶贫搬迁政策下，少数民族人口实现了大规模的流动和转移，促成了新时期各民族在居住、文化等层面的融合和互嵌，更需要定量研究来探讨新的民族互嵌和民族融合现象。

所以，定性研究与定量研究在民族地区的研究不是二元对立的，而应该整合起来。但需要注意的是，混合研究是根据西方特定社会现象和社会背景发展而来，所以有必要在考虑民族地区的特殊性基础上提出适合于民族地区社会调查的混合研究方法。

（二）混合研究在民族地区社会调查中的应用

民族地区社会调查应该增加特殊个案研究。特殊个案研究的最终结论

可以和一般性社会调查的结论相互比较,从而共同构成理解民族地区社会全貌的资料。具体可以在如下几个阶段进行结合:

1. 文献综述阶段

民族地区社会调查文献综述分为三个部分。整体上,总结、归纳已有民族地区大规模社会调查的研究对象、研究内容并反思研究方法;定性研究部分,厘清所要研究问题的研究现状及影响该问题的因素;定量研究部分,厘清影响问题因素之间的因果关系。

2. 研究设计阶段

石露洁、杨李娜认为,一项好的研究应该尽可能多渠道获取有效资料,并对其进行交叉分析,使之相互印证,这样得出来的研究结果才更严谨,更有说服力。[①]考虑到研究结果的真实性和研究过程的严谨性,民族地区社会调查研究的设计应该运用三角互证测量型设计。它将不同的研究资料、研究人员、研究方法和研究理论加以整合,从而形成对同一研究问题的深入分析。在此基础上对民族地区具有典型性、特殊性的社会事实进行个案研究,更有利于诠释民族地区社会的整体全貌。

3. 抽样阶段

混合研究在民族地区社会调查中应使用分层目的抽样原则,即采取多阶段 PPS 抽样等抽样方法从总体中抽取一定数量的样本进行定量分析,并从定量研究的样本框中抽取一部分案例开展深入调查,案例的多少取决于研究目的。这样的抽样方法既能兼顾样本的代表性和典型性,又能使定量资料和定性资料相互佐证。考虑到分层抽样运用概率抽样得到总样本框,不能够保证某些非常具有重要意义的样本能够进入样本框,可以适当补充部分样本进行调查,但此部分补充样本的分析应该独立进行。

4. 数据搜集阶段

民族地区社会调查的数据搜集应该有两种数据搜集方式。一是运用问卷调查等方式搜集定量数据,二是运用参与观察、访谈等方式搜集定性资料,有效整合研究的一般性与典型性问题。定量数据结果对定性分析提供深入探究的方向,定性资料也可以对定量资料的因果推断进行检验、完善

---

① 石露洁、杨李娜:《从"三角互证"看案例研究的资料收集——以〈王小刚为什么不上学了——一位辍学生的个案调查〉为例》,《成都师范学院学报》2019 年第 35 期。

或者支撑。

5. 资料分析阶段

在混合研究阶段,采用三角互证设计数据分析。在此设计类型中,研究者经常运用数据转换的方式对数据资料进行分析。具体而言有以下方式:(1)量化定性数据:将定性数据编码,记录编码出现的次数,定量的数据用出现的频数进行描述性分析,比较这两类数据;(2)质化定量数据:将量化的统计数字转化成图表或者叙述性报告,对问卷中的定量数据进行因素分析,与分析定性数据得出的主题进行比较;(3)结果比较:定量数据的结果可以直接与来自定性数据的结果进行比较,定性的主题会支持定量的统计趋势,反之亦然;(4)数据聚合:聚合定性和定量的数据形成新的变量,原始的定量变量与定性的主题相比较形成新的定量变量。

6. 结果解释阶段

混合研究对定量和定性数据的整合分析可能会出现结果的一致性、互补性、拓展性以及不一致性。在补充样本研究阶段,资料分析得出的结果不能和混合研究相互整合,因为定性数据源于特殊性的补充个案,且补充样本不是源自混合研究的抽样框之中,这种特殊性会导致定性数据的分析结果和定量数据有较大的偏差且难以弥补,即我们不能用特殊性的数据去整合一般性的数据。但补充样本能够让我们拥有更加广阔的视角理解民族地区社会的全貌。

四、总结

民族地区社会调查从以定性为主到引入抽样调查,并在此基础上选择有代表性的典型社区进行专题调查,整体上经历了从单一方法向混合研究的发展。但不足的是,混合方法的运用仅仅在资料收集阶段,未能在社会调查的各个环节进行整合。混合研究是根据西方特定社会现象和社会背景发展而来,代表性研究有 Fetters & Molina-Azorin 提出的整合定量与定性研究的 15 个维度。但混合研究在这些维度的整合只适用于一般性的社会调查,有必要在考虑民族地区民族和文化的多样性、社会群体特殊性基础上提出适合于民族地区社会调查的混合研究方法。本文就民族地区社会调查在文献综述、研究设计、抽样设计、资料收集、资料分析、结果解释等维度如何运用混合研究提出了建议。总体而言,在民族地区社会调查中,应具有混合研究思维,结合当下交叉学科的发展趋势,将定量和定性方法在各个阶段有机结合,从而为理解民族地区社会经济发展提供综合、深入的理论解释。

Mixed Research: The Reflection of Methodology on Social Survey in Ethnic Minority Areas

XU Qinghong & WANG Dewen

Abstract: First of all, this paper finds that the social surveys in ethnic areas have the following development trends by reviewing and reflecting on several large-scale social surveys in ethnic areas since the founding of the People's Republic of China: the survey objects include micro-community research and macro-research in ethnic areas; The research method starts from qualitative research to quantitative investigation, and then to mixed research. However, the mixed methods are only used in the stage of data collection, and they cannot be integrated in all aspects of social survey. Secondly, this paper sorts out the development history, advantages and design types of mixed research. Finally, combined with the particularity of social phenomena and problems in ethnic areas, this paper discusses how to use mixed research in different research stages, and provides a methodological basis for using mixed research in social survey in ethnic areas.

Key words: Mixed Research; Ethnic Minority Areas; Social Survey

后　记

　　2022年是中国社会学会社会调查研究方法专业委员会成立30周年，方法研究会秘书处一直在讨论通过什么方式对此时间节点进行纪念。最终秘书处一致同意由方法研究会组织出版一本专辑，作为社会调查研究方法的交流平台，并希望今后每年可以出一专辑。秘书处确定以出版图书的方式致敬30周年以后，积极与出版社等多家单位协商，最终确定由南开大学出版社来出版此专辑，并得到方法研究会诸多同仁的大力支持，此专辑方能如此顺利地与大家见面。

　　第一，感谢南开大学出版社的领导和编辑同志。他们对此专辑高度认可，并以极高的工作效率推进此专辑的出版。方法研究会于5月初向出版社提交了《选题申报登记表》，南开大学出版社经选题讨论会通过，并于5月22日正式签订了《中国调查研究》的"图书出版合同书"。南开大学周恩来政府管理学院及社会学系的相关院系领导从联系出版社起就全程关注，并协助解决本专辑编辑出版诸多问题。还有很多为此专辑出版提供了帮助的老师，在此一并表示谢意。

　　第二，感谢方法研究会众多会员的积极参与和支持。5月25日，方法研究会秘书处向200多位方法研究会会员发出了《中国调查研究》征稿通知，并明确"今年为中国社会学方法研究会成立三十周年庆，图书首发将为方法研究会三十周年庆献上一份学术厚礼"，号召会员同仁积极投稿。同时还向部分专家学者发出了"征稿邀请函"，要求在6月20日前务必将文稿投至秘书处邮箱。不到一个月的时间，就有20多位专家学者发来了最新佳作、论文报告，在大家的奋力努力下，终于在协议约定的6月20日将书稿交付给了出版社。

　　第三，感谢编纂此书的主编和从事编辑工作的老师和同学。在不到一个月的时间里，主编人员讨论制定了全书的框架，整理汇总了方法研究会近三十年学术活动论坛资料的存档；联系并审阅了高等院校、科研机构、调查公司的专家学者、专业人员和方法研究会会员同仁投寄来的论文报告。秘书处的张蔚老师、中国社会科学院大学的陈桂冰同学经常夜以继日地按照体例要求进行编辑。南开社会学系的秘舒老师与社会学老前辈、95岁高龄的苏驼教授多次联系，落实"序言一"。陈桂冰同学根据对89岁高龄的王庆基书记的采访录音整理成"序言二"。

第四，感谢诸位匿名评审专家。为了保证来稿论文的质量，秘书处组织方法研究会理事、专家学者对所有来稿进行了匿名评审，从二十多篇论文报告中评审挑选采用于本期辑刊中。参加论文评审的专家学者有（按姓氏首拼排序）：白红光，董海军，范晓光，胡洁人，李双龙，李婷，罗强强，莫少群，谭贤楚，肖少波，祝建华。这些老师在高校期末繁忙工作中冒着夏日酷暑对所有论文报告进行匿名评审，为方法研究会三十周年庆典专辑的高质量出版做出了贡献。

最后，感谢编辑委员会的诸位专家。《中国调查研究》专辑的编辑和出版也得到了学界专家学者、调查界专业人士、会员同仁各方面的大力支持。三十位编辑委员会的编委们经常询问组稿、审稿、编辑情况，并对专辑的编目、体例、内容取舍进行指点指导。

今年新冠疫情肆虐，高校、社科、政府机构专家学者和诸多从事调查行业同仁的工作节奏都被迫改变，即便在这种特殊时期仍然保证了本专辑按计划出版，彰显了专家学者们的专业精神，也希望方法教学和调查研究的同仁们今后一如既往地支持《中国调查研究》。

方法研究会秘书处
2022年6月30日